圖一　拜將臺　（中華古文明大圖集）

位於今陝西漢中，相傳為劉邦拜韓信為大將軍時所設。

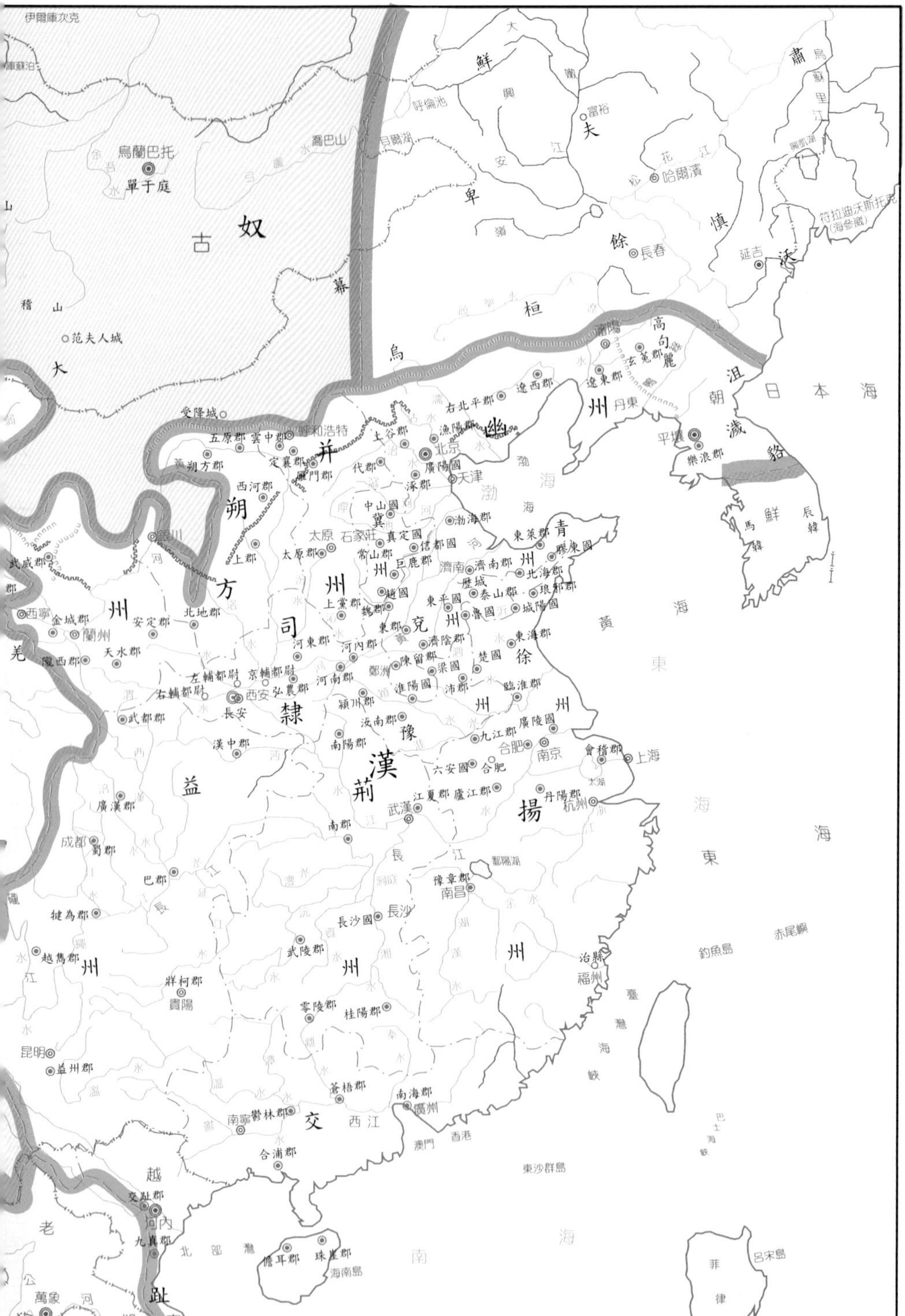

伊爾庫次克
烏蘭巴托
單于庭
匈奴
鮮卑
夫餘
長春
哈爾濱
富裕
呼倫池
貝爾湖
肅慎
沃沮
延吉
烏桓
高句麗
瀋陽
玄菟郡
遼東郡
遼西郡
右北平郡
漁陽郡
上谷郡
北京
廣陽國
天津
涿郡
代郡
定襄郡
雲中郡
五原郡
呼和浩特
朔方郡
西河郡
雁門郡
受降城
范夫人城
并州
幽州
朝鮮
平壤
樂浪郡
濊貊
馬韓
辰韓
日本海
渤海
黃海
東海
中山國
真定國
常山郡
信都國
巨鹿郡
冀州
石家莊
太原
太原郡
上郡
銀川
武威郡
西寧
金城郡
蘭州
安定郡
北地郡
天水郡
隴西郡
朔方
司隸
上黨郡
趙國
魏郡
河東郡
河內郡
東郡
濟陰郡
陳留郡
梁國
楚國
東海郡
徐州
濟南
濟南郡
北海郡
東萊郡
膠東國
青州
歷城
泰山郡
東平國
魯國
城陽國
琅邪郡
兗州
渤海郡
京輔都尉
左輔都尉
右輔都尉
弘農郡
西安
長安
河南郡
潁川郡
淮陽國
沛郡
臨淮郡
廣陵國
汝南郡
豫州
南陽郡
九江郡
合肥
南京
會稽郡
上海
武都郡
漢中郡
益州
廣漢郡
成都
蜀郡
巴郡
犍為郡
越嶲郡
牂柯郡
貴陽
昆明
益州郡
漢
荊州
六安國
江夏郡
盧江郡
武漢
丹陽郡
杭州
揚州
南郡
長江
鄱陽湖
豫章郡
南昌
長沙國
長沙
武陵郡
零陵郡
桂陽郡
治縣
福州
釣魚島
赤尾嶼
臺灣海峽
巴士海峽
蒼梧郡
南海郡
廣州
香港
澳門
鬱林郡
南寧
交州
西江
合浦郡
交趾郡
河內
九真郡
日南郡
越南
老撾
公國
萬象
北部灣
儋耳郡
珠崖郡
海南島
南海
東沙群島
西沙群島
中沙群島
菲律賓
呂宋島
符拉迪沃斯托克（海參崴）
興凱湖
黑龍江
松花江
烏蘇里江
稽山

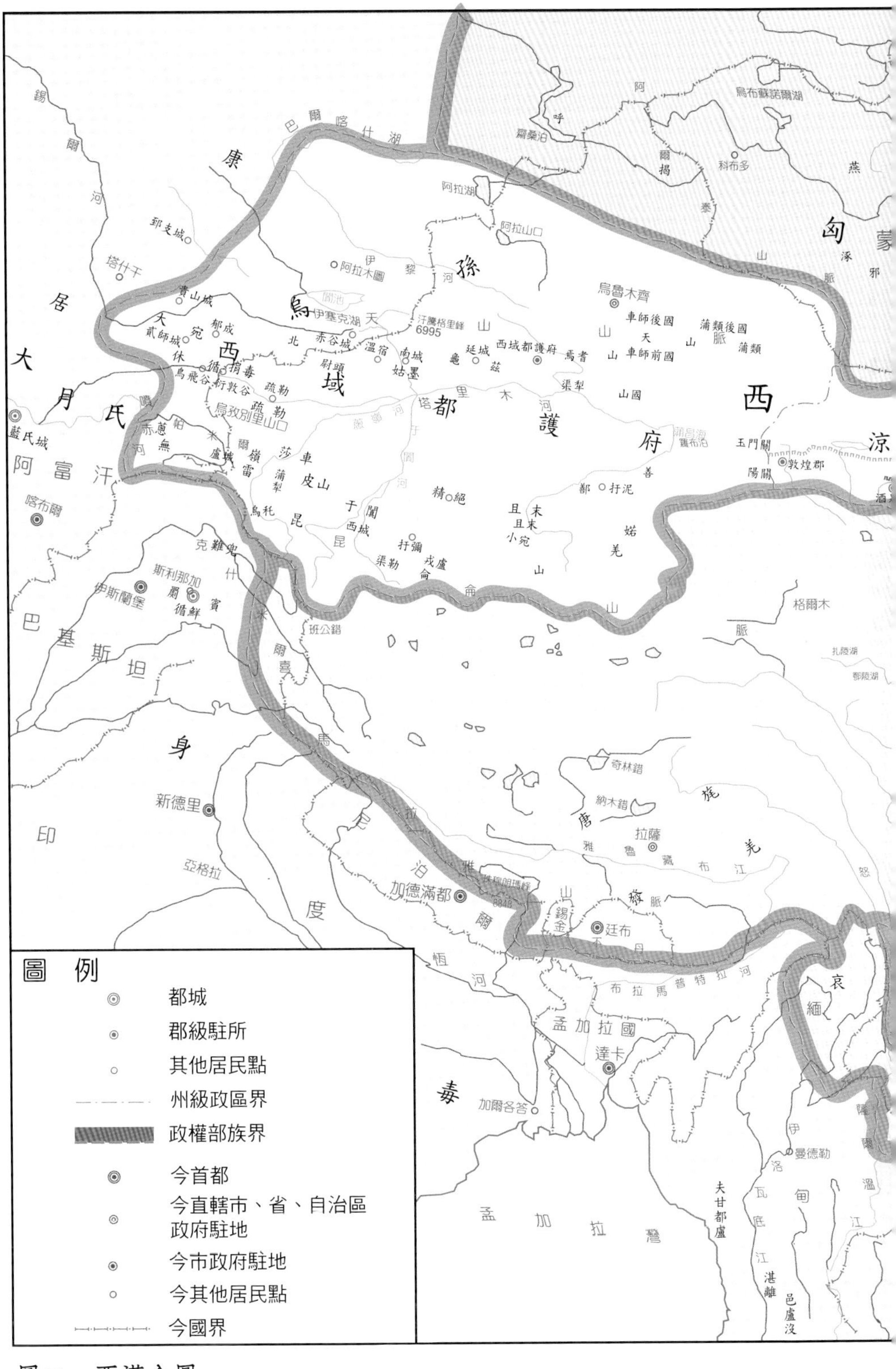
圖　例
都城
郡級駐所
其他居民點
州級政區界
政權部族界
今首都
今直轄市、省、自治區政府駐地
今市政府駐地
今其他居民點
今國界
匈
奴
西
域
都
護
府
烏
孫
康
居
大
月
氏
涼
身
毒
大宛
貳師城
郁成
休循
捐毒
烏飛谷
衍敦谷
疏勒
烏孜別里山口
莎車
蒲犁
皮山
于闐
西城
扜彌
精絕
且末
小宛
戎盧
渠勒
烏秅
難兜
罽賓
循鮮
無雷
溫宿
姑墨
尉頭
赤谷城
龜茲
延城
西域都護府
焉耆
渠犁
山國
車師後國
車師前國
蒲類後國
蒲類
鄯善
扜泥
玉門關
陽關
敦煌郡
婼羌
貴山城
郅支城
烏魯木齊
阿拉木圖
伊塞克湖
阿拉湖
阿拉山口
巴爾喀什湖
科布多
烏布蘇諾爾湖
藍氏城
阿富汗
喀布爾
斯利那加
伊斯蘭堡
巴基斯坦
新德里
印
度
亞格拉
加德滿都
尼泊爾
錫金
廷布
不丹
孟加拉國
達卡
加爾各答
孟加拉灣
拉薩
雅魯藏布江
唐
旄
羌
奇林錯
納木錯
格爾木
扎陵湖
鄂陵湖
班公錯
克什米爾
喜馬拉雅山
恆河
布拉馬普特拉河
伊洛瓦底江
曼德勒
夫甘都盧
湛離
邑盧沒
哀
緬
塔里木河
汗騰格里峰
6995
珠穆朗瑪峰
8848
崑崙山
蔥嶺
天山
北山
祁連山
錫爾河
塔什干
赤河
蒲昌海

圖二　西漢全圖

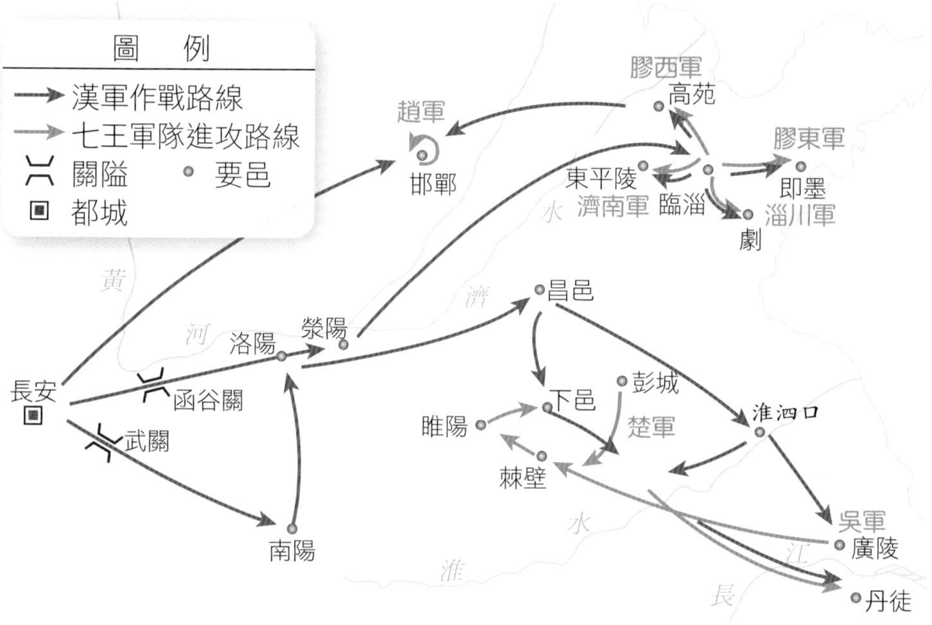
圖　例
漢軍作戰路線
七王軍隊進攻路線
關隘
要邑
都城
膠西軍
高苑
趙軍
邯鄲
膠東軍
即墨
東平陵
濟南軍
臨淄
淄川軍
劇
黃
河
濟
水
昌邑
洛陽
滎陽
長安
函谷關
武關
南陽
彭城
下邑
睢陽
楚軍
棘壁
淮泗口
吳軍
廣陵
丹徒
淮
水
長
江

圖三　七國之亂示意圖

圖四　滎陽（文化中國之旅全集）
漢時置滎陽縣，屬河南郡。七國之亂時，景帝的軍隊曾屯兵於此。

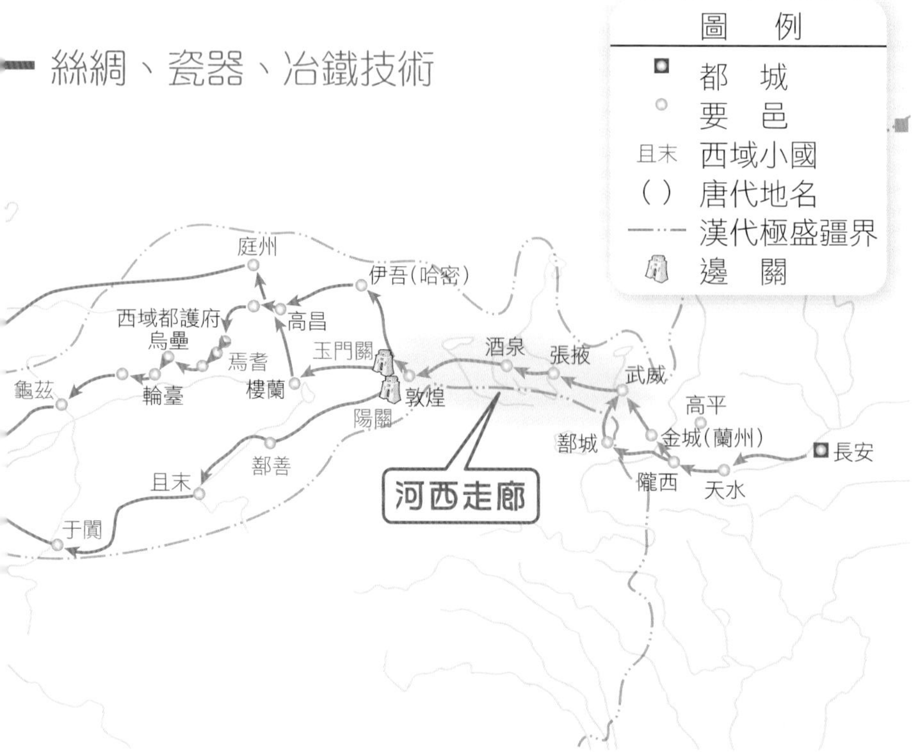

圖六　陽關（文化中國之旅全集）

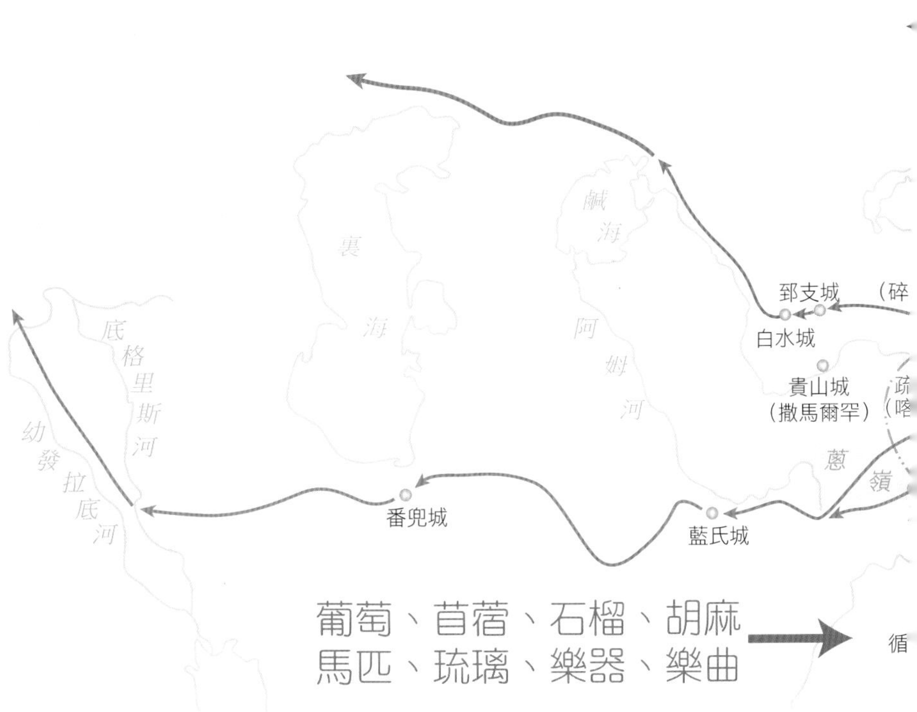

圖五　漢代絲路圖

圖七　玉門關（文化中國之旅全集）

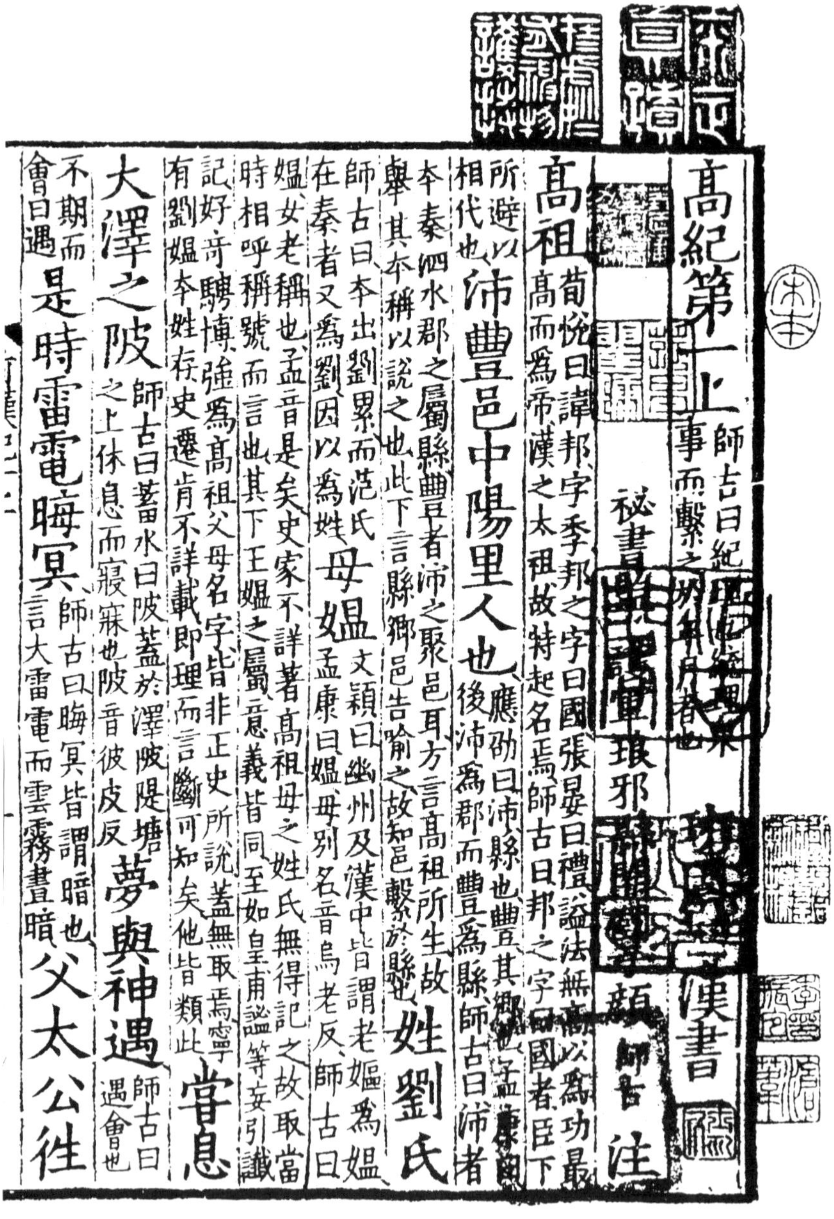
高紀第一上 師古曰紀理也統理衆事而繫之於年月者也

漢書一

秘書監上護軍琅邪縣開國子顏師古注

高祖 荀悅曰諱邦字季邦之字曰國張晏曰禮謚法無高以爲功最高而爲帝漢之太祖故特起名焉師古曰邦之字曰國者臣下所避以相代也

沛豐邑中陽里人也 應劭曰沛縣也豐其鄉也孟康曰後沛爲郡而豐爲縣師古曰沛者本秦泗水郡之屬縣豐者沛之聚邑耳方言高祖所生故舉其本稱以說之也此下言縣鄉邑告諭之故知邑繫於縣也

姓劉氏 師古曰本出劉累而范氏在秦者又爲劉因以爲姓

母媼 文穎曰幽州及漢中皆謂老嫗爲媼孟康曰媼母別名音烏老反師古曰媼女老稱也孟音是矣史家不詳著高祖母之姓氏無得記之故取當時相呼稱號而言也其下王媼之屬亦同意義皆同至如皇甫謐等妄引讖記好奇騁博強爲高祖父母名字皆非正史所說蓋無取焉寧有劉媼本姓存史遷肯不詳載即理而言斷可知矣他皆類此

嘗息大澤之陂 師古曰蓄水曰陂蓋於澤陂隄塘之上休息而寢寐也陂音彼皮反

夢與神遇 師古曰遇會也不期而會曰遇

是時雷電晦冥 師古曰晦冥皆謂暗也言大雷電而雲霧晝暗

父太公往

圖八　宋景祐本《漢書》書影

新譯漢書（一）紀

吳榮曾
劉華祝 等 注譯

三民書局

國家圖書館出版品預行編目資料

新譯漢書(一)紀／吳榮曾,劉華祝等注譯.——初版二刷.——臺北市：三民，2021
面；　公分.——（古籍今注新譯叢書）

ISBN 978-957-14-5670-6（全套:精裝）
1. 漢書 2. 注譯

622.101　　101007749

新譯漢書(一)紀

注譯者｜吳榮曾　劉華祝等
發行人｜劉振強
出版者｜三民書局股份有限公司
地　址｜臺北市復興北路 386 號 (復北門市)
　　　　臺北市重慶南路一段 61 號 (重南門市)
電　話｜(02)25006600
網　址｜三民網路書店 https://www.sanmin.com.tw

出版日期｜初版一刷 2013 年 6 月
　　　　　初版二刷 2021 年 12 月
ISBN｜978-957-14-5670-6
　　　全套不分售

三民書局

刊印古籍今注新譯叢書緣起

劉振強

人類歷史發展，每至偏執一端，往而不返的關頭，總有一股新興的反本運動繼起，要求回顧過往的源頭，從中汲取新生的創造力量。孔子所謂的述而不作，溫故知新，以及西方文藝復興所強調的再生精神，都體現了創造源頭這股日新不竭的力量。古典之所以重要，古籍之所以不可不讀，正在這層尋本與啟示的意義上。處於現代世界而倡言讀古書，並不是迷信傳統，更不是故步自封；而是當我們愈懂得聆聽來自根源的聲音，我們就愈懂得如何向歷史追問，也就愈能夠清醒正對當世的苦厄。要擴大心量，冥契古今心靈，會通宇宙精神，不能不由學會讀古書這一層根本的工夫做起。

基於這樣的想法，本局自草創以來，即懷著注譯傳統重要典籍的理想，由第一部的四書做起，希望藉由文字障礙的掃除，幫助有心的讀者，打開禁錮於古老話語中的豐沛寶藏。我們工作的原則是「兼取諸家，直注明解」。一方面熔鑄眾說，擇善而從；一方面也力求明白可喻，達到學術普及化的要求。叢書自陸續出刊以來，頗受各界的喜愛，使我們得到很大的鼓勵，也有信心繼續推廣這項工作。隨著海峽兩岸的交流，我們注譯的成員，也由臺灣各大學的教授，擴及大陸各有專長的學者。陣容的充實，使我們有更多的資源，整理更多樣化的古籍。兼採經、史、子、集四部的要典，重拾對通才器識的重視，將是我們進一步工作的目標。

古籍的注譯，固然是一件繁難的工作，但其實也只是整個工作的開端而已，最後的完成與意義的賦予，全賴讀者的閱讀與自得自證。我們期望這項工作能有助於為世界文化的未來匯流，注入一股源頭活水；也希望各界博雅君子不吝指正，讓我們的步伐能夠更堅穩地走下去。

新譯漢書　目次

第一冊

第二冊

第三冊

第四冊

第五冊

第六冊

第八冊

第九冊

第十冊

導讀

一、《漢書》的作者和書的結構

班固的《漢書》是我國古代的第一部斷代史。唐劉知幾《史通・六家》說：「如《漢書》者，究西都之首末，窮劉氏之廢興，包舉一代，勒成一史。言皆精練，事甚該密。」從西漢開國到滅亡，共有十二位皇帝，歷時二百一十三年。接著是王莽所建立的新朝，歷時共十六年。從漢到新亡共二百二十九年，全書共一百卷。

班固出身於西漢末到東漢初一個史學世家。其父班彪，鑑於司馬遷《史記》只寫到武帝時為止，他立志要為西漢史延續到漢亡。《後漢書》說：「彪乃繼採前史遺事，傍貫異聞，作後傳數十篇。」班固因班彪續史未竟而逝，「乃潛精研思，欲就其業」。當時有人向明帝告密，說「固私改作國史」，班固因此下獄。後明帝弄清事情真相，並閱讀了班固的史稿而「甚奇之」。乃任班固為蘭臺令史，又遷為郎，典校祕書。帝「乃復使終成前所著書」。經過二十幾年，到章帝建初時初步完成其書。到和帝時，班固因和外戚竇憲案有牽連而下獄，並死於獄中。當時書稿大部分已完成，唯〈天文志〉和八表未就，和帝命班固之妹班昭續成之。班昭是當時一位女才子，《後漢書》稱班昭「博學高才」。班昭終於完成了班固未成之作。《漢書》的問世，在學界受到震撼，《後漢書》說：「當世甚重其書，學者莫不諷誦焉。」現在《漢書》中有三篇傳的贊，文首標出：「司徒掾班彪曰」，證明這是班固抄自其父之書。《漢書》主要成於班固之手，但其中還有一些班彪和班昭的成果。

《漢書》和《史記》，都是漢代人在史學上的傑出貢獻。《後漢書》以為班固和司馬遷皆「有良史之材」。確實，《漢書》和《史記》一樣，都是中國史書中不朽之作。

《漢書．敘傳》說：「起元高祖，終于孝平、王莽之誅，十有二世，二百三十年。」班固言明《漢書》記載的是從漢高帝到平帝以及王莽的歷史，即在西漢一朝歷史之外再附上新朝十六年。《漢書》體例上倣自《史記》，人物屬於〈紀〉、〈傳〉、〈表〉，專史則屬於〈志〉。《史記》專史屬〈書〉，而《漢書》改〈書〉為〈志〉。但《漢書》在〈志〉方面較《史記》為多，而且在內容方面更為豐富。《漢書》是一部斷代史，但書中也有些和斷代準則不一的處理手法。如〈食貨志〉述農業，從西周到戰國，然後才講到西漢。在〈貨殖傳〉中，列入了范蠡、白圭等六人，他們都是戰國時人。最特別的是〈古今人表〉，其中人物從上古、三代到秦始皇、陳勝、吳廣，所謂的今人則不包括西漢人在內。《漢書》中敘事或敘人時違反斷代準則的例子只有很小一部分。

二、班固的史學觀點

古代史家撰寫史書，必須具備明確的史學觀點和思想。古人受儒家思想影響很深，儒家要求修史者對歷史上的事和人都要作出褒貶，即所謂的「春秋筆法」。這是中國的傳統史學思想，也即以古為鑑的意思。班固在《漢書．敘傳》中便說，他撰寫《漢書》時是「旁貫五經」，即以儒家思想為其修史的指導。班固也認為史家修史必須「顯善昭惡」，以達到勸戒後人的作用。這正是歷史科學的重要社會功能，即通過對前人的褒貶，來完善後人的行為規範和處事準則。

下面舉一些實例，看一看班固對西漢的歷史與人物是如何評述的，以及《漢書》記載的一些特色：

(一)帝紀

《史記》中的西漢〈帝紀〉，從高帝到景帝。《漢書》中這幾個〈帝紀〉，基本上是沿襲自《史記》，如〈呂后紀〉的贊語，幾乎全同《史記》。《漢書》中的〈帝紀〉從武帝到平帝，是班固所獨立完成的，比較可以看出他的評價。

西漢是中國古代文治武功很盛的王朝之一，而武帝又是西漢時一位很傑出的君主，在班固的筆下塑造出形象高大的武帝。班固稱讚武帝的「雄才大略」。確實，雄傑之才和遠大的目光是武帝的特點。具體來說，武帝的雄才表現在他的重視人才和知人善任。〈公孫弘、卜式傳贊〉說：「是時漢興六十餘載，海內艾安，府庫充實，而四夷未賓，制度多闕。上方欲用文武，求之如弗及。」「求之如弗及」表達出武帝思才若渴的心情。武帝求才的標準也很特別：一是不問其身分的高低貴賤。班固說從芻牧、賈豎、奴僕、降虜，都可成為他選中或重用的對象。二是各種有專長的人都在他物色的範圍之內。班固說從「儒雅」到「定令、應對、運籌、將率」等人才都不放過。班固對此發出感歎，以為當時「異人並出」，「漢之得人，於茲為盛」，「是以興造功業，制度遺文，後世莫及。」武帝能造就出偉大的功業，這和他善於識人和用人是分不開的。

武帝的性格中有一些很值得稱許的優點，那就是他有容人之量，能接受臣下的諫奏和對他的批評。像汲黯說他「內多欲而外施仁義」，他當時很不高興，但事後他認為汲黯的說法是正確的。在正當武帝要大舉攻伐匈奴時，主父偃、徐樂等人給他「潑冷水」，力言出兵之害。他當時不僅未動怒，反而對他們說：「何相見之晚也。」這是何等寬廣的胸懷！武帝晚年因對外戰爭打得太多，國家已難於承受此重擔，以致民間「寇盜並起」，社會動亂即將來臨。到征和年間，武帝下了有名的輪臺之詔，表示「深陳既往之悔」，「由是不復出軍」。並聲明將「以明休息，思富養民」，經過這一懸崖勒馬，使漢朝轉危為安。他晚年殺死太子全家，引起當時社會輿論的責難。承相田千秋要求武帝做好善後，武帝隨即為太子平反，並在湖地建思子宮以悼念太子。以上兩事表明武帝能知過而改，這在中國古代的許多帝王之中並不多見。後來司馬光在評論武帝時，認為武帝用民力太甚和秦相似，但由於武帝能「受忠直之言」、「好賢不倦，誅賞嚴明，晚而改過，顧托得人」等等，這樣雖有「亡秦之失」，「仍可免亡秦之禍」。《通鑑》對武帝的剖析很深，而執筆人之一的劉攽對《漢書》十分的專精，《通鑑》受《漢書》的影響也是可想而知的。

武帝在文治武功方面都達到很高的成就，但班固在〈贊〉裡只說他「罷黜百家，表章《六經》」等的功績，這不能不引起別人的疑問。如清趙翼認為班固稱武帝「雄才大略」，他認為這主要表現在武功方面，而〈贊〉中竟一字不提？這涉及不同時代的人有不同的看法。在漢宣帝時，人們對此問題看法就有爭議。如在討論為先君立廟樂時，有人以為武帝「多殺士卒」而不應對其有過高的尊崇。當然，班固對武帝的武功是肯定的，如在〈敘傳〉中說武帝「百蠻是攘，恢我疆宇，外博四荒，武功既抗，亦迪斯文」。很清楚班固把武功的重要性放在文治之前，為何在〈贊〉中則隱諱其辭？這和東漢初形勢有關，當時正當大兵之後，海內蕭條，用兵之害的教訓很深，大家都不願再去標榜武功。但從長遠的歷史眼光來看，漢武帝的武功是完全應該肯定的。清趙翼認為武帝時開闢疆土「視高、惠、文、景時，幾至一倍」。最後他認為武帝時漢所增地，「永為中國四至，千萬年皆食其利」。

班固對武帝以後漢的君主，唯對宣帝有較高的評價。宣帝的政治理念是「循名責實」、「信賞必罰」，這是申、韓法治的基本路數，實際上從文、景到武帝都遵循這一準則以治國。而宣帝是把話說穿了，他宣稱漢家制度「本以霸王道雜之」，而非「純儒」。《漢書・公孫弘傳贊》的前半部專講武帝朝得人之盛，而後半部則講宣帝朝名臣之多，說當時「文武名臣二十四人」，以為這僅次於武帝時而已。宣帝治術的特點之一是重視良吏，班固以為當時好官人數很多，是值得稱頌之事。班固又以為昭、宣時為漢之「中興」，這樣的評論也是符合實際的。

西漢滅亡後，繼之而起的是新朝，新皇帝王莽在位十六年。班固因為以漢家為正統，不以帝紀記王莽，但〈王莽傳〉雖無帝紀之名，而有帝紀之實。

西漢晚期，王莽以外戚的身分，躋身高位。但王莽不同於其他外戚，他並不滿足於個人的富貴；他在政治上有抱負，或者說有很大的野心。西漢晚期，受儒家思想影響，社會思潮中「漢再受命」、「禪讓」之說泛起，這對王莽篡漢起到一些推波助瀾的作用。王莽一生中，早期和晚期的性格和表現，頗有不同。班固說他在成、哀時期，是「勤勞國家，直道而行」，因而「動見稱述」。社會上對他有很高的期望。以為他若掌權，定有不俗的表現。

哀帝卒後，王莽專政，立年僅九歲的平帝。平帝立五年而卒，莽立年僅二歲的孺子嬰。兩年後莽為帝，國號為新。年號為始建國。

莽年輕時「勤身博學」，有較深的儒學修養。班固以為他「誦六藝以文姦言」，就是利用儒學來達到他個人的一些目的。他很善於沽名釣譽，常常暗示臣下為其歌功頌德，其中包括某些弄虛作假的內容。他兩次立的都是幼君，目的是為了易於控制，可是他宣揚這是周朝周公輔成王的重現。他在施政方針方面或是進行改制都喜歡「法古」。一般都是沒有太大的意義，在政治實踐中還會帶來很多的弊端。

他首先要改革的是貨幣制度。早在他還在輔佐孺子嬰之時，他當時是攝皇帝，新朝還未開始。居攝二年，他推出了大泉五十、契刀、錯刀三品，和漢五銖一同通行。次年，他登上帝位，廢去五銖和契刀、錯刀，做古制推出金、銀、龜、貝，又作銅泉六種、銅布十種，一共是「寶貨五物，六名，二十八品」。

漢以五銖為主的單一幣制，莽制則變成了多元制，貨幣秩序被打亂了，實際上市場上流通的只有大小二品。到地皇元年，又罷大小錢，用新鑄的貨布、貨泉，「兩品並行」。當時人就認為王莽的「數改錢貨」，是導致「百姓怨恨」的重要原因，而嚴重的後果是引起「農商失業，食貨俱廢」。

西漢時土地兼併很盛，從董仲舒到師丹都想設法使其緩和。王莽則用最徹底的手段來解決這個老問題。始建國元年，「今更名天下田曰王田，奴婢曰私屬，皆不得買賣」。隨後因買賣田地、奴婢而犯法的諸侯卿大夫至於庶民，「不可勝數」。到始建國四年，又下令田地、奴婢都可買賣。這證明王莽的改革，從錢幣到田地、奴婢的不能買賣，在不長時間內因行不通而失敗。

在政治制度方面，官名、爵名，多參照古名而改名。地方長官如郡守、縣令，改成大尹和宰。對全國的郡、縣名又都改名，而且不斷的改，甚至「一郡至五易名」。郡縣名的更改，只會帶來更多的麻煩。

王莽受儒家思想影響很深。他改制或施政，企圖達到的政治目標是堯舜或周公時代的再現。古今異制，這是無法實現的。班固批評他「好為大言」，「莽好空言，慕古法」。確實，他所標榜的是大而空的內容，缺乏務實精神。起初大家被他的宏偉理想迷惑，對他寄有厚望，後來從政治實踐中認識到改革或施政都很令人失望。王莽為了維持他的統治，一是加重租稅，二是加重刑罰。如實行六管後，百姓不堪租稅之重負。錢幣制度的紊亂，莽用刑罰威迫百姓。史稱「民犯鑄錢」，以鐵鎖犯人之頸，拘禁在鍾官的「以十萬數」。到地皇年間，「百姓怨恨，盜賊並起」。各地民眾的反抗活動越來越多，新莽政權就是在這種衝擊下而走向滅亡。

王莽的基本政治理念是法古，即通過「制禮作樂」，以達到堯舜至治之世的重現。而實際上無論是改制還是施政的結果，給百姓帶來的是災難和禍殃，完全失掉了民心。史載他被亂兵殺死之後，他的肢體被肢解，百姓或將其舌頭割下而食之。這體現了百姓在王莽統治的十幾年中，人們的利益受到莫大的傷害，因而大家對他的仇恨達到食其肉而寢其皮的程度。《漢書》的〈王莽傳〉分上、中、下三分卷，比所有西漢皇帝的帝紀要長得多。這大約是班固想把王莽荒唐的治跡更多地載入史冊，使後人能從中得到有益的鑑戒。

㈡列傳中的將相、名臣

甲、霍光

武帝以後，霍光在朝中掌握大權，對西漢的歷史，起到巨大的作用，可說是扭轉乾坤的重要人物。霍光憑藉他有一點裙帶關係而進入漢廷。他的官位不高，僅是奉車都尉。但這一職務的特點是和皇帝的關係特別密切。他一直是皇帝的親信，他能凡事小心謹慎而獲得武帝的信任。

武帝臨終前，命霍光和金日磾等輔佐年方八歲的昭帝，並以光為大司馬、大將軍，這意味著霍光位極人臣。史稱「孝昭委任霍光」，表明昭帝在位的十三年中，國家大權始終在霍光手中。直到宣帝初年以後，才把最高權力轉移於宣帝。因而可以說，霍光實際成了皇帝，是一位無冕之王。

霍光輔政期間，並非一帆風順。在昭帝即位第六年時，上官桀拉攏了武帝之女蓋主，還有武帝子燕王旦等，密謀政變，打算殺霍光而立燕王旦為帝。後因謀洩，蓋主、燕王、上官桀等皆伏誅。史稱霍光此舉「威震海內」。

昭帝卒後，又面臨立君的難題。霍光立昌邑王賀為帝。僅二十餘天，霍光發現賀「淫亂行」，不適宜為帝。於是冒了很大風險，廢昌邑王賀，並破格立武帝衛太子之孫劉詢為帝，是為宣帝。

武帝時因對外戰爭打了幾十年，最後是造成了「民力屈，財用竭」的結局，導致「海內虛耗，戶口減半」的慘狀。當時有些地方出現了民眾的武裝暴動。霍光從武帝手中接過來的是個「爛攤子」，要治理好這個國家並不容易。班固說他上臺後，「因循守職，無所改作」，對於如何治理這個國家，胸有成竹，霍光「知時務之要，輕傜薄賦，與民休息」。他從改善百姓的生活做起，這顯示出他有治國的才能。確實他這些措施是有效的。史稱到昭帝始元、元鳳年間，「百姓充實」，扭轉了原來經濟殘破的局面。他在對外方面的方針是停止大用兵，用緩和的手段來改善和匈奴的關係。對內方面則加強邊塞的防禦。霍光在位二十年，他所實行的政策，不僅使漢朝轉危為安，而且向富強的方向發展，所以史稱「昭、宣中興」。班固對霍光有很高的評價，說他能忠於漢室，「擁昭立宣，光為師保，雖周公、阿衡，何以加此？」班固認為霍光這樣的人，在歷史上少有，與其相比者只有古時的伊尹、周公了。

乙、賈誼、鼂錯

西漢時君權很強，丞相之類的大官，往往權力有限，在朝中難以發揮很大作用，但有些傑出的政治家，他們官階並不高，可是他們在政治上起到不小的影響，文帝時的賈誼就是這樣的人物。在《史記》中，賈誼文學上的成就得到彰顯。而在《漢書》中，賈誼在政治上的遠見卓識被突出起來。清趙翼以為《漢書》「增載者皆係經世有用之文」，如〈賈誼傳〉有〈治安策〉，「《漢書》全載」。「案此策皆有關治道，經事綜物，兼切於當日時勢，文帝亦多用其言」。經過班固的傳述，一個有傑出政治才幹的賈誼出現在《漢書》裡面了。

鼂錯的情況和賈誼相似。《漢書》載其〈教太子一疏〉、〈言兵事一疏〉、〈募民徙塞下等疏〉、〈賢良策〉。趙翼以為《漢書》中採集了鼂錯上述諸文，「皆有關世事國計」，從中也看到鼂錯的深謀遠慮。鼂錯為了削弱諸侯王勢力，經景帝同意而修改法令三十章。錯有功於國，但最後下場極慘，故班固說：「世哀其忠。」

丙、張湯、董仲舒

張湯和董仲舒是武帝時兩個重要的歷史人物，班固在二人的專傳裡著墨甚多。而《史記》將張湯列入〈酷吏列傳〉，將董仲舒列入〈儒林列傳〉，這樣未免貶低了兩人在當時歷史中的作用。張湯是武帝的得力助手，班固說當時「天下事皆決湯」，〈張湯傳〉裡說：「湯承上指，請造白金及五銖錢，籠天下鹽鐵。排富商大賈，出告緡令。」這說明武帝朝不少財經方面的措施，出於總設計師張湯之手。班固給予這位武帝朝的大人物在史籍上一個應有的位置。張湯一向有酷烈之稱，班固也同意這一看法，但他又說湯有「推賢揚善」的品德。固對湯有褒有貶，顯示出一個良史的應有風格。

董仲舒在仕宦方面只做過王國相。他對政治、社會都有不少深刻的看法和見解。他的不少主張為武帝所採納。班固列舉「推明孔氏，抑黜百家，立學校之官，州郡舉茂材、孝廉，皆自仲舒發之」。董仲舒的社會、政治觀點都不是來自空想，而是他通過觀察社會而發現的問題，然後找到解決的方法。他的不少建議不僅為漢朝所接受，而且在中國一直延續下去，如尊儒和興學。特別是關於察舉制，在科舉與起之前，察舉一直成為取士的一種有成效的制度。董仲舒的眼光遠大，他發現貧富不均會引起社會的矛盾，他認為應該限止田地占有太不均，這也成為後世不少人經常關注的問題。以上情況表明，董仲舒的不少主張，對中國後來上千年都有深遠的影響。

西漢時人對董仲舒的評價有爭議。劉向的評價很高，說他「有王佐之材，雖伊、呂亡以加」。劉歆則貶得較低。劉向的看法有一定道理，在以後千百年間，證明劉向的話是有道理的。

丁、出自儒宗的宰相

武帝興儒之後，政治風氣為之一變。官吏憑借儒學為本錢而飛黃騰達。班固舉出如公孫弘、蔡義、韋賢、韋玄成、匡衡、張禹、翟方進、孔光、平當等人，「咸以儒宗居宰相位」。但班固對這些人並不看好，他認為這些人，「皆持祿保位，被阿諛之譏」。尤其張禹其人，身為帝師，以治《論語》而著稱於當世，但他的人品極差，班固稱他為「佞人」和「姦人之雄」。與其同時的朱雲，曾憤慨地說：應該用斬馬劍把張禹的頭砍斷下來！班固是儒學的尊崇者，但對於有些人借儒學來謀私利則表示出深惡痛絕，對張禹就是如此。

戊、循吏、酷吏

從司馬遷起，將西漢有才幹的地方官分為循吏和酷吏。循吏是能為民興利，並以恩義待下；酷吏則以能為民除害，處事方式以酷烈為主。〈循吏傳〉舉出循吏如黃霸、龔遂、召信臣等，說他們「所居民富，所去見思」，有「德讓君子之遺風」。

西漢地方官有政績者，多用嚴厲手段來管理下面，和酷吏相近。但他們不畏強暴，敢於和豪強或上級抗爭，目的是為民除害，這樣的行為受到百姓的擁戴。《漢書》記錄他們這種事跡不少，如哀帝時鮑宣以直諫著名，在其任司隸時因得罪丞相而下獄，不少長安市民出來為他請命，「博士弟子濟南王咸，舉幡太學下，曰：『欲救鮑司隸者，會此下。』諸生會者千餘人。」宣帝時趙廣漢為京兆尹，也因得罪丞相而將被處死。《漢書》說當時長安「吏民守闕號泣者數萬人」。又說廣漢雖死，但他生前「為京兆尹廉明，威制豪彊，小民得職，百姓追思，歌之至今」。「今」指東漢時，可見百姓對官吏的廉明和能制服為民禍害的豪強給予極大的尊敬，而追思歌頌可以維持很長一個時期。又如韓延壽，在地方上有治跡，對吏民有恩信。後因有罪被誅，死前有「吏民數千人，送至渭城」，「老小扶持車轂，爭奏酒炙。延壽不忍距逆，人人為飲，計飲酒石餘」，「百姓莫不流涕」。百姓為了給他們心目中的好官訣別或請命，可以集結起千人或萬人的隊伍，這是很感人的一種場面。《漢書》中這樣的記載不止一次出現過，從字裡行間能流露出班固對這些官吏的同情和崇敬心情。

(三)志

正史中除了記載人物活動的〈紀〉、〈傳〉、〈表〉之外，還有記制度的〈志〉。從《史記》開始就有記水利、經濟等方面專史的〈書〉。《漢書》倣《史記》而作專史，不過有所改進。一是把〈書〉改為〈志〉，二是涉及的方面較《史記》有了擴大。如《史記》有記載河流的〈河渠書〉，《漢書》有類似的〈溝洫志〉，但最重要的是，《漢書》增添了以講人文地理為主的〈地理志〉。班固根據的是西漢平帝時元始元年（西元元年）全國的統計材料。全國共有一〇三個郡、國，一三一四個縣和邑，共有民戶一二二三三〇六二戶，人口總數為五九五九四九七八人。這是我國保存於史書中第一個全國人口數的紀錄。〈地理志〉中有班固所作的簡注，如在有的縣名下，簡記其沿革和有關的山川和古蹟，這些資料不見於其他古籍，是今天研究漢代歷史有用的史料。

〈藝文志〉是根據劉歆的《七略》而寫成的。《七略》是西漢國家的藏書總目。當時圖書分成六大類，即六藝、諸子、詩賦、兵書、術數、方技。術數、方技中不少內容屬迷信一類，但也包括一些種田或種植果樹和養魚一類的著作。班固在每家目錄之後，都有一簡明的提要。在有的書目下，有班固對作者的簡約介紹。班固在〈志〉的序裡又講西漢的「廣開獻書之路」，以及武帝時「建藏書之策，置寫書之官」。成帝時又「求遺書於天下」。這都表明西漢對藏書事業的重視，也表明當時文化的發達程度。

《史記》有專記先秦至西漢時商業、貨幣發展狀況的〈平準書〉，而班固倣〈平準書〉作〈食貨志〉，但其內涵要比〈平準書〉為廣闊。食是指農業，貨指手工業、商業、貨幣。〈志〉的上半部為農業，下半部為商業、貨幣。西漢初實行休養生息，田稅從十五稅一減為三十稅一。農民的兵役、傜役負擔也有所減輕，到武帝初期就顯現出民富國強的事實。班固很重視發展經濟的重要性，他在〈食貨志〉中說：「食足貨通，然後國實民富，而教化成。」這和《管子》說的「衣食足而知榮辱」的意思相似。

西漢時的經濟獲得很大的發展，但又出現了新的問題，那就是土地兼併和貧富的更加不均。不少有識之士倡議，恢復古代的井田來緩和這種矛盾。董仲舒認識到井田制無法恢復，但適當地限制土地過多的占有似是可行的。後來哀帝下限田令，結果是「遂寢不行」。王莽上臺後，採用最果斷的手段，即禁止田地、奴隸的買賣，但遇到的阻力很大，最後王莽只好下令廢止。王莽多憑主觀空想，如廢除田地私有制，就是違反了客觀經濟的發展規律，成為他速亡的重要原因。班固在〈食貨志〉的贊中指出，王莽因「制度失中」、「官民俱竭」而失敗，這是符合實際的對王莽的有力批評。

三、《漢書》在史學和文學上的地位

《漢書》是我國古代第一部斷代史。唐代劉知幾將從古到漢的史書分為六大類，《漢書》屬於其中的一類。《漢書》成書在《史記》之後，因而有些地方是在摹倣《史記》，但其結構和內容方面都比《史記》為完善和豐富。《漢書》為後世斷代史的編撰奠定了基礎，甚至對斷代史以外如《九通》一類的著作也有相當的影響。清代章學誠以為，班固的《漢書》是後世史書的「不祧之宗」。確實，《漢書》成為後代修史者所遵奉的範式。

班固是東漢時有名的賦家，實際上他在散文寫作方面也有很高的造詣。《後漢書・班固傳》對他的文章評為「贍而不穢，詳而有體」。後世不少人指出班固文風的特點，還有嚴整的一面。他不僅長於敘事，也善於刻劃人物，在語言文字的錘鍊方面有很深的功力。早在南朝蕭梁時，蕭統的《文選》就收了《漢書》中某些紀傳之贊。很明顯在《文選》這部著名文章選集中，班固的《漢書》也獲得了蕭統很大的肯定。後代人受其影響，在古文選集中選錄《漢書》中的文章者頗多，如清乾隆時姚姬傳的《古文辭類纂》，收入《漢書》中的若干篇書、疏類的文字。宋以後人將班固的散文作品和韓、柳等的文章同等看待，作為後人學習古文的楷模。清代著名史學家梁玉繩認為《漢書》「卓然為史家之宗」，同時也認為其「文章雄跨百代」，如此的評論對《漢書》來說無疑是很合適的。

四、《漢書》的版本和注釋

保存至今的宋版《漢書》有好幾種。一是過去稱為北宋景祐本者，商務曾將其收入百衲本的二十四史中。現經查明，此書雖為北宋人所刻，但至少後來經過南宋人的遞修。又一宋本是南宋慶元時劉之問刊本。現國內僅存一部，在北大圖書館。此書收入北宋劉攽、劉敞、劉奉世和宋祁的校記，這對於校訂《漢書》的文字是極有用的資料。明代嘉靖九年有南監本和北監本，這是官修的《漢書》。明代其他刻本較多，有嘉靖時汪文盛刊本，這和明末清初毛氏汲古閣本都被稱為善本。

清乾隆時刻《二十三史》於武英殿，其中《漢書》以明監本為底本，據南宋慶元舊本「補缺訂訛」、「尤加詳慎」。故殿本《漢書》素稱「校勘精善」。道光四年，新修殿版，錯字很多。清末莫友芝和後來民國時的傅增湘，都以為此本「多為淺學誤改」。而清末時光緒廿九年上海五洲同文書局石印本的殿版《漢書》，如將其和殿版原刻本相比，文字差異不少，知道石印本依據的乃道光本。而從民國至今，各種所謂影印殿本，也多據清末石印本，和殿版原刻本有差異。唯民國五年商務印書館涵芬樓影印殿版《漢書》出於乾隆刻本，勝於其他覆本。

早在東漢末，就有服虔、應劭為《漢書》作注。到魏晉時尤盛，有李奇、鄧展、文潁、蘇林、張晏、如淳、孟康、晉灼、臣瓚等。唐劉知幾以為：「始自漢末，迄乎陳世，為其注解者凡二十五家。」又說：

「至于專門受業，遂與《五經》相亞。」

臣瓚其人的歷史不詳，其年代或在西晉時。他把各家注集合為《漢書集解音義》廿四卷，各家注從此就不易失散了。南朝末的蔡謨，將臣瓚的《集解音義》散入《漢書》，這也是《漢書》帶上各家注的開始。

唐太宗貞觀年間，顏師古為《漢書》作注。師古之叔遊秦，就作過《漢書》注，因此師古注帶有家學的特色。顏注屬於清人所說的「遍體施注」型，對於出現於書中凡涉及到史實、典章制度、地理等方面的重要內容，都會作出必要的詮釋，甚至對有些人們所不太熟悉的單字，也作出釋義或注音。注的順序是，先引用前人的注釋，然後表明自己的看法。清《四庫總目提要》認為，顏注「條理精密，實為獨創」。確實，後世讀者依靠顏注，閱讀《漢書》就比較容易了。前人把顏注和杜預的《左傳注》相比，以為顏注是《漢書》的「功臣」。

宋人在《漢書》整理方面也作出了重大的貢獻。北宋的宋祁、三劉都有關於《漢書》的校注成果。宋祁據當時他所能看到的多種《漢書》抄本而作出校記，這是極有用的校勘材料。三劉皆精於漢史和《漢書》，他們對顏注有所匡正，對於《漢書》字句的解讀也提出了不少有用的看法。南宋時刻的有些《漢書》，把宋和三劉的校注都補在顏注之後，這對讀者很有用處。乾隆時的殿版，盡量把宋祁和三劉的注都收入書中。

宋人還就《漢書》中的〈志〉作專題研究，如南宋的王應麟作《漢書藝文志考證》。錢文子作《補漢兵志》。《漢書》有專記兵制、刑制的〈刑法志〉，但兵制部分太簡略，故錢氏從《漢書》等書中輯出有關兵制的記載，彙輯成《補漢兵志》，對讀者很有用處。

清代學界的證經考史之風大盛，整理研究《漢書》的著作數量極多。

一、為全書作注解的有沈欽韓的《漢書疏證》、錢大昭的《漢書辨疑》、周壽昌的《漢書注校補》。

二、王鳴盛《十七史商榷》、錢大昕《廿二史考異》、王念孫《讀書雜志》，三書中都有《漢書》部分，對某些字或辭彙有考證。

三、對有些〈志〉、〈表〉、〈傳〉的考證。清人這方面的著述數量也很多，以〈地理志〉為例，有王紹蘭《漢書地理志校注》、錢坫《新校注地理志集釋》等十餘種。屬於〈表〉的有萬斯同《漢將相大臣年表》、夏燮《校漢書八表》、梁玉繩《人表考》。〈傳〉的方面有徐松《漢書西域傳補注》。

四、以集解的形式為《漢書》作注釋。王先謙的《漢書補注》，實際上是為《漢書》作集注或集解。他把魏晉到清的各家注釋、考訂的成果都吸收進來，故資料極其豐富，對讀者提供了很大的方便。

王氏曾對《尚書》、《詩經》和《莊子》、《荀子》等書作過集釋，使他在整理古籍方面獲得豐富的經驗。這是他在對《漢書》所作的注解工作能達到更好的水平的重要原因。他作的注釋具有以下一些特色：一是對文字的校正。版本方面的主要依據是宋祁引用的許多宋抄本的資料，並利用了殿本的校勘成果。另外，也根據唐宋類書或《通鑑》的引文以校正《漢書》。二是對書中的單字或辭彙，按照訓詁學的方法作出合理的釋讀。王對歷史地理較為擅長，書中凡涉及這方面的內容，他都有詳盡的闡明，這也是此書受到後人稱許的一個方面。三是對《漢書》所涉及到的史書或典章制度，詳加考證。大多言必有據，態度謹嚴，可信程度高，對深入研究漢史很有用處。

《補注》刊行於清光緒二十六年，在此以前或以後，集注或補注一類的作品不少，從其資料的豐富程度和論斷的謹嚴方面，都不如《補注》。目前大家公認，王著是現有《漢書》中的最佳注本。

從宋到清，讀《漢書》的人，無論是從史學的角度，還是從文學的角度，都有不少的讀後心得。這些心得對想要深入了解《漢書》的讀者頗有啟發的作用。明晚期的凌稚隆，把前人讀《漢書》的心得匯集起來而編成《漢書評林》，隨後又有鍾人傑、陳仁錫諸家編集了補《評林》之類的書。這些書一般都是把評論放在書中有關內容的書眉之上，或是放在文末。這可使讀者免去一些翻檢之勞。

《漢書》中古字或異體字、通假字不少，這給初學者帶來不少麻煩。凌稚隆在書中特別摘錄出古字、借讀字、同讀字，這對初學者提供了很大的方便。

王先謙站在清代樸學家的立場，對《評林》頗有微辭，以為「明代史評大暢，競逐空虛」。這樣的評價未免太過分，這可能忽略了不同的讀者會有不同的要求。

北京大學歷史系　吳榮曾

凡例

本書依據三民書局「古籍今注新譯叢書」體例撰寫，除一般古籍校注所注重的原文校勘與注釋外，書前有「導讀」，各卷並撰有「題解」、「章旨」、「研析」等欄目。其目的在做到普及學術，雅俗共賞，既提供一般讀者閱讀《漢書》理解文義的幫助，並為相關研究提供參考。各項作法說明如下：

一、正文以現存較為精校精刻的清乾隆武英殿本為底本，以北宋景祐本、清末王先謙《補注》本等為校本。底本無誤者悉依之，包括異體字，如「乃」與「迺」、「奈」與「柰」、「強」與「彊」、「禍」與「旤」等，皆一仍底本；底本有誤而校本不誤者，則據以校改，並在注釋中說明理據；底本避當朝名諱而改原文，如「弘」作「宏」之例，據古本回改，於首見處在注釋中說明之，餘徑改不再說明。

二、正文皆標示音讀，人名、地名等皆加上專名號，著作加上書名號，以方便現代讀者閱讀和理解。文言有讀音和語音之區別者，以讀音標示，如「北」標ㄅㄛˋ、「六」標ㄌㄨˋ、「帥」標ㄕㄨㄛˋ等。

三、各卷正文之前皆撰有「題解」，提示該卷閱讀重點；卷末撰有「研析」，提供閱讀心得之參考。長卷分為上、下分卷者，於上卷前作「題解」，下卷後作「研析」。正文皆依文義酌區分為幾個大段落編排，以利閱讀。各大段落後皆加撰「章旨」，以利讀者掌握段落大意。大段落中的各小段皆標上序號，語譯處亦同，以方便查找對照。

四、注釋參考、吸收前人的校注成果，並儘量呈現最新研究所得，注文力求言簡意賅、通俗易懂。古紀年注明西元年份；古地名注明今地名或相應地點。

五、譯文力求通暢易曉，一般以直譯為主，如遇晦澀難懂之文辭，則以意譯為輔，如歌謠、詩賦等，以幫助讀者理解正文文義為前提。

六、研析力求簡明通達，提出有理有據的分析意見，供讀者閱後思索之參考，並提示有待深入研究的問題與方面。

卷一上

高帝紀第一上

【題解】〈高帝紀第一〉是《漢書》的首卷，分為上、下兩分卷。「高帝」指漢朝的開國皇帝漢高祖劉邦；「紀」是紀傳體史書中的「本紀」，其體例是按照時間先後記載一個皇帝生平事跡及其統治期間的重大事件，可視作是一個皇帝事跡的編年體大綱。本卷上篇記載了秦末劉邦從一個小小亭長逐漸成為一個擁有大半天下的漢王的歷程，旁及秦末群雄爭霸、諸侯並起滅秦的許多大事；下篇敘述劉邦終於擊敗項羽，取得天下，當上了皇帝，然而漢初的政治局面並不穩定，戰爭仍然沒有結束，傳中著重描述了劉邦在統一天下後面對動盪的局面，一方面要治理天下，另一方面又要不斷處理各種突發的政治反叛，並直到他被流箭射中因此傷病去世的全部過程。〈高帝紀〉敘事謹嚴，被唐代劉知幾讚譽為：「《漢書》帝紀，此其最勝也。」

1 高祖❶，沛豐邑中陽里❷人也，姓劉氏❸。母媼嘗息大澤之陂❹，夢與神遇❺。是時雷電晦冥❻，父太公❼往視，則見交龍❽於上。已而有娠❾，遂產高祖。

2 高祖為人，隆準❿而龍顏⓫，美須髯⓬，左股⓭有七十二黑子⓮。寬仁愛人，意豁如⑮也。常有大度，不事⑯家人生產作業⑰。及壯，試吏⑱，為泗上亭長⑲，廷中吏⑳無所不狎侮㉑。好酒及色，常從王媼㉒、武負㉓貰酒㉔，時飲醉臥，武負、王媼見其上常有怪㉕。高祖每酤㉖留飲，酒讎㉗數倍㉘。及見怪，歲竟㉙，此兩家常折券棄負㉚。

3 高祖常㉛繇㉜咸陽㉝，縱觀㉞秦皇帝㉟，喟然大息㊱，曰：「嗟乎，大丈夫當如此矣！」

4 單父㊲人呂公善沛令㊳，辟仇，從之客，因家㊴焉。沛中豪傑吏聞令有重客㊵，皆往賀㊶。蕭何為主吏㊷，主進㊸，令諸大夫曰：「進不滿千錢，坐之堂下。」高祖為亭長，素易㊹諸吏，乃紿㊺為謁曰「賀錢萬」，實不持一錢。謁入，呂公大驚，起，迎之門。呂公者，好相人，見高祖狀貌，因重敬之，引入坐上坐。蕭何曰：「劉季㊻固多大言，少成事。」高祖因狎侮諸客，遂坐上坐，無所詘㊼。酒闌㊽，呂公因目㊾固留高祖。竟酒㊿，後。呂公曰：「臣(51)少好相人，相人多矣，無如季相，願季自愛。臣有息女(52)，願為箕帚妾。」酒罷，呂媼怒呂公曰：「公始常欲奇(53)此女，與貴人(54)。沛令善公，求之不與，何自妄許與劉季？」呂公曰：「此非兒女子(55)所知。」卒(56)與高祖。呂公女即呂后也，生孝惠帝、魯元公主(57)。

5 高祖嘗告歸[58]之田。呂后與兩子[59]居田中，有一老父過請飲[60]，呂后因餔之[61]。老父相后曰：「夫人天下貴人也。」令相兩子，見孝惠帝，曰：「夫人所以貴者，乃此男也。」相魯元公主，亦皆貴。老父已去[62]，高祖適從旁舍來，呂后具言客有過，相我子母皆大貴。高祖問，曰：「未遠。」乃追及，問老父。老父曰：「鄉[63]者夫人兒子皆以君[64]，君相貴不可言。」高祖乃謝曰：「誠[65]如父言，不敢忘德。」及高祖貴，遂不知老父處。

6 高祖為亭長，乃以竹皮為冠，令求盜之薛治[66]，時時冠之，及貴常冠，所謂「劉氏冠」也。

7 高祖以亭長為縣送徒驪山[67]，徒多道亡[68]。自度[69]比[70]至皆亡之，到豐西[71]澤中亭，止飲，夜皆解縱[72]所送徒。曰：「公等皆去[73]，吾亦從此逝[74]矣！」徒中壯士願從者十餘人。高祖被酒[75]，夜徑[76]澤中，令一人行前。行前者還[77]報曰：「前有大蛇當徑，願還。」高祖醉，曰：「壯士行，何畏！」乃前，拔劍斬蛇。蛇分為兩，道開。行數里，醉因臥。後人來至蛇所[78]，有一老嫗[79]夜哭。人問嫗何哭，嫗曰：「人殺吾子。」人曰：「嫗子何為見殺[80]？」嫗曰：「吾子，白帝[81]子也，化為蛇，當道，今者赤帝[82]子斬之，故哭。」人乃以嫗為不誠[83]，欲苦[84]之，嫗因忽不見。後人至，高祖覺㊗85。告高祖，高祖乃心獨喜，自負86。諸從者日益畏之。

8 秦始皇帝嘗曰「東南有天子氣87」，於是東游以猒當88之。高祖隱89於芒、碭90山澤間，呂后與人俱求91，常得之。高祖怪，問之，呂后曰：「季所居上常有雲氣，故從往常得季。」高祖又喜。沛中子弟或聞之，多欲附者矣。

【章旨】以上為卷上的第一部分，描述了漢高祖劉邦在起兵之前的事跡，鋪陳了劉邦將來要做皇帝的種種異象，以及他鮮明的性格特徵。

【注釋】❶高祖　姓劉，名邦。他死後的諡號為「高帝」，廟號為「高祖」。❷沛豐邑中陽里　沛，沛縣，秦時屬於泗水郡。縣、邑、里都是秦漢時期地方行政單位，縣下有邑，邑下有里。沛縣，治所在今江蘇沛縣。豐邑，秦時屬於沛縣，漢時改為豐縣，即今江蘇豐縣。中陽里，在今豐縣縣城東北一帶。❸姓劉氏　意即姓劉。姓和氏在先秦本來是有區別的，到戰國秦漢以後逐漸混而為一，司馬遷寫《史記》時已完全沒有區別，常常在《史記》說某某「姓某氏」。❹母媼　媼，對老年婦女的一般稱呼，意即老太太。劉邦母親的姓氏史籍缺載，故此以一般通名稱之。息，歇息。陂，澤塘的堤岸。❺遇　相會。❻晦冥　天色昏暗。❼太公　老年男子的尊稱，此指劉邦的父親。❽交龍　蛟龍。❾已而有娠　已，在這之後。有娠，懷孕。❿隆準　高鼻子。隆，高。準，鼻梁。⓫龍顏　上額外凸，像龍額一樣。史籍中常用來形容帝王的相貌。顏，指臉上眉目之間的地方。⓬美須髯　鬍子很漂亮。須，生在嘴下的鬍子。髯，生在兩頰的鬍子。⓭股　大腿。⓮黑子　黑痣。⓯意豁如　意，性情。豁如，開朗通達。⓰事　從事。⓱生產作業　指農業勞動。⓲試吏　試用做了官吏。⓳泗上亭長　泗上，地名，在今江蘇沛縣東。亭長，主管一亭事務的官名，秦時縣下每十里設有一亭。⓴廷中吏　衙門裡當差的那些小吏。㉑無所不狎侮　沒有一個不被他欺侮。㉒王媼　一個姓王的老婦人。㉓武負　一個姓武的老婦人。負，通「婦」。㉔貰酒　即不付錢賒帳買酒。㉕有怪　有怪異的現象出現。㉖酤　買酒。㉗酒讎　酒銷售的數量。㉘數倍　數倍於平常。㉙歲竟　年終的時候。㉚折券棄負　意即折毀欠據，放棄劉邦所負之債。券，此指書寫在簡牘之上的劉邦賒酒的欠據。負，欠下的債務。㉛常　同「嘗」。

曾經。㉜繇　服傜役。㉝咸陽　秦的首都咸陽，在今陝西咸陽東北。㉞縱觀　放縱地任人觀看瞻仰。㉟秦皇帝　即秦始皇嬴政。㊱大息　即「太息」。歎息。㊲單父　縣名，治所在今山東單縣。㊳善沛令　與沛縣縣令交好。令，縣令，漢代為一縣的行政長官。一般大縣稱令，小縣稱長。㊴家　安家。㊵重客　貴客。㊶賀　拿著禮物去慶賀。㊷蕭何為主吏　蕭何，輔佐劉邦統一天下，後任相國，其事可詳見本書卷三十九〈蕭何傳〉。主吏，協助縣令的官職名。㊸主進　主管收納賀禮。㊹易　輕視；看不起。㊺紿　欺騙。㊻劉季　即劉邦。劉邦有兩個哥哥，自己排行最後，古人根據年齡大小以伯、仲、叔、季來排行，故此稱劉季。㊼詘　謙讓。㊽酒闌　酒喝得快結束、人越來越少的時候。闌，稀少。㊾因目　使眼色。㊿竟酒　喝酒結束了。竟，結束。51臣　謙稱自己。52息女　親生女兒。息，生。53奇　看重。54與貴人　嫁與貴人。55兒女子　猶「婦孺之輩」。56卒　最終。57孝惠帝魯元公主　孝惠帝，即劉邦的長子劉盈，「孝惠」是他死後的諡號，其事可詳見本書卷二〈惠帝紀〉。魯元公主，劉盈的姊姊，因其年紀最長，食邑在魯，故稱「魯元公主」。58告歸　請假回家。59兩子　兩個孩子，即孝惠帝和魯元公主。古時，兒、女均可稱子。60請飲　討水喝。61餔之　拿飯給他吃。62已去　離去以後。63鄉　通「向」。剛才。64皆以君　都因為你（而富貴）。65誠　果真。66令求盜之薛治　叫手下的求盜小吏到薛縣去為他做冠。求盜，亭長手下有兩名小吏，一曰亭父，主管開閉門戶和清潔掃除；一曰求盜，主管追捕盜賊。之，去。薛，縣名，在今山東滕州南。治，供辦；備辦（冠）。67驪山　在今陝西臨潼東南。68道亡　路上逃跑。69度　忖度；估計。70比　等到。71豐西　豐邑之西。72解縱　放走。73去　離開。74逝　逃逝。75被酒　帶著酒意。76徑　在小路上走。77還　返回。78所　地方。79老嫗　老婦人。80見殺　被殺。81白帝　傳說中的天帝，秦的先祖秦襄公曾供奉白帝，自稱是白帝的子孫。82赤帝　傳說中的天帝，漢朝人崇尚赤帝，漢代劉氏被認為是赤帝的子孫。83不誠　不真實。84苦　給她苦頭吃。或說此「苦」為「笞」，鞭打。85覺　睡覺醒來。86自負　自認為了不起。87天子氣　古人認為天子的頭上常有特殊的雲氣，叫「天子氣」。88猒當　鎮壓、制服。猒，即「壓」。壓服。當，塞住。89隱　躲藏。90芒碭　芒山、碭山。都在今河南永城東光。91俱求　一起去尋找。

【語　譯】漢高祖，是沛縣豐邑中陽里人，姓劉。他的母親劉老太太有天曾經在大湖的堤岸邊歇息，瞌睡中夢見與一個天神相會。此時雷電交加，天色昏暗，高祖的父親劉太公去看望時，看見一條蛟龍盤在高祖母親身上。在這之後便懷孕了，後來生下了高祖。

2　高祖這個人，長得鼻梁高高額頭凸出，一副真龍天子的模樣，還有一臉漂亮的鬍子，左邊大腿上有七十二顆黑痣。他待人寬厚仁愛，性情開朗通達。心中懷有大志，不願去做一般人從事的農業生產。等他長大到了壯年，試用做了一個小官吏，當了泗上的亭長，衙門裡當差的那些小吏，沒有一個不被他欺侮戲弄的。他喜歡喝酒和女人，經常從一個王老太太和一個武老太太那裡賒酒喝，有時喝醉了就躺在那裡，武老太太和王老太太都曾看見他身上有怪異的現象出現。高祖每次去她們那裡買酒喝時，她們賣的酒都會比平常猛增數倍。等看到高祖身上有靈異的怪象之後，到了年終，這兩家竟然都折毀高祖欠下的賒酒帳據，不收高祖欠下的債務。

3　有一次高祖到都城咸陽服徭役，正好趕上開放讓眾人瞻仰觀看秦始皇帝的天子真容，看後他大為感歎，說：「唉，大丈夫就應該像這個樣子！」

4　單父縣一個姓呂的與沛縣的縣令很要好，他為了避仇，就到沛縣縣令這裡來作客，後來把家也就安在這裡。沛縣的豪傑、官員聽說縣令有貴客，都拿著禮物去祝賀。蕭何此時為縣裡的主吏，主管收取賀禮，他對那些送禮的人說：「賀禮不滿一千錢的，在堂下就坐。」高祖是亭長，平時就看不起那班官吏，在遞上自己名帖的時候就哄騙他們，寫上「送賀禮一萬錢」，實際上他一個錢也沒帶。名帖遞上進入後，這個姓呂的大驚，連忙起身，到門外迎接。這個呂公，喜歡給人看相，看到高祖的相貌樣子後，很是敬重他，把他引入上座。蕭何說：「劉季這個人向來好說大話，很少做成大事。」高祖於是欺侮眾人，就坐了上座，毫不謙讓。酒喝得快結束、人越來越少的時候，呂公給高祖使眼色讓他留下來。喝完了酒，高祖就留在最後。呂公說：「我年輕時就喜歡給人看相，也看過很多人了，沒有一個像你這樣的，希望你自我保重。我有一女兒，願意許配給你。」酒宴結束後，呂大娘生氣地對呂公說：「你向來看重這個女兒，希望能嫁給貴人。沛縣縣令和你這麼要好，他想娶你女兒，你都不答應，為何這麼輕率地就許配給劉季了？」呂公說：「這不是你們婦孺之輩能明白的。」最終把女兒嫁給了高祖。呂公的這個女兒就是後來的呂后，她生了孝惠帝和魯元公主。

5　高祖曾有一次請假回家，呂后和兩個孩子還在田間，正好有一個老先生經過討點水喝，呂后就請他喝水吃飯。老先生給呂后相面後說：「夫人是天下的貴人。」呂后又叫他給兩個孩子看相，老先生看見孝惠帝，說：「夫人以後之所以富貴，是因為這個男孩。」又給魯元公主看相，也說是貴人。老先生離開以後，正好高祖從旁邊的房子過來，呂后把有個客人經過，看相說他們母子都會大貴的事全部告訴了他。高祖一問，呂后說：「還沒有走遠。」於是就追了上去，詢問老先生。老先生說：「剛才那位夫人和孩子都是因為您而貴啊，您的面相實在貴不可言。」高祖於是告謝說：「若果真像您說的那樣，我一定不敢忘記您的恩德。」等到高祖後來顯貴時，卻已不知那位老先生的去處了。

6 高祖當亭長時，用竹篾皮編成帽子來戴，還叫手下的求盜小吏專門到薛縣去找人製作這樣的帽子，常常戴上它，後來等他顯貴了也經常這樣戴，這就是後來所謂的「劉氏冠」。

7 高祖以亭長的身分為縣裡解送民夫到驪山去，路上很多民夫都逃走了。高祖自己估計，等到到了驪山，恐怕民夫都跑光了，到了豐邑之西的一個湖中亭，大家停下來歇息喝酒，夜裡就把解送的那些民夫都放走。高祖對他們說：「你們都走吧，我也要逃走了！」民夫中有十幾個壯士願意跟隨高祖。高祖乘著酒意，夜晚在湖澤中的小路上走，令一個人在前面探路。一會兒走在最前面的那個人回來報告說：「前面有一條大蛇攔住去路，我們還是返回吧。」高祖在酒醉之中，說：「好漢走路，有什麼好怕的！」於是往前走，拔出寶劍砍向大蛇。大蛇被劈為兩段，路就通了。高祖走了數里，因為又醉又睏，就躺下睡了。後面跟隨的人來到大蛇堵路的那個地方，看見一個老婦人在夜色中哭泣。大家問她哭什麼，老婦人說：「有人殺了我兒子。」大家說：「你兒子為什麼會被殺呢？」老婦人說：「我的兒子，是白帝的兒子，化作蛇盤踞在路上，現在被赤帝的兒子斬殺了，所以我哭。」大家都認為這個老婦人在說假話，想要給她點苦頭吃，沒想到老婦人突然就不見了。後面的這些人趕上高祖，高祖睡覺醒來。大家把剛才的情況告訴高祖，高祖心中暗喜，自認為很了不起。那些跟隨他的人也就越來越畏懼他。

8 秦始皇曾說「東南有天子氣」，於是到東邊巡遊以便加以鎮壓和制服。高祖躲藏在芒山和碭山一帶山澤之間，呂后和人一起去找他，經常很快就能找到他。高祖覺得奇怪，就問呂后，呂后說：「您所在的地方，上空經常有雲氣，所以跟隨這些雲氣很快就找到您了。」高祖聽了更加高興。沛縣中的年輕人聽說這件事後，就有許多人都想要依附跟隨高祖了。

1 秦二世元年❶秋七月，陳涉❷起蘄❸，至陳❹，自立為楚王，遣武臣❺、張耳、陳餘❻略❼趙地。八月，武臣自立為趙王。郡縣多殺長吏以應❽涉。九月，沛令欲以沛應之。掾❾、主吏蕭何、曹參❿曰：「君為秦吏，今欲背之，帥⓫沛子弟，恐不聽。願君召諸亡在外者，可得數百人，因以劫⓬眾，眾不敢不聽。」乃令樊噲⓭召高祖。高祖之眾已數百人矣。

2 於是樊噲從高祖來。沛令後悔，恐其有變，乃閉城城守⓮，欲誅蕭、曹。蕭、曹恐，踰城保高祖⓯。高祖乃書帛射上城，與沛父老曰：「天下同苦秦⓰久矣。今父老雖為沛令守，諸侯並起，今屠沛⓱。沛令共誅令，擇可立立之，以應諸侯，即室家完⓲。不然，父子俱屠，無為也。」父老乃帥子弟共殺沛令，開城門迎高祖，欲以為⓳沛令。高祖曰：「天下方擾⓴，諸侯並起，今置將不善，一敗塗地。吾非敢自愛，恐能薄㉑，不能完㉒父兄子弟。此大事，願更擇可者。」蕭、曹皆文吏，自愛，恐事不就㉓，後秦種族㉔其家，盡讓高祖。諸父老皆曰：「平生所聞劉季奇怪，當貴，且卜筮之，莫如劉季最吉。」高祖數㉕讓。眾莫肯為，高祖乃立為沛公。祠黃帝[26]，祭蚩尤[27]於沛廷[28]，而釁鼓[29]。旗幟皆赤，由[30]所殺蛇白帝子，殺者赤帝子故也[31]。於是少年豪吏如蕭、曹、樊噲等皆為收沛子弟，得三千人。

3 是月，項梁[32]與兄子羽[33]起吳[34]。田儋[35]與從弟[36]榮、橫起齊，自立為齊王。韓廣[37]自立為燕王。魏咎[38]自立為魏王。陳涉之將周章[39]西入關[40]，至戲[41]，秦將章邯[42]距破之。

4 秦二年[43]十月，沛公攻胡陵[44]、方與[45]，還守豐。秦泗川[46]監[47]平[48]將兵圍豐。二日，出與戰，破之。令雍齒[49]守豐。十一月，沛公引兵之薛。秦泗川守[50]壯[51]兵敗於薛，走至戚[52]，沛公左司馬[53]得[54]殺之。沛公還軍亢父[55]，至方與。趙王武臣為其將所殺。十二月，楚王陳涉為其御[56]莊賈所殺。魏人周市[57]略地豐沛，使人謂雍齒曰：「豐，故梁徙也[58]，今魏地已定者數十城。齒今下魏[59]，魏以齒為侯守豐；不下，且屠豐。」雍齒雅[60]不欲屬沛公，及魏招之，即反為魏守豐。沛公攻豐，不能取。沛公還之沛，怨雍齒與豐子弟畔[61]之。

5 正月，張耳等立趙後[62]趙歇為趙王。東陽[63]甯君[64]、秦嘉[65]立景駒[66]為楚王，在留[67]。沛公往從[68]之，道得張良[69]，遂與俱見景駒，請兵以攻豐。時章邯從[70]陳，別將[71]司馬尼將兵北定楚地，屠相[72]，至碭。東陽甯君、沛公引兵西，與戰蕭西[73]，不利，還收兵聚留。二月，攻碭，三日拔之[74]。收碭兵，得六千人，與故[75]合九千人。三月，攻下邑[76]，拔之。還擊豐，不下。四月，項梁擊殺景駒、秦嘉，止薛[77]，沛公往見之。項梁益[78]沛公卒五千人，五大夫將[79]十人。沛公還，引兵攻豐，拔之。雍齒奔魏。

6 五月，項羽拔襄城[80]還。項梁盡召別將。六月，沛公如[81]薛，與項梁共立楚懷王孫心[82]為楚懷王。章邯破殺[83]魏王咎、齊王田儋於臨濟[84]。七月，大霖雨[85]。沛公攻亢父。章邯圍田榮於東阿[86]。沛公與項梁共救田榮，大破章邯東阿。田榮歸，沛公、項羽追北[87]，至城陽[88]，攻屠其城。軍濮陽[89]東，復與章邯戰，又破之。

7 章邯復振[90]，守濮陽，環水[91]。沛公、項羽去[92]，攻定陶[93]。八月，田榮立田儋子市為齊王。定陶未下，沛公與項羽西略地至雍丘[94]，與秦軍戰，大敗之，斬三川[95]守李由[96]。還攻外黃[97]，外黃未下。

8 項梁再破秦軍，有驕色。宋義[98]諫，不聽。秦益章邯兵。九月，章邯夜銜枚[99]擊項梁定陶，大破之，殺項梁。時連雨自七月至九月。沛公、項羽方攻陳留[100]，聞梁死，士卒恐，乃與將軍呂臣[101]引兵而東，徙懷王自盱台[102]都彭城[103]。呂臣軍彭城東，項羽軍彭城西，沛公軍碭。魏咎弟豹自立為魏王。後九月[104]，懷王并呂臣、項羽軍自將之。以沛公為碭郡長[105]，封武安侯，將碭郡兵。以羽為魯公，封長安侯。呂臣為司徒，其父呂青為令尹[106]。

9 章邯已破項梁，以為楚地兵不足憂，乃渡河[107]北擊趙王歇，大破之。歇保鉅鹿[108]城，秦將王離[109]圍之。趙數請救，懷王乃以宋義為上將，項羽為次將，范增[110]為末將，北救趙。

10 初，懷王與諸將約[111]，先入定[112]關中[113]者王之[114]。當是時，秦兵彊，常乘勝逐北，諸將莫利[115]先入關。獨羽怨秦破項梁，奮勢[116]，願與沛公西入關。懷王諸老將皆曰：「項羽為人慓悍禍賊[117]，嘗攻襄城，襄城無噍類[118]，所過無不殘滅。且楚數進取，前陳王[119]、項梁皆敗，不如更[120]遣長者[121]扶義[122]而西，告諭秦父兄。秦父兄苦其主久矣，今誠得長者往，毋侵暴，宜可下。項羽不可遣，獨沛公素寬大長者。」卒[123]不許羽，而遣沛公西收陳王、項梁散卒。乃道[124]碭至城陽[125]與杠里[126]，攻秦軍壁[127]，破其二軍。

11 秦三年[128]十月，齊將田都畔田榮，將兵助項羽救趙。沛公攻破東郡尉[129]於成武[130]。十一月，項羽殺宋義，并其兵渡河，自立為上將軍[131]，諸將黥布[132]等皆屬。

十二月，沛公引兵至栗[133]，遇剛武侯[134]，奪其軍四千餘人，并之，與魏將皇欣、武滿軍合，攻秦軍，破之。故齊王建[135]孫田安下濟北，從項羽救趙。羽大破秦軍鉅鹿下，虜王離，走章邯[136]。

12 二月，沛公從碭北攻昌邑[137]，遇彭越[138]。越助攻昌邑，未下。沛公西過高陽[139]，酈食其[140]為里監門[141]，曰：「諸將過此者多，吾視沛公大度。」乃求見沛公。沛公方踞牀[142]，使兩女子洗[143]。酈生不拜，長揖曰：「足下必欲誅無道秦，不宜踞見長者。」於是[144]沛公起，攝衣[145]謝[146]之，延[147]上坐。食其說沛公襲陳留。沛公以為[148]廣野君，以其弟商為將，將陳留兵。三月，攻開封[149]，未拔；西與秦將楊熊會戰白馬[150]，又戰曲遇[151]東，大破之。楊熊走之滎陽[152]，二世使使[153]斬之以徇[154]。四月，南攻潁川[155]，屠之。因張良[156]遂略韓地。

13 時趙別將司馬卬[157]方欲渡河入關，沛公乃北攻平陰[158]，絕[159]河津[160]。南[161]，戰雒陽[162]東，軍不利，從轘轅[163]至陽城[164]，收軍中馬騎。六月，與南陽守齮[165]戰犨[166]東，破之[167]。略南陽郡，南陽守走，保城守宛[168]。沛公引兵過宛西。張良諫曰：「沛公雖欲急入關，秦兵尚眾[169]，距險[170]。今不下宛，宛從後擊，彊秦在前，此危道也。」於是沛公乃夜引軍從他道還，偃旗幟[171]，遲明[172]，圍宛城三帀[173]。南陽守欲自剄[174]，其舍人[175]陳恢曰：「死未晚[176]也。」乃踰城見沛公，曰：「臣聞足下約先入咸陽者王之，今足下留守宛。宛郡縣連城數十，其吏民自以為降必死，故皆堅守乘城[177]。今足下盡日[178]止[179]攻，士死傷者必多；引兵去[180]宛，宛必隨[181]足下。足下前則失咸陽之約，後有彊宛之患。為足下計，莫若約降，封其守，因使止守[182]，引其甲卒與之西。諸城未下者，聞聲爭開門而待足下，足下通行無所累[183]。」沛公曰：「善。」七月，南陽守齮降，封為殷侯，封陳恢千戶。引兵西，無不下者。至丹水[184]，高武侯鰓[185]、襄侯王陵[186]降。還攻胡陽[187]，遇番君[188]別將梅鋗，與偕攻析[189]、酈[190]，皆降。所過毋得鹵掠[191]，秦民喜。遣魏人甯昌使秦。是月章邯舉軍降項羽，羽以為雍王。瑕丘[192]申陽[193]下河南[194]。

14 八月，沛公攻武關[195]，入秦。秦相趙高[196]恐，乃殺二世，使人來，欲約分王關中[197]，沛公不許。九月，趙高立二世兄子子嬰[198]為秦王。子嬰誅滅趙高，遣將將兵距嶢關[199]。沛公欲擊之，張良曰：「秦兵尚彊，未可輕[200]。願先遣人益[201]張旗幟於山上為疑兵，使酈食其、陸賈[202]往說秦將，啗[203]以利。」秦將果欲連和，沛公欲許之。張良曰：「此獨其將欲叛，恐其士卒不從，不如因[204]其怠懈擊之。」沛公引兵繞嶢關，踰蕢山[205]，擊秦軍，大破之藍田[206]南。遂至藍田，又戰其北[207]，秦兵大敗。

15 元年[208]冬十月，五星[209]聚于東井[210]。沛公至霸上[211]。秦王子嬰素車白馬[212]，繫頸以組[213]，封[214]皇帝璽符節[215]，降枳道[216]旁。諸將或[217]言誅秦王，沛公曰：「始懷王遣我，固以[218]能寬容，且人已服降，殺之不祥。」乃以屬吏[219]。遂西入咸陽，欲止宮休舍[220]，樊噲、張良諫，乃封[221]秦重寶[222]財物府庫，還軍霸上。蕭何盡收秦丞相府圖籍文書。十一月，召諸縣豪桀曰：「父老苦秦苛法久矣，誹謗[223]者族，耦語者[224]棄市[225]。吾與諸侯約，先入關者王之，吾當王關中。與父老約，法三章耳：殺人者死，傷人及盜抵罪[226]。餘悉除去秦法。吏民皆按堵[227]如故。凡吾所以來，為父兄除害，非有所侵暴，毋恐！且吾所以軍霸上，待諸侯至而定要束[228]耳。」乃使人與秦吏行至縣鄉邑告諭之。秦民大喜，爭持牛羊酒食獻享軍士。沛公讓[229]不受，曰：「倉粟多，不欲費民[230]。」民又益喜，唯恐沛公不為秦王。

16 或說沛公曰：「秦富十倍天下，地形彊。今聞章邯降項羽，羽號曰雍王，王關中。即[231]來，沛公恐不得有此。可急使守函谷關，毋內[232]諸侯軍，稍徵關中兵以自益，距之。」沛公然[233]其計，從之。十二月，項羽果帥諸侯兵欲西入關，關門閉。聞沛公已定關中，羽大怒，使黥布等攻破函谷關，遂至戲下[234]。沛公左司馬曹毋傷聞羽怒，欲攻沛公，使人言羽曰：「沛公欲王關中，令子嬰相[235]，珍寶盡有[236]之。」欲以求封。亞父[237]范增說羽曰：「沛公居山東[238]時，貪財好色，今聞其入關，珍物無所取，婦女無所幸[239]，此其志不小。吾使人望其氣，皆為龍，成五色，此天子氣。急擊之，勿失。」於是饗士[240]，旦日[241]合戰[242]。是時，羽兵四十萬，號百萬。沛公兵十萬，號二十萬，力不敵。會[243]羽季父[244]左尹[245]項伯[246]素善張良，夜馳見張良，具告其實[247]，欲與俱去，毋特[248]俱死。良曰：「臣為韓王送沛公，不可不告，亡去[249]不義。」乃與項伯俱見沛公。沛公與伯約為婚姻，曰：「吾入關，秋豪無所敢取，籍[250]吏民，封府庫，待將軍。所以守關者，備[251]他盜也。日夜望將軍到，豈敢反邪！願伯明言不敢背德。」項伯許諾，即夜[252]復去。戒沛公曰：「旦日不可不早自來謝。」項伯還，具以沛公言告羽，因曰：「沛公不先破關中兵，公巨能[253]入乎？且人有大功，擊之不祥，不如因善之。」羽許諾。

17 沛公旦日從百餘騎見羽鴻門[254]，謝曰：「臣與將軍戮力[255]攻秦，將軍戰河北，臣[256]戰河南，不自意[257]先入關，能破秦，與將軍復相見。今者有小人言，令將軍與臣有隙[258]。」羽曰：「此沛公左司馬曹毋傷言之，不然，籍何以至此？」羽因留沛公飲。范增數目[259]羽擊沛公，羽不應。范增起，出謂項莊[260]曰：「君王為人不忍，汝入以劍舞，因擊沛公，殺之。不者[261]，汝屬且為所虜。」莊入為壽[262]。壽畢，曰：「軍中無以為樂，請以劍舞。」因拔劍舞。項伯亦起舞，常以身翼蔽[263]沛公。樊噲聞事急，直入，怒甚。羽壯之[264]，賜以酒。噲因譙讓[265]羽。有頃[266]，沛公起如廁[267]，招樊噲出，置[268]車官屬，獨騎，與樊噲、靳彊[269]、滕公[270]、紀成[271]步，從間道[272]走軍[273]，使張良留謝羽。羽問：「沛公安在[274]？」曰：「聞將軍有意督過[275]之，脫身去，間至軍，故使臣獻璧。」羽受之。又獻玉斗范增。增怒，撞[276]其斗，起[277]曰：「吾屬[278]今[279]為沛公虜矣！」

18 沛公歸數日，羽引兵西屠咸陽，殺秦降王子嬰，燒秦宮室，所過無不殘滅。秦民大失望。羽使人還報懷王，懷王曰：「如約。」羽怨懷王不肯令與沛公俱西入關，而北救趙，後天下約。乃曰：「懷王者，吾家所立耳，非有功伐[280]，何以得專主約！本定天下，諸將與籍也。」春正月[281]，陽[282]尊懷王為義帝[283]，實不用其命。

【章　旨】以上為卷上的第二部分，敘述秦末陳勝起義後，諸侯並起，劉邦也起兵，作為沛公，帶領人馬加入到反秦的楚軍之中，並率先攻入關中咸陽。

【注　釋】❶二世元年　西元前二〇九年。二世，秦朝的第二個皇帝，即胡亥。❷陳涉　名勝，字涉，陽城人，其事詳見本書卷三十一〈陳勝傳〉。❸蘄　蘄縣，當時屬於沛，在今安徽宿州東南。❹陳　陳縣，在今河南淮陽。❺武臣　陳縣人，陳勝部將。❻張耳陳餘　均魏國大梁（今河南開封）人，其事詳見本書卷三十二〈張耳陳餘傳〉。❼略　攻略；佔領。❽應　響應。❾掾　縣令的屬吏。此時曹參為掾，蕭何為主吏。❿曹參　沛縣人，與劉邦同鄉。輔佐劉邦統一天下後，被封為平陽侯，後繼蕭何為相國。其事詳見本書卷三十九〈曹參傳〉。⓫帥　率領。⓬劫　威脅；挾持。⓭樊噲　沛縣人，呂后的妹夫，後為劉邦的得力部將，被封為舞陽侯。其事詳見本書卷四十一〈樊噲傳〉。⓮城守　守城。⓯保高祖　到高祖那裡以求自保，即投奔高祖。⓰苦秦　被秦所苦。⓱今屠沛　即將攻破沛城，屠殺其民。⓲完　完好。⓳以為　把（高祖）作為。⓴擾　亂。㉑能薄　才能少。㉒完　保全。㉓就　成功。㉔種族　滅絕種族。㉕數　多次。㉖黃帝　古代傳說中的五帝之一，姓姬。㉗蚩尤　古代傳說中東方九黎族的首領，後被黃帝擒殺。㉘沛廷　沛縣衙門的廳堂。㉙釁鼓　古代出征前的一種祭禮，把畜牲的血塗在用於戰爭的鼓上。㉚由　因為；緣由。㉛殺者赤帝子故也　原作「所殺者赤帝子故也」。王念孫認為此「所」字涉上「所」字而衍。㉜項梁　楚國貴族，下相（今江蘇宿遷）人。㉝羽　項羽，名籍，項梁的姪子，其事詳見本書卷三十一〈項籍傳〉。㉞起吳　起兵於吳地。㉟田儋　齊國貴族，其事詳見本書卷三十三〈田儋傳〉。㊱從弟　堂弟。㊲韓廣　趙王武臣的部將，後北上占領燕地，自立為燕王。㊳魏咎　魏國公子，稱寧陵君。㊴周章　字文，陳縣（今河南淮陽）人，受陳涉之命西攻秦，兵敗自殺。㊵關　函谷關。㊶戲　戲水，源於驪山，流入渭水，在今陝西臨潼東。㊷章邯　秦將，後降項羽，被封為雍王，後被劉邦擊敗自殺。㊸秦二年　秦二世二年，西元前二〇八年。㊹胡陵　縣名，在今山東魚臺東南。㊺方與　縣名，在今山東魚臺西北。㊻泗川　即秦泗水郡，漢初改為沛郡。㊼監　郡監，負責監察官吏。秦在天下設郡、縣，郡有守、尉、監。㊽平　人名。㊾雍齒　沛縣人，劉邦同鄉，漢初被封為什方侯。㊿守　郡守，負責一郡的行政。(51)壯　人名。(52)戚　戚縣，在今山東滕州南。(53)左司馬　官名，掌管軍事。(54)得　俘獲。一說「得」為人名，即此左司馬。(55)軍亢父　駐紮在亢父縣。軍，駐軍。亢父縣在今山東濟寧南。(56)御　駕車的人。(57)周市　陳涉的部將，後降魏。(58)故梁徙也　過去曾是魏國的遷都之地。魏國後來遷都到大梁，故魏又稱為梁。魏王假時，秦兵攻佔大梁，魏曾一度遷都於豐。(59)下魏　投降於魏。(60)雅　向來；一向。(61)畔　同「叛」。背叛。(62)趙後　趙國的後裔。(63)東陽　縣名，在今安徽天長西北。(64)甯君　甯，姓。君，對人的尊稱。(65)秦嘉　凌縣（今江蘇泗陽）人。(66)景駒　人名，楚國王族的後裔。(67)留　留縣，在今江蘇沛縣東南。(68)從　投奔。(69)張良　城父（約今河南平頂山西北）人，後為劉邦重要謀臣，封留侯，其事詳見本書卷四十〈張良傳〉。(70)從　追擊。(71)別將　相當於副將或裨將。(72)屠相　在相縣屠城。相縣當時為泗水郡的郡治所在。(73)蕭西　蕭縣之西。蕭縣在今安徽蕭縣西北。(74)拔之攻下城市。(75)故　過去的（軍隊）。(76)下邑　縣名，在今安徽碭山。(77)止薛　停留在薛縣。(78)益　增加。(79)五大夫將　五大夫級的將。五大夫為秦爵中的第九級。(80)襄城　縣名，在今河南襄城西。(81)如　去；到。(82)心　楚懷王熊槐之孫熊心，此以其祖之謚號為尊號。(83)破殺　攻破其軍，斬殺其身。(84)臨濟　邑名，故址在今河南開封東北。(85)大霖雨　連綿多日下大雨。(86)東阿　縣名，在今山東東阿西南。(87)追北　追擊敗退的敵軍。北，敗北。(88)城陽　縣名，在今山東鄄城東南。(89)濮陽　縣名，在今河南濮陽西南。(90)復振　再次振作軍隊。(91)環水　在城的四周挖溝以水環繞之來守城。(92)去　離開。(93)定陶　縣名，在今山東定陶西北。(94)雍丘　縣名，在今河南杞縣。(95)三川　三川郡，轄區內有黃河、洛水、伊水，故名三川郡。(96)李由　秦丞相李斯的兒子，時任三川郡守。(97)外黃　縣名，在今河南民權西北。(98)宋義　戰國末年曾任楚國的令尹，後隨項梁起兵反秦。後為項羽所殺。(99)銜枚　古代軍隊暗暗行動時，士兵把像筷子一樣形狀的「枚」銜在嘴裡，枚的兩端用繩子繫在腦後，以免發出聲音。(100)陳留　縣名，在今河南開封東南。(101)呂臣　原為陳涉部將，後歸屬項梁。(102)盱台　盱台縣，在今江蘇盱眙東北。(103)都彭城　都於彭城。彭城，縣名，在今江蘇徐州。(104)後九月　秦曆法以十月為每年的第一個月，故九月是一年的最後一個月。此年有閏月，年終加閏，故九月後，又有閏九月，稱「後九月」。(105)長　一郡之長官，相當於郡守。(106)令尹　楚國官名，相當於六國的相。(107)河　黃河。(108)鉅鹿　縣名，在今河北平鄉西南。(109)王離　秦國名將王翦的孫子。(110)范增　居鄛（今安徽安慶）人，是項梁和項羽的重要謀士。(111)約　約定。(112)入定　進入和平定。(113)關中　自函谷關以西稱為關中。(114)王之　封他為王。(115)莫利　認為不利。此指害怕入關。(116)奮勢　情勢激奮。(117)禍賊　兇殘。(118)無噍類　沒有吃飯的人了。意思是沒有一個活口。(119)陳王　陳涉。(120)更　更換。(121)長者　寬厚老成的人。(122)扶義　依靠仁義的規則而行事。(123)卒　最終。(124)道　途經。(125)城陽　原作「陽城」。齊召南據《史記》及〈曹參傳〉改為「城陽」。王先謙說齊召南改的正確。(126)杠里　縣名，在今山東鄄城南。(127)壁　營壘。(128)秦三年　秦二世三年，西元前二〇七年。(129)東郡尉　東郡的郡尉，郡尉負責一郡的軍事。東郡，郡治在今河南濮陽西南。(130)成武　縣名，在今山東成武。(131)上將軍　官名，古代帝王將兵稱上將軍。(132)黥布　六縣（今安徽六安）人，本名英布，因為受過黥刑（在臉上刻字）故稱「黥布」。(133)栗　栗縣，屬於沛郡。在今河南夏邑。(134)剛武侯　其人不詳，一說為楚懷王將，一說為魏將。(135)齊王建　戰國齊襄王的兒子，在位四十四年，後被秦兵俘虜。(136)走章邯　打跑了章邯。(137)昌邑　縣名，在今山東金鄉西北。(138)彭越　昌邑人，漢初封為梁王。其事詳見本書卷三十四〈彭越傳〉。(139)高陽　邑名，當時屬陳留，故址在今河南杞縣西南。(140)酈食其　陳留高陽人，著名說客。其事詳見本書卷四十三〈酈食其傳〉。(141)里監門　看管閭里大門的地位低下身分微賤的人。里，秦漢的鄉下的基層組織。(142)踞牀　兩腳分開坐在床上。牀，坐具，並非今天睡覺用的床。143洗　洗腳。144於是　此時。145攝衣　提起衣服。146謝　道歉。147延　請。148以為　把（他）作為。149開封　縣名，在今河南開封西南。150白馬　縣名，在今河南滑縣東。151曲遇　地名，故址在今河南中牟東。152滎陽　縣名，在今河南滎陽東北。153使使　派遣使者。154徇　示眾。155潁川　郡名，轄今河南中部地區，治陽翟（今河南禹州）。156因張良　憑藉著張良。張良累世在韓為相，故對韓十分熟悉。157司馬卬　趙將，後歸屬項羽，被封為殷王。158平陰　縣名，在今河南孟津東北。159絕　切斷；斷絕。160津　渡口。161南　往南。162雒陽　縣名，在今河南洛陽東北。163轘轅　山名，道路險峻，是古代有名的要隘。164陽城　縣名，在今河南登封東南。165南陽守齮　南陽郡的郡守呂齮。南陽郡，轄今河南西南部和湖北北部地區。166犨　犨縣，在今河南魯山東南。167破之　原作「大破之」。景祐本無「大」字，《史記》亦無。王念孫說此字為後人所加。168宛　宛縣，在今河南南陽，當時為南陽郡的治所。169眾　人數眾多。170距險　依靠險阻而固守。171偃旗幟　將旗幟放下收起來。172遲明　接近天亮的時候。173三帀　三圈。174自剄　用刀割喉自殺。175舍人　侍從與左右的親信小官。176未晚　太早。177乘城　登上城（守衛）。178盡日　全日；整天。179止　留在這裡。180去　離開。181隨　尾隨追擊。182止守　留在這裡守衛。183無所累　沒什麼阻礙。184丹水　縣名，在今河南淅川西南。185鰓　戚鰓。186王陵　漢初封為安國侯，任右丞相。187胡陽　縣名，在今河南唐河西南。188番君　番縣的縣令吳芮，漢初被封為長沙王。番縣在今江西鄱陽東北。189析　析縣，在今河南西峽。190酈　酈縣，在今河南南陽北。191鹵掠　虜掠。「鹵」與「虜」同。192瑕丘　縣名，在今山東兗州東北。193申陽　人名，姓申名陽。194河南　秦三川郡一帶，在今河南西部洛陽一帶。195武關　關隘名，故址在今陝西商南。196趙高　秦朝宦官，秦始皇死後與李斯合謀殺死太子扶蘇，立胡亥為秦二世皇帝，後又殺死李斯，自任丞相。197分王關中　把關中分為兩部分，分別稱王。198子嬰　秦二世胡亥哥哥的兒子。在位僅四十六天，後為項羽所殺。199嶢關　關隘名，即藍田關，故址在今陝西藍田東南。200輕　輕視。201益　增多。202陸賈　劉邦的謀士，其事詳見本書卷四十三〈陸賈傳〉。203啗　給人東西吃，此意為引誘。204因　趁著。205蕢山　山名，在今陝西藍田南。206藍田　縣名，在今陝西藍田西南。207其北　藍田縣的北面。208元年　此指漢高祖元年，西元前二〇六年。209五星　金、木、水、火、土五大行星稱為「五星」。210東井　二十八宿中的井宿，為秦地的分野。古人認為五星會聚的下面，會有天子興起。此時劉邦剛到秦地，五星就會聚在與秦地相對應的東井，說明劉邦是真命天子。211霸上　地名，在今陝西西安東。212素車白馬　喪葬禮儀上用素車白馬。213組　帶子。214封　封裝。215璽符節　璽指皇帝的印，符是皇帝遣使、調兵的憑證，節是用竹木製作，使者用作憑證的信物。216枳道　亭的名稱，秦時縣下有鄉、亭。枳道亭在今西安的東面。217或　有人。218以　因為。219屬吏　交給相關官吏處置。220休舍　住下來休息。

221封　封存。222重寶　貴重的器物。223誹謗　議論批評朝政。224耦語者　碰面說悄悄話的人。225棄市　指死刑。226抵罪　根據情節的嚴重程度，處以相應的懲罰。227按堵　有秩序地安居下來。228要束　約束；規矩。要，約也。229讓　辭讓。230費民　使百姓破費。231即　如果。232內　同「納」。接納進來。233然　認為正確；同意。234戲下　戲水之下。235相　做丞相。236有　佔有；擁有。237亞父　項羽對范增尊稱為「亞父」。238山東　泛指崤山、函谷關以東的地區。239幸　親幸。240饗士　用酒肉犒賞士卒。241旦日　明日。242合戰　會戰。243會　正好碰上。244季父　叔父。245左尹　楚官名，為令尹的副手。246項伯　項羽的叔父，名纏，字伯，漢初封為射陽侯。247實　實情。248特　但；只是。249亡去　逃走。250籍　登記戶籍。251備　防備。252即夜　當晚。253巨能　豈能；怎能。254鴻門　地名，在今陝西臨潼東北。255勠力　合力。256臣　謙稱。257意　料到；想到。258隙　間隙；不和。259目　用眼示意。260項莊　項羽的堂弟。261不者　否則。262為壽　敬酒祝人長壽。263翼蔽　像羽翼一樣蔽護。264羽壯之　項羽認為他是個壯士。265譙讓　責備。266有頃　一會兒。267如　去。268置　放置；留下。269靳彊　曲沃（今山西聞喜東北）人，劉邦部屬，後封汾陽侯。270滕公　夏侯嬰，因曾任滕縣（今山東滕州南）的縣令，故稱滕公。後被劉邦封為汝陰侯。271紀成　劉邦部屬。272間道　小路。273走軍　逃回軍營。274安在　在哪裡。275督過　責怪。276撞　摔。277起　起身。278吾屬　我們這些人。279今　將要；即將。280功伐　功勞；功績。281正月　此為漢曆一月，為後來人所記；秦則以十月為正月，漢曆此正月在秦當時則為四月。282陽　表面上。283義帝　名義上的皇帝。

【語　譯】秦二世元年秋天七月，陳涉在蘄縣起兵，到了陳縣以後，自立為楚王，並派遣武臣、張耳、陳餘攻佔趙地。八月，武臣在趙地自立為趙王。當時許多郡縣都殺死地方官吏來響應陳涉。九月，沛縣縣令也想在沛縣響應陳涉。縣裡的掾曹參、主吏蕭何說：「您作為秦的官吏，現在想要背叛秦廷，帶領沛縣子弟，恐怕大家不會聽從您。希望您召來那些逃亡在外的人，這樣能有數百人，用這些人來威脅大家，大家就不敢不聽從。」於是就令樊噲去召回高祖。此時，高祖手下已有數百人之眾了。

2　此時樊噲跟隨著高祖來到了沛縣。沛縣縣令又後悔了，但怕高祖這些人會出現變亂，就關閉城門不讓他們進入並派人把守，同時想殺掉蕭何、曹參。蕭、曹二人害怕，翻過城牆去投奔高祖以求自保。高祖就寫了一封帛書用箭射到城中，對沛縣父老們說：「天下的人被秦所苦已很久了。現在父老們雖然還為沛令守城，但諸侯都已起兵，即將攻破沛城進行大屠殺。現在沛縣人民如果一起殺掉沛令，選可以立的人立為君長，來響應諸侯，那麼大家身家性命都可保全。不然，父子全部會被殺，一點辦法也沒有。」沛縣父老於是率領子弟們一起殺死了沛縣縣令，打開城門迎接高祖，並想讓高祖擔任沛令。高祖說：「天下正亂，諸侯並起，如果選置將領不正確，就會一敗塗地。我不是顧及自家性命，而是怕自己能力不足，不能使大家父兄子弟得以保全。這是大事，希望大家選立其他合適的人。」蕭何、曹參都是文吏，愛惜顧及自身性命，害怕事情不成功之後，家族會被秦國誅滅，所以全都辭讓而推舉高祖。那些父老們都說：「一向就聽說你劉季有許多奇異的地方，應該會大貴，況且經過卜筮，沒有人有你那麼好的結果。」高祖又多次辭讓。眾人中沒有願意來當頭的，於是高祖就被立為沛公。然後在沛縣衙門大廳祭祀了黃帝和蚩尤，用血祭祀了出征的戰鼓。所有的旗幟都用紅色的，這是因為高祖殺的蛇是白帝的兒子，而他自己是赤帝的兒子的緣故。這時像蕭何、曹參、樊噲這些少年豪吏們，都開始招收沛縣的子弟們，一共得到了三千人。

3 這個月，項梁和他哥哥的兒子項羽在吳地起兵。田儋和他的堂弟田榮、田橫在齊地起兵，自立為齊王。韓廣自立為燕王。魏咎自立為魏王。陳涉的部將周章向西進入函谷關，到達戲水，秦將章邯在此抵擋，擊敗了周章。

4 秦二世二年的十月，沛公攻打胡陵縣、方與縣，回軍守衛豐邑。秦泗水郡的郡監平帶領軍隊圍攻豐邑。十月二日，沛公領兵出城與秦軍作戰，擊敗了秦軍。沛公令雍齒守衛豐邑。十一月，沛公帶兵到薛縣。秦泗水郡的郡守壯在薛被打敗，逃跑到戚縣，被沛公手下左司馬俘獲並殺死。沛公回軍駐紮在亢父縣，又到了方與縣。此時趙王武臣被他部將所殺。十二月，楚王陳涉被給他駕車的莊賈所殺。魏人周市帶兵攻打到了豐邑、沛縣，派人對雍齒說：「豐邑，過去曾是魏國的遷都之地，現在魏地已經被攻下了數十個城。雍齒你若投降於魏，魏就封你為侯還守在豐邑；若不降魏，我們將屠城豐邑。」雍齒一向就不願意在沛公手下，現在魏一招降，就反叛了，為魏守在豐邑。沛公攻打豐邑，攻不下來。沛公退兵回到沛縣，很怨恨雍齒和豐邑子弟背叛自己。

5 正月，張耳等人擁立趙國的後裔趙歇為趙王。東陽縣的甯君和秦嘉擁立景駒為楚王，此時在留縣。沛公去投奔他們，路上張良跟從了他，於是一起去見景駒，請求帶兵去攻打豐邑。此時章邯在陳地追擊，別將司馬𡰥帶軍在北面平定了楚地，在相縣屠城，並來到碭縣。東陽甯君、沛公帶兵向西，與司馬𡰥的軍隊在蕭縣之西作戰，但十分不利，只好回軍聚集在留縣。二月，攻打碭縣，三天後攻下了城。收編了原來碭縣的兵馬，得到了六千人，和自己原有的軍隊加起來一共有九千人了。三月，攻打下邑縣，攻下了城。回師又攻打豐邑，沒有攻下。四月，項梁進攻並殺死了景駒、秦嘉，停留在薛縣，沛公去拜見他。項梁給沛公增加了士卒五千，五大夫級的將領十人。沛公回軍，領兵攻打豐邑，攻下了。雍齒逃奔到魏。

6 五月，項羽攻下襄城回來。項梁召回全部在外的別將。六月，沛公到達薛縣，與項梁共同擁立楚懷王的孫子心，仍號為楚懷王。在臨濟，章邯攻破了魏王魏咎、齊王田儋的軍隊，並殺死了他們。七月，連續多天下大雨。沛公攻打亢父縣。章邯在東阿縣圍攻田榮。沛公和項梁一起去救田榮，在東阿縣大破章邯的軍隊。田榮返回，沛公、項羽繼續追擊敗退的敵軍，一直到達城陽縣，攻下其城並屠城。軍隊駐紮在濮陽縣東，再次與章邯作戰，又擊破了章邯的軍隊。

7 章邯再次振作軍隊，守在濮陽，並在城的四周挖溝灌水環繞。沛公、項羽就離開轉而攻打定陶。八月，田榮擁立田儋的兒子田市為齊王。定陶沒有攻下，沛公與項羽向西攻打到了雍丘，與秦軍作戰，打敗秦軍，斬殺了三川郡的郡守李由。回來又攻打外黃，沒有攻下。

8 項梁再次攻破秦軍，有些驕傲。宋義向他上諫，項梁不聽。秦廷給章邯增加了軍隊。九月，章邯軍隊在定陶趁夜晚銜枚暗暗偷襲項梁，大敗項梁的軍隊，殺死了項梁。這時從七月到九月一直連續下雨。沛公、項羽正在攻打陳留，聽說項梁死了，士卒們恐慌起來，於是沛公和項羽及將軍呂臣帶兵往東，把楚懷王從盱台遷到了彭城，在這裡定都。呂臣駐軍在彭城東面，項羽駐軍在彭城西面，沛公駐軍在碭縣。魏咎的弟弟魏豹自立為魏王。此年的閏九月，楚懷王合併了呂臣和項羽的軍隊，自己親自帶領。懷王令沛公做碭郡的長官，封為武安侯，帶領碭郡的軍隊。任命項羽為魯公，封為長安侯。任命呂臣為司徒，他的父親呂青為令尹。

9 章邯攻破項梁軍隊以後，認為楚地的軍隊不足擔憂，就渡過黃河向北攻打趙王歇，大敗趙王。趙王歇退守於鉅鹿城，秦將王離包圍了鉅鹿。趙多次請求救援，楚懷王就任命宋義為上將，項羽為次將，范增為末將，往北去救趙。

10 當初，楚懷王與諸將們約定，先進入並平定關中的人就可以封王。在這個時候，秦兵強大，到處乘勝追擊，諸將們沒有哪一個認為先進入關中是有利的事情。唯獨項羽怨恨秦軍攻破了項梁軍隊，受此情勢的激奮，願意和沛公一起往西進入關中。懷王那些老將都說：「項羽為人勇猛兇殘，曾經攻下襄城，襄城沒有留下一個活口，所過之處無不殘殺毀滅。況且我們楚軍已多次進取，之前陳王、項梁都被打敗了，現在不如派一個寬厚的長者往西，依靠仁義行事，告曉秦人父兄。秦人父兄被其君主所苦已經很久了，若果真派遣一個長者前往，不要侵陵百姓，應該可以降服關中。不能派遣項羽去，只有沛公是個向來寬大的長者。」最終懷王沒有答應項羽，而是派遣沛公往西收聚陳王、項梁散失的士卒。於是經過碭縣到達城陽和杠里，進攻秦軍營壘，擊破了秦的二軍。

11 秦二世三年十月，齊將田都背叛了田榮，帶領軍隊幫助項羽救趙。沛公在成武縣攻破了東郡郡尉的軍隊。十一月，項羽殺死宋義，兼併了他的軍隊，渡過黃河，自立為上將軍，宋義的那些部將如黥布等都歸屬了項羽。十二月，沛公帶兵到了栗縣，碰上剛武侯，奪取了他的軍隊四千餘人，兼併到自己屬下，又與魏將皇欣、武滿的軍隊合併在一起，攻打並擊破了秦軍。原來的齊王建的孫子田安攻下濟北後，也跟隨項羽去救趙。項羽在鉅鹿大敗秦軍，俘虜了王離，打跑了章邯。

12 二月，沛公從碭縣往北攻打昌邑縣，遇到了彭越。彭越幫助沛公一起攻打昌邑，但沒有攻下。沛公向西經過高陽時，酈食其在這裡做一里的監門，他說：「經過這裡的將領有很多，我看沛公才有大氣度。」於是求見沛公。這時沛公兩腳分開坐在床上，讓兩個侍女給他洗腳。酈食其也不下拜，只是作了個長揖說：「足下若要誅滅無道之秦，不應該這樣踞坐著接見長者。」此時沛公趕緊起來，拿過衣服向他道歉，並請他上座。酈食其勸說沛公偷襲陳留。沛公把酈食其封為廣野君，以他的弟弟酈商為將，帶領陳留的軍隊。三月，沛公攻打開封縣，沒有攻下；往西在白馬縣與秦將楊熊會戰，又在曲遇以東會戰，大敗楊熊軍隊。楊熊逃跑到了滎陽縣，秦二世派遣使者將楊熊斬首示眾。四月，沛公向南攻打潁川郡，並進行屠殺。憑藉著張良的幫助，沛公在韓地攻城略地。

13 此時趙國的別將司馬卬正想要渡過黃河進入關中，沛公就向北攻打平陰縣，斷絕了黃河的渡口。再往南，在洛陽縣的東面和秦軍作戰，但出軍不利，就過轘轅到達陽城縣，聚集軍中的戰馬。六月，和南陽郡的郡守王齮在犨縣的東面作戰，大敗王齮的軍隊。接著攻打南陽郡，南陽郡守逃走，逃到宛縣守住縣城。沛公要帶兵從宛縣西面經過。張良諫說：「沛公您雖然要急著入關，但現在秦兵人數還很多，而且他們憑藉險要而守。現在沒有攻下宛縣，在宛縣的秦兵可以從後面攻擊我們，而前面又有強大的秦兵，此行十分危險。」於是沛公夜裡帶兵從其他路返回，路上偃旗息鼓，在天還沒亮的時候，把宛城圍了三圈。南陽郡守要割喉自殺，他的舍人陳恢說：「想要死現在還太早了。」就翻過城去見沛公，說：「我聽說您們的約定是先進入咸陽的可以稱王，現在您卻留守在宛縣。宛是一郡所在的縣，相連的城邑有數十個，這裡的吏民都認為投降之後一定會死，所以都登城堅守。如果您整天停留在這裡進攻，士卒死傷一定很多；若要帶兵離開宛縣，宛縣之兵又會尾隨攻擊您。您前面失去了進入咸陽的機會，後面又有強大宛兵的威脅。替您考慮，不如約定招降，封賞這裡的郡守，而讓他留在這裡守衛，您帶著他的士卒一起西進。那些還沒有攻下的城市，聽到這以後一定會爭相打開城門而等待著您，您一路通行都沒有障礙了。」沛公說：「好。」七月，南陽郡守王齮投降沛公，被封為殷侯，陳恢被封為千戶。沛公帶兵往西，一路各城沒有不投降的。到達了丹水，高武侯戚鰓、襄侯王陵向沛公投降。沛公回軍又攻打胡陽縣，遇到番縣縣令的別將梅鋗，就一起攻打析縣、酈縣，二縣都投降了。沛公軍隊所過之處，下令不得虜掠，秦地人民很高興。又派遣魏人甯昌出使秦朝。這一個月，章邯全軍投降了項羽，項羽封他為雍王。瑕丘縣的申陽攻下了河南地區。

14 八月，沛公攻打武關，進入秦地。秦朝丞相趙高很恐懼，於是殺死秦二世，派遣使者來，想和沛公平分關中而稱王，沛公不答應。九月，趙高立秦二世哥哥的兒子子嬰為秦王。子嬰誅滅了趙高，派將帶兵據守在嶢關。沛公想去攻打，張良說：「秦兵還很強大，不可輕視。您可以派人到山上去增加許多旗幟布為疑兵，再派酈食其和陸賈去遊說秦將，以利引誘他們。」秦將果然願意通連講和，沛公想要同意。張良說：「這只是那些將領想要背叛，恐怕那些士卒還不會同意，不如趁他們現在懈怠之時攻擊他們。」沛公帶兵繞過嶢關，翻過蕢山，進攻秦軍，在藍田的南面大敗秦兵。於是到達藍田，又在藍田的北面和秦軍作戰，大敗秦軍。

15　高祖元年冬十月，金、木、水、火、土五星會聚於二十八宿的東井。沛公來到了霸上。秦王子嬰帶著素車白馬，頸項上繫著帶子，封裝著皇帝的璽、符、節，在枳道亭旁邊向沛公投降。將領中有人說殺掉秦王，沛公說：「最初楚懷王派我來，本來就因為我能夠寬容大量，況且人家都已經臣服投降了，殺了他不吉祥。」就把子嬰交給了相關官吏處置。沛公於是往西進入咸陽，想留在皇宮裡休息，樊噲、張良向他勸諫，於是封存了秦的貴重器物和府庫裡的財物，仍然回軍駐紮在霸上。蕭何把丞相府裡的圖籍文書全都收了起來。十一月，沛公召見各縣的父老豪傑說：「父老們被秦的嚴苛之法所苦已經很久了，秦法規定批評朝政的人要滅族，碰面說悄悄話的人要殺死棄市。我和諸侯們有約定，先進入關中地區的就稱王，我應當在關中稱王。我與你們約定，法規只有下面三章：殺人者處以死刑，傷人和偷盜的，根據情節的嚴重程度處以相應的懲罰。除此之外全部廢除秦的法律。官吏、百姓和過去一樣安居下來。總之我來這裡，就是替父老鄉親們除害，不會侵擾大家，你們不要害怕！而且我現在之所以把軍隊駐紮在霸上，是等待諸侯們來一起商定，共同定個約束罷了。」沛公就派人和秦的官吏一起到各縣、鄉、邑把這些通告大家。秦地的人民十分歡喜，爭相抬著牛羊酒食去犒勞軍隊。沛公辭讓不接受，他說：「倉裡的糧食還很多，我不想讓百姓們破費。」老百姓聽了更加歡喜，唯恐沛公不做秦王。

16　有人遊說沛公道：「秦地富庶，十倍於天下，地勢又好。現在聽說章邯投降了項羽，項羽把他封為雍王，王於關中。如果章邯來了，沛公恐怕就不能擁有這裡了。可以趕緊派人把守函谷關，不要接納諸侯進來，再逐步在關中徵一些兵，來擴大自己的力量，抵擋諸侯的軍隊。」沛公贊同他的謀劃，就這樣做了。十二月，項羽果然率領諸侯的軍隊往西想要進入關中，但函谷關關門緊閉。聽說沛公已平定了關中，項羽大怒，派黥布等攻破了函谷關，揮軍到了戲水之下。沛公軍中左司馬曹毋傷聽說項羽大怒，要攻打沛公，派人對項羽說：「沛公想要在關中稱王，讓子嬰做丞相，把全部珍寶都據為己有。」想這樣來求得項羽的封賞。亞父范增對項羽說：「沛公居住在山東的時候，貪財好色，現在聽說他入關後，不貪取珍寶，不親近女色，這說明他志向不小。我派人觀看過他頭上的雲氣，都是龍的形狀，形成五種色彩，這是天子氣啊。應該趕緊攻打他，不要失去機會。」項羽於是賞犒士卒，準備第二天會戰。此時，項羽的士卒有四十萬，號稱百萬。沛公的士卒有十萬，號稱二十萬，在實力上比不過項羽。正好當時項羽的叔父左尹項伯，一向和張良要好，於是夜裡騎馬飛馳去見張良，把這些實情全部告訴他，想讓張良和他一起離開，不要只是在這裡陪著沛公一起死去。張良說：「我為韓王護送沛公，不能不告訴沛公這些，就這樣逃走是不義的。」於是和項伯一起去見沛公。沛公和項伯約定結為兒女親家，說：「我入關後，不敢貪取秋毫之利，把官吏、百姓都登記入冊，封存府庫的財物，一直等待項羽將軍的到來。之所以閉關把守，那是為了防備其他的盜賊。我日夜都在盼望將軍到來，哪敢反叛呢！希望項伯您向將軍說明，我不敢忘恩負義。」項伯答應了，當晚就離開。走前告誡沛公說：「明天不可不一早就來謝罪道歉。」項伯回去以後，把沛公的話都告訴了項羽，趁此還說：「沛公若不先攻破關中的軍隊，你豈能進入到關中？況且別人有大功，攻打他是不吉祥的，不如就此好好待他。」項羽同意了。

17 沛公第二天帶著百餘騎去鴻門見項羽，謝罪說：「我和將軍合力攻打秦軍，將軍在河北作戰，我在河南作戰，自己沒有想到能先進入關中，且攻破秦軍，和將軍再次相見。現在有小人造謠，使將軍和我之間不和。」項羽說：「這是沛公的左司馬曹毋傷說的，不然，我怎麼會到這裡呢？」於是項羽留沛公飲酒。酒席上范增多次用眼神示意項羽擊殺沛公，項羽沒有反應。范增起身，出去對項莊說：「君王不忍心，你進去舞劍，趁此擊刺沛公，將他殺死。否則，你們這些人以後將被他所擒。」項莊進入敬酒祝壽。祝壽完畢，說：「軍營中沒有什麼娛樂，請讓我來舞劍。」於是拔劍而舞。項伯也起身而舞，常常用自己的身體像羽翼一樣來蔽護沛公。樊噲聽說情況緊急，直接闖了進去，怒氣沖沖。項羽認為他是個壯士，賜給他酒喝。樊噲藉機責備項羽。過了一會兒，沛公起身去廁所，招呼樊噲出去，留下其他的車馬官屬人員，一個人騎上馬，樊噲、靳彊、滕公、紀成跟在後面，一起從小路逃回軍營，讓張良留下來向項羽道歉。項羽問：「沛公在哪裡？」張良回答說：「聽說將軍有意責怪他，已經脫身離開，從小路回到軍營裡了，所以讓我向將軍奉上白璧。」項羽接受了。張良又獻玉杯給范增。范增很生氣，摔了玉杯，起身說：「我們這幫人將會被沛公俘虜了！」

18 沛公回去數日後，項羽帶兵往西在咸陽屠城，殺死已經投降了的秦王子嬰，燒毀了秦的宮室，所經之處無不殘殺毀壞。秦地人民十分失望。項羽使人回去向楚懷王報告，懷王說：「還是像當初約定的那樣。」項羽怨恨懷王當初不讓自己和沛公一起往西進入關中，而是向北去救趙，結果不能如約而落後於別人。就說：「懷王，是我們項家所立，他並沒有什麼功勞，憑什麼來作主定約！平定天下的，是各位將領和我項籍。」此年春季正月，項羽表面上尊懷王為義帝，實際上並不聽從他的命令。

1 二月，羽自立為西楚霸王❶，王❷梁、楚地❸九郡，都彭城。背約，更❹立沛公為漢王，王巴、蜀、漢中❺四十一縣，都南鄭❻。三分關中，立秦三將：章邯為雍王，都廢丘❼；司馬欣為塞王，都櫟陽❽；董翳為翟王，都高奴❾。楚將瑕丘申陽為河南王，都洛陽。趙將司馬卬為殷王，都朝歌❿。當陽君英布為九江王，都六⓫。懷王柱國⓬共敖為臨江王，都江陵⓭。番君吳芮為衡山王，都邾⓮。故齊王建孫田安為濟北王。徙魏王豹為西魏王，都平陽⓯。徙燕王韓廣為遼東王。燕將臧荼為燕王，都薊⓰。徙齊王田市為膠東王。齊將田都為齊王，都臨菑⓱。徙趙王歇為代王。趙相張耳為常山王。漢王怨羽之背約，欲攻之，丞相蕭何⓲諫，乃止。

2 夏四月，諸侯罷[19]戲下[20]，各就國[21]。羽使卒三萬人從漢王，楚子[22]、諸侯人[23]之慕從者數萬人，從杜[24]南入蝕[25]中。張良辭歸韓，漢王送至褒中[26]，因說漢王燒絕棧道[27]，以備諸侯盜兵[28]，亦視[29]項羽無東意。

3 漢王既至南鄭，諸將及士卒皆歌謳[30]思東歸，多道亡還者。韓信[31]為治粟都尉[32]，亦亡去，蕭何追還之，因薦於漢王，曰：「必欲爭天下，非信無可與計事者。」於是漢王齊戒[33]設壇場，拜信為大將軍，問以計策。信對曰：「項羽背約而王[34]君王於南鄭，是遷[35]也。吏卒皆山東之人，日夜企[36]而望歸，及其鋒[37]而用之，可以有大功。天下已定，民皆自寧，不可復用。不如決策東向。」因陳羽可圖、三秦[38]易并之計。漢王大說[39]，遂聽信策，部署諸將。留蕭何收巴蜀租，給軍糧食。

4 五月，漢王引兵從故道[40]出襲雍。雍王邯迎擊漢陳倉[41]，雍兵敗，還走；戰好畤[42]，又大敗，走廢丘。漢王遂定雍地。東如咸陽，引兵圍雍王廢丘，而遣諸將略地。

5 田榮聞羽徙齊王市於膠東而立田都為齊王，大怒，以齊兵迎擊田都。都走降楚。六月，田榮殺田市，自立為齊王。時彭越在鉅野[43]，眾萬餘人，無所屬。榮與越將軍印，因令反梁地。越擊殺濟北王安，榮遂并三齊[44]之地。燕王韓廣亦不肯徙遼東。秋八月，臧荼殺韓廣，并其地。塞王欣、翟王翳皆降漢。

6 初，項梁立韓後公子成為韓王，張良為韓司徒。羽以良從漢王，韓王成又無功，故不遣就國，與俱至彭城，殺之。及聞漢王并關中，而齊、梁畔之，羽大怒，乃以故吳令[45]鄭昌為韓王，距漢；令蕭公[46]角擊彭越，越敗角兵。時張良徇[47]韓地，遺羽書[48]曰：「漢欲得關中，如約即止，不敢復東。」羽以故無西意，而北擊齊。

7 九月，漢王遣將軍薛歐[49]、王吸[50]出武關，因王陵兵，從南陽迎太公、呂后於沛。羽聞之，發兵距之陽夏[51]，不得前。

8 二年冬十月，項羽使九江王布殺義帝於郴[52]。陳餘亦怨羽獨不王己[53]，從田榮藉[54]助兵，以擊常山王張耳。耳敗走降漢，漢王厚遇[55]之。陳餘迎代王歇還趙，歇立餘為代王。張良自韓間行歸漢，漢王以為成信侯。

9 漢王如陝[56]，鎮撫關外[57]父老。河南王申陽降，置河南郡。使韓太尉韓信擊韓，韓王鄭昌降。十一月，立韓太尉信為韓王。漢王還歸，都櫟陽，使諸將略地，拔隴西[58]。以萬人若[59]一郡降者，封萬戶。繕治[60]河上塞[61]。故秦苑囿園池，令民得田(62)之。

10 春正月，羽擊田榮城陽，榮敗走平原(63)，平原民殺之。齊皆降楚，楚焚其城郭，齊人復畔之。諸將(64)拔北地(65)，虜雍王弟章平。赦罪人。二月癸未(66)，令民除秦社稷(67)，立漢社稷。施恩德，賜民爵(68)。蜀漢民給軍事勞苦，復(69)勿租稅(70)二歲。關中卒從軍者，復家一歲。舉(71)民年五十以上，有脩行(72)，能帥眾為善，置以為三老(73)，鄉一人。擇鄉三老一人為縣三老，與縣令丞尉以事相教，復勿繇戍(74)。以(75)十月賜酒肉。

11 三月，漢王自臨晉(76)渡河，魏王豹降，將兵從。下河內(77)，虜殷王卬，置河內郡。至脩武(78)，陳平(79)亡楚來降。漢王與語，說之，使參乘(80)，監諸將。南渡平陰津(81)，至洛陽，新城(82)三老董公遮(83)說漢王曰：「臣聞『順德者昌，逆德者亡』，『兵出無名，事故不成』。故曰：『明其為賊，敵乃可服。』項羽為無道，放(84)殺其主，天下之賊也。夫仁不以勇(85)，義不以力(86)，三軍之眾為之素服，以告之諸侯，為此(87)東伐，四海之內莫不仰德。此三王(88)之舉也！」漢王曰：「善，非夫子無所聞。」於是漢王為義帝發喪，袒(89)而大哭，哀臨(90)三日。發使告諸侯曰：「天下共立義帝，北面(91)事之。今項羽放殺義帝江南，大逆無道。寡人親為發喪，兵皆縞素(92)。悉發關中兵，收(93)三河(94)士，南浮(95)江漢以下，願從諸侯、王(96)擊楚之殺義帝者。」

12 夏四月，田榮弟橫收得數萬人，立榮子廣為齊王。羽雖聞漢東(97)，既擊齊，欲遂破之而後擊漢，漢王以故(98)得劫(99)五諸侯(100)兵，東伐楚。到外黃，彭越將三萬人歸漢。漢王拜越為魏相國，令定梁地。漢王遂入彭城，收羽美人貨賂(101)，置酒高會(102)。羽聞之，令其將擊齊，而自以精兵三萬人從魯出胡陵，至蕭，晨擊漢軍，大戰彭城靈壁(103)東睢水(104)上，大破漢軍，多殺士卒，睢水為之不流(105)。圍漢王三帀。大風從西北起，折木發屋(106)，揚沙石，晝晦(107)，楚軍大亂，而漢王得與數十騎遁去(108)。過沛，使人求室家(109)，室家亦已亡(110)，不相得(111)。漢王道逢孝惠、魯元，載(112)行。楚騎追漢王，漢王急，推墮二子(113)。滕公(114)下收載(115)，遂得脫(116)。審食其(117)從太公、呂后間行，反(118)遇楚軍，羽常置軍中以為質。諸侯見漢敗，皆亡去。塞王欣、翟王翳降楚，殷王卬死。

13 呂后兄周呂侯(119)將兵居下邑，漢王往從之。稍(120)收士卒，軍碭。

14 漢王西過梁地，至虞(121)，謂謁者(122)隨何曰：「公能說九江王布使舉兵畔楚，項王必留擊之。得留數月，吾取天下必矣。」隨何往說布，果使畔楚。

15 五月，漢王屯滎陽，蕭何發關中老弱未傅者[123]悉詣[124]軍。韓信亦收兵與漢王會，兵復大振。與楚戰滎陽南京[125]、索[126]閒，破之。築甬道[127]，屬[128]河，以取敖倉[129]粟。魏王豹謁[130]歸視親疾，至則絕河津，反為楚。

16 六月，漢王還櫟陽。壬午[131]，立太子，赦罪人。令諸侯子[132]在關中者皆集[133]櫟陽為衛[134]。引水灌廢丘，廢丘降，章邯自殺。雍地定，八十餘縣，置河上、渭南、中地、隴西、上郡[135]。令祠官[136]祀天地四方上帝山川，以時[137]祠之。興[138]關中卒乘[139]邊塞。關中大饑，米斛萬錢，人相食。令民就[140]食蜀漢。

17 秋八月，漢王如滎陽，謂酈食其曰：「緩頰[141]往說魏王豹，能下之，以魏地萬戶封生[142]。」食其往，豹不聽。漢王以韓信為左丞相，與曹參、灌嬰[143]俱擊魏。食其還，漢王問：「魏大將誰也？」對曰：「柏直。」王曰：「是口尚乳臭[144]，不能當韓信。騎將[145]誰也？」曰：「馮敬。」曰：「是秦將馮無擇子也，雖賢，不能當灌嬰。步卒將[146]誰也？」曰：「項它。」曰：「是不能當曹參。吾無患[147]矣。」九月，信等虜豹，傳[148]詣滎陽。定魏地，置河東、太原、上黨郡[149]。信使人請兵三萬人，願以北舉燕趙，東擊齊，南絕楚糧道。漢王與之。

18 三年冬十月，韓信、張耳東下井陘[150]擊趙，斬陳餘，獲趙王歇。置常山、代郡[151]。甲戌晦[152]，日有食之[153]。十一月癸卯晦，日有食之。

19 隨何既說黥布，布起兵攻楚。楚使項聲、龍且攻布，布戰不勝。十二月，布與隨何間行歸漢。漢王分之兵，與俱收兵至成皐。

20 項羽數侵奪漢甬道，漢軍乏食，與酈食其謀橈[154]楚權[155]。食其欲立六國後以樹黨[156]，漢王刻印，將遣食其立之。以問張良，良發八難[157]。漢王輟飯吐哺[158]，曰：「豎儒[159]幾[160]敗乃公[161]事！」令趨[162]銷印。又問陳平，乃從其計，與[163]平黃金四萬斤，以間疏[164]楚君臣。

21 夏四月，項羽圍漢滎陽，漢王請和，割[165]滎陽以西者為漢。亞父勸項羽急攻滎陽，漢王患之。陳平反間既行，羽果疑亞父。亞父大怒而去，發病死。

22 五月，將軍紀信曰：「事急矣！臣請誑[166]楚，可以間出[167]。」於是陳平夜出女子東門二千餘人，楚因四面擊之。紀信乃乘王車，黃屋左纛[168]，曰：「食盡[169]，漢王降楚！」楚皆呼萬歲，之[170]城東觀，以故漢王得與數十騎出西門遁。令御史大夫[171]周苛、魏豹、樅公守滎陽。羽見紀信，問：「漢王安在？」曰：「已出去矣！」羽燒殺信。而周苛、樅公相謂曰：「反國之王，難與守城。」因殺魏豹。

23 漢王出滎陽，至成皐。自成皐入關，收兵欲復東。轅生[172]說漢王曰：「漢與楚相距滎陽數歲，漢常困。願君王出武關，項王必引兵南走[173]，王深壁[174]，令滎陽成皋間且得休息。使韓信等得輯[175]河北趙地，連[176]燕齊，君王乃復走滎陽。如此，則楚所備者多，力分。漢得休息，復與之戰，破之必[177]矣。」漢王從其計，出軍宛葉[178]間，與黥布行收兵[179]。

24 羽聞漢王在宛，果引兵南，漢王堅壁不與戰。是月，彭越渡睢，與項聲、薛公戰下邳[180]，破殺薛公。羽使終公守成皋，而自東擊彭越。漢王引兵北，擊破終公，復軍成皋。六月，羽已破走[181]彭越，聞漢復軍成皋，乃引兵西拔滎陽城，生得[182]周苛。羽謂苛：「為我將，以公為上將軍，封三萬戶。」周苛罵曰：「若[183]不趨降漢，今[184]為虜矣！若非漢王敵也。」羽亨[185]周苛，并殺樅公，而虜韓王信，遂圍成皋。漢王跳[186]，獨與滕公共車出成皋玉門[187]，北渡河，宿小脩武[188]。自稱使者，晨馳入張耳、韓信壁[189]，而奪之軍。乃使張耳北收兵趙地。

25 秋七月，有星孛[190]于大角[191]。漢王得韓信軍，復大振。八月，臨河南鄉[192]，軍小脩武，欲復戰。郎中[193]鄭忠說止漢王，高壘深塹[194]勿戰。漢王聽其計，使盧綰[195]、劉賈[196]將卒二萬人，騎數百，渡白馬津[197]入楚地，佐彭越燒楚積聚[198]，復擊破楚軍燕郭[199]西，攻下睢陽[200]、外黃十七城。九月，羽謂海春侯大司馬曹咎[201]曰：「謹守成皋。即[202]漢王欲挑戰，慎勿與戰，勿令得東[203]而已。我十五日必定梁地，復從[204]將軍。」羽引兵東擊彭越。

26 漢王使酈食其說齊王田廣，罷守兵與漢和。

27 四年冬十月，韓信用蒯通[205]計，襲破齊。齊王亨酈生，東走高密[206]。項羽聞韓信破齊，且欲擊楚，使龍且救齊。

28 漢果數挑成皋戰，楚軍不出，使人辱之數日，大司馬咎怒，渡兵汜水[207]。士卒半渡，漢擊之，大破楚軍，盡得楚國金玉貨賂。大司馬咎、長史欣[208]皆自剄[209]汜水上。漢王引兵渡河，復取成皋，軍廣武[210]，就敖倉食。

29 羽下梁地十餘城，聞海春侯破，乃引兵還。漢軍方圍鍾離眛[211]於滎陽東，聞羽至，盡走險阻。羽亦軍廣武，與漢相守[212]。丁壯苦軍旅[213]，老弱罷轉餉[214]。漢王、羽相與臨廣武之間而語。羽欲與漢王獨身挑戰，漢王數[215]羽曰：「吾始與羽俱受命懷王，曰先定關中者王之。羽負約，王我於蜀漢，罪一也。羽矯[216]殺卿子冠軍[217]，自尊，罪二也。羽當以救趙還報[218]，而擅劫諸侯兵入關，罪三也。懷王約入秦無暴掠，羽燒秦宮室，掘始皇帝冢，收私[219]其財，罪四也。又彊殺[220]秦降王子嬰，罪五也。詐阬秦子弟新安[221]二十萬，王其將[222]，罪六也。皆王諸將善地[223]，而徙逐故主[224]，令臣下爭畔逆，罪七也。出逐義帝彭城，自都之，奪韓王地，并王梁楚，多自與[225]，罪八也。使人陰殺[226]義帝江南，罪九也。夫為人臣而殺其主，殺其已降，為政不平[227]，主約不信[228]，天下所不容，大逆無道，罪十也。吾以義兵從諸侯誅殘賊，使刑餘罪人[229]擊公，何苦乃與公挑戰！」羽大怒，伏弩射中漢王。漢王傷胸，乃捫足[230]曰：「虜[231]中吾指[232]！」漢王病創臥，張良彊請漢王起行勞軍，以安士卒，毋令楚乘勝。漢王出行軍，疾甚，因馳入成皋。

30 十一月，韓信與灌嬰擊破楚軍，殺楚將龍且，追至城陽，虜齊王廣。齊相田橫自立為齊王，奔彭越。漢立張耳為趙王。

31 漢王疾瘉[233]，西入關，至櫟陽，存問[234]父老，置酒。梟[235]故塞王欣頭櫟陽市。留四日，復如[236]軍，軍廣武。關中兵益出[237]，而彭越、田橫居梁地，往來苦[238]楚兵，絕其糧食。

32 韓信已破齊，使人言曰：「齊邊楚[239]，權輕[240]，不為假王[241]，恐不能安齊。」漢王怒，欲攻之。張良曰：「不如因而立之，使自為守。」春二月，遣張良操[242]印，立韓信為齊王。秋七月，立黥布為淮南王。八月，初為算賦[243]。北貉[244]、燕人來致梟騎[245]助漢。漢王下令：軍士不幸死者，吏為衣衾棺斂，轉送其家。四方歸心焉。

33 項羽自知少助食盡，韓信又進兵擊楚，羽患之。漢遣陸賈說羽，請太公(246)，羽弗聽。漢復使侯公說羽，羽乃與漢約(247)，中分天下，割鴻溝(248)以西為漢，以東為楚。九月，歸太公、呂后，軍皆稱萬歲。乃封侯公為平國君。羽解(249)而東歸。漢王欲西歸，張良、陳平諫曰：「今漢有天下太半(250)，而諸侯皆附(251)，楚兵罷(252)食盡，此天亡之時，不因其幾(253)而遂取之，所謂養虎自遺患也。」漢王從之。

【章旨】以上為卷上的第三部分，敘述了作為漢王的劉邦，進入關中，力圖向東發展，與其他諸侯和項羽等屢次作戰，並最終擁有大半天下，和項羽劃定以鴻溝為界，平分天下的艱苦歷程。

【注釋】❶西楚霸王　古代楚地江陵為南楚，吳為東楚，彭城為西楚。項羽建都於彭城，故號為「西楚霸王」。❷王　稱王。❸梁楚地　指戰國時梁國、楚國的地方。❹更　改。❺巴蜀漢中　均為郡名，三郡轄地約四川大部和陝西南部以及湖北西北部。❻南鄭　為漢中郡的郡治所在，在今陝西漢中西南。❼廢丘　縣名，在今陝西興平東南。❽櫟陽　縣名，在今陝西臨潼東北。❾高奴　縣名，在今陝西延安東北。❿朝歌　縣名，在今河南淇縣。⓫六　縣名，在今安徽六安北。⓬柱國　楚官名，又叫上柱國。⓭江陵　縣名，在今湖北江陵。⓮邾　縣名，在今湖北黃岡西北。⓯平陽　縣名，在今山西臨汾西南。⓰薊　縣名，在今北京西南。⓱臨菑　即臨淄，過去齊國的都城，故址在今山東淄博東北。⓲丞相蕭何　此稱蕭何為丞相，為後來人追述所加。⓳罷　罷兵；撤兵。⓴戲下　即「麾下」，主帥的旗幟指揮之下。㉑就國　到封國去就任。㉒楚子　楚國的人；楚國子弟。㉓諸侯人　其他諸侯國的人。㉔杜　縣名，在今陝西西安東南。㉕蝕　山谷名，從漢中到四川途經於此。㉖褒中　地名，在今陝西褒城東南。㉗棧道　也叫閣道，古時在山崖上鑿石架木修成的道路。㉘盜兵　偷襲之兵。㉙視　同「示」。表示。㉚歌謳　齊聲歌唱。㉛韓信　淮陰（今江蘇淮陰西南）人，初屬項羽，後歸劉邦，漢初封為楚王，其事詳見本書卷三十四〈韓信傳〉。32治粟都尉　軍中主管糧草的官員。33齊戒　即「齋戒」。34王　封王。35遷　帶有懲罰意味的貶遷。根據秦法，有罪之人一般都遷徙於蜀漢。36企　踮起腳跟。37鋒　此指士卒的銳氣。38三秦　章邯為雍王，司馬欣為塞王，董翳為翟王，分王秦地，故曰三秦。39大說　大悅；十分高興。說，同「悅」。40故道　縣名，在今陝西鳳縣東北。41陳倉　縣名，在今陝西寶雞東。42好畤　縣名，在今陝西乾縣東。43鉅野　縣名，在今山東巨野東北。44三齊　指齊、濟北、膠東三個王國。45故吳令　原來吳縣（今江蘇蘇州）的縣令。46蕭公　蕭縣（今安徽蕭縣西北）的縣令。當時縣令經常稱為「公」。47徇　攻取。48書　書信。49薛歐　劉邦部將，後被封為廣平侯。50王吸　劉邦部將，後被封為清陽侯。51陽夏　縣名，在今河南太康。52郴　縣名，在今湖南郴州。53王己　封自己為王。54藉　借。55遇　接待。56陝　陝縣，在今河南三門峽西。57關外　函谷關以東地區。58隴西　郡名，轄有今甘肅東南部地區，治所在狄道（今臨洮）。59若　或者。60繕治　修繕整治。61河上塞　河上地區的障塞。62田　種田。63平原　縣名，在今山東平原縣西南。64諸將　指劉邦的將領們。65北地　郡名，轄有今寧夏及甘肅各一部分。66癸未　干支紀日，即夏曆二月初五這一天。67社稷　社，土神。稷，穀神。此指君主祭祀土神和穀神的社稷壇。68爵　爵位。平民有了爵位，有時可以免除傜役，有時可以減刑罰。69復　免除租賦和傜役。70租稅　收租稅。71舉　推舉。72脩行　好的品行修養。73三老　鄉官名，掌管一鄉的教化。74繇戍　服傜役和戍邊關。75以　在。76臨晉　過去的縣名，因東臨晉國之境而名。在今陝西大荔東的黃河西岸。77河內　指今河南境內黃河以北的地區。78脩武　縣名，在今河南修武城東。79陳平　陽武（今河南原陽東南）人，最初投奔魏王，後又投奔項羽，最後投奔劉邦。其事詳見本書卷四十〈陳平傳〉。80參乘　陪乘的人。古代乘車，尊者在左，駕車者居中，在右者為車右，又叫參乘。81平陰津　平陰縣（今河南孟津東北）內過黃河的渡口。82新城　縣名，在今河南伊川西南。83遮　攔住。84放　放逐。85仁不以勇　只要我有仁，不用勇力天下即可臣服我。86義不以力　只要我有義，不用武力天下即可尊奉我。87為此　因為這個。88三王　指夏、商、周的開國之君禹、湯、文王和武王。89袒　古代舉行喪禮時解開衣服露出左臂。90哀臨　集體哀悼祭弔死者。91北面　面對北面，此指為臣。古代君主面南而坐，臣下面北朝見君主。92縞素　穿白色的喪服。93收　召集。94三河　指河南、河東、河內三個地區。95浮　水上行進。96諸侯王　各位諸侯和王。97東　出關往東進軍。98以故　因此。99劫　掌握；把持。100五諸侯　指常山王張耳、河南王申陽、韓王鄭昌、魏王魏豹、殷王司馬卬。101貨賂　錢財物貨。102高會　盛大宴會。103靈壁　邑名，在今安徽淮北西南。104睢水　過去淮河上的一個河道。105睢水為之不流　指拋入睢水中的死屍阻斷了河流。106發屋　揭起屋頂。107晝晦　白天昏暗下來。108遁去　逃走。109室家　家室；家裡人。110亡　逃走。111不

相得　無法找到。(112)載　坐車。(113)二子　兩個孩子。指孝惠帝和魯元公主。(114)滕公　夏侯嬰。(115)收載　接到車上。(116)脫　脫險。(117)審食其　沛縣人，後封辟陽侯，官至左丞相。(118)反　反而。(119)周呂侯　呂后的哥哥呂澤。周呂是他的封號。(120)稍　漸漸。(121)虞　縣名，在今河南虞城北。(122)謁者　官名，掌管接待賓客、傳達命令等。(123)未傅者　此指根據漢律規定的年齡不應該服兵役的少者、老者。(124)詣　前往。(125)京　縣名，在今河南滎陽東南。(126)索　亭名，故址在今滎陽城。(127)甬道　兩旁築有圍牆的通道。可防敵人劫奪道上運輸的糧草、輜重。(128)屬　連屬；連接。(129)敖倉　修築在滎陽東北敖山上的大糧倉。(130)謁請。(131)壬午　這一天是夏曆六月初六。(132)諸侯子　諸侯子弟。(133)集　集中。(134)衛　防衛；守衛。(135)河上渭南中地隴西上郡　五個新置的郡名。河上郡即後來的左馮翊，渭南郡即後來的京兆尹，中地郡即後來的右扶風，三郡合稱「三輔」，轄今陝西中部地區；隴西郡轄今甘肅東南部地區，治狄道（今臨洮）；上郡轄今陝西北部和內蒙古自治區部分地區，治膚施（今陝西榆林東南）。(136)祠官　掌管祭祀事務的官員。(137)以時　按時。(138)興　徵調。(139)乘　登，指登城守衛邊塞。(140)就　去。(141)緩頰　慢慢緩言相勸。(142)生　先生。(143)灌嬰　睢陽（今河南商丘）人，後封潁陰侯。其事詳見本書卷四十一〈灌嬰傳〉。(144)口尚乳臭　嘴裡還有奶乳的氣味，比喻太年輕。臭，氣味。(145)騎將　騎兵將領。(146)步卒將　步兵將領。(147)患　擔憂。(148)傳　用驛站車馬轉送。(149)河東太原上黨郡　河東郡轄今山西陽城以西、石樓以南地區，治安邑（今夏縣西北）；太原郡轄今山西雁門關以南、呂梁山與太行山之間的地區，治晉陽（今太原西南）；上黨郡轄今山西沁源與河北涉縣之間的地區，治長子（今山西長子西）。(150)井陘　縣名，在今河北井陘西北。其境內井陘山有古代著名的關隘「井陘關」。(151)常山代郡　均為郡名。常山郡轄今河北西南部地區，治所在元氏（今元氏西北）；代郡轄今河北西北部和內蒙古自治區及山西部分地區，治所在代縣（今河北蔚縣東北）。(152)甲戌晦　甲戌這天是這個月的最後一天。夏曆一個月的最後一天叫做「晦」，故甲戌這一天為十月三十日。(153)日有食之　發生日食。(154)橈　彎曲，指意削弱。(155)楚權　楚國的勢力。(156)樹黨　結為朋黨。(157)發八難　提出了八個反駁責難的理由。(158)輟飯吐哺　停止吃飯，將嘴裡的食物吐了出來。(159)豎儒　罵卑瑣淺陋的小儒。(160)幾　差點兒。(161)乃公　猶言「你大爺我」，此為劉邦自稱以罵人。(162)趣　趕緊。(163)與　給與。(164)間疏　離間挑撥楚國君臣關係，使其君臣互相疏遠。(165)割分。(166)誑　欺騙。此指紀信假扮冒充漢王去楚軍投降。(167)間出　趁機從另外的路逃出。(168)黃屋左纛　黃屋，天子之車用黃色的絲綢做頂篷。左纛，插在天子車上左邊的用牦牛尾或野雞尾做成的裝飾。(169)食盡　糧食吃完了。(170)之　去；到。(171)御史大夫　官名，主管全國監察事務。(172)轅生　一個姓轅的讀書人。(173)南走　向南行進。(174)深壁　挖溝築牆，此指堅守不戰。(175)輯　一合併。(176)連　聯絡；聯盟。(177)必　一定。(178)宛葉　宛縣和葉縣。前者在今河南南陽，後者在今河南葉縣西南。(179)行收兵邊行軍一邊收集兵馬。(180)下邳　縣名，在今江蘇邳州西南。(181)破走　擊破彭越軍隊使其逃走。(182)生得　活捉。(183)若　你。(184)今即將。(185)亨　同「烹」。把人扔在鍋裡煮。(186)跳　逃跑。(187)成皋玉門　成皋的北門。(188)小脩武　地名，在今河南獲嘉內，其西的脩武（今河南修武）被稱為「大脩武」。(189)壁　軍營。(190)孛　彗星。(191)大角　星名，古人認為大角星代表帝王。彗星出現在大角附近，預示著將改朝換代。(192)臨河南鄉　逼近黃河準備向南。鄉，同「向」。(193)郎中　官名，掌管宮中侍衛。(194)高壘深塹　築高壁壘，挖深壕溝。(195)盧綰　沛縣人，時任劉邦將軍。其事詳見本書卷三十四〈盧綰傳〉。(196)劉賈　劉邦的堂兄。其事詳見本書卷三十五〈荊王劉賈傳〉。(197)白馬津　故址在今河南滑縣東北。(198)積聚　堆積的糧草。(199)燕郭　燕城（在今河南延津東）。(200)睢陽　縣名，在今河南商丘南。(201)曹咎　人名，當初在做蘄縣獄掾的時候，曾說情救過項羽的叔父項梁，後跟隨項羽，被封為海春侯。(202)即　即使。(203)東　往東進。(204)從　會合。(205)蒯通　本名徹，為避漢武帝劉徹諱，史書改其名為「通」。范陽（今河北徐水縣）人，著名的縱橫遊說之士。其事詳見本書卷四十五〈蒯通傳〉。(206)高密　縣名，在今山東高密西南。(207)汜水　河名，在今河南滎陽內。(208)長史欣　即司馬欣。長史是官名，為丞相、大將軍等高級官員的屬吏。(209)自剄　自殺。(210)廣武　山名，在今河南滎陽北。(211)鍾離眛　項羽部將，姓鍾離，名眛。項羽死後投降韓信，後自殺。(212)相守　相互對峙。(213)丁壯苦軍旅　成年丁壯之人被戰爭所苦。(214)老弱罷轉餉　老弱的人被轉運軍餉糧草的事弄得疲憊不堪。(215)數　列舉項羽的罪狀。(216)矯　假託君主的命令。(217)卿子冠軍　即宋義，楚懷王派他領兵去救趙時，封他為「卿子冠軍」。「卿子」為尊稱，「冠軍」意即在所有的將領之上。(218)還報　返回向楚懷王報告。(219)收私　拿到財物據為私有。(220)彊殺　強制殺死。(221)新安　地名，在今河南澠池東。(222)王其將　把秦將章邯、司馬欣封為王。(223)善地　好的地盤。(224)故主　原來在這些好地盤上的王。(225)自與　給自己。(226)陰殺　暗地裡殺死。(227)不平　不公平。(228)不信　不誠信。(229)刑餘罪人　受過刑罰的罪人。(230)捫足　摸著腳。(231)虜　罵項羽的用語。(232)指　同「趾」；腳趾頭。(233)疾瘉　傷病痊癒了。(234)存問　慰問。(235)梟　梟首，把頭掛在木上示眾。(236)如　去。(237)益出　越來越多的關中兵出來增援。(238)苦　使……受苦，此意為騷擾。(239)齊邊楚　齊國邊界緊挨著楚國。(240)權輕　權力太小。(241)假王　暫時封我為王。(242)操　拿著。(243)算賦　人口稅，年十五到五十六的人，每人向官府交納一算的賦錢（一百二十錢），以供車馬兵甲之用。(244)北貉　泛指居住在東北地區的部族。(245)梟騎　英勇的騎兵。(246)請太公　請求放回太公。(247)約　訂立盟約。(248)鴻溝　溝通黃河與淮水的運河。(249)解　解除戰爭。(250)太半　大半部分。(251)附　歸附。(252)罷　通「疲」。疲勞。(253)幾　同「機」。機會；時機。

【語　譯】二月，項羽自立為西楚霸王，稱王於梁、楚之地九個郡，建都於彭城。項羽違背當初之約，改立沛公為漢王，稱王於巴郡、蜀郡、漢中郡共轄四十一縣，建都於南鄭。三分關中，分別封立給三個秦將：章邯封為雍王，建都於廢丘縣；司馬欣封為塞王，建都於櫟陽縣；董翳封為翟王，建都於高奴縣。楚將瑕丘申陽封為河南王，建都於洛陽。趙將司馬卬封為殷王，建都於朝歌縣。當陽君英布為九江王，建都於六縣。楚懷王的柱國共敖被封為臨江王，建都於江陵縣。番君吳芮封為衡山王，建都於邾縣。原齊王田建的孫子田安封為濟北王。把魏王豹遷為西魏王，建都於平陽縣。把燕王韓廣遷為遼東王。把燕將臧荼封為燕王，建都於薊縣。遷齊王田市為膠東王。把齊將田都封為齊王，建都於臨菑。遷趙王歇為代王。把趙相張耳封為常山王。漢王恨項羽背棄當初的約定，想攻打項羽，丞相蕭何勸諫他，才停止。

2 夏四月，諸侯都從項羽的麾下撤兵，各自到所封之國就任。項羽派了三萬士卒跟從漢王，但仰慕漢王而跟隨他的楚國子弟、其他諸侯國的人有數萬人之多，從杜縣的南面進入蝕谷之中往前行。張良向漢王辭別要回韓，漢王一直把他送到褒中，張良於是建議漢王把棧道都燒毀，以防備其他諸侯的偷襲之兵，同時也可以向項羽表示自己沒有東進的意圖。

3 漢王到了南鄭以後，將領和士兵們都齊聲歌唱，日夜思念東歸故鄉，來南鄭的路上就有多人跑回去了。韓信此時在當治粟都尉，也跑走了，蕭何去把他追回來，又舉薦給漢王，說：「要想爭奪天下，除了韓信沒有其他人可以一起謀劃成事。」於是漢王齋戒，設立壇場，拜韓信為大將軍，並向他詢問計策。韓信說：「項羽背棄信約，把您封到南鄭為王，這是貶遷您。您的士卒們都是山東那邊的人，日夜都在踮起腳盼望回去，趁著他們的這股銳氣並加以利用，可以成大功。如果天下平定以後，百姓都安家立業，就不好再利用了。不如決計東進。」韓信又向漢王陳述了可以謀取項羽、三秦之地容易吞併的計謀。漢王十分高興，就聽從韓信的計策，部署將領。留蕭何在巴蜀徵收租賦，以供給軍隊糧草。

4 五月，漢王帶兵經過故道縣襲擊雍地。雍王章邯在陳倉縣迎擊漢軍，雍王的軍隊被打敗，跑走了；雙方又在好畤縣作戰，雍王的軍隊大敗，逃到了廢丘縣。漢王於是平定了雍地。往東去咸陽，帶兵在廢丘縣圍住雍王，並派遣其他將領去攻占地盤。

5 田榮聽說項羽把齊王市遷到膠東而立田都為齊王，大怒，帶領齊兵攻擊田都。田都逃走向楚投降。六月，田榮殺田市，自立為齊王。這時彭越在鉅野縣，有徒眾萬餘人，無所歸屬。田榮就給彭越將軍印信，讓他在梁地反楚。彭越攻擊殺死濟北王田安，田榮於是吞併了三齊地區。燕王韓廣也不肯遷到遼東。秋八月，臧荼殺掉韓廣，吞併他的地盤。塞王欣、翟王翳都投降了漢王。

6 當初，項梁立韓國的後裔公子成為韓王，張良為韓國司徒。項羽因為張良跟從漢王，韓王成又沒有功勞，所以不讓韓王成去他的封國，而帶韓王成一起到彭城去，並殺了他。等到聽說漢王兼併了關中，而齊、梁二地也背叛了他，項羽大怒，就封原來吳縣的縣令鄭昌為韓王，讓他抵擋漢軍；令蕭縣的縣令角攻擊彭越，而彭越打敗了蕭公角的軍隊。此時張良正在韓地攻取地盤，他給項羽送了一封信說：「漢王只想得到關中地區，實現了當初的約定就會停下來，他不敢再往東進。」因為張良這封信，項羽就不想帶兵往西了，轉而北去攻擊齊王田榮。

7 九月，漢王派將軍薛歐、王吸從武關出去，借助王陵手下的部卒，從南陽去沛縣接劉太公和呂后。項羽聽到後，派軍隊到陽夏去阻擋，使他們不能前行。

8 二年冬天十月，項羽派九江王英布在郴縣殺死了義帝。陳餘也怨恨項羽唯獨不封自己為王，就從田榮那裡借兵，去攻打常山王張耳。張耳被打敗逃走投降了漢王，漢王優厚地接待了他。陳餘迎接代王趙歇回到趙地，趙歇立陳餘為代王。張良從韓地抄小路回到漢，漢王封他為成信侯。

9 漢王去到陝縣，安撫關外的父老。河南王申陽投降了漢王，就設置了河南郡。漢王派原來韓國的太尉韓信去攻打韓地，韓王鄭昌也投降了。十一月，漢王立韓太尉信為韓王。漢王返回關中，在櫟陽建都，派諸將攻城略地，攻下了隴西郡。把率領一萬人或帶領一個郡投降的，封給一萬戶。修繕整治河上地區的軍事要塞。原來秦國的那些園林沼池，現在讓百姓可以去種田。

10 春季正月，項羽在城陽攻擊田榮，田榮兵敗逃到平原縣，平原縣的百姓把他殺死了。齊地都投降了項羽楚軍，楚軍焚燒城郭，齊人又反叛項羽。漢軍的將領攻下了北地郡，俘虜了雍王的弟弟章平。漢王赦免罪人。二月初五，下令百姓廢除秦祭祀的社稷，改立祭祀漢的社稷。對人民施恩德，賜給百姓爵位。蜀漢之地的人民由於供給軍糧很辛苦，免除他們兩年的租賦和徭役。關中地區參加軍隊的士卒，他的家裡可以免除一年的租賦和徭役。推舉老百姓中年齡在五十歲以上，有好的品行修為，能帶領大家行善的人，任命他為三老，每鄉一人。在鄉三老中再選一人做縣三老，和縣的令、丞、尉這些主管官員一起商量行事，這些人也免除他們的租賦和徭役。在每年的十月還賜給他們酒肉。

11 三月，漢王從臨晉渡過黃河，魏王魏豹投降，帶著他的軍隊跟從漢王。漢王攻下了河內地區，俘虜了殷王司馬卬，在那裡設置河內郡。漢王到達脩武縣的時候，陳平從楚軍逃走來投奔漢王。漢王與他交談，談後大為高興，讓他擔任參乘，監察諸將領。漢王向南在平陰縣的渡口過了黃河，來到洛陽，新城縣的三老董公攔住漢王遊說他說：「我聽說『順應仁德的昌盛，背逆仁德的滅亡』，『出兵沒有正當的名義，戰事就不能取得成功』。所以說：『明確指出對手是國賊，敵人就會被征服。』項羽做了大逆不道的事，放逐、殺死了他的君主，他成了天下的國賊。只要我有仁，不用勇力天下即可臣服於我；只要我有義，不用武力天下即可尊奉於我，讓軍隊所有的士卒都為義帝穿白色的喪服，並昭告諸侯，由此向東征伐，四海之內沒有人不會仰慕你的德行。這是如同古代禹、湯、文王、武王一樣的行為啊！」漢王說：「不錯，若不是您我聽不到這些。」於是漢王為義帝發喪，袒臂而大哭，集體哀悼祭弔了三天。派遣使者通告諸侯說：「天下共同擁立義帝，大家都對他稱臣事奉。現在項羽卻在江南放逐、殺害了義帝，真是大逆不道。我親自為義帝進行喪事，士兵們都穿白色的喪服。全部徵發關中的軍隊，召集三河地區的士卒，向南順著長江、漢水沿水路而下，願與各位諸侯和王一起去攻打楚國那個殺死了義帝的人。」

12 夏天四月，田榮的弟弟田橫召集到數萬人，立田榮的兒子田廣為齊王。項羽當初雖然聽說漢王已出關向東挺進，但自己已經在攻打齊地了，就想攻破齊地以後再回擊漢軍，漢王因此得以把持常山王張耳、河南王申陽、韓王鄭昌、魏王魏豹、殷王司馬卬五個諸侯的軍隊，並向東征伐楚軍。漢王到達外黃縣時，彭越帶著三萬人來歸附。漢王拜彭越為魏的相國，讓他平定梁地。漢王就進入彭城，盡收項羽的美人和財貨，並帶了酒舉行盛大宴會。項羽聽說後，令他的部將攻打齊地，自己帶著精兵三萬人從魯縣出發經過胡陵縣，到達蕭縣，在淩晨時攻擊漢軍，在彭城靈壁東面的睢水邊上與漢軍大戰，大敗漢軍，殺死了許多士卒，睢水中的死屍多到都阻斷了河水的流動。項羽軍隊把漢王圍了三圈。突然有大風從西北吹過來，折斷樹木掀起屋頂，揚起沙石，白晝一下子昏暗起來，楚軍大亂，漢王趁機和數十名隨從騎兵逃走。經過沛縣時，讓人去找自己的家人，家人也已逃散了，無法找到他們。在路上漢王碰到了孝惠帝、魯元公主，就讓他們上車一起前行。楚的騎兵從後面來追漢王，漢王情急之下，把他兩個孩子推下了車。滕公夏侯嬰下車把他們接上車，兩個孩子才得以脫險。審食其跟隨著太公、呂后從小路上走，反而遇到了楚國軍隊，項羽就在行軍中經常帶著他們，把他們當作人質。諸侯們一看漢軍敗了，就都逃走離散。塞王司馬欣、翟王董翳投降了楚軍，殷王司馬卬則死了。

13 呂后的哥哥周呂侯呂澤帶著軍隊在下邑駐紮，漢王就去到他那裡。漸漸收集散失的士卒，駐紮在碭縣。

14 漢王往西經過梁地，到達虞縣，對謁者隨何說：「您若能勸說九江王英布讓他帶領軍隊背叛楚國，項王一定會留下來打他。只要能夠讓項王軍隊在那裡停留數月，我就一定能取得天下。」隨何就去勸說英布，果真讓他背叛了楚國。

15 五月，漢王屯兵在滎陽，蕭何徵發關中那些還沒有登錄服役的老人、少年全部到軍中。韓信也召集軍隊來和漢王會合，漢王的兵力又壯大振作起來。漢軍和楚軍在滎陽南面的京縣和索亭之間作戰，擊破了楚軍。漢軍修築甬道，一直連接到黃河，以便運輸敖倉裡的糧食。魏王魏豹請假回家說要看他父母，回去後就斷絕了黃河的渡口，反叛了漢王而投降楚軍。

16 六月，漢王回到櫟陽。六月初六，冊立太子，下令赦免罪人。下令所有在關中的諸侯子弟都會集到櫟陽來守衛。漢軍決開渭河的水來淹廢丘城，廢丘投降，章邯自殺。這樣平定了雍地，得到了八十多個縣，設置河上郡、渭南郡、中地郡、隴西郡、上郡。叫祭祀的官員祭祀天地、四方、上帝、山川，都按時節祭祀。徵調關中的士卒守衛邊塞。這時關中發生大饑荒，米一斛要一萬錢，甚至人吃人。漢王就讓百姓逃荒去巴蜀、漢中地區找吃的。

17 秋天八月，漢王到了滎陽，對酈食其說：「您去委婉勸說魏王魏豹，若能讓他投降，我就把魏地的一萬戶封給先生您。」酈食其去了，但魏豹不聽。漢王就以韓信作為左丞相，和曹參、灌嬰一起去攻打魏。酈食其回來，漢王問他：「魏國的大將是誰呀？」酈食其回答說：「是柏直。」漢王說：「這人還乳臭未乾，他不能抵擋韓信。魏的騎兵將領是誰？」回答說：「是馮敬。」漢王說：「他是秦將馮無擇的兒子，雖然有賢才，但不能抵擋灌嬰。魏的步兵將領是誰？」回答說：「項它。」漢王說：「這人不能抵擋曹參。我沒什麼擔憂的了。」九月，韓信等俘虜了魏豹，用驛站的車馬把他送到了滎陽。漢王就平定了魏地，設置河東郡、太原郡、上黨郡。韓信派人向漢王請求給他三萬人，打算以此往北攻下燕、趙之地，往東攻打齊地，往南可以斷絕楚軍的糧食運輸道路。漢王就給了他三萬士卒。

18 三年冬季十月，韓信、張耳向東經過井陘攻擊趙國，斬殺了陳餘，擒獲了趙王趙歇。在那裡設置了常山郡、代郡。十月的最後這一天甲戌日，發生了日食。十一月的最後一天癸卯日，也發生了日食。

19 隨何遊說黥布成功後，黥布發兵攻打楚國。楚派項聲、龍且攻擊黥布，黥布沒有戰勝。十二月，黥布和隨何從小路回歸漢軍。漢王分給黥布兵馬，和他們一起收兵到了成皋。

20 項羽屢次侵奪漢軍的甬道，漢軍糧食缺乏，漢王就和酈食其商量怎樣削弱楚國的勢力。酈食其建議立六國的後裔為王，來樹立朋黨加強勢力，漢王叫人刻印，將要派酈食其去立六國的後裔為王。這時漢王來詢問張良的意見，張良提出了八條反駁責難的意見。漢王馬上停止吃飯，把嘴裡的東西吐出來，說：「這呆書生差點兒壞了你大爺我的事！」下令趕緊把印銷毀。又向陳平詢問計策，就聽從了他的計謀，給了陳平黃金四萬斤，去離間疏遠楚國君臣之間的關係。

21 夏天四月，項羽包圍滎陽的漢軍，漢王請求講和，割劃滎陽以西地區歸漢所有。亞父范增勸說項羽趕緊攻打滎陽，漢王擔憂此事。陳平施行了反間計之後，項羽果然開始疑心亞父。亞父十分生氣就離開了，後來發病而死。

22 五月，漢將軍紀信說：「情況已經很危急了！讓我假扮漢王去欺騙楚軍，漢王您可以從另外的路悄悄逃出去。」於是陳平在夜裡從東門放出女子二千餘人，楚軍就四面包圍過去攻擊她們。紀信就乘坐著漢王的車，黃色的車頂，車左邊裝飾著牦牛尾，說：「糧食吃完了，漢王來投降楚國了！」楚軍都喊萬歲慶賀，跑到城東去觀看，因為這樣漢王才得以和數十騎兵從西門逃出去。漢王讓御史大夫周苛、魏豹、樅公守衛著滎陽。項羽看見紀信，問說：「漢王在哪裡？」紀信回答說：「已經出城離開了！」項羽就燒死了紀信。守城的周苛和樅公商量說：「魏豹這種叛國之王，很難和他一起來守城。」於是二人殺死了魏豹。

23 漢王逃出滎陽，來到成皋。從成皋進入關中，整頓軍隊想再往東進軍。轅生勸說漢王道：「漢和楚在滎陽相拒已經多年了，漢軍常常被困。希望君王您可以從武關出軍，項王一定會領兵往南去，您就堅守不出，這樣可讓滎陽和成皋間的兵士暫時休息一下。派韓信等人將河北趙地等兵力合在一起，並聯絡燕和齊，君王您再到滎陽去。如此一來，楚要防備的就很多，力量被分散。漢軍能夠休整，再和楚軍作戰，就一定能擊破楚軍。」漢王聽從他的計策，在宛縣和葉縣間出兵，和黥布一邊行軍一邊收集兵馬。

24 項羽聽說漢王在宛縣，果然帶兵往南去，漢王堅守在軍營不和他作戰。這個月，彭越渡過睢河，在下邳和項聲、薛公作戰，攻破殺死了薛公。項羽讓終公守在成皋，而自己帶兵往東攻擊彭越。漢王帶兵向北，擊破了終公，再次在成皋駐軍。六月，項羽擊敗彭越使其逃走之後，聽說漢軍又駐紮在成皋，就帶兵往西攻下了滎陽城，活擒了周苛。項羽對周苛說：「做我的將領吧，我封你為上將軍，賜封三萬戶。」周苛罵道：「你不趕緊去投降漢王，就要被漢王俘虜了！你不是漢王的敵手。」項羽烹殺了周苛，並且殺死了樅公，又俘虜了韓王信，就包圍了成皋。漢王逃走了，獨自和滕公共同乘一輛車從成皋的北門出城，向北渡過黃河，晚上住在小脩武這個地方。第二天自稱為使者，在清晨騎馬跑入張耳、韓信的軍營中，奪取了他們的軍隊。於是派張耳往北去趙地招集士卒。

25 秋天七月，有彗星在大角星旁邊出現。漢王獲得韓信的軍隊後，又大大恢復實力振作起來。八月，逼近了黃河往南進，駐軍在小脩武，想與楚軍再作戰。郎中鄭忠勸說漢王停下來，築高營壘挖深壕溝堅守，不和楚軍作戰。漢王聽從他的計謀，派遣盧綰和劉賈帶領步卒二萬人、騎兵數百人，渡過白馬渡口進入楚地，協助彭越燒毀了楚軍囤積的糧草，又在燕城的西面擊破了楚軍，攻下了睢陽和外黃十七個城郭。九月，項羽對海春侯大司馬曹咎說：「你小心守住成皋。即使漢王來挑戰，也要謹慎從事不要和他作戰，你只需不要讓漢軍往東進就行了。我十五天後一定會平定梁地，到時再來和你會合。」項羽就領兵往東去攻打彭越。

26 漢王派酈食其去遊說齊王田廣，讓他撤軍和漢軍講和。

27 四年冬天十月，韓信採用蒯通的計謀，偷襲攻破了齊軍。齊王烹殺酈食其，向東逃跑到高密。項羽聽說韓信攻破了齊軍，並且要來攻楚，就派龍且去救援齊軍。

28 漢軍果然多次在成皋向楚軍挑戰，楚軍不出來，漢軍就派人辱罵了楚軍很多天，大司馬曹咎發怒，帶兵渡過汜水。楚軍士卒渡河到一半時，漢軍開始攻擊，大敗楚軍，全部繳獲了楚國的金玉財物。大司馬曹咎、長史司馬欣都在汜水邊自殺了。漢王領兵渡過黃河，再次攻取了成皋，駐軍在廣武山上，並去敖倉取得糧食。

29 項羽在梁地攻下了十多座城，聽說海春侯被漢王擊破，就帶兵返回。漢軍正在滎陽東面包圍了楚將鍾離眛，聽說項羽來了，全都往險要的地方跑。項羽也駐軍在廣武，和漢軍相對峙。多年來成年丁壯之人一直被戰爭所苦，老弱的人也因轉運軍餉糧草而疲憊不堪。漢王和項羽就一起來到廣武一個地方對話。項羽要和漢王一個人單挑，漢王列舉項羽的罪狀說：「我當初和你一起在懷王那裡接受命令，那時說先平定關中的人就在關中為王。你背棄約定，把我封到蜀漢為王，這是第一個罪狀。你又假託懷王的命令殺死了卿子冠軍宋義，自居尊位，這是第二個罪狀。你救趙以後應當回去向懷王報告，卻擅自把持著諸侯的軍隊進入關中，這是第三個罪狀。懷王當初約定進入秦地後不要掠奪侵擾，你卻燒毀了秦的宮室，挖掘秦始皇帝的墳墓，把秦的財貨佔為私有，這是第四個罪狀。你又橫蠻地殺死已經投降的秦王子嬰，這是第五個罪狀。你在新安狡詐地坑殺了秦人子弟二十萬，把他們的將領封為王，這是第六個罪狀。你把好的地盤都封給你的將領們，把原來的那些封王都放逐遷往他地，使得他們的臣下爭相背叛，這是第七個罪狀。你把義帝趕出彭城，自己在這裡建都，奪取了韓王的地盤，兼併了梁、楚地區，土地都給了自己，這是第八個罪狀。你派人在江南暗地裡殺死了義帝，這是第九個罪狀。作為人臣卻殺死自己的君主，還誅殺已經投降了的人，為政不公，信約不守，為天下所不容，大逆不道，這是第十個罪狀。我帶領正義之師跟著諸侯一起來討伐逆賊，讓那些受過刑罰的罪人去和你打就足夠了，我何苦來和你挑戰！」項羽大怒，暗中用弓箭射中了漢王。漢王胸部受傷，卻摸著腳說道：「這賊子射中了我的腳趾頭！」漢王因受傷躺在床上，張良勉強讓漢王起來去慰問士卒們，以便安定軍心，不要讓楚軍乘機取勝。漢王出去巡視軍隊，傷痛越來越厲害，就很快進入了成皋。

30 十一月，韓信和灌嬰攻破了楚軍，殺死了楚將龍且，一直把楚兵追趕到城陽，俘虜了齊王田廣。齊相田橫自立為齊王，投奔彭越。漢王封張耳為趙王。

31 漢王傷好了，往西進入關中，來到櫟陽，安慰看望父老，並為他們設置酒宴。把原來塞王司馬欣的頭掛在櫟陽市來示眾。漢王停留了四天，又回去軍營中，駐軍在廣武。關中地區的兵不斷增派出去，而彭越、田橫在梁地，也來回地騷擾楚兵，阻斷楚軍的糧食運輸。

32 韓信攻破齊地後，派人對漢王說：「齊國邊界緊挨著楚國，我的權力太小，若不暫時封我為王，恐怕不能安定齊地。」漢王一聽很生氣，想要攻打他。張良勸他說：「不如就此立他為王，讓他自己在那裡守衛。」春季二月，漢王派張良拿著印信，冊封韓信為齊王。秋天的七月，冊封黥布為淮南王。八月，開始徵收算賦。北貉和燕人派來英勇的騎兵幫助漢軍。漢王下令：那些不幸戰死的士卒，讓官吏給他們置辦衣被裝殮入棺，並送回各人的家鄉。於是四方的百姓都一心歸向漢王。

33 項羽明白自己孤立無援並且糧食將盡，韓信又發動軍隊再攻擊楚國，為此項羽很憂慮。漢王派遣陸賈去遊說項羽，請求歸還他的父親太公等，項羽不聽。漢王又派侯公去勸說項羽，項羽才和漢王訂立盟約，中分天下，劃分鴻溝以西為漢國，鴻溝以東為楚國。九月，楚軍把太公、呂后都送了回來，全軍都高呼萬歲。於是封侯公為平國君。項羽解除戰爭往東回去。漢王也想要往西回去，張良、陳平勸諫說：「現在漢已擁有天下的大半，並且諸侯們都歸附我們，楚軍卻疲憊不堪而且沒有糧食，這正是上天要讓楚滅亡的時候，不就此機會去攻取楚國，就成了所謂的養虎遺患了。」漢王聽從了他們的意見。

卷一下

高帝紀第一下

1 五年冬十月，漢王追項羽至陽夏南止軍，與齊王信❶、魏相國越❷期會❸擊楚，至固陵❹，不會❺。楚擊漢軍，大破之。漢王復入壁，深塹而守。謂張良曰：「諸侯不從❻，奈何？」良對曰：「楚兵且破，未有分地❼，其不至固宜❽。君王能與共天下❾，可立致❿也。齊王信之立，非君王意，信亦不自堅⓫。彭越本定梁地，始君王以魏豹故，拜越為相國。今豹死，越亦望王⓬，而君王不早定。今能取⓭睢陽以北至穀城⓮皆以王彭越，從陳以東傅海⓯與齊王信，信家在楚，其意欲復得故邑。能出捐此地以許兩人，使各自為戰⓰，則楚易敗也。」於是漢王發使使韓信、彭越。至，皆引兵來。

2 十一月，劉賈入楚地，圍壽春⓱。漢亦遣人誘楚大司馬周殷。殷畔楚，以舒⓲

屠六⑲，舉九江兵迎黥布，並行⑳屠城父㉑，隨劉賈皆會。

3 十二月，圍羽垓下㉒。羽夜聞漢軍四面皆楚歌，知盡得楚地，羽與數百騎走㉓，是以兵大敗。灌嬰追斬羽東城㉔。楚地悉定，獨魯不下。漢王引天下兵欲屠之，為其守節㉕禮義之國，乃持羽頭示其父兄，魯乃降。初，懷王封羽為魯公，及死，魯又為之堅守，故以魯公葬羽於穀城。漢王為發喪，哭臨㉖而去。封項伯等四人為列侯，賜姓劉氏。諸民略在楚者㉗皆歸之。漢王還至定陶，馳入齊王信壁，奪其軍。初項羽所立臨江王共敖前死㉘，子尉㉙嗣立為王，不降。遣盧綰、劉賈擊虜㉚尉。

4 春正月，追尊兄伯㉛號曰武哀侯。下令曰：「楚地已定，義帝亡後㉜，欲存恤㉝楚眾，以定其主。齊王信習㉞楚風俗，更㉟立為楚王，王淮北，都下邳。魏相國建城侯彭越勤勞㊱魏民，卑下士卒㊲，常以少擊眾，數破楚軍，其以魏故地王之，號曰梁王，都定陶。」又曰：「兵不得休㊳八年，萬民與㊴苦甚，今天下事畢，其赦天下殊死㊵以下。」

5 於是㊶諸侯上疏㊷曰：「楚王韓信、韓王信、淮南王英布、梁王彭越、故衡山王吳芮、趙王張敖、燕王臧荼昧死㊸再拜言，大王陛下㊹：先時秦為亡道㊺，天下誅之。大王先得秦王(46)，定關中，於天下功最多。存亡定危，救敗繼絕，以安萬民，功盛德厚。又加惠於諸侯王有功者，使得立社稷。地分(47)已定，而位號(48)比儗(49)，亡上下之分，大王功德之著(50)，於後世不宣(51)。昧死再拜上皇帝尊號。」漢王曰：「寡人聞帝者賢者有也(52)，虛言亡實之名，非所取也(53)。今諸侯王皆推高寡人，將何以處之哉？」諸侯王皆曰：「大王起於細微(54)，滅亂秦，威動海內。又以辟陋之地(55)，自漢中行威德，誅不義，立有功，平定海內，功臣皆受地食邑，非私之也(56)。大王德施四海，諸侯王不足以道之，居帝位甚實宜，願大王以幸(57)天下。」漢王曰：「諸侯王幸以為便於天下之民，則可矣。」於是諸侯王及太尉(58)長安侯臣綰(59)等三百人，與博士稷嗣君(60)叔孫通(61)謹擇良日二月甲午(62)，上尊號。漢王即皇帝位于氾水之陽(63)。尊王后(64)曰皇后，太子(65)曰皇太子，追尊先媼(66)曰昭靈夫人。

6 詔(67)曰：「故衡山王吳芮與子二人、兄子一人，從(68)百粵(69)之兵，以佐諸侯，誅暴秦，有大功，諸侯立以為王。項羽侵奪之(70)地，謂之番君。其以長沙(71)、豫章(72)、象郡(73)、桂林(74)、南海(75)立番君芮為長沙王。」又曰：「故粵王亡諸(76)世奉粵祀，秦侵奪其地，使其社稷不得血食(77)。諸侯伐秦，亡諸身帥閩中(78)兵以佐滅秦，項羽廢而弗立。今以為閩粵王，王閩中地，勿使失職。」

7 帝乃西都洛陽。夏五月，兵皆罷歸家。詔曰：「諸侯子[79]在關中者，復之十二歲，其歸者半之[80]。民前[81]或相聚保山澤，不書名數[82]，今天下已定，令各歸其縣，復[83]故爵田宅，吏以文法[84]教訓辨告[85]，勿笞辱。民以[86]飢餓自賣為人奴婢者，皆免為庶人。軍吏卒會赦，其亡罪而亡爵及不滿大夫[87]者，皆賜爵為大夫。故大夫[88]以上賜爵各一級[89]，其七大夫[90]以上，皆令食邑[91]，非七大夫以下，皆復其身[92]及戶[93]，勿事[94]。」又曰：「七大夫、公乘以上，皆高爵也。諸侯子及從軍歸者，甚多高爵，吾數詔吏先與田宅，及所當求於吏者，亟與[95]。爵[96]或人君[97]，上[98]所尊禮，久立吏前，曾不為決[99]，甚亡謂[100]也。異日秦民爵公大夫以上，令丞與亢禮[101]。今吾於爵非輕也，吏獨安取此[102]！且法[103]以有功勞行[104]田宅，今小吏未嘗從軍者多滿[105]，而有功者顧不得[106]，背公立私，守尉長吏[107]教訓[108]甚不善。其今諸吏善遇[109]高爵，稱吾意。且廉問[110]，有不如[111]吾詔者，以重論[112]之。」

8 帝置酒雒陽南宮。上曰：「通侯[113]諸將毋敢隱朕[114]，皆言其情[115]。吾所以有天下者何？項氏之所以失天下者何？」高起、王陵對曰：「陛下嫚[116]而侮人，項羽仁而敬人。然陛下使人攻城略地，所降下[117]者，因以與之，與天下同利也。項羽妒賢嫉能，有功者害[118]之，賢者疑之，戰勝而不與人功，得地而不與人利，此其所以失天下也。」上曰：「公知其一，未知其二。夫運籌帷幄之中，決勝千里之外，吾不如子房[119]；填[120]國家，撫百姓，給餉餽，不絕糧道，吾不如蕭何；連[121]百萬之眾，戰必勝，攻必取，吾不如韓信。三者皆人傑，吾能用之，此吾所以取天下者也。項羽有一范增而不能用，此所以為我禽[122]也。」群臣說服[123]。

【章　旨】以上為卷下的第一部分，敘述漢王劉邦終於打敗項羽，在諸侯王的擁戴之下，由漢王變成了皇帝，並赦免罪犯，封王賜爵，建都於洛陽，大宴群臣以示慶祝的情況。在這次宴會上，劉邦自我總結了打敗項羽的原因。

【注　釋】❶齊王信　韓信。❷越　彭越。❸期會　約期會同。❹固陵　縣名，故址在今河南太康南。❺不會　韓信、彭越沒有來相會。❻不從　不聽從我。❼分地　劃分的應該得到的分內之地。❽宜　於理來說是應該的。❾共天下　共同擁有天下的土地。❿立致　立即來到。⓫堅　穩固。⓬望王　希望被封為王。⓭取　拿。⓮穀城　邑名，故址在今山東東阿東南。⓯傅海　沿海。傅，通「附」。⓰各自為戰　各自為了自己的利益而戰。⓱壽春　縣名，在今安徽壽縣。⓲舒　舒縣，在今安徽廬江西南。⓳六　六縣，在今安徽六安北。即上篇中九江王英布所都之地。⓴並行　同時進軍。㉑城父　縣名，故址在今安徽亳州東南。㉒垓下　邑名，故址在今安徽靈璧東南。㉓走　逃跑。㉔東城　縣名，在今安徽定遠東南。㉕守節　為項羽守節。㉖哭臨　集體哀悼。㉗諸民略在楚者　那些被虜掠到楚地的百姓。㉘前死　此前已經死了。㉙子尉　臨江王共敖的兒子共尉。㉚擊虜　攻擊並俘虜。㉛兄伯　劉邦的大哥，已經死去。㉜亡後　沒有後代。㉝存恤　慰問撫恤。㉞習　熟習。㉟更　改。㊱勤勞　經常操勞。㊲卑下士卒　在士卒面前降低身分，沒有架子。㊳兵不得休　戰爭沒有能夠停止。㊴與　同「歟」。語氣詞，沒有實際意義。㊵殊死　指死刑。㊶於是　在此時。㊷上疏　指書面向皇帝陳述。㊸昧死　冒死。此為人臣上書時一種謙卑的說法。㊹陛下　此是對皇帝一種婉轉的尊稱。陛下即臺階下面，臣下在臺下向皇帝進言時不敢直接稱呼皇帝之名，於是說在臺階下面的人有事稟告，後臣下對皇帝就稱陛下。㊺亡道　無道。㊻先得秦王　最先攻破俘獲秦王。㊼地分　地位和名分。㊽位號　爵位和名號。㊾比儗　和其他諸侯王相當。此指劉邦和其他諸侯一樣都稱為王。㊿著　明顯；顯著。(51)宣　宣揚。(52)帝者賢者有也　「帝」這樣的稱號是賢德之人才能擁有的。(53)非所取也　是不應該接受的。(54)起於細微　出身微賤，地位低下。(55)辟陋之地　偏僻之地。(56)非私之也　不把天下作為自己的私有。(57)幸　慶幸；喜幸。此指君臨天下。(58)太尉　官名，執掌天下軍事。(59)綰　盧綰。(60)稷嗣君　稷嗣，邑名。(61)叔孫通　薛（今山東滕州）人，在秦做過博士，後曾為項羽部屬，最後歸屬劉邦。(62)二月甲午　夏曆二月初三。(63)氾水之陽　氾水的北岸。山的南面或水的北面均稱陽。地在今山東定陶西北。(64)王后　即劉邦的夫人呂后。(65)太子　即劉邦的兒子漢惠帝劉盈。(66)先媼　即劉邦的母親。(67)詔　秦漢以來天子發布的告示叫做詔。(68)從　帶領。(69)百粵　泛指分布在長江中下游以南的諸多部族。即所謂「百越」。(70)之　他。此指吳芮。(71)長沙　郡名，轄有今湖南大部和江西西北部地區。治臨湘（今湖南長沙）。(72)豫章　郡名，轄有今江西大部地區。治南昌（今江西南昌）。此郡屬於英布。(73)象郡　郡名，轄有今貴州東南部和廣西壯族自治區南部地區。治臨塵（今廣西崇左）。(74)桂林　郡名，轄有今廣西壯族自治區大部和廣東西南部地區。治今廣西桂平西南。(75)南海　郡名，轄有今廣東大部地區。治番禺（今廣州）。(76)亡諸　人名，即無諸，為越王句踐的後代。(77)血食　古代祭祀時要宰殺牲畜上供，故稱祭祀之禮為血食。(78)閩中　泛指今福建一帶。秦設有閩中郡，轄今福建和浙江南部地區。治東治（今福建福州）。(79)諸侯子　此指除秦人之外的各諸侯子弟兵。(80)其歸者半之　已經回到各諸侯國的免除徭役六年。(81)前　先前。(82)名數　戶籍。(83)復　歸還。(84)文法　法律條文。(85)辨告　依據法理布告百姓。(86)以　因為。(87)大夫　爵名，為第五級爵。秦漢爵制一共分為二十級，從低到高分別為：一，公士；二，上造；三，簪裊；四，不更；五，大夫；六，官大夫；七，公大夫；八，公乘；九，五大夫；十，左庶長；十一，右庶長；十二，左更；十三，中更；十四，右更；十五，少上造；十六，大上造；十七，駟車庶長；十八，大庶長；十九，關內侯；二十，徹侯（後避漢武帝劉徹諱，改稱通侯）。(88)故大夫　原來擁有大夫爵位的。(89)賜爵各一級　各賞賜爵位增加一等。(90)七大夫　即公大夫，為第七級爵，故又稱七大夫。(91)皆令食邑　都讓他們徵收享有自己封邑上的租稅。秦的制度，只有列侯才能食邑，現在讓七大夫以上爵位的人都有食邑，以示恩寵。(92)身　自身。(93)戶　家裡。(94)勿事　不從事勞役事務。(95)亟與　趕緊給他們。(96)爵　此指爵位高的人。(97)人君　有封國和土地的統治者。(98)上　天子。(99)久立吏前二句　讓他們長時間在官吏們面前等待，竟不給他們裁決。(100)亡謂　無謂；沒有道理。(101)亢禮　地位相當，平起平坐。(102)吏獨安取

此　官吏們是從哪裡得到命令去這樣做的。[103]法　法令。[104]行　頒發；給予。[105]滿　自我滿足。指小吏們為自己多占田宅。[106]顧不得　反而不能得到田宅。顧，反而。[107]守尉長吏　郡守、郡尉和縣裡的長官縣令、縣長。[108]教訓　教導；督導。[109]善遇　好好對待。[110]廉問　考查訪問。[111]不如　不符合；不按照。[112]重論　嚴懲。[113]通侯　即徹侯。後又稱列侯。[114]朕　我。上古本為人們的自稱，秦始皇時規定只有皇帝才能稱朕。[115]情　實情。[116]嫚　傲慢。[117]降下　打降和攻下。[118]害　嫉恨。[119]子房　張良。[120]塡　通「鎮」。鎮守；安定。[121]連　聯合；聯絡。[122]禽　即「擒」，擒獲。[123]說服　心悅誠服。說，同「悅」。

【語譯】漢王五年冬天十月，漢王追擊項羽到了陽夏的南面停下來駐軍，和齊王韓信、魏的相國彭越約好日期共同攻打楚軍，漢王到了固陵，韓信、彭越卻沒有來會合。楚軍攻擊漢軍，把漢軍打得大敗。漢王只好又跑進營壘挖深壕溝守衛。漢王對張良說：「諸侯們不聽我的話，怎麼辦呢？」張良回答說：「楚兵就要被打垮了，可韓信、彭越這些人卻還沒有得到自己分內應有的土地，他們不來會合是能理解的。君王您若能和他們共同分有天下，您叫他們，他們就會立即來。當初立齊王韓信為王的時候，本來就並非您所願意，韓信自己也知道他還不穩固。彭越本來平定了梁地，當初您因為魏豹的原故，拜彭越為魏的相國。現在魏王魏豹死了，彭越也希望您封他為王，您卻沒有及早作出決定。現在您若能把睢陽以北直到穀城的土地都封給彭越讓他為王，從陳地以東的沿海地區給齊王韓信，韓信的老家在楚地，他一定想再奪回故鄉的土地。若能把這些地盤拿出來答應給這兩人，讓他們各自為了自己的利益而和楚作戰，那麼楚軍就容易被打敗了。」於是漢王派遣使者出使到韓信、彭越那裡。那些使者一到，韓信、彭越就都帶兵來了。

2　十一月，劉賈的軍隊攻入楚地，包圍了壽春。漢也派人去誘降楚的大司馬周殷。周殷背叛楚國，帶著舒縣的軍隊去楚國的六縣屠殺，並帶領九江地區的軍隊去迎接黥布，兩路一起進兵在城父屠城，隨後與劉賈一起會合。

3　十二月，漢軍在垓下包圍了項羽。項羽晚上聽到漢軍軍營裡四面都是楚歌，知道漢王已全面占領了楚地，項羽和數百騎兵逃走，因此楚軍大敗。灌嬰在東城追上並殺死了項羽。楚地全部被漢王平定，唯獨魯縣沒有投降。漢王帶著天下的軍隊想去屠城，但考慮到這是魯縣人在為項羽守節，是禮義之邦，就派人拿著項羽的頭給魯縣的父兄們看，魯縣這才投降了。當初，楚懷王封項羽為魯公，到現在項羽死了，魯縣人還為項羽而堅守，所以漢王就把項羽以魯公的身分葬在了穀城。漢王親自為項羽送葬，並且集體哀悼了之後才離去。封項伯等四人為列侯，賜他們姓劉。那些被虜掠到楚地的百姓讓他們都回故鄉。漢王返回定陶，騎馬闖入齊王韓信的軍營中，奪去了韓信的軍權。當初項羽所立的臨江王共敖在這之前死了，臨江王的兒子共尉繼承為王，不肯投降漢王。漢王派盧綰、劉賈去攻擊並俘虜了共尉。

4 春天正月，漢王追封他的大哥劉伯為武哀侯。漢王下令說：「楚地已經平定，義帝又沒有後代，要安慰撫恤楚地民眾，應該確定一個他們的君主。齊王韓信對楚地風俗十分熟習，現在改封他為楚王，統轄淮北地區，定都於下邳。魏相國建城侯彭越一向為魏地百姓操勞，對士卒平易謙卑，常常以少擊多，多次擊破楚軍，應讓他在魏的故地稱王，封號為梁王，定都於定陶。」漢王又下令說：「戰爭一直不斷打了八年，老百姓啊也真夠苦了，現在天下戰事已經結束，就赦免全國那些死罪以外的囚犯吧。」

5 在此時諸侯們上疏說：「楚王韓信、韓王信、淮南王英布、梁王彭越、原來的衡山王吳芮、趙王張敖、燕王臧荼冒著死罪再拜上言，大王陛下：過去秦暴虐無道，天下一起誅討它。大王您最先攻破俘獲秦王，平定關中，在天下功勞最多。您使滅亡的國家保存下來，使危險的局面安定下來，救援那些失敗的，延續那些就要滅絕的，來安定天下的百姓，功勞盛大德澤深厚。還對那些有功的諸侯王施加恩惠，使得他們能建立社稷。您的地位和名分已定，而爵位和稱號卻和其他諸侯王相當，沒有上下之分，這樣大王的顯著功德，在後世不能得到宣揚。我們現在冒死再拜，向您奉上皇帝的尊號。」漢王說：「寡人聽說帝這樣的稱號是賢德的人才能擁有，那種徒有其名而無其實的名號，是不應該接受的。現在諸侯王都把我推舉得這麼高，我怎能居其位呢？」諸侯王都說：「大王您起於微賤，消滅暴亂之秦，威名震動海內。又憑藉著偏僻之地，從漢中推行威德，誅討不義之師，封立有功之人，平定海內，功臣們都得到封地和食邑，您沒有把天下作為自己的私有。大王的德行施於四海，我們諸侯王都無法加以稱述，您居處帝位是非常名副其實而應該的，希望大王您能夠君臨天下。」漢王說：「諸侯王們既然有幸認為這樣對天下的百姓有利，那就實行吧。」於是諸侯王和太尉長安侯盧綰等三百人，與博士稷嗣君叔孫通等認真研究選擇了二月初三這個好日子，向漢王奉上了皇帝的尊號。漢王在氾水的北面登上了皇帝之位。尊稱王后為皇后，太子為皇太子，追尊已死去的母親為昭靈夫人。

6 下詔說：「原來的衡山王吳芮和他的兩個兒子、一個姪兒，帶領百粵地區的士卒，佐助諸侯，誅討暴秦，立了大功，諸侯們立他為王。項羽侵犯奪取他的地盤，把他稱為番君。現以長沙郡、豫章郡、象郡、桂林郡、南海郡封立番君吳芮，讓他做長沙王。」又下詔說：「過去粵王亡諸世代奉祀越國之祀，秦侵犯奪取他的地盤，使得越國社稷不再有人祭祀。諸侯討伐秦的時候，亡諸親自率領閩中地區的士卒幫助滅秦，項羽卻對他棄置不顧不加封立。現在封立他為閩粵王，統治閩中地區，不要使其失去職守。」

7 皇帝於是往西定都於洛陽。夏天五月，士卒們都遣散回家。皇帝下詔說：「還在關中的關東各諸侯子弟兵，免除他們十二年的徭役，那些已經回到了各諸侯國的免除他們六年的徭役。老百姓先前為避難有的在山澤間聚眾自保，還沒有登記他們的戶籍，現在天下已經平定，讓他們各自回到自己的縣邑，歸還他們原來的爵位和田宅，官吏們要按照法律條文向他們布告講述清楚，不得打罵侮辱他們。百姓由於飢餓而把自己賣身給別人作為奴婢的，全部赦免他們為平民。赦免軍中有罪的官兵，那些無罪卻失去了爵位的，以及爵位還不到大夫這一級的，都賜給他們大夫的爵位。原來就已是大夫這一級爵位以上的，各賞賜增加爵位一級，爵位在七大夫以上的，都讓他們徵收享有自己封邑上的租稅，不是七大夫及其以下爵位的，都免除他自身以及他一家的徭役，不要讓他們從事勞役事務。」又下詔說：「七大夫、公乘爵位以上的，都是高爵位。諸侯子弟和從軍隊中回鄉的人，有許多都是高爵位，我多次下詔讓官吏們先給他們田宅，他們在官吏那裡應當得到的，應該趕緊給他們。高爵位或有封邑土地的人，皇帝對他們都尊敬有禮，他們卻長時間站在官吏們面前等待，都不給他們裁決，也太沒有道理了。以前秦國的百姓，爵位在公大夫以上的，可以和縣裡的縣令、縣丞平起平坐分庭抗禮。現今我對爵位沒有輕視，唯獨那些官吏是從哪裡得到命令敢這樣做！並且根據法令是按照功勞頒發田宅的，現在那些並沒有從過軍的小吏們卻多占田宅以自我滿足，而那些有功勞的反而得不到，小吏們損公利私，這是郡守、郡尉和縣裡的縣令、縣丞們教導不得當。要讓官吏們好好對待那些高爵位的人，一定要按我的意思去辦。並且對這些官吏進行考查訪問，若有不按我詔令去做的，要對他們嚴懲。」

8 高帝在雒陽南宮設置酒宴。高帝說：「通侯、諸將們不要隱瞞我，都要說實話。我之所以擁有天下，原因是什麼？項羽之所以失去天下，原因又是什麼呢？」高起、王陵回答說：「陛下為人傲慢又愛侮辱他人，項羽為人仁厚能夠敬重別人。然而陛下派人攻城略地，誰打降攻下的地方，就封給他，與大家共享利益。項羽卻妒賢嫉能，嫉恨有功勞的人，懷疑賢能的人，別人戰勝了卻不給他功勞，得到了土地卻不給人好處，這就是他之所以失去天下的原因。」高帝說：「您們只知其一，不知其二。要說運籌帷幄之中，決勝於千里之外，我比不上子房；鎮守國家，安撫百姓，供給糧餉，使糧食運輸暢通無阻，我比不上蕭何；聯合百萬大軍，每戰必勝，每攻必取，我比不上韓信。這三個人都是人中之傑，我能重用他們，這就是我之所以取得天下的原因。項羽有一個范增卻不能重用，這就是他之所以被我擒獲的原因。」群臣聽了都心悅誠服。

1 初，田橫歸❶彭越。項羽已滅，橫懼誅，與賓客亡入海。上恐其久為亂，遣使者赦橫，曰：「橫來，大者王，小者侯❷；不來，且發兵加誅。」橫懼，乘傳❸詣雒陽，未至三十里，自殺。上壯其節❹，為流涕，發卒二千人，以王禮葬焉。

2 戍卒婁敬❺求見，說上曰：「陛下取天下與周異，而都雒陽，不便，不如入關，據秦之固。」上以問張良，良因勸上。是日，車駕❻西都長安。拜婁敬為奉春君，賜姓劉氏。六月壬辰❼，大赦天下。

3 秋七月，燕王臧荼反，上自將征之。九月，虜荼。詔諸侯王視有功者立以為燕王。荊王臣信❽等十人皆曰：「太尉長安侯盧綰功最多，請立以為燕王。」使丞相噲❾將兵平代地。

4 利幾反，上自擊破之。利幾者，項羽將。羽敗，利幾為陳令，降，上侯之潁川❿。上至雒陽，舉通侯籍⓫召之，而利幾恐，反。

5 後九月，徙諸侯子關中。治⓬長樂宮⓭。

6 六年冬十月，令天下縣邑城⓮。

7 人告楚王信謀反，上問左右，左右爭欲擊之。用陳平計，乃偽游雲夢⓯。十二月，會諸侯于陳，楚王信迎謁⓰，因執⓱之。詔曰：「天下既安，豪桀有功者封侯，新立⓲，未能盡圖其功⓳。身居軍九年，或未習法令，或以其故犯法，大者死刑，吾甚憐之。其赦天下。」田肯賀上⓴曰：「甚善，陛下得韓信，又治秦中㉑。秦，形勝之國也㉒，帶河阻山，縣隔千里㉓，持戟㉔百萬，秦得百二焉㉕。地勢便利，其以下兵於諸侯，譬猶居高屋之上建瓴水也㉖。夫齊，東有琅邪㉗、即墨㉘之饒，南有泰山之固，西有濁河㉙之限㉚，北有勃海㉛之利，地方二千里，持戟百萬，縣隔千里之外，齊得十二焉㉜。此東西秦㉝也。非親子弟，莫可使王齊者。」上曰：「善。」賜金五百斤。上還至雒陽，赦韓信，封為淮陰侯㉞。

8 甲申[35]，始剖符[36]封功臣曹參等為通侯。詔曰：「齊，古之建國也，今為郡縣，其復以為諸侯。將軍劉賈數有大功，及擇寬惠修絜[37]者，王齊、荊地[38]。」春正月丙午[39]，韓王信等奏請以故東陽郡、鄣郡、吳郡[40]五十三縣立劉賈為荊王；以碭郡[41]、薛郡[42]、郯郡[43]三十六縣立弟文信君交[44]為楚王。壬子[45]，以雲中[46]、鴈門[47]、代郡[48]五十三縣立兄宜信侯喜[49]為代王；以膠東[50]、膠西[51]、臨淄[52]、濟北[53]、博陽[54]、城陽郡[55]七十三縣立子肥[56]為齊王；以太原郡[57]三十一縣為韓國，徙韓王信都晉陽。

9 上已封大功臣二[58]十餘人，其餘爭功，未得行封。上居南宮，從復道[59]上見諸將往往耦語[60]，以問張良。良曰：「陛下與此屬[61]共取天下，今已為天子，而所封皆故人所愛，所誅皆平生仇怨。今軍吏計功，以天下為不足用徧封[62]，而恐以[63]過失及誅，故相聚謀反耳。」上曰：「為之奈何？」良曰：「取上素所不快[64]，計群臣所共知最甚者一人，先封以示群臣。」三月，上置酒，封雍齒，因趣[65]丞相急定功行封。罷酒，群臣皆喜，曰：「雍齒且侯，吾屬亡患矣！」

10 上歸櫟陽，五日一朝太公。太公家令[66]說太公曰：「天亡[67]二日，土亡二王。皇帝雖子，人主也；太公雖父，人臣也。奈何令人主拜人臣！如此，則威重[68]不行。」後上朝，太公擁彗[69]，迎門卻行[70]。上大驚，下扶太公。太公曰：「帝，人主，奈何以我亂天下法！」於是上心善家令言[71]，賜黃金五百斤。夏五月丙午[72]，詔曰：「人之至親，莫親於父子，故父有天下傳歸於子，子有天下尊歸於父，此人道之極也。前日天下大亂，兵革並起，萬民苦殃，朕親被堅執銳[73]，自帥士卒，犯危難，平暴亂，立諸侯，偃兵息民[74]，天下大安，此皆太公之教訓也。諸王、通侯、將軍、群卿、大夫已尊朕為皇帝，而太公未有號。今上尊太公曰太上皇。」

11 秋九月，匈奴[75]圍韓王信於馬邑[76]，信降匈奴。

12 七年冬十月，上自將擊韓王信於銅鞮[77]，斬其將。信亡走匈奴，其將[78]曼丘臣[79]、王黃共立故趙後[80]趙利為王，收信散兵，與匈奴共距[81]漢。上從晉陽連戰[82]，乘勝逐北[83]，至樓煩[84]，會[85]大寒，士卒墮指[86]者什二三[87]。遂至平城[88]，為匈奴所圍，七日，用陳平祕計[89]得出。使樊噲留定代地。

13 十二月，上還過趙，不禮趙王[90]。是月，匈奴攻代，代王喜[91]棄國，自歸雒陽，赦為合陽侯[92]。辛卯，立子如意[93]為代王。

14 春，令郎中有罪耐[94]以上，請[95]之。民產子，復勿事[96]二歲。

15 二月，至長安。蕭何治未央宮[97]，立東闕[98]、北闕、前殿、武庫[99]、太倉[100]。

上見其壯麗，甚怒，謂何曰：「天下匈匈[101]，勞苦數歲，成敗未可知，是何治宮室過度也！」何曰：「天下方未定，故可因以就[102]宮室。且夫天子以四海為家，非令壯麗亡以重威，且亡令後世有以加[103]也。」上說，自櫟陽徙都長安。置宗正[104]官以序[105]九族[106]。夏四月，行如[107]雒陽。

16 八年冬，上東擊韓信[108]餘寇於東垣[109]。還過趙，趙相貫高等恥上不禮其王，陰謀[110]欲弒上。上欲宿[111]，心動[112]，問：「縣名何？」曰：「柏人。」上曰：「柏人者，迫於人也。」去弗宿。

17 十一月，令士卒從軍死者為槥[113]，歸其縣，縣給衣衾棺葬具，祠以少牢[114]，長吏視葬。十二月，行自東垣至[115]。

18 春三月，行如雒陽。令吏卒從軍至平城及守城邑者[116]皆復終身勿事。爵非公乘[117]以上毋得冠劉氏冠。賈人[118]毋得衣錦繡綺縠絺紵罽[119]，操兵[120]，乘騎馬[121]。秋八月，吏有罪未發覺者，赦之。九月，行自雒陽至，淮南王、梁王、趙王、楚王皆從。

【章　旨】以上為卷下的第二部分，敘述當上皇帝的劉邦，在婁敬的勸說下向西遷都到長安；此時一些諸侯王開始反叛。劉邦親自領兵平定了燕王臧荼、利幾、韓王信的叛亂，降楚王韓信為侯。

【注　釋】❶歸　歸附於。❷大者王二句　大者，指首領田橫。小者，指田橫的部屬。一說，意即往大裡是可以稱王，往小裡說可以封侯，均指田橫。❸乘傳　一種四匹馬拉的驛站傳車。當時的相關法令規定：四馬高足為置傳，四馬中足為馳傳，四馬下足為乘傳，一馬二馬為軺傳。在緊急情況下坐乘傳。❹壯其節　認為他氣節壯烈。❺婁敬　齊（今山東地區）人。後被劉邦賜姓劉，為關內侯。其事詳見本書卷四十三〈婁敬傳〉。❻車駕　乘車而行。❼六月壬辰　夏曆六月初三。❽荊王臣信　即楚王韓信。荊，即楚。❾噲　樊噲。❿侯之潁川　封他在潁川為侯。⓫舉通侯籍　通侯名冊上的所有人。⓬治　修建。⓭長樂宮　由過去秦的興樂宮改建而成。故址在今陝西西安西北郊。⓮城　修築城牆。秦始皇三十二年（西元前二一五年）曾下令拆除全國縣和邑的城牆。⓯雲夢　雲夢澤。約在今湖南洞庭湖一帶。⓰迎謁　迎接拜見。⓱執　拘捕。⓲新立　皇帝剛剛登立帝位。⓳未能盡圖其功　還沒來得及全面考慮大家的功勞去封賞。⓴賀上　祝賀皇帝。㉑治秦中　指建都於關中。關中地區久為秦地，故又稱秦中。㉒形勝之國也　在地形上占據不敗之地的國家。㉓縣隔千里　與諸侯隔絕千里。縣，通「懸」。㉔持戟　拿著戟的士兵。㉕秦得百二焉　因為秦地險固，故在秦地的士卒二萬人可抵擋諸侯的一百萬人。㉖譬猶居高屋之上建瓴水也　就好比在高屋瓦溝裡的水順勢往下流一樣。比喻十分容易。㉗琅邪　郡名，轄有今山東東南部地區。治東武（今諸城）。㉘即墨　縣名，在今山東平度東南。琅邪與即墨，二地靠近大海，財用富饒。㉙濁河　渾濁的黃河。㉚限　界。㉛勃海　渤海。㉜齊得十二焉　齊國的軍隊憑藉其地形可以二萬人抵擋十萬人（即二十萬人可以抵擋一百萬人，比之秦地二萬人能抵擋一百萬人要次一些）。㉝東西秦　東面的齊國地形險要加之物產豐富，可與西面的秦地相媲美，猶如一個東面的秦國。㉞封為淮陰侯　韓信以前為王，此時被貶為侯。㉟甲申　這一天為夏曆十二月二十八日。㊱剖符　將符信分為兩半，皇帝和受封的人各執一半。㊲寬惠修絜　為人寬厚而品行端正。㊳王齊荊地　分別在齊地和楚地稱王。㊴正月丙午　夏曆正月二十一日。㊵故東陽郡鄣郡吳郡　過去楚漢之際設置的郡。東陽郡轄有今江蘇西部和安徽東部一帶；鄣郡轄有今江蘇西南部及與安徽、浙江交界的一部分，即後來的丹陽郡；吳郡轄有今江蘇蘇州一帶。㊶碭郡　轄有今山東、安徽、河南三省交界地區一帶，治碭縣（今河南夏邑東南）。㊷薛郡　轄有今山東西南部和江蘇東北部地區，治魯縣（今山東曲阜）。㊸郯郡　楚漢時期設置，即後來的東海郡，轄有今江蘇東北部和山東東部沿海一帶地區。㊹交　劉邦的弟弟劉交。㊺壬子　夏曆正月二十七日。㊻雲中　郡名，轄有今山西西北部和內蒙古自治區東部和南部地區，治雲中（今內蒙古自治區托克托東北）。㊼鴈門　郡名，轄有今山西西北部地區，治善無（今山西右玉南）。㊽代郡　郡名，轄有今山西東北部和河北一帶地區，治代縣（今河北蔚縣東北）。㊾喜　劉邦的哥哥劉喜。㊿膠東　郡名。項羽時曾三分齊地，東部為膠東國，都城在即墨，後又為郡。(51)膠西　郡名。

轄有今山東膠州、高密等。治高密（今山東高密西南）。52臨淄　郡名。項羽時三分齊地，中部為齊國，都城在臨淄。後為郡。53濟北　郡名。項羽時三分齊地，西部為濟北國，都城在博陽。後為郡。54博陽　郡名。楚漢時期為濟北國的都城。後為郡。55城陽郡　轄有今山東沂南、莒縣一帶地區。治莒縣（今山東莒縣）。56肥　劉邦的兒子劉肥。57太原郡　轄有今山西中部地區，治晉陽（今山西太原西南）。58二　原作「三」。周壽昌說〈高帝功臣表〉六年正月以前封二十七人，合韓信二十八人，「三」是「二」之誤。王先謙說《通鑑》亦作「二十餘人」，此積畫傳寫之誤。59復道　樓閣間架空的兩層通道。60耦語　相對私語。耦，通「偶」。61此屬　這些人。62不足用徧封　不足以讓每一個有功的人都得到土地。用，以。63以　因為。64不快　不喜歡。65趣　催促。趣，同「促」。66家令　家臣；管理家事的官員。67亡　無。68威重　威嚴莊重。69擁彗　拿著掃帚。70迎門卻行　對著門退卻而行。表示自己在尊者面前地位卑下，所以為其掃除道路，倒退而行。71心善家令言　心裡讚賞家令的言行。72五月丙午　夏曆五月二十三日。73被堅執銳　身穿堅固的鎧甲，手拿銳利的武器。被，同「披」。74偃兵息民　結束戰爭，使民休息。75匈奴　戰國秦漢間生活在我國北方的一支游牧民族。漢初曾屢次南下侵擾。76馬邑　縣名，在今山西朔州。77銅鞮　縣名，在今山西沁縣南。78其將　原作「與其將」。朱子文說「與」字衍。王先謙說朱說是。79曼丘臣　人名，姓曼丘，名臣。80故趙後　過去六國時趙國的後代。81距　同「拒」。抗拒。82連戰　連續作戰。83逐北　追逐敗兵。84樓煩　縣名，在今山西寧武。85會　正好遇上。86墮指　手指頭被凍到斷掉。87什二三　十分之二三。什，同「十」。88平城　縣名，在今山西大同東北。89祕計　祕密計策。90趙王　張耳的兒子張敖，為劉邦的女婿。91代王喜　劉邦的二哥劉喜。92赦為合陽侯　赦免其罪，並封為合陽侯。擅自棄國而逃是有罪的，這裡赦免其罪，由王降為侯。93子如意　劉邦的兒子如意，為戚夫人所生。94耐　通「耏」。古代一種剃去鬍鬚的較輕刑罰。95請　向上請示。96勿事　不從事徭役。97未央宮　漢朝最主要的宮殿之一，位於當時長安城內西南。98闕　宮殿前的高臺建築物。99武庫　收藏兵器的倉庫。100太倉　京城儲存糧食的國家倉庫。101匈匈　紛擾。102就　建成。103加　超過。104宗正　官名，掌管皇家宗族事務。105序　排列。106九族　一般指從高祖到玄孫為九族。107行如　出行到。行，特指皇帝出行。如，去；到。108韓信　此指韓王信。109東垣　縣名，在今河北正定南。110陰謀　暗地裡策劃。111宿　歇宿。112心動　心跳動得很快。113槥　簡陋的小棺材。114少牢　沒有牛作犧牲的祭祀，一般用豬或羊或只有羊。115至　到京城。116守城邑者　堅守在平城周圍城邑的人。117公乘　第八級爵位。118賈人　商人。119錦繡綺縠絺紵罽　不同類別的絲、麻、毛紡織品名稱。120操兵　攜帶武器。121乘騎馬　乘馬車和騎馬。

【語譯】當初，田橫歸附於彭越。項羽被消滅以後，田橫害怕被誅殺，和手下的賓客部屬逃到海外。高帝怕他久了要作亂，派遣使者去赦免田橫說：「田橫你若回來，大者封王，小者封侯；若不來，就要發兵誅討你。」田橫害怕，坐著乘傳之車到雒陽，還沒到，在離雒陽三十里的地方就自殺了。高帝認為他氣節壯烈，為他流了淚，派遣士卒二千人，用王的禮節埋葬了他。

2 一個叫婁敬的戍邊士兵求見高帝，勸說高帝：「陛下取得天下和周朝不一樣，卻建都雒陽，不合適，不如進入關中，可以據守秦穩固的險要地勢。」高帝向張良徵詢此事的意見，張良也就此勸他這樣做。當天，高帝乘車而行往西以長安為都。高帝拜婁敬為奉春君，賜給他劉姓。六月初三，下令大赦天下。

3 秋天七月，燕王臧荼造反，高帝親自帶兵征討。九月，俘虜了臧荼。下詔給諸侯王說，看看哪個有功勞可立為燕王。楚王韓信等十人都說：「太尉長安侯盧綰功勞最多，請求把他立為燕王。」高帝派丞相樊噲帶兵平定代地。

4 利幾造反，高帝親自帶兵攻破了他。利幾，是項羽的部將。項羽戰敗時，利幾是陳縣的縣令，投降了高帝，高帝封他在潁川為侯。高帝到了雒陽，召集通侯名冊上的所有人來雒陽，但利幾害怕，於是就造反。

5 次年的閏九月，把諸侯子弟遷到關中。修建長樂宮。

6 六年冬天的十月，下令天下的縣和邑都修築城牆。

7 有人告發楚王韓信謀反，高帝詢問左右大臣的意見，大家都爭相要去攻打韓信。高帝聽用了陳平的計謀，假裝巡遊雲夢澤。十二月，在陳縣會集諸侯們，楚王韓信也來迎接拜見，高帝乘機拘捕了韓信。下詔令說：「天下安定以後，有功勞的豪傑應該封侯，但皇帝剛剛登立帝位，還沒有來得及全面考慮大家的功勞並封賞。大家身在軍隊中九年多了，有的人還不太熟悉法令，有人還照過去的做法而犯法了，嚴重的甚至是死刑，我非常憐憫他們。下令赦免天下的罪犯吧。」田肯祝賀高帝說：「太好了，陛下抓住了韓信，又建都在關中。秦國之地，在地形上是佔據不敗之地的地方，黃河圍繞著它，崤山屏蔽著它，與諸侯國隔絕千里，其他諸侯有武裝的士兵一百萬，秦地的士兵二萬人就可以抵擋他們了。這裡地勢便利，若帶兵東下攻擊諸侯，就好比在高屋瓦溝裡的水順勢往下流一樣容易。齊國，東面有琅邪郡、即墨縣這兩個富饒之地，南面有泰山以固守，西面有渾濁的黃河為界，北面有勃海的魚鹽之利，地盤方圓二千里，諸侯若有武裝的士卒百萬人，齊處在這樣一個千里隔絕之地，其軍隊二十萬人就可以抵擋他們了。這兩個地區可說是東秦和西秦。若非陛下自己的嫡親子弟，不可讓他到齊地為王。」高帝說：「說得好。」賜給田肯黃金五百斤。高帝返回到洛陽，赦免韓信，封他為淮陰侯。

8 十二月二十八甲申日，高帝開始頒發符信，封賞功臣曹參等為通侯。下詔令說：「齊，古來那裡就建有諸侯國家，現在為郡縣，應該再在那裡建立諸侯國家。將軍劉賈多次建立大功，此外再選擇為人寬厚品行端正的，讓他們到齊、楚去為王。」春天正月二十一丙午日，韓王信等上奏請求把過去的東陽郡、鄣郡、吳郡五十三個縣封給劉賈立他為荊王；把碭郡、薛郡、郯郡三十六個縣封給皇弟文信君劉交，立他為楚王。二十七日壬子這天，高帝把雲中郡、鴈門郡、代郡五十三個縣封給皇兄宜信侯劉喜，立他為代王；把膠東、膠西、臨淄、濟北、博陽、城陽郡七十三個縣封給皇子劉肥，立他為齊王；把太原郡三十一個縣作為韓國，把韓王信遷到那裡，建都於晉陽。

9 高帝已經封賞了二十多位大功臣，剩下的也在爭論功勞，但還沒有得到高帝的封賞。高帝居處在南宮，從復道上看見諸將常常相對竊竊私語，就向張良詢問這件事。張良說：「陛下和這些人共同取得了天下，現今您自己已經做了天子，而所封賞的都是您的老朋友和您喜歡的人，所誅殺的都是您生平怨恨的仇人。現在將士們計算了一下功勞，認為天下的土地已經不夠用來封賞所有有功的人，但又害怕因為有過失以後會被誅殺，所以相互聚在一起想要謀反。」高帝問：「那怎麼辦呢？」張良說：「您選取一個向來最不喜歡的而又為群臣們都共知的人，先封賞他，來做個樣子給群臣看。」三月，高帝設置酒宴，封賞了雍齒，還就此催促丞相趕緊審定眾人的功績以便封賞。酒宴之後，群臣都很高興，說：「雍齒尚且被封了侯，我們這些人就不用擔心了！」

10 高帝回到櫟陽，每五天朝拜一次他的父親太公。太公的家令對太公說：「天上沒有兩個太陽，地上沒有兩個君王。皇帝雖然是您的兒子，但他是天下之人主；太公您雖然是他的父親，但卻位居人臣之列。怎麼能讓人主拜人臣！這樣，他的威嚴就沒有了。」這之後高帝又來朝拜太公，只見太公拿著掃帚，面對著門口退卻而行。高帝大驚，下來扶太公。太公說：「皇帝您，是天下人主，怎麼能因為我而亂了天下的法度！」因此高帝心裡很讚賞那個家令，賜給他黃金五百斤。夏天五月二十三丙午日，高帝下詔說：「一個人最親的，莫過於父親跟兒子，所以父親有了天下就傳給兒子，兒子有了天下就要尊崇父親，這是人與人之間關係的最高法則。以前天下大亂，戰爭到處都有，萬民受苦遭殃，朕親自披甲執兵，親率士卒，冒著危險，平定暴亂，封立諸侯，結束戰爭，使民休息，天下太平，這都是因為太公的教導。諸王、通侯、將軍、群卿、大夫已經尊朕為皇帝，而太公還沒有封號。現在給太公奉上尊號，叫太上皇。」

11 秋天九月，匈奴軍隊在馬邑包圍了韓王信，韓王信投降了匈奴。

12 七年冬天十月，高帝親自帶領軍隊在銅鞮攻擊韓王信，斬殺了韓王信的部將。韓王信逃跑到了匈奴那裡，他的部將曼丘臣、王黃共同擁立過去六國時趙國的後代趙利為王，收集了韓王信的散兵，和匈奴一起共同抵抗漢軍。高帝在晉陽連續作戰，並乘勝追擊敗退的敵軍，到達了樓煩，正好碰上特別寒冷的天氣，士卒們凍掉手指頭的有十分之二三。進軍到了平城，被匈奴軍隊包圍了七天，高帝採用了陳平的祕密計策才得以逃出。高帝讓樊噲留下來平定代地。

13 十二月，高帝返回經過趙地，對趙王沒有禮貌。這個月，匈奴攻打代地，代王劉喜棄國而逃，獨自跑回雒陽，高帝赦免其罪，並封他為合陽侯。辛卯這天，高帝立自己的兒子如意為代王。

14 春季，下令郎中犯罪要判耐罪以上的，須向上請示。百姓家裡生了孩子的，免除傜役兩年。

15 二月，高帝到了長安。蕭何負責修建未央宮，建立有東闕、北闕、前殿、武庫、太倉。高帝看到修建得這麼雄壯華麗，很生氣，對蕭何說：「天下動盪紛擾，多年來百姓已很勞苦，成敗還尚未可知，為何要如此過度修建宮室呢！」蕭何說：「正因為天下還未安定，所以才可就此修建宮室。況且天子把天下作為自己的家，若不讓宮室雄壯華麗，就沒什麼可用來加重威嚴的了，而且這樣也使後世子孫不能再超過它。」高帝聽了很高興，從櫟陽遷都到長安。設置宗正官來按序排列九族的長幼次序。夏季四月，高帝出行到了雒陽。

16 八年的冬天，高帝領兵向東在東垣攻擊韓王信的餘部。返回經過趙國，趙國的相貫高等人因為高帝前次對他們的趙王傲慢無禮深感恥辱，暗地裡策劃想要謀殺高帝。高帝正想在這裡留下歇宿，心卻跳動得很快，就問：「這個縣叫什麼名字？」左右回答說：「叫柏人。」高帝說：「柏人，就是逼迫人。」就離開不在這裡歇宿。

17 十一月，下令給那些從軍死去的士卒製作簡陋的小棺材，運回他們所在的縣，再由縣裡提供衣服、棺材等葬具埋葬，並用少牢的規格祭奠他們，縣裡的長官要親自去督察葬禮。十二月，天子一行從東垣回到京城。

18 春季三月，高帝出行到了雒陽。下令在平城從軍和堅守在周圍城市的將士，全部免除他們終身的徭役，不再役使他們。爵位不在第八級公乘以上的，不得戴劉氏冠。商人不得穿錦、繡、綺、縠、絺、紵、罽這些紡織品做的衣服，不得攜帶武器，不得乘馬車和騎馬。秋季八月，下令官吏以前有罪但尚未被發覺的，都加以赦免。九月，高帝從雒陽回到京城，淮南王、梁王、趙王、楚王都一路隨行。

1 九年冬十月，淮南王、梁王、趙王、楚王朝未央宮❶，置酒前殿。上奉玉卮❷為太上皇壽❸，曰：「始大人常以臣亡賴❹，不能治產業，不如仲力❺。今某之業所就❻孰與仲多？」殿上群臣皆稱萬歲，大笑為樂。

2 十一月，徙齊楚大族昭氏、屈氏、景氏、懷氏、田氏五姓關中，與利❼田宅。

3 十二月，行如雒陽。貫高等謀逆發覺，逮捕高等，并捕趙王敖下獄。詔敢有隨❽王，罪三族❾。

郎中田叔、孟舒等十人自髡鉗[10]為王家奴，從王就獄。王實不知其謀。春正月，廢趙王敖為宣平侯。徙代王如意為趙王，王趙國。丙寅[11]，前有罪殊死以下，皆赦之。

4 二月，行自雒陽至。賢[12]趙臣田叔、孟舒等十人，召見與語，漢廷臣無能出其右者。上說，盡拜為郡守、諸侯相。

5 夏六月乙未晦，日有蝕之。

6 十年冬十月，淮南王、燕王、荊王、梁王、楚王、齊王、長沙王來朝。

7 夏五月，太上皇后崩[13]。秋七月癸卯[14]，太上皇崩，葬萬年[15]。赦櫟陽囚死罪已下[16]。八月，令諸侯王皆立太上皇廟于國都。

8 九月，代相國陳豨[17]反。上曰：「豨嘗為吾使，甚有信。代地吾所急[18]，故封豨為列侯，以相國守代，今乃[19]與王黃等劫掠[20]代地！吏民非有罪也，能去[21]豨、黃來歸者，皆舍[22]之。」上自東，至邯鄲。上喜曰：「豨不南據邯鄲而阻漳水[23]，吾知其亡能為矣。」趙相周昌[24]奏常山[25]二十五城亡其二十城，請誅守尉[26]。上曰：「守尉反乎？」對曰：「不。」上曰：「是力不足，亡罪。」上令周昌選趙壯士可令將者，白見[27]四人。上嫚罵曰：「豎子[28]能為將乎？」四人慙[29]，皆伏地。上封各千戶，以為將。左右諫曰：「從入蜀漢，伐楚，賞未徧行，今封此，何功？」上曰：「非汝所知。陳豨反，趙代地皆豨有。吾以羽檄[30]徵天下兵，未有至者，今計唯獨邯鄲中兵耳。吾何愛[31]四千戶，不以慰[32]趙子弟！」皆曰：「善。」又求：「樂毅[33]有後乎？」得其孫叔[34]，封之樂鄉[35]，號華成君。問豨將，皆故賈人。上曰：「吾知與[36]之矣。」乃多以金購[37]豨將，豨將多降。

9 十一年冬，上在邯鄲。豨將侯敞將萬餘人游行[38]，王黃將騎[39]千餘軍曲逆[40]，張春將卒[41]萬餘人度[42]河攻聊城[43]。漢將軍郭蒙與齊將擊，大破之。太尉周勃[44]道[45]太原入定代地，至馬邑，馬邑不下，攻殘[46]之。豨將趙利守東垣，高祖攻之不下。卒罵，上怒。城降，卒罵者斬之。諸縣堅守不降反寇[47]者，復租賦三歲。

10 春正月，淮陰侯韓信謀反長安，夷[48]三族。將軍柴武斬韓王信於參合[49]。

11 上還雒陽。詔曰：「代地居常山[50]之北，與夷狄邊[51]，趙乃從山南有之，遠，數有胡寇，難以為國。頗[52]取山南太原之地益[53]屬代，代之雲中以西為雲中郡，則代受邊寇益少矣。王、相國、通侯、吏二千石擇可立為代王者。」燕王綰、相國何等三十三人皆曰：「子恆[54]賢知[55]溫良，請立以為代王，都晉陽。」大赦天下。

12 二月，詔曰：「欲省賦(56)甚。今獻(57)未有程(58)，吏或多賦以為獻(59)，而諸侯王尤多，民疾(60)之。今諸侯王、通侯常以十月朝獻，及郡各以其口數率(61)，人歲六十三錢，以給(62)獻費。」又曰：「蓋聞王者莫高於周文(63)，伯(64)者莫高於齊桓，皆待(65)賢人而成名。今天下賢者智能豈特古之人乎？患在人主不交(66)故也，士奚由(67)進！今吾以(68)天之靈，賢士大夫定有天下，以為一家，欲其長久，世世奉宗廟亡絕也。賢人已與我共平之(69)矣，而不與吾共安利(70)之，可乎？賢士大夫有肯從我遊者，吾能尊顯之。布告天下，使明知朕意。御史大夫(71)昌下相國(72)，相國酇侯(73)下諸侯王，御史中執法(74)下郡守，其有意稱(75)明德者，必身勸(76)，為之駕，遣詣相國府，署行、義、年(77)。有而弗言，覺(78)，免(79)。年老癃病(80)，勿遣。」

13 三月，梁王彭越謀反，夷三族。詔曰：「擇可以為梁王、淮陽王者。」燕王綰、相國何等請立子恢(81)為梁王，子友(82)為淮陽王。罷東郡(83)，頗益梁(84)；罷潁川郡，頗益淮陽(85)。

14 夏四月，行自雒陽至。令豐人徙關中者皆復終身(86)。

15 五月，詔曰：「粵人之俗，好相攻擊，前時秦徙中縣之民(87)南方三郡(88)，使與百粵雜處。會天下誅秦，南海尉它(89)居南方長(90)治之，甚有文理(91)，中縣人以故不耗減，粵人相攻擊之俗益止，俱賴其力。今立它為南粵王。」使陸賈即❾❷授璽綬❾❸。它稽首稱臣。

16 六月，令士卒從入蜀、漢、關中者皆復終身。

【章　旨】以上為卷下的第三部分，敘述劉邦繼續施行鞏固自己統治的措施，遷大族到關中，捕貫高，廢趙王，平定陳豨、梁王彭越等的反叛，重立代王、梁王，並冊封南海趙它為南粵王。

【注　釋】❶朝未央宮　在未央宮朝拜天子。❷玉卮　一種玉做的酒杯。❸壽　敬酒祝壽。❹亡賴　沒有可以依賴的謀生本領。亡，通「無」。❺不如仲力　不如老二那麼勤勞而有能力。❻就　成就；完成。❼利　有利的；好的。❽隨　跟隨。❾三族　父族、母族、妻族。或說為父母、兄弟、妻子。❿髡鉗　剪短頭髮，以鐵鏈束頸。⓫丙寅　夏曆正月二十八日。⓬賢　以之為賢。⓭夏五月二句　古代帝王死去稱「崩」。皇帝的父母稱為太上皇和太上皇后，但劉邦的母親此前已經死去，故有人認為這是他的後母。《史記》此年不載有此事，疑此二句為衍文。⓮癸卯　夏曆七月十四日。⓯萬年　劉邦父親死後葬在當時櫟陽縣內的北原，並在所葬之地另成立一個新縣叫萬年縣。其地約在今陝西高陵東北。⓰赦櫟陽囚死罪已下　因為劉邦父親葬在此縣境內，故赦免櫟陽縣內的犯死罪以下的囚犯。已，同「以」。⓱陳豨　宛句（今山東菏澤）人。曾隨劉邦平定燕王臧荼，後封陽夏侯。⓲急　緊要；重要。⓳乃　竟然。⓴劫掠　脅迫他人造反。㉑去　離開。㉒舍　通「赦」。赦免。㉓漳水　河名，源出今山西，流經河北、河南，東北注入黃河。㉔周昌　周苛的弟弟，隨劉邦起兵反秦，被封為汾陰侯。其事詳見本書卷四十二〈周昌傳〉。㉕常山　郡名，轄有今河北西北部，治元氏（今河北元氏西北）。㉖守尉　郡守和郡尉。㉗白見　向上報告後，皇帝召見他們。白，告訴。㉘豎子　小子。此為輕視人的稱呼。㉙慙　慚愧。㉚羽檄　插有羽毛的緊急檄書。檄，用木簡做成，長一尺二寸。㉛愛　吝惜。㉜慰　安撫。㉝樂毅　戰國時燕國名將。㉞叔　樂毅的孫子樂叔。㉟樂鄉　縣名，在今河北深州東南。㊱與　打交道；對付。㊲金購　購賞；以金為獎賞。㊳游行　游擊作戰。㊴騎　騎兵。㊵曲逆　縣名，在今河北完縣東南。㊶卒　步兵。㊷度　同「渡」。㊸聊城　縣名，在今山東聊城西北。㊹周勃　劉邦同鄉，曾任將軍、太尉，後封絳侯。其事詳見本書卷四十〈周勃傳〉。㊺道　取道。㊻攻殘　攻破後進行殘殺。㊼反寇　反賊陳豨。㊽夷　誅滅；

夷滅。㊾參合　縣名，在今山西陽高東南。㊿常山　山名，本名恆山，後避漢文帝劉恆諱而改名常山。在今河北曲陽西北。(51)邊　邊境相接。(52)頗　全部；都。(53)益　增加。(54)恆　劉邦的第四個兒子劉恆，即後來的漢文帝。其事詳見本書卷四〈文帝紀〉。(55)賢知　賢能而有才智。知，同「智」。才智。(56)賦　賦稅。(57)獻　進獻貢品。(58)程　章程；法規。(59)多賦以為獻　向百姓多收賦斂並以此向朝廷進獻。(60)疾　苦；感到痛苦。(61)率　計算。(62)給　供給。(63)周文　周文王。(64)伯　通「霸」。(65)待　依靠。(66)交　交結；往來。(67)奚由　何從。(68)以　憑藉。(69)共平之　共同平定天下。(70)共安利　共同安定以享天下之利。(71)御史大夫　官名，掌管朝廷文書和監察事務。(72)下相國　將詔令下達到相國那裡。(73)相國酇侯　相國為蕭何，蕭何被封為酇侯，故此稱相國酇侯。(74)御史中執法　即御史中丞，負責掌管圖籍、接受公卿奏事和察舉非法等，故又稱中執法。(75)意稱　好的名聲。意，通「懿」。美好的。(76)身勸　親自去勸說。(77)署行義年　寫明他的履歷、儀容、年齡。行，行狀。義，通「儀」。儀容。年，年齡。(78)覺　發覺。(79)免　免官；撤職。(80)癃病　衰弱多病及殘障者。(81)恢　劉恢。劉邦的第五子。(82)友　劉友。劉邦的第六子。(83)罷東郡　撤消東郡。東郡轄有今河北南部和山東西北部地區。(84)益梁　把原東郡的土地劃歸梁國。益，增加擴大。梁，轄有今河南商丘、虞城和安徽碭山等地。(85)淮陽　封國名。地有今河南太康、鹿邑、淮陽等縣。(86)令豐人徙關中者皆復終身　下令從豐邑遷到關中的那些人，終身免除徭役。當初劉邦的父親思念故土想回老家，高祖就仿照家鄉豐縣修築城邑，叫新豐，並把家鄉豐縣的一些百姓遷來關中此地。(87)中縣之民　中原郡縣的人民。(88)南方三郡　指桂林郡、象郡、南海郡。(89)南海尉它　南海郡的郡尉趙它。趙它即趙佗，真定（今河北正定）人，秦亡後，他自立為南粵武王。(90)長　做官長；做首領。(91)文理　條理。(92)即　去。(93)璽綬　印璽和繫印璽的絲帶。

【語　譯】九年冬季的十月，淮南王、梁王、趙王、楚王來未央宮朝拜高帝，高帝在前殿設置酒宴。高帝手捧玉製酒杯為太上皇敬酒祝壽，說道：「當初父親大人常常認為我沒有可以依賴的謀生本領，不能料理產業，不如老二那麼勤勞有能力。現在我所成就的產業和老二相比誰多？」殿上的群臣都歡呼萬歲，樂得哈哈大笑。

2　十一月，把齊、楚的大族昭氏、屈氏、景氏、懷氏和田氏五個大姓遷到關中，給與他們好的土地和房屋。

十二月，高帝出行去雒陽。

3　貫高等人策謀弒殺高帝的事情被發覺，抓捕了貫高等人，並拘捕趙王張敖把他關進監獄。下詔說有敢追隨趙王的，三族都有罪。趙國的郎中田叔、孟舒等十人自己剪短頭髮，以鐵鏈束頸，甘願作為趙王的家奴，跟從趙王入獄。趙王確實不知道貫高等人的陰謀。春季正月，高帝貶廢趙王張敖為宣平侯。把代王劉如意遷去做趙王，統治趙國。正月二十八丙寅日，下令以前判處的罪犯中在死罪以下的，全部赦免他們。

4 二月，高帝從雒陽回到京城。高帝認為趙臣田叔、孟舒等十人很賢能，召見他們談話，發現漢的朝廷官員沒有一個能比他們賢能。高帝很高興，全部拜他們做了郡守、諸侯的相國。

5 夏季六月乙未，是這個月的最後一天三十日，發生了日食。

6 十年冬季十月，淮南王、燕王、荊王、梁王、楚王、齊王、長沙王來朝拜高帝。

7 夏季五月，太上皇后死去。秋季七月十四癸卯日，太上皇死去，葬在萬年。高帝下令赦免櫟陽犯有死罪以下的囚犯。八月，下令諸侯王在他們各自的國都都要建置太上皇廟。

8 九月，代國的相國陳豨反叛。高帝說：「陳豨曾經為我執行使命，很講信用。代地是我很重視的地方，所以封陳豨為列侯，以相國的身分鎮守代地，現在竟然和王黃等人在代地脅迫他人造反！那些無罪的官吏、百姓，若有能離開陳豨、王黃來歸附的，全部赦他們無罪。」高帝親自領兵向東，來到邯鄲。高帝高興地說：「陳豨沒有在南邊占據邯鄲以漳水來作為阻擋，我就知道他沒有什麼作為了。」趙國的相國周昌上奏說，常山郡二十五城已經失去了二十城，請求誅殺其郡守、郡尉。高帝問：「郡守和郡尉反叛了嗎？」周昌回答說：「沒有。」高帝說：「這是他們兵力不足所致，郡守、郡尉是無罪的。」高帝下令周昌選拔趙地可以做將領的壯士，報告上去後高帝召見了四個人。高帝見後罵道：「這些小子能做將領嗎？」那四人很慚愧，都伏在地上。高帝封他們各千戶，讓他們做了將領。左右的人上諫說：「從前跟隨您進入蜀漢地區，討伐楚國的將士，都還沒有完全封賞完，現在卻封賞這些人，他們有何功勞？」高帝說：「這你們就不懂了。陳豨造反，趙、代的地盤都被陳豨占有。我發布羽檄徵集天下的兵馬，都還沒有來，現今總共只有邯鄲的士卒而已。我為何要吝惜四千戶，而不把它們用來安撫趙國子弟呢！」左右都說：「好。」高帝又打聽：「樂毅有後代嗎？」結果找到了樂毅的孫子樂叔，高帝把他封在樂鄉縣，號為華成君。高帝詢問陳豨將領的情況，知道他們以前都是商人。高帝說：「我知道如何對付他們了。」就用重金去收買陳豨的將領，陳豨的將領中很多人就向高帝投降了。

9 十一年冬天，高帝在邯鄲。陳豨的部將侯敞帶著萬餘人與漢軍游擊作戰，王黃帶領騎兵一千多人在曲逆駐軍，張春帶領步兵一萬餘人渡過黃河攻打聊城。漢將軍郭蒙和齊國將領一起攻擊叛軍，把叛軍打得大敗。太尉周勃帶兵取道太原進入代地平叛，到了馬邑，馬邑一時沒有攻下，後破城大屠殺。陳豨的部將趙利堅守在東垣，高祖攻打不下。叛軍士卒還辱罵不已，高帝很憤怒。守城軍隊投降後，那些曾經辱罵過高帝的士卒都被殺死。其他那些堅守城池不向叛軍反賊投降的縣，都免除了三年的租賦。

10 春季正月，淮陰侯韓信在長安謀反，被誅滅三族。將軍柴武在參合縣斬殺了韓王信。

11 高帝回到了雒陽。下詔令說：「代地在常山的北面，和夷狄邊境相接，趙國從常山南面就可兼併它，而且代地遙遠，常有胡寇之患，難以穩定國家。把常山南面的一些地區增加到代國，代國的雲中縣以西地區設為雲中郡，這樣代國在邊境受到的胡人侵擾就少了。諸侯王、相國、通侯和二千石級的官員商議一下，看選擇誰立為代王。」燕王盧綰、相國蕭何等三十三人都說：「皇子劉恆賢明而多才智，性情溫良，請立他為代王，建都於晉陽。」下令大赦天下。

12 二月，下詔令說：「很想減省賦稅。現在郡國向朝廷進獻貢品還沒有法規章程，有的官吏就向百姓多收賦稅來進獻給朝廷，而諸侯王多收的情況尤其厲害，百姓為此所苦。下令讓諸侯王、通侯以後在十月份向朝廷進獻時，和各郡一樣分別根據其人口的多少來計算，每人每年出六十三錢，以作為進貢的費用。」又下令說：「聽說古來稱王的沒有人比得過周文王，稱霸的沒有人能比得過齊桓公，他們都依靠賢人而成名。現在天下賢人的才智難道比不上古時的賢人嗎？只擔心是人主沒有結交他們的原因吧，這樣賢士哪裡有進舉的路呢！現在我憑藉上天的威靈，在賢士大夫的幫助下平定、擁有了天下，天下成了一家，想要這樣長久下去，世世代代尊奉漢家宗廟永不斷絕。賢人已經和我共同平定了天下，而不和我共同安定下來以享天下之利，這行嗎？有肯跟隨與我交遊的賢士大夫，我就能尊崇他，讓他揚名。向天下發布文告，讓大家都明確知道我的這種想法。御史大夫周昌將詔令下達到相國那裡，相國酇侯蕭何下達到諸侯王那裡，御史中丞下達到郡守，若發現有聲名好德行高的人，一定要親自去勸勉，替他準備車馬，遣送到相國府，記錄下他的履歷、儀容、年齡。若有這樣的人卻沒有向上報告，發覺之後，要撤職。年老衰弱多病以及那些殘障的人，可以不用送來京城。」

13 三月，梁王彭越謀反，被誅滅三族。高帝下詔令說：「選擇可以做梁王、淮陽王的人。」燕王盧綰、相國蕭何等請奏立皇子劉恢為梁王，皇子劉友為淮陽王。撤消了東郡，土地併入到梁國；撤消潁川郡，土地併入到淮陽國。

14 夏季四月，高帝從雒陽回到京城。下令免除從豐邑遷到關中的人的終身徭役。

15 五月，下詔令說：「粵人風俗，喜歡相互攻擊，以前秦把中原郡縣的人民遷到了南方桂林、象郡和南海三郡，讓他們和百粵雜處。剛好天下誅討暴秦，南海郡尉趙它在南方做了首領治理當地，很有條理，那裡的中原郡縣人民數量因此並沒有減少，粵人相互攻擊的風俗也逐漸消止，這都有賴於他的努力。現在封立趙它為南粵王。」派遣陸賈去那裡頒授印璽。趙它俯首稱臣。

16 六月，下令跟從高帝進入蜀、漢、關中的士卒，全部免除他們終身的徭役。

1 秋七月，淮南王布反。上問諸將，滕公言故楚令尹薛公有籌策❶。上召見，薛公言布形勢❷，上善之，封薛公千戶。詔王、相國擇可立為淮南王者，群臣請立子長❸為王。上乃發上郡❹、北地❺、隴西❻車騎❼，巴蜀材官❽及中尉❾卒三萬人為皇太子衛❿，軍霸上。布果如薛公言，東擊殺荊王劉賈，劫其兵，度淮擊楚，楚王交走入薛。上赦天下死罪以下，皆令從軍；徵諸侯兵，上自將以擊布。

2 十二年冬十月，上破布軍于會缶⑪，布走，令別將追之。

3 上還，過沛，留，置酒沛宮，悉召故人父老子弟佐酒⑫。發沛中兒得百二十人，教之歌。酒酣，上擊筑⑬，自歌曰：「大風起兮雲飛揚，威加海內兮歸故鄉，安得猛士兮守四方！」令兒皆和習之⑭。上乃起舞，忼慨傷懷，泣⑮數行下。謂沛父兄曰：「游子悲⑯故鄉。吾雖都關中，萬歲之後⑰吾魂魄猶思沛。且朕自沛公以誅暴逆，遂有天下，其以沛為朕湯沐邑⑱，復其民，世世無有所與⑲。」沛父老諸母故人日樂飲極歡，道舊故為笑樂。十餘日，上欲去，沛父兄固請⑳。上曰：「吾人眾多，父兄不能給。」乃去。沛中空縣皆之㉑邑西獻㉒。上留止，張飲㉓三日。沛父兄皆頓首㉔曰：「沛幸得復，豐未得，唯陛下哀矜㉕。」上曰：「豐者，吾所生長，極㉖不忘耳。吾特㉗以其為雍齒故反我為魏。」沛父兄固請之，迺并㉘復豐，比㉙沛。

4 漢別將擊布軍洮水南北，皆大破之，追斬布番陽㉚。

5 周勃定代，斬陳豨於當城㉛。

6 詔曰：「吳，古之建國也，日者㉜荊王兼有其地，今死亡後㉝。朕欲復立吳王，其議可者。」長沙王臣㉞等言：「沛侯濞㉟重厚㊱，請立為吳王。」已拜㊲，上召謂濞曰：「汝狀有反相。」因拊㊳其背，曰：「漢後五十年東南有亂，豈汝邪？然天下同姓一家，汝慎毋反。」濞頓首曰：「不敢。」

7 十一月，行自淮南還。過魯㊴，以太牢㊵祠孔子。

8 十二月，詔曰：「秦皇帝、楚隱王㊶、魏安釐王㊷、齊愍王㊸、趙悼襄王㊹皆絕亡後。其與秦始皇帝守冢二十家，楚、魏、齊各十家，趙及魏公子亡忌㊺各五家，令視其冢，復亡與它事㊻。」

9 陳豨降將言豨反時燕王盧綰使人之㊼豨所陰謀㊽。上使辟陽㊾侯審食其迎綰，綰稱疾。食其言綰反有端㊿。春二月，使樊噲、周勃將兵擊綰。詔曰：「燕王綰與吾有故(51)，愛之如子，聞與陳豨有謀，吾以為亡有，故使人迎綰。綰稱疾不來，謀反明矣。燕吏民非有罪也，賜其吏六百石以上爵各一級。與綰居(52)，去(53)來歸者，赦之，加爵亦一級。」詔諸侯王議可立為燕王者，長沙王臣等請立子建(54)為燕王。

10 詔曰：「南武侯織亦粵之世(55)也，立以為南海(56)王。」

11 三月，詔曰：「吾立為天子，帝(57)有天下，十二年于今矣。與天下之豪士賢大夫共定天下，同安輯(58)之。其有功者上致之王，次為列侯，下乃食邑。而重臣之親(59)，或為列侯，皆令自置吏，得賦斂，女子公主(60)。為列侯食邑者，皆佩之印，賜大第室(61)。吏二千石，徙之長安，受小第室。入蜀漢定三秦者，皆世世復。吾於天下賢士功臣，可謂亡負(62)矣。其有不義背天子擅起兵者，與天下共伐誅之。布告天下，使明知朕意。」

12 上擊布時，為流矢所中，行道疾(63)。疾甚，呂后迎良醫。醫入見，上問醫曰：「疾可治不？」醫曰：「可治。」於是上嫚罵之，曰：「吾以布衣(64)提三尺(65)取天下，此非天命乎？命乃在天，雖扁鵲(66)何益！」遂不使治疾，賜黃金五十斤，罷之(67)。呂后問曰：「陛下百歲後(68)，蕭相國既(69)死，誰令代之？」上曰：「曹參可。」問其次，曰：「王陵可，然少戇(70)，陳平可以助之。陳平知(71)有餘，然難獨任。周勃重厚少文(72)，然安劉氏者必勃也，可令為太尉。」呂后復問其次，上曰：「此後亦非乃(73)所知也。」

13 盧綰與數千人居塞下候伺(74)，幸(75)上疾愈，自入謝(76)。夏四月甲辰(77)，帝崩于長樂宮。盧綰聞之，遂亡入匈奴。

14 呂后與審食其謀曰：「諸將故(78)與帝為編戶民(79)，北面為臣，心常鞅鞅(80)，今乃事少主(81)，非盡族是(82)，天下不安。」以故不發喪。人或聞，以語酈商(83)。酈商見審食其曰：「聞帝已崩，四日不發喪，欲誅諸將。誠如此，天下危矣。陳平、灌嬰將十萬守滎陽，樊噲、周勃將二十萬定燕代，此聞帝崩，諸將皆誅，必連兵還鄉[84]，以攻關中。大臣內畔，諸將外反，亡可蹻足待也[85]。」審食其入言之，乃以丁未[86]發喪，大赦天下。

15 五月丙寅[87]，葬長陵[88]。已下[89]，皇太子群臣皆反至太上皇廟。群臣曰：「帝起細微，撥亂世反[90]之正，平定天下，為漢太祖，功最高。」上尊號曰高皇帝。

16 初，高祖不修文學[91]，而性明達[92]，好謀，能聽，自[93]監門戍卒，見之如舊。初順民心作三章之約。天下既定，命蕭何次[94]律令，韓信申[95]軍法，張蒼[96]定章程[97]，叔孫通制禮儀，陸賈造[98]新語[99]。又與功臣剖符作誓，丹書鐵契[100]，金匱石室[101]，藏之宗廟。雖日不暇給[102]，規摹[103]弘遠[104]矣。

【章旨】以上為卷下的第四部分，敘述劉邦平定淮南王黥布、燕王盧綰等異姓諸侯的叛亂，封立同姓劉濞為吳王、劉建為燕王。卻因在對黥布的戰鬥中被流箭射中，最終傷病去世。

【注釋】❶籌策　計策；謀略。❷言布形勢　陳述了黥布的戰略戰術情況。❸長　劉長。劉邦的第七子。❹上郡　郡名，轄有今陝西西北部和內蒙古自治區部分地區，治膚施（今陝西榆林東南）。❺北地　郡名，轄有今寧夏回族自治區和甘肅東北部部分地區，治馬領（今甘肅慶陽西北）。❻隴西　郡名，轄有今甘肅東南部地區，治狄道（今甘肅臨洮）。❼車騎　兵車與騎兵。❽材官　勇猛的適合在山地作戰的兵卒。❾中尉　官名，即後來的執金吾。掌管京城治安保衛事務。❿衛　衛士。⓫會

缶　邑名，在今安徽宿州西南。當時屬於蘄縣。⑫佐酒　陪著喝酒。⑬筑　古代的一種樂器，形狀像瑟而細頸。⑭和習之　跟著一起學著唱。⑮泣　眼淚。⑯悲　懷念。⑰萬歲之後　死後。⑱湯沐邑　古代天子賜給朝拜的諸侯以住宿、沐浴的封地，後用以指天子、諸侯、皇后、公主等的私邑。⑲無有所與　不參與相關的徭役事務。⑳固請　一再挽留。㉑之　去；到。㉒獻　獻酒食。㉓張飲　張搭帳篷設宴飲酒。㉔頓首　叩頭。㉕哀矜　哀憐。㉖極　最。㉗特　只是。㉘并　一起。㉙比　比照。㉚番陽　縣名，在今江西鄱陽東北。㉛當城　縣名，在今河北蔚縣東北。㉜日者　往日；從前。㉝亡後　沒有後代。㉞長沙王臣　長沙王吳臣。為長沙王吳芮之子。㉟濞　劉濞。劉邦哥哥劉仲的次子，被封為吳王。其事詳見本書卷三十五〈吳王劉濞傳〉。㊱重厚　穩重厚道。㊲拜　封拜。㊳拊　拍。㊴魯　魯縣，在今山東曲阜。㊵太牢　牛、羊、豬都有的祭祀規格。㊶楚隱王　即陳涉。「隱」是他的諡號。㊷魏安釐王　戰國時魏昭王的兒子，西元前二七六至前二四三年在位。㊸齊愍王　戰國時齊宣王的兒子，西元前三〇一至前二八四年在位。㊹趙悼襄王　戰國時趙孝成王的兒子，西元前二四四至前二三六年在位。㊺魏公子亡忌　即信陵君，戰國著名的四公子之一。亡，通「無」。㊻亡與它事　不再參與和負擔其他的徭役事務。㊼之　去；到。㊽陰謀　暗地裡策劃。㊾辟陽　縣名，在今河北冀州東南。㊿端　苗頭。(51)有故　有舊交情。(52)與綰居　和盧綰在一起的。(53)去　離開（盧綰）。(54)建　劉建，劉邦的第八子。(55)世　後代。(56)南海　王國名，轄有今廣東懷集、四會、臺山等縣市以東地區。(57)帝　做皇帝。此意為統治。(58)安輯　安定。(59)親　親屬。(60)女子公主　諸侯王的女兒稱為公主。(61)第室　住宅。(62)亡負　不辜負。(63)行道疾　在行進的路上就患病了。(64)布衣　平民。(65)三尺　即劍。劍長一般為三尺。(66)扁鵲　戰國時的名醫。(67)罷之　把醫生打發走了。(68)百歲後　與「萬歲之後」一樣，為死去的婉轉說法。(69)既　已經。(70)少戇　稍微有些憨厚剛直。少，同「稍」。(71)知　同「智」。才智。(72)重厚少文　穩重厚道但缺少文飾。文，與質相對。(73)乃　你。(74)候伺　觀望。(75)幸　希望。(76)自入謝　自己親自到京城去謝罪。(77)甲辰　即夏曆四月二十五日。(78)故　過去。(79)編戶民　編入戶籍的平民。(80)鞅鞅　心中忿忿不平的樣子。(81)少主　小主人，此指漢惠帝劉盈。(82)非盡族是　不全部把這些人滅族。是，此。(83)酈商　酈食其的弟弟，當時任將軍。(84)還鄉　反向；回過頭來。鄉，通「向」。(85)亡可蹻足待也　滅亡在抬腿的工夫之間就會等到，比喻很快就會滅亡。蹻，抬起。(86)丁未　夏曆四月二十八日。(87)丙寅　夏曆五月十七日。高帝從去世那天到此時下葬，共二十三天。(88)長陵　漢高帝的陵墓，在當時的長安以北四十里，在今陝西咸陽東北。(89)已下　棺木已經卜葬之後。(90)反　同「返」。(91)文學　學術；禮儀。(92)明達　開明通達。(93)自　雖；即使。(94)次　編排；制定。(95)申　申明。(96)張蒼　陰武（今河南原陽）人，本為秦吏，後歸附劉邦，封北平侯。他精通律曆，是當時著名的曆算家。其事可詳見本書卷四十二〈張蒼傳〉。97章程　各類規章制度，如曆算、度量衡制等。98造　作。99新語　書名，即陸賈的著作《新語》。100丹書鐵契　帝王賜給功臣的讓他們世代都享有免罪特權的券書。101金匱石室　金屬做的櫃子，石頭建的屋子。常用來指古代保存重要文書的地方。102日不暇給　指每天事務繁多，時間都不夠用，終日忙忙碌碌的樣子。給，足；夠。103規摹　規劃。摹，謀劃。104弘遠　宏大長遠。

【語　譯】秋季七月，淮南王黥布反叛。高帝詢問諸將的意見，滕公說原楚國的令尹薛公很有謀略。高帝召見薛公，薛公詳細陳述了黥布可能的戰略戰術，高帝認為他分析得好，封了千戶給薛公。高帝下詔讓諸侯王、相國推選可以被立為淮南王的人，群臣奏請立皇子劉長為淮南王。高帝就徵發上郡、北地郡、隴西郡的兵車、騎兵，和巴蜀的勇於在山地作戰的士卒以及中衛統率的士卒三萬人，作為皇太子的護衛，駐軍在霸上。黥布果然像薛公說的那樣，領軍向東進攻殺死了荊王劉賈，兼併了劉賈的軍隊，渡過淮河攻擊楚國，楚王劉交逃入到薛縣。高帝赦免天下犯有死罪以下的人，讓他們都參加軍隊；並徵集諸侯的軍隊，高帝親自率領去攻打黥布。

2 十二年冬季十月，高帝在會缶擊破黥布的軍隊，黥布逃走了，高帝下令別將去追黥布。

3 高帝返回，經過沛縣，留了下來，在沛宮設置酒宴，召來全部舊友和父老兄弟一起喝酒助興。在沛縣挑選了一百二十名少年，教他們唱歌。酒喝到酣暢時，高帝擊筑，自己唱道：「大風起兮雲飛揚，威加海內兮歸故鄉，安得猛士兮守四方！」令少年們都跟著一起學著唱。高帝於是站起來舞蹈，十分感慨傷懷，流下了眼淚。高帝對沛縣的父兄們說：「在外的遊子懷念故鄉。我雖然建都在關中，但千秋萬歲之後我的魂魄都還是思念家鄉沛縣。況且我是從做沛公開始去誅討暴秦的，後來就擁有了天下，就把沛縣作為我的湯沐邑吧，免除這裡所有百姓的徭役，世世代代都不再參與相關的徭役事務。」沛縣的父老、大娘、舊友們天天都陪高帝興高采烈地飲酒，十分快樂，紛紛說起往事，很是高興。十多天後，高帝將要離去，沛縣的父老兄弟一再挽留。高帝說：「我隨行的人很多，父老兄弟們供養不起。」高帝就離開沛縣。沛縣的人空城而出，全到城西去獻酒獻食。高帝於是停留下來，張搭帳篷設置酒宴又宴飲了三天。沛縣的父老兄弟都叩頭說：「沛縣有幸能被免除傜役，但豐邑卻沒有免除，唯願陛下哀憐。」高帝說：「豐邑，那是我出生的地方，是最不能忘卻的。只是因為當初它和雍齒一起背叛了我而倒向魏國。」沛縣的父老兄弟一再請求，高帝才答應也一併免除豐邑的傜役，和沛縣一樣。

4　漢軍別將在洮水的南北攻擊黥布軍隊，全都把黥布的軍隊打得大敗，漢軍追逐黥布在番陽殺死了他。

5　周勃平定了代地，在當城殺死了陳豨。

6　高帝下詔令說：「吳，是古代就建立的王國，從前楚王兼併了這一地區，如今吳王死後也沒有後代。我想再封立吳王，大家商議一下看誰可以為王。」長沙王吳臣等人說：「沛侯劉濞穩重厚道，請把他立為吳王。」已經拜立劉濞為吳王之後，高帝召見劉濞對他說：「你外貌看上去有反相。」於是拍著他的背說：「漢五十年後東南會有叛亂，難道是你嗎？然而天下劉姓都是一家人，你要切記不要造反。」劉濞叩頭說道：「不敢。」

7　十一月，高帝從淮南回京。經過魯縣，用太牢的儀式祭祀了孔子。

8　十二月，高帝下詔令說：「秦皇帝、楚隱王、魏安釐王、齊愍王、趙悼襄王滅絕之後都沒有後代。現在給秦始皇帝撥二十戶人家為他守陵，楚、魏、齊各撥十戶人家，趙和魏公子亡忌各撥五家，讓這些人家看管好墳冢，免除這些人家的傜役事務。」

9　陳豨降將說陳豨反叛時，燕王盧綰曾派人到陳豨那裡暗地裡參與謀劃。高帝就派辟陽侯審食其去請盧綰來，盧綰稱病不來。審食其回來說盧綰反叛已有苗頭。春季二月，高帝使樊噲、周勃帶兵攻擊盧綰。高帝下詔令說：「燕王盧綰和我舊交很好，我愛護他就像對待自己的孩子一樣，聽說他和陳豨曾經一起密謀造反，我認為沒有這種事，所以派人去迎接他來京城。盧綰卻稱病不來，可見他謀反之事是很明確的了。燕國的官吏、百姓並沒有罪，特賜給燕國六百石以上的官吏每人一級爵位。那些和盧綰一起的人，若能離開盧綰來歸順我們，赦免其罪，也增加爵位一級。」下詔令讓諸侯王商議看誰能做燕王，長沙王吳臣等人奏請立皇子劉建為燕王。

10　高帝下詔令說：「南武侯織也是粵王的後代，現在立他為南海王。」

11 三月，高帝下詔令說：「我做了天子，統治天下，至今也已十二年了。我和天下的豪傑、賢士們共同平定天下，一起安撫百姓。其中那些有功勞的人，最高的封王，其次的封為列侯，再次的也賜與食邑。而那些重要大臣的親屬，有的也做了列侯，諸侯王都讓他們自己設置官吏，享有所封之地的賦稅，他們的女兒也稱為公主。做了列侯和有食邑的，都讓他們佩有印璽，賜給他們寬大的府第。二千石的官吏，都遷到了長安，賜給他們較小的府第。和我進入蜀漢、平定三秦的士卒，都世世代代免除了徭役。我對於天下的賢士功臣，可謂對得起了。若還有不義之人背叛天子擅自起兵造反的，我會和天下的人共同去誅討他。就此布告天下，使大家都明白我的心意。」

12 高帝攻打黥布時，被流箭射中，在行進的路上就患病了。這時病情很嚴重，呂后請來高明的大夫。大夫進去看病，高帝問大夫說：「我的病可以治療嗎？」大夫說：「應該可以醫治。」此時高帝就罵道：「我一個布衣提劍取得天下，這難道不是天命嗎？我的命是歸上天安排，即使是扁鵲又有何益！」就不讓那大夫治病，賜給大夫黃金五十斤，打發他離開。呂后問高帝：「陛下百年之後，蕭何相國死了以後，讓誰來取代他的位置？」高帝說：「曹參可以。」呂后又問曹參之後誰又可以，高帝說：「王陵可以，但他稍微有些憨厚剛直，陳平可以輔助他。陳平才智有餘，但難以獨任大事。周勃穩重厚道缺少文飾，但安定我們劉家的人必是周勃，可讓他做太尉。」呂后再問這之後的情況，高帝說：「這之後就不是你所能知道的了。」

13 盧綰和數千人躲在邊境塞下觀望，希望高帝病好之後，自己好親自入京去請罪。夏季四月二十五日甲辰這天，高帝在長樂宮駕崩。盧綰聞訊後，就逃到匈奴去了。

14 呂后與審食其策謀說：「那些將領過去和高帝都是編入戶籍的平民，後來他們北面做了高帝的臣下，心中常常忿忿不平，如今就要事奉少主，不全部把這些人滅族，天下不會安定。」因此不發布高帝去世的消息。有人聽到了，把這些告訴了酈商。酈商去見審食其說：「聽說皇帝已經駕崩去世，都過去四天了呂后還不發喪，想要誅殺諸將。果真如此，天下就危險了。陳平、灌嬰帶領著十萬大軍守在滎陽，樊噲、周勃帶著二十萬軍隊在平定燕、代，這些人聽到皇帝去世，諸將都被殺，一定會聯合軍隊回過頭來進攻關中。大臣們在內部反叛，諸將們在外面造反，漢的滅亡，一抬腳的工夫就等到了。」審食其進去告訴了呂后，才在四月二十八丁未日這天發布了高帝去世的消息，並大赦天下。

15 五月十七丙寅日，高帝下葬在長陵。棺木下葬之後，皇太子和群臣都返回到了太上皇廟。群臣說：「先帝出身平民，治理好亂世使之回到正道上來，平定了天下，是漢朝的太祖，功勞最高。」於是給高帝上尊號叫作高皇帝。

16 當初，高祖不學習文章、學術，然而性格開明通達，好用計謀，能夠聽取別人的意見，即使是看門的小吏和守邊的士卒，也都一見如故。最初為順應民心而約法三章。天下平定之後，就命蕭何編制律令，韓信申明軍法，張蒼制定規章制度，叔孫通制作各類禮儀制度，陸賈編寫了《新語》。高祖還和功臣們立憑發誓，頒寫丹書鐵券，存在金匱石室，藏在宗廟之中。高祖雖然每天都是事務繁忙而無閒暇，但他對未來的規劃卻是宏大而長遠的。

贊❶曰：春秋❷晉史❸蔡墨有言，陶唐氏❹既衰，其後❺有劉累，學擾❻龍，事孔甲❼，范氏❽其後也。而大夫范宣子❾亦曰：「祖自虞❿以上為陶唐氏，在夏為御龍氏⓫，在商為豕韋氏⓬，在周為唐杜氏⓭，晉主夏盟⓮為范氏。」范氏為晉士師⓯，魯文公世奔秦⓰。後歸于晉，其處者為劉氏⓱。劉向⓲云戰國時劉氏自秦獲於魏⓳。秦滅魏，遷大梁⓴，都于豐，故周市說雍齒曰「豐，故梁徙也」。是以頌高祖㉑云：「漢帝本系，出自唐帝。降及于周，在秦作劉。涉㉒魏而東，遂為豐公。」豐公，蓋太上皇父。其遷日淺㉓，墳墓在豐鮮㉔焉。及高祖即位，置祠祀官，則有秦、晉、梁、荊之巫㉕，世祠天地，綴㉖之以祀，豈不信哉！由是㉗推之，漢承堯運，德祚㉘已盛，斷蛇著㉙符，旗幟上㉚赤，協㉛于火德㉜，自然之應㉝，得天統㉞矣。

【章　旨】以上是本卷的贊語，作者抒發了劉姓得天下的正當性。

【注　釋】❶贊　班固在《漢書》各篇之後都附有一段自己對所敘之人或事的簡短評論。猶如《史記》中的「太史公曰」。❷春秋　書名，為主要記載魯國歷史的編年體史書。❸晉史　晉國的史官。❹陶唐氏　即堯。相傳堯先居於陶，後又封於唐，故稱陶唐氏。❺其後　他的後代。❻擾　馴服。❼孔甲　夏朝的第十四代君主。❽范氏　春秋晉國司空士蔿的孫子士會為晉國的大夫，食邑於范（今山東范縣東南），稱為范氏。❾范宣子　士會之孫士匄。❿虞　即舜。⓫御龍氏　即劉累。⓬豕韋氏　部落名，約居處在今河南滑縣一帶。⓭唐杜氏　商朝末年豕韋氏遷國於唐（今山西翼城西），周成王滅唐後，又遷到了杜（今陝西西安東南），稱為杜伯。杜伯的兒子隰叔後來投奔到晉。士會就是隰叔的玄孫。⓮晉主夏盟　春秋時期晉國稱霸後，主持著中原華夏諸侯國的盟會。⓯士師　官名。掌管獄訟等事務。⓰魯文公世奔秦　春秋魯文公六年（西元前六二一年），晉襄公死去，士會和先蔑到秦國迎接晉國的公子雍回國為君，但不料此時晉國國內的趙宣子已立了晉靈公，晉軍也擊退了護送公子雍回國的秦軍，士會和先蔑只好回奔秦國。⓱後歸于晉二句　後來魯文公十三年（西元前六〇五年）晉國用計把士會騙回晉國，士會還有別族留在了秦國，既無官職，也無封邑，故又恢復了劉累的姓。⓲劉向　西漢著名的經學家，著有《新序》、《說苑》，為楚元王劉交的玄孫。其事詳見本書卷三十六〈劉向傳〉。⓳戰國時劉氏自秦獲於魏　戰國時期，秦伐魏，參加了秦軍的劉氏有的被魏國所俘獲，故又有住在魏國的劉氏。⓴秦滅魏二句　戰國時秦昭王伐魏，魏惠王只好放棄首都安邑，往東遷都於大梁。㉑頌高祖　以下的引文出自劉向所撰的〈高祖頌〉。㉒涉　入；進入。㉓其遷日淺　他遷到這裡的時間還不長。㉔鮮　少。㉕則有秦晉梁荊之巫　因為劉氏先祖范氏世代在晉國做官，所以祭祀時有晉巫；范氏別族有留在秦國的，改為劉氏，所以有秦巫；後劉氏又到了魏國，遷都大梁，所以又有梁巫；後來又遷居於豐，豐屬於楚地，所以又有楚巫。㉖綴　連續不斷；連綴。㉗是　此；這。㉘德祚　福德。祚，福。㉙著　顯明。㉚上　同「尚」。崇尚。㉛協　合。㉜火德　古代五行學說認為水、火、金、木、土彼此相生相剋，並把此對應到朝代的興替之上。漢代學者認為劉氏是堯的後代，而按五行上推，堯當為火德，漢承堯運，故也為火德。㉝應 應驗；感應。㉞天統 漢代的董仲舒提出「天統」、「地統」、「人統」周而復始分別與各個王朝彼此相對應的「三統說」，夏為天統，商為地統，周為人統，周之後繼起者又為天統。由於秦朝短暫，所以這裡不予計算在內，所以漢仍是繼周而起的王朝，成為天統。

【語 譯】史官評議說：《春秋》裡記載有晉國史官蔡墨的話，說陶唐氏衰微之後，他的後代有個叫劉累，學習馴服龍，事奉夏王孔甲，春秋時期的范氏就是他的後代。而大夫范宣子也說：「我的先祖在舜以前為陶唐氏，在夏代的時候為御龍氏，在商代的時候為豕韋氏，在周代的時候為唐杜氏，晉國稱霸時主持華夏諸侯盟會的就是范氏。」范氏做了晉國的士師，在魯文公的時代逃奔到了秦國。後來又回到晉國，還有些留在秦國的就改姓為劉氏。劉向說戰國時有些留在秦國的劉氏因為打仗被魏國俘獲而來到了魏國。秦昭王攻滅魏國，魏又遷都到了大梁，還曾在豐建都，所以過去周市勸說雍齒反叛時說「豐曾是過去魏遷都的地方」。因此劉向歌頌高祖時說：「漢帝之世系，本出自堯帝。下傳到了周，在秦再作劉。進入魏國又往東，後來就是那豐公。」豐公，就是太上皇的父親。他遷來豐的時間還比較短，所以在豐地的劉氏墳墓還很少。等到高祖即皇帝位後，設置祭祀官員，就有秦巫、晉巫、梁巫和荊巫，世世代代祭祀天地，連綿不斷地祭祀，這還不能證明劉氏世系的可靠嗎！由此推之，漢繼承了堯的氣數，福德昌盛，斬蛇已顯明天命，旗幟更崇尚赤色，完全符合火德，應驗於天，漢是得到天統了。

【研 析】凡成大事者，必有過人之處。作為漢朝一代開國之君的劉邦，他的過人之處，〈高帝紀〉是這樣展示給我們的：

首先是他母親當初懷孕就不同尋常，生下來後的劉邦其長相也與常人不同，「隆準而龍顏」，頭上還常有所謂的五彩「天子氣」。作者對劉邦的這種理當做皇帝的神化描述，在通篇中時時出現，如無名老者的看相、酒後路上斬蛇、在被項羽軍隊圍困的關鍵時刻突然天地昏暗飛砂走石致使劉邦能夠逃脫，諸如此類。但拋開籠罩在劉邦身上這些神異的景象，《漢書》此篇真正為我們展示出的劉邦最重要的過人之處，其實還是其鮮明的性格和為人。

劉邦不僅有大志，而且寬厚大度，為人不拘小節。但這些其實還在其次，重要的是他能把有能力的人招攬到他手下，並且知人善用，這在本篇的多處都有敘述；和項羽相比，劉邦還有一個過人的優點，那就是往往會聽取別人的意見，不孤心自用。無疑的，作為領袖，這些都是不可或缺的品質。在劉邦逐漸強大的歷程中，他並不是一帆風順的，打了無數敗仗，吃了許多苦頭，但卻始終堅持，廣聽意見，寬厚待人，收買民心，最終能平定天下。他的成功，可以說和他的性格及為人有相當大的關係。

劉邦打敗項羽之後，在諸侯王的擁戴下當上了天子，但局面仍不穩定，整個國家滿目瘡痍有待治理，一些諸侯王也在不斷反叛。而正是諸侯王的反叛，幾乎耗去了這位皇帝在即位之後的大部分精力，在各種平叛中他不得不常常親征。在此，劉邦的足智多謀，以及他善於用人的特點再次幫他度過了各種難關。

在平定黥布叛亂的戰鬥中，劉邦不幸被流箭射中，最終不醫而卒。劉邦當皇帝一共只有十二年，這是動盪的十二年，更是忙碌的十二年。然而劉邦始終是清醒的，他不僅深深了解自己的每一個手下，他也十分了解他所有的敵人，即便在漢初如此紛繁的勢力鬥爭中，他對自己建立的漢朝的將來，仍有著清楚的認識和長遠的設計。雖然，他並未為即將繼承他皇位的兒子劉盈創建一個穩定的太平局面，但無疑的，不論在制度上還是人才的儲備上，這位皇帝不是沒有考慮過。

劉邦去世之後，漢朝未來將要發生的若干軍政大事，其實在此篇已隱隱埋下伏筆。

作為《漢書》的首篇，本卷記述了秦末諸侯並起混戰的複雜局面，以及劉邦當上皇帝之後的後半生事跡，頭緒多，事情雜，然而一切在作者筆下仍有條不亂，一切圍繞著高祖劉邦來展開。《史記》雖也有〈高祖本紀〉，可供班固當初寫此篇時參考，但讀者若和此篇對比來讀，仍會發現二者的區別。

卷二

惠帝紀第二

【題解】本篇記述了漢朝第二個皇帝漢惠帝劉盈的事跡。這位年輕的皇帝，雖然秉性仁善，但繼承的是一個尚不穩定的新帝國，而且背後有個強勢的母后，即位後並沒有做過什麼轟轟烈烈的大事，而且只當了七年皇帝，在二十四歲時便鬱悶地去世了。

孝惠皇帝❶，高祖太子也，母曰呂皇后❷。帝年五歲，高祖初為漢王。二年❸，立為太子。十二年四月，高祖崩。五月丙寅，太子即皇帝位，尊皇后曰皇太后。賜民爵一級❹。中郎、郎中❺滿六歲爵三級❻，四歲二級。外郎❼滿六歲二級。中郎不滿一歲一級。外郎不滿二歲賜錢萬。宦官❽尚食❾比郎中❿。謁者⓫、執楯、執戟、武士、騶⓬比外郎。太子御驂乘⓭賜爵五大夫，舍人⓮滿五歲二級。賜給喪事者⓯，二千石⓰錢二萬，六百石以上萬⓱，五百石、二百石以下至佐史⓲五千。

視作斥土者⑲，將軍四十金⑳，二千石二十金，六百石以上六金，五百石以下至佐史二金。減田租，復十五稅一㉑。爵五大夫㉒、吏六百石以上及宦皇帝㉓而知名者㉔有罪當盜械㉕者，皆頌繫㉖。上造㉗以上及內外公孫㉘耳孫㉙有罪當刑及當為城旦舂㉚者，皆耐㉛為鬼薪白粲㉜。民年七十以上若㉝不滿十歲有罪當刑者，皆完㉞之。又曰：「吏所以治民也，能盡其治則民賴之，故重其祿，所以為民㉟也。今吏六百石以上父母妻子與同居㊱，及故吏嘗佩將軍都尉印將兵及佩二千石官印者，家唯給軍賦㊲，他無有所與㊳。」

令郡諸侯王立高廟㊴。

【章　旨】以上記述漢惠帝從小便被立為太子，很年輕就登上皇帝位的背景，並詳述這位皇帝因新即位，而施恩惠於吏、民的措施。

【注　釋】❶孝惠皇帝　即劉盈，劉邦的次子。「惠」是他的諡號，漢朝皇帝自惠帝開始，死後的諡號前都加一「孝」字。惠帝在位時間為西元前一九四至前一八八年。❷呂皇后　即劉邦的皇后呂雉。其事可參見卷三〈高后紀〉和卷九十七〈外戚傳〉。❸二年　高帝二年，即西元前二〇五年。❹賜民爵一級　皇帝即位賜民一級爵位，以示恩惠。❺中郎郎中　均為官名，為郎中令的屬官。中郎負責宮中護衛、侍從。郎中也是皇帝侍從。❻爵三級　增加三級爵位。❼外郎　即散郎，在外廷任職的郎官。❽宦官　指宮內在天子身邊當差服務的太監。❾尚食　尚，主管天子各類物品。尚食為主管天子日常膳食的官名。此外還有尚冠、尚帳、尚衣、尚席等。❿比郎中　比照郎中的待遇。下面「比外郎」即比照外郎的待遇。⓫謁者　掌管為天子接待賓客、通報、傳達等事務。⓬執楯執戟武士騶　都是宮廷內天子的近身侍衛官。騶，即騶騎。⓭御驂乘　御，駕車的人。驂乘，即車右，站在車右邊陪乘的人。⑭舍人　這裡指侍從太子的一種屬官。⑮喪事者　主持喪事的人。⑯二千石　此指俸祿達到二千石的官。⑰萬　一萬錢。⑱佐史　地方官員的一種屬吏。⑲視作斥土者　視，檢視；督察。作，役作。斥土，挖開土為墓穴。⑳四十金　四十斤黃金。約相當於錢四十萬。㉑復十五稅一　漢初即為十五稅一，後來中間有所變更，現在又回復到十五稅一。㉒五大夫　二十等爵中的第九級爵。㉓宦皇帝　在皇帝身邊當差服務。㉔知名者　名字被天子所知的人。㉕盜械　加上刑具。㉖頌繫　加以寬容不加刑具，即軟禁。頌，同「容」。寬容。㉗上造　二十等爵中的第二級爵。㉘公孫　王侯之子曰公子，公子之子曰公孫。㉙耳孫　曾孫。㉚城旦舂　城旦，一種修城服役四年的刑罰。舂，一種服役四年的女犯。㉛耐　較輕的一種刑罰。㉜鬼薪白粲　鬼薪，一種為宗廟打柴為期三年的刑罰。白粲，一種選供白米為祭祀之用的為期三年的刑罰。㉝若　與；和。㉞完　免除。㉟為民　為了百姓。㊱同居　指父母、妻子、兒女之外還同在一個大家庭中、同住在一起的其他兄弟和兄弟的子女。㊲家唯給軍賦　家中只承擔軍賦。㊳他無有所與　其他就不服任何徭役了。與，同「豫」。參與。㊴高廟　漢高祖劉邦之廟。

【語譯】孝惠皇帝，是漢高祖的太子，他的母親即呂皇后。惠帝五歲時，高祖剛做漢王。高帝二年時，他被立為太子。高帝十二年四月，漢高祖去世。這年五月的丙寅日，惠帝作為太子登上了皇位，於是尊稱呂皇后叫皇太后。下詔賜給天下百姓爵位一級。中郎、郎中任職滿六年的增加爵位三級，任職滿四年的增加爵位兩級。外郎任職滿六年的增加爵位二級。中郎任職不滿一年的增加爵位一級。外郎任職不滿二年的，賜給一萬錢。宮中的服務太監、主管膳食的都比照郎中標準賞賜。謁者、執楯、執戟、武士、騶等人員比照外郎標準賞賜。給太子駕車的御者、太子車上的陪乘都賜給五大夫的爵位，舍人任職滿五年的增加爵位二級。賞賜主持喪事的人員，二千石的官員賞錢二萬，六百石以上的官員賞錢一萬，五百石、二百石以下一直到佐史級別的人員賞錢五千。那些監督挖掘墓穴的人員，將軍級別的賞賜四十斤金，二千石的官員賞賜二十斤金，六百石以上的官員賞賜六斤金，五百石以下一直到佐史的賞賜二斤金。下令減少百姓的田租，重新恢復到十五稅一。爵位在五大夫和六百石的吏以上的，以及那些在皇帝身邊當差服役而又有名聲的，若犯了罪應當加上刑具，都可以寬容他們不加刑具。爵位在上造以上，以及王侯宗親、外戚的孩子、孫子、曾孫，若犯了罪按刑應該服刑城旦或舂的，都只服較輕的耐刑去做鬼薪、白粲這些勞役。老百姓年紀七十以上和未滿十歲的，若有罪當服刑，都免除掉。又下詔令說：「官吏是用來治理百姓的，他們若工作負責，就會成為百姓的依靠，因此提高他們的俸祿，這也是為老百姓考慮。現在官吏中六百石以上的父母妻子和還住在一起的其他兄弟和兄弟的子女，以及過去那些曾經擔任過將軍、都尉打過仗的，還有曾任二千石級別官職的人員，他們的家庭都只需要交納軍賦，其他別的都不用交納。」

又下令各郡、諸侯王國都建立高祖廟。

1 元年❶冬十二月，趙隱王❷如意薨。民有罪，得買爵三十級❸以免死罪。賜民爵，戶一級。

2 春正月，城長安❹。

3 二年冬十月，齊悼惠王❺來朝，獻城陽郡❻以益❼魯元公主❽邑，尊公主為太后❾。

4 春正月癸酉，有兩龍見❿蘭陵⓫家人⓬井中，乙亥夕而不見⓭。隴西⓮地震。

5 夏旱。郃陽侯仲⓯薨。秋七月辛未，相國何⓰薨。

6 三年春，發長安六百里內男女十四萬六千人城長安，三十日罷⓱。

7 以宗室⓲女為公主，嫁匈奴單于。

8 夏五月，立閩越⓳君搖為東海王。

9 六月，發諸侯王、列侯⓴徒隸二萬人城長安。

10 秋七月，都廄㉑災㉒。南越王趙佗㉓稱臣奉貢。

11 四年冬十月壬寅㉔，立皇后張氏㉕。

12 春正月，舉民孝弟力田者復其身㉖。

13 三月甲子，皇帝冠㉗，赦天下。省法令妨吏民者，除挾書律㉘。長樂宮鴻臺㉙災。宜陽雨血㉚。

14 秋七月乙亥，未央宮凌室㉛災；丙子，織室㉜災。

【章　旨】以上記述漢惠帝即位後，在四年之內發生的大事：多次修築都城長安，處理年輕的漢王朝與周邊民族和政權的關係。在此期間，相國蕭何去世了，年輕的皇帝也成年了，舉行了冠禮。

【注　釋】❶元年　漢惠帝元年，為西元前一九四年。❷趙隱王　即劉邦的兒子劉如意。「隱」是他死後的諡號。其事可參見本書卷三十八〈趙隱王劉如意傳〉與卷九十七上〈外戚傳上〉。❸買爵三十級　當時買一級爵位要用錢二千，買三十級爵位要用錢六萬。這裡即指犯有死罪的人可交納六萬錢即能不死。❹長安　西漢的首都，故址在今陝西西安西北。❺齊悼惠王　即劉邦的長子劉肥。「悼惠」是他死後的諡號。其事參見本書卷三十八〈齊悼惠王劉肥傳〉。❻城陽郡　郡名，轄地約今山東南部沂南、莒縣一帶。❼益　增加；擴大。❽魯元公主　劉邦的長女，食邑於魯，稱魯元公主。❾尊公主為太后　《史記》記載，劉肥來京城朝見時因得罪了呂后無法脫身，獻城陽郡給呂后的女兒魯元公主，並尊魯元公主為太后，以討呂后的歡心。❿見　即「現」。出現。⓫蘭陵　漢代蘭陵縣，在今山東蒼山縣西南蘭陵鎮。⓬家人　平民之家。⓭不見　不出現。⓮隴西漢代郡名，轄有今甘肅東南部地區，治狄道（今甘肅臨洮）。⑮郃陽侯仲　劉邦二哥劉仲，封侯於郃陽（今陝西合陽東南）。他是吳王劉濞的父親。⑯相國何　相國蕭何。⑰罷　停止。⑱宗室　皇族。⑲閩越　古代聚居於今福建北部、浙江南部部分地區的民族，相傳為越王句踐的後裔。因為閩越曾帶百越之兵幫助漢高祖，故於漢初受封為王。⑳列侯　本名「徹侯」，為漢代二十等爵制中的最高一級，後因避漢武帝劉徹的諱，更名「通侯」，又稱「列侯」。㉑都廄　京城的馬廄。㉒災　古人把自然起因的火災（如自燃、雷擊等）稱為「災」。㉓趙佗　本為真定（今河北正定）人，秦時做過南海郡尉，後兼併了周邊地區，建立了南越國。高帝十一年時派陸賈出使南越並封趙佗為南越王。㉔十月壬寅　十月十三日。㉕皇后張氏　張敖和魯元公主之女。㉖舉民孝弟句　孝弟，即孝悌。孝悌力田，是漢代選舉的科目名。復，免除租稅或徭役。㉗冠　舉行冠禮。㉘除挾書律　除，廢除。挾，藏。根據秦律，敢有挾書者滅族。㉙長樂宮鴻臺　長樂宮，漢代建在長安城內東北的宮殿。鴻臺，建在長樂宮內的高臺。㉚宜陽雨血　在宜陽降下血紅色的雨。宜陽，縣名，在今河南宜陽西。㉛未央宮凌室　未央宮，漢代建在長安西南的宮殿，為朝會的地方。凌室，藏冰的地方。㉜織室　漢代主管皇家絲帛織造的地方。

【語譯】漢惠帝元年冬季十二月，趙隱王劉如意去世。惠帝下令犯罪的百姓，可以交納買三十級爵位的錢來免除死罪。賜給百姓爵位，每戶一級。

2 春季正月，修築長安城。

3 二年冬季十月，齊悼惠王來京朝見，他把城陽郡獻給魯元公主以增大她的封邑，並尊魯元公主為太后。

4 春季正月初四癸酉日這天，有兩條龍出現在蘭陵一戶平民家的井中，到第三天初六乙亥日的晚上就消失了。隴西地區發生地震。

5 夏季發生了旱災。郃陽侯劉仲去世了。秋季七月初五辛未日這天，相國蕭何也去世了。

6 三年春天，徵發長安周圍六百里內男女十四萬六千人修築長安，三十日後才停工。

7 把皇帝宗室的女兒立為公主，嫁給匈奴單于。

8 夏季五月，立閩越國君搖為東海王。

9 六月，徵發諸侯王、列侯徒屬二萬人築城於長安。

10 秋季七月，京城的馬廄發生火災。南越王趙佗向漢王朝稱臣並上納貢品。

11 四年冬季十月十三壬寅日這天，冊立皇后張氏。

12 春季正月，百姓中被推舉為孝悌力田的人免除其賦稅徭役。

13 三月十七甲子日這天，皇帝舉行冠禮，大赦天下。省除妨礙吏民的一些法令，廢除挾書律。長樂宮鴻臺發生火災。宜陽降下了血紅色的雨。

14 秋季七月二十乙亥日，未央宮藏冰的屋子發生了火災；二十一丙子日這天，織室也發生火災。

1 五年冬十月，靁；桃李華❶，棗實❷。

2 春正月，復發長安六百里內男女十四萬五千人城長安，三十日罷。

3 夏，大旱。

4 秋八月己丑，相國參❸薨。

5 九月，長安城成❹。賜民爵，戶一級。

6 六年冬十月辛丑，齊王肥薨。

7 令民得買爵。女子年十五以上至三十不嫁，五算❺。

8 夏六月，舞陽侯噲❻薨。

9 起長安西市❼，修敖倉❽。

10 七年冬十月，發車騎、材官詣滎陽❾，太尉灌嬰將❿。

11 春正月辛丑朔⓫，日有蝕之。夏五月丁卯，日有蝕之，既⓬。

12 秋八月戊寅，帝崩于未央宮。九月辛丑，葬安陵⓭。

【章　旨】以上為漢惠帝生前最後兩年期間的大事記：繼續徵調民力修築首都長安，在他去世的這一年，春、夏均發生了日食，秋天八月漢惠帝就死去了。

【注　釋】❶華　開花。❷實　結果實。❸相國參　相國曹參。曹參在惠帝時，繼蕭何之後任相國，其事詳見本書卷三十九〈曹參傳〉。❹成　建成。❺五算　算，算賦，一算為一百二十錢。五算即六百錢。❻噲　樊噲。樊噲為劉邦同鄉，因功被封為舞陽侯。其事詳見本書卷四十一〈樊噲傳〉。❼起長安西市　起，修築。長安西市，長安有九市，在西有六市。❽敖倉　糧倉名，修築在當時滎陽縣東北的敖山之上。滎陽治所在今河南舞陽西北。❾詣滎陽　到達滎陽。❿太尉灌嬰將　太尉，秦漢主管軍事的長官。灌嬰，曾隨劉邦轉戰各地，後官至太尉、丞相。其事詳見本書卷四十一〈灌嬰傳〉。將，帶領。⓫正月辛丑朔　正月辛丑這天是初一。朔，夏曆每個月的第一天稱朔，朔日確定之後，一個月其他的日子也就確定了。⓬既　盡。此指日全食。⓭安陵　漢惠帝陵墓，故址在今陝西咸陽東北。

【語　譯】漢惠帝五年冬季十月，天上打雷；桃樹李樹開花了，棗樹結了果實。

2 春季正月，又徵發長安周圍六百里內男女十四萬五千人修築長安，三十天後才結束。

3 夏季，發生了大旱。

4 秋季八月己丑，相國曹參去世。

5 九月，長安城修築完成。皇帝賜給百姓爵位，每戶一級。

6 六年冬季十月辛丑這天，齊王劉肥去世。

7 下令百姓可以買賣爵位。年紀十五以上至三十的女子若未出嫁，將被罰錢五算。

8 夏季六月，舞陽侯樊噲去世。

9 修築了長安西市，並修築敖倉。

10 七年冬季十月，徵調車騎、材官之士到滎陽，由太尉灌嬰統領。

11 春季正月初一辛丑這天為朔日，發生了日食。夏季五月二十九丁卯日這天，又發生了日食，而且是日全食。

12 秋季八月十二戊寅日這天，漢惠帝在未央宮去世。九月初五辛丑日這天，葬在了安陵。

贊曰：孝惠內修親親❶，外禮宰相，優寵齊悼、趙隱❷，恩敬篤矣❸。聞叔孫通❹之諫則懼然❺，納曹相國之對而心說❻，可謂寬仁之主。遭呂太后虧損至德❼，悲夫！

【章　旨】以上是作者對漢惠帝所作的一個正面的評價，表明了作者的態度，同情之心溢於言表。

【注　釋】❶親親　親近親人。❷優寵齊悼趙隱　齊悼，齊悼惠王劉肥。趙隱，趙隱王劉如意。其事詳見本書卷三十八〈齊悼惠王劉肥傳〉及卷九十七上〈外戚傳上〉。❸恩敬篤矣　恩敬厚篤。❹叔孫通　薛縣（今山東滕州南）人，曾為秦朝博士，歸附劉邦後在漢朝亦任博士，精通禮儀，曾上諫漢惠帝改變紀念漢高祖衣冠遊行儀式的路線，其事詳見本書卷四十三〈叔孫通傳〉。❺懼然　驚慌失措的樣子。❻納曹相國之對而心說　納，納聽。曹相國之對，相國曹參曾回答漢惠帝關於治理朝政的事，詳見本書卷三十九〈曹參傳〉。說，通「悅」。高興。❼遭呂太后虧損至德　指漢惠帝在位期間，呂太后當政，殺害了趙隱王劉如意及其母親戚夫人，惠帝憂疾而不理朝政，最後很年輕就死去了。

【語　譯】史官評議說：孝惠帝對內親近親人，對外禮遇宰相，優待寵愛齊悼王、趙隱王，可算是恩敬厚篤。當初聽到叔孫通的上諫後便顯得驚惶失措，聽到相國曹參的回答後則心悅誠服，可真是一個寬容仁厚的君主。

可惜遇到呂太后做出喪天害理之事，可悲啊！

【研　析】漢惠帝劉盈是高帝劉邦的次子，在被立為太子的第十年，也即十七歲時當上了帝國的第二任皇帝。對這個年輕人來說，顯然這個位子並不輕鬆。在惠帝當政的這幾年，在外他要尊重資歷很老的開國元勳和大臣，在內對他的母親呂后也不敢違逆，很難想像在這種情況下能有所作為。雖被稱為寬仁之主，但最終也沒有走出呂后籠罩的陰影，很年輕就死去了，正如本章最後修史者所感歎的那樣：的確有些可悲！

歷史上一個攬權強制的女主出現，必然會有一、二個少帝成為犧牲品。惠帝的悲劇，可說完全是呂后一手造成的。呂后何嘗不愛惠帝，當初為保住惠帝太子之位，何等操心（見本書卷四十〈張良傳〉）；惠帝即位後，處處保護、提防，不讓他與其他異母兄弟親近；想親上加親，竟讓惠帝納外甥女為后，結果卻生不出兒子；呂后對劉氏諸侯王與戚夫人的殘害，更重重打擊了惠帝的人格與心理（皆見卷九十七上〈外戚傳上〉）。她的強勢與對惠帝的控制，愛之適足以害之。因為惠帝的個性，實在太不像他的父母了，上輩鬥得你死我活，他竟似渾然不覺，對曾經威脅他帝位的劉如意還恩愛有加。惠帝的仁孝，甚且能感召連高祖都請不動的商山四皓下山為其護航。誠如本卷贊語所說，「寬仁」如惠帝，其實是有機會成為一個好皇帝的，見諸他與蕭何、曾參兩位相國的對話（見卷三十九〈蕭何曹參傳〉），他即帝位後並不是不想有所作為，但遇上這麼一個強勢而殘酷的母后，一個美好的生命竟然就此凋萎了。

《史記》沒有〈孝惠本紀〉，劉盈接帝位的經過只在〈高祖本紀〉與〈呂太后本紀〉裡簡略帶過。《漢書》雖為其立紀，不過礙於本紀的體例，本卷所記只是按年月載述惠帝朝的大事，略顯單調；贊語所述相關事跡，則可以補其不足，讀者必須參閱各卷，才能對惠帝早逝的生命有一同情的認識。

卷三

高后紀第三

【題解】本卷記述了劉邦的皇后呂氏，在劉邦和惠帝死後臨朝稱制的重大史事。由於新立的少主年幼，整個朝政都被呂后獨攬，皇帝的廢立也決斷於呂后，並不斷擴大自己家族的勢力，諸呂之中有四人封王，六人為列侯，權傾一時。可惜大樹一倒，禍端便起。在大臣、諸侯們的密謀與配合下，諸呂均被剷除。漢初政局中首次因外戚執政而引起宮廷中的動盪，旋即平息。

高皇后呂氏❶，生惠帝❷。佐高祖定天下，父兄及高祖而侯者三人❸。惠帝即位❹，尊呂后為太后。太后立帝姊魯元公主女為皇后，無子，取後宮美人❺子名❻之以為太子。惠帝崩，太子立為皇帝，年幼，太后臨朝稱制❼，大赦天下。迺立兄子❽呂台、產、祿、台子通❾四人為王，封諸呂六人為列侯❿。語在外戚傳。

【章旨】本段簡要介紹了呂后其人，並敘述她在漢惠帝死後完全獨攬大權臨朝稱制，且大封呂氏家族中人為王、列侯的情況。

【注釋】❶呂氏　即劉邦的皇后呂雉，字娥姁。根據禮制，婦人謚號從夫，劉邦謚「高」，所以稱呂后為「高后」。❷惠帝　即漢惠帝劉盈，其事詳見前卷〈惠帝紀〉。❸侯者三人　呂后的父親做了臨泗侯，她的兄長呂澤做了周呂侯，呂釋之做了建成侯。❹惠帝即位　惠帝即位在西元前一九四年。❺美人　嬪妃的稱號。❻名　占有。❼制　皇帝的命令稱制。稱制即行使皇帝的權力。❽兄子　哥哥的兒子。❾台子通　呂台的兒子呂通。❿列侯　是漢代二十等爵制中的最高一級。本名徹侯，後因避漢武帝劉徹諱而改稱通侯，也稱列侯。

【語譯】高皇后呂氏，生了漢惠帝。她佐助高祖平定天下，父兄在高祖時被封侯的共三人。惠帝即位後，尊呂后為太后。太后冊立惠帝姊姊魯元公主的女兒為皇后，但皇后沒生兒子，於是把後宮嬪妃的一個兒子佔為己有當作太子。惠帝死後，太子被立為皇帝，年紀幼小，太后就臨朝當政，大赦天下。於是立自己哥哥的兒子呂台、呂產、呂祿以及呂台的兒子呂通四人為王，還把其他呂姓六人封為列侯，這些事情記載在本書〈外戚傳〉裡。

1 元年❶春正月，詔曰：「前日❷孝惠皇帝言欲除三族辠、妖言令❸，議未決而崩，今除之。」二月，賜民爵，戶一級。初置孝弟力田❹二千石者一人。夏五月丙申，趙王宮叢臺❺災。立孝惠後宮子強為淮陽❻王，不疑為恆山❼王，弘為襄城❽侯，朝為軹❾侯，武為壺關❿侯。秋，桃李華⓫。

2 二年春，詔曰：「高皇帝匡飭⓬天下，諸有功者皆受分地為列侯，萬民大安，莫不受休德⓭。朕思念至於久遠而功名不著⓮，亡以尊大誼⓯，施⓰後世。今欲差次⑰列侯功以定朝位，臧⑱于高廟⑲，世世勿絕，嗣子各襲其功位。其與列侯議定奏之。」丞相臣平言：「謹與絳侯臣勃、曲周侯臣商、潁陰侯臣嬰、安國侯臣陵等議，列侯幸得賜餐錢奉邑⑳，陛下加惠，以功次定朝位，臣請臧高廟。」奏可。春正月乙卯，地震，羌道、武都道㉑山崩。夏六月丙戌晦，日有蝕之。秋七月，恆山王不疑薨。行八銖錢㉒。

3 三年夏，江水㉓、漢水溢，流㉔民四千餘家。秋，星晝見㉕。

4 四年夏，少帝自知非皇后子，出怨言，皇太后幽之永巷㉖。詔曰：「凡有天下治萬民者，蓋㉗之如天，容㉘之如地。上有驩心㉙以使百姓，百姓欣然以事其上，驩欣交通㉚而天下治。今皇帝疾久不已㉛，迺失惑昏亂，不能繼嗣奉宗廟，守祭祀，不可屬㉜天下。其議代之。」群臣皆曰：「皇太后為天下計㉝，所以安宗廟社稷甚深。頓首奉詔。」五月丙辰，立恆山王弘為皇帝。

5 五年春，南粵王尉佗㉞自稱南武帝。秋八月，淮陽王彊薨。九月，發河東、上黨騎屯北地。

6 六年春，星晝見。夏四月，赦天下。秩㉟長陵㊱令二千石。六月，城㊲長陵。匈奴寇㊳狄道，攻阿陽㊴。行五分錢㊵。

7 七年冬十二月，匈奴寇狄道，略二千餘人。春正月丁丑，趙王友幽死于邸㊶。己丑晦，日有蝕之，既㊷。以梁王呂產為相國，趙王祿為上將軍。立營陵侯劉澤為琅邪王。夏五月辛未，詔曰：「昭靈夫人㊸，太上皇妃也；武哀侯㊹、宣夫人㊺，高皇帝兄姊也。號謚不稱㊻，其議尊號。」丞相臣平等請尊昭靈夫人曰昭靈后，武哀侯曰武哀王，宣夫人曰昭哀后。六月，趙王恢自殺。秋九月，燕王建薨。南越侵盜長沙㊼，遣隆慮侯竈㊽將兵擊之。

【章　旨】以上記述呂后當政後元年至七年之間的事情。在此期間，大權在握的呂后先是幽禁少帝，後又改立恆山王劉宏為皇帝，並且與南方的南越關係惡化，兵戎相見。

【注　釋】❶元年　高后元年，西元前一八七年。❷前日　往日。❸三族辠妖言令　三族辠，誅滅三族之罪。辠，同「罪」。妖言，過誤之語。❹孝弟力田　官名。❺叢臺　戰國時趙王宮中的高臺，因數臺連聚而名，在邯鄲城中。❻淮陽　王國名，都城在陳縣（今河南淮陽）。❼恆山　王國名，恆山即常山，因避漢文帝劉恆之諱而改，都城在元氏（今河北元氏西北）。❽襄城　縣名，治所在今河南襄城。❾軹　縣名，治所在今河南濟源東南。❿壺關　縣名，治所在今山西長治。⓫華　同「花」。即開花。⓬匡飭　匡正整飭。⓭休德　美德。⓮著　明顯。⓯大誼　即大義。大道理；大原則。⓰施　流傳。⓱差次　根據等級排列次序。⓲臧　同「藏」。保藏。⓳高廟　高帝劉邦之廟。⓴餐錢奉邑　餐錢，膳食之費用。奉邑，即俸邑，指列侯們收取租稅作為自己俸祿的城邑。㉑羌道武都道　羌道，當時羌族聚居的縣，漢時屬隴西郡，地在今甘肅舟曲。漢代有少數民族聚居的縣被稱為「道」。武都道，漢時屬武都郡，地在今甘肅武都北。㉒八銖錢　八銖重的錢。二十四銖為一兩。秦行半兩錢，漢時以其太重而改鑄為較輕的莢錢，至呂后時又嫌其太輕而改鑄八銖錢。㉓江水　長江。㉔流　大水淹沒。㉕見　即「現」。出現。㉖幽之永巷　囚禁在宮中的長巷之中。㉗蓋　覆蓋。㉘容　包容。㉙驩心　歡心。㉚交通　交相通達。㉛不

已　不能恢復痊癒。㉜屬　委託。㉝計　考慮。㉞尉佗　即趙佗，秦時為南海郡尉，故稱「尉佗」，劉邦時被封為南越王。㉟秩　官秩。這裡用作動詞，加官秩。㊱長陵　漢高帝劉邦的陵墓長陵所在之縣，在今陝西咸陽東北。縣令官秩本千石至六百石，但因為是高帝劉邦之陵，為示崇敬，所以增其縣令之秩為二千石。㊲城　修築。㊳寇　侵寇；攻侵。㊴阿陽　縣名，地在今甘肅靜寧。㊵五分錢　即所謂莢錢，比八銖錢輕。㊶幽死于邸　被幽禁而死於官邸。㊷既　完全。這裡指太陽完全被蝕。㊸昭靈夫人　劉邦的母親。㊹武哀侯　劉邦的哥哥劉伯。㊺宣夫人　劉邦的姊姊。㊻不稱　不相稱。㊼長沙　即長沙王國，轄今湖南東北部地區，都城在臨湘（今湖南長沙）。㊽竈　周竈，劉邦功臣，被封為隆慮侯。

【語　譯】高后元年春季正月，下詔說：「往日孝惠皇帝說要去除三族罪和妖言令，此事議而未決他就駕崩了，現在去除吧。」二月，下詔賜給民戶爵位，每戶一級。開始設置孝悌力田官一人，官秩二千石。夏季五月丙申，邯鄲趙王宮中叢臺發生火災。立孝惠帝後宮所生之子劉強為淮陽王，劉不疑為恆山王，劉弘為襄城侯，劉朝為軹侯，劉武為壺關侯。秋天，桃李開花了。

2 二年春天，下詔說：「高皇帝匡正整飭天下，那些有功的都受地封為列侯，百姓安樂，無不承受他的美德。我考慮到過了很久以後，可能這些功名就不太被人清楚地知道，這樣無以尊奉至大之理，也不能流傳後世。現在我希望按照功勞大小來排定列侯們的朝位次序，並保藏在高帝廟中，代代不絕，子孫們各自繼承他們的功名爵位。你們和列侯們議定一下再奏上來吧。」丞相陳平上奏說：「臣與絳侯周勃、曲周侯酈商、潁陰侯灌嬰、安國侯王陵等商議，列侯們有幸被賜餐錢和俸邑，陛下又施加恩惠，按功勞順序排定朝位，臣謹依旨，請求將他們的功業保藏在高帝廟中。」高后准可。春季正月乙卯，發生了地震，羌道、武都道有山崩。夏季六月丙戌晦日這天，發生了日食。秋天七月，恆山王劉不疑去世。開始推行使用八銖錢。

3 三年夏天，長江、漢水漲水氾濫，淹沒百姓四千餘家。秋天，有星辰白天出現。

4 四年夏天，少帝自知不是皇后的兒子，口出怨言，皇太后把他幽禁在永巷。下詔說：「擁有天下治理百姓的人，要像天一樣能覆蓋萬物，要像地一樣能包容一切。皇上能以歡愉之心去驅使百姓，百姓才能欣然去侍奉皇上，上與下彼此歡欣交融，天下才會大治。現在皇帝久病不癒，神志有些糊塗混亂，不能當好接班人以奉宗廟守祭祀，不能把天下託付給他。議論一下誰可取代他吧。」群臣都說：「皇太后為天下考慮，把宗廟社稷的安危看得很重。我們頓首奉詔。」五月丙辰這天，立恆山王劉弘為新的皇帝。

5 五年春天，南粵王趙佗自稱南武帝。秋天八月，淮陽王劉彊去世。九月，徵發河東、上黨兩郡的騎兵屯駐北地郡。

6 六年春天，有星辰白天出現。夏天四月，大赦天下。把長陵縣令的官秩定為二千石。六月，修築長陵城邑。匈奴侵犯狄道，攻打阿陽縣。在全國推行五分錢。

7 七年冬天十二月，匈奴侵犯狄道，虜走二千多人。春天正月丁丑，趙王劉友被幽禁並死於官邸。己丑晦日這天，發生了日食，而且是全食。封梁王呂產為相國，以趙王呂祿為上將軍。立營陵侯劉澤為琅邪王。夏天五月辛未，下詔說：「昭靈夫人，是太上皇的夫人；武哀侯、宣夫人，是高皇帝的哥哥、姊姊。他們的諡號不太相稱，再商議他們的尊號吧。」丞相陳平等請示，尊昭靈夫人叫昭靈后，尊武哀侯叫武哀王，尊宣夫人叫昭哀后。六月，趙王劉恢自殺。秋天九月，燕王劉建去世。南越出兵侵擾長沙國，朝廷派遣隆慮侯周竈帶兵攻擊南越。

1 八年春，封中謁者❶張釋卿為列侯。諸中官❷、宦者令丞❸皆賜爵關內侯❹，食邑。夏，江水、漢水溢，流萬餘家。

2 秋七月辛巳，皇太后崩于未央宮。遺詔賜諸侯王各千金，將相列侯下至郎吏各有差❺。大赦天下。

3 上將軍祿、相國產顓❻兵秉政，自知背高皇帝約❼，恐為大臣諸侯王所誅，因謀作亂。時齊悼惠王子朱虛侯章❽在京師，以祿女為婦❾，知其謀，迺使人告兄齊王❿，令發兵西。章欲與太尉勃、丞相平為內應，以誅諸呂。齊王遂發兵，又詐⓫琅邪王澤發其國兵，并將而西。產、祿等遣大將軍灌嬰將兵擊之。嬰至滎陽，使人諭齊王與連和⓬，待呂氏變⓭而共誅之。

4 太尉勃與丞相平謀，以曲周侯酈商子寄與祿善，使人劫商令寄紿⓮說祿曰：「高帝與呂后共定天下，劉氏所立九王⓯，呂氏所立三王⓰，皆大臣之議。事已布告諸侯王，諸侯王以為宜。今太后崩，帝少，足下不急之國守藩⓱，迺為上將將兵留此，為大臣諸侯所疑。何不速歸將軍印，以兵屬⓲太尉，請梁王⓳亦歸相國印，與大臣盟而之國？齊兵必罷，大臣得安，足下高枕而王千里，此萬世之利也。」祿然⓴其計，使人報產及諸呂老人。或以為不便㉑，計猶豫未有所決。祿信寄，與俱出游，過㉒其姑呂須㉓。須怒曰：「汝為將而棄軍，呂氏今無處㉔矣！」迺悉出珠玉寶器散堂下，曰：「無為它人守也！」

5 八月庚申，平陽侯窋㉕行㉖御史大夫事，見相國產計事㉗。郎中令㉘賈壽使從齊來，因數㉙產曰：「王不早之國，今雖欲行，尚可得邪？」具以灌嬰與齊楚合從㉚狀告產。平陽侯窋聞其語，馳告丞相平、太尉勃。勃欲入北軍㉛，不得入。

襄平侯紀通㉜尚㉝符節，迺令持節矯㉞內勃北軍㉟。勃復令酈寄、典客㊱劉揭說祿，曰：「帝使太尉守北軍，欲令足下之國，急歸將軍印辭去。不然，禍且起。」祿遂解印屬典客，而以兵授太尉勃。勃入軍門，行令軍中曰：「為呂氏右袒㊲，為劉氏左袒。」軍皆左袒。勃遂將北軍。然尚有南軍㊳，丞相平召朱虛侯章佐勃。勃令章監軍門，令平陽侯告衛尉㊴，毋內相國產殿門。產不知祿已去㊵北軍，入未央宮欲為亂，殿門弗內，俳佪往來㊶。平陽侯馳語太尉勃，勃尚恐不勝㊷，未敢誦言㊸誅之，迺謂朱虛侯章曰：「急入宮衛帝。」章從勃請卒千人，入未央宮掖門㊹，見產廷中。日餔㊺時，遂擊產。產走㊻。天大風，從官㊼亂，莫敢鬥者。逐產，殺之郎中府㊽吏舍廁中。

6 章已殺產，帝令謁者持節勞㊾章。章欲奪節，謁者不肯，章迺從與載㊿，因節信馳斬長樂(51)衛尉呂更始。還入北軍，復報太尉勃。勃起拜賀章，曰：「所患(52)獨產，今已誅，天下定矣。」辛酉，斬呂祿，笞(53)殺呂嬃。分部(54)悉捕諸呂男女，無少長(55)皆斬之。

7 大臣相與陰謀(56)，以為少帝及三弟(57)為王者皆非孝惠子，復共誅之，尊立文帝。語在周勃、高五王傳。

【章　旨】以上記述呂后在當政的第八年去世後，諸呂謀叛，丞相陳平和太尉周勃聯合大臣，合力剷除諸呂勢力。漢王朝的權力又回到了劉姓手中。

【注　釋】❶中謁者　宦官官名，掌奏章上報諸事。諸官加「中」者，多為閹人。❷中官　在宮中任事的閹人。❸宦者令丞　主管宦者的長官。❹關內侯　位於列侯之下，有封號而無封國，在關內地區有食邑。❺各有差　等級各有高低不同。❻顓　同「專」。獨專。❼高皇帝約　高皇帝劉邦當初曾與臣下相約：非劉氏而王，非有功而侯者，天下共誅之。❽齊悼惠王子朱虛侯章　齊悼惠王即劉邦庶子劉肥，劉肥的兒子劉章，封地在朱虛，即今山東昌樂。❾婦　妻。❿齊王　齊哀王劉襄。⓫詐　用計謀。指齊哀王劉襄還不了解琅邪王劉澤對於誅滅諸呂的態度，於是把他騙到齊國扣留，再調發徵用劉澤的軍隊。⓬連和　聯絡結合。⓭變　發動叛亂。⓮紿　欺騙。⓯劉氏所立九王　指燕、代、齊、趙、梁、楚、荊、吳、淮南等九個劉姓王國。⓰呂氏所立三王　呂氏先後所封實際有四王：呂台、呂產、呂祿、呂通。⓱之國守藩　去你的封國為天子守衛。之，去；到。古稱諸侯國為天子的藩籬。⓲屬　交還；歸還。⓳梁王　呂產。⓴然　認為正確。㉑不便　不利。㉒過　順路探訪。㉓呂嬃　呂后的妹妹，為樊噲之妻。㉔無處　沒有安身的地方。㉕平陽侯窋　即曹參之子曹窋，封為平陽侯，地在今山西臨汾。㉖行　代理。㉗計事　商議政事。㉘郎中令　官名，主要執掌守衛宮殿門戶。㉙數　責備。㉚合從　齊、楚均在山東，現在聯合發兵西進，猶如戰國六國合縱而攻秦，故以合從言之。㉛北軍　漢代屯守在長安城內未央宮等北面守衛京師的屯衛軍隊。㉜襄平侯紀通　劉邦功臣紀成之子，封為襄平侯，地在今江蘇盱眙。㉝尚　掌也。主管。㉞矯　假傳天子命令。㉟內勃北軍　讓周勃進入北軍。內，通「納」。㊱典客　官名。主持諸侯及歸附民族事務工作。後改稱「大鴻臚」。㊲袒　脫去衣袖而露出臂膀。㊳南軍　漢代守衛未央宮等的屯衛軍隊。因未央宮在長安城內南面，故稱其為南軍。㊴衛尉　官名。掌管未央宮等宮門的警衛。㊵去　離開。㊶俳佪往來　來回走來走去（進不了宮門）。俳佪，同「徘徊」。㊷不勝　敵不過。㊸誦言　公開宣布。㊹掖門　宮兩邊的旁門。㊺日餔　古代計時用語，指傍晚時候。㊻走　逃跑。㊼從官　隨從官員。㊽郎中府　郎中令的官署，因掌管宮廷門戶守衛，故在宮中。㊾勞　慰勞。㊿從與載　跟隨乘坐同一輛車。(51)長樂　長樂宮。(52)患　擔心；擔憂。(53)笞　用鞭、杖笞擊。(54)分部　分派、部署。(55)無少長　無論老幼。(56)陰謀　暗自謀劃。(57)少帝及三弟　少帝劉弘和他的三個弟弟。

【語　譯】八年春季，封中謁者張釋卿為列侯。其他宮中的宦者，以及掌管宦者的長官令丞，都賜爵關內侯，並有食邑。夏天，長江、漢水漲水氾濫，淹沒民眾一萬餘家。

2 秋季七月辛巳這天，皇太后在未央宮去世。在其遺詔中分別賜給諸侯王千金，將相列侯以下直到郎吏都分別按等級各有賞賜。宣布大赦天下。

3 上將軍呂祿、相國呂產獨專兵政大事，他們自知這樣做違背了當初高皇帝劉邦和臣下們訂立的約定，害怕被大臣和諸侯們所誅，因此謀劃作亂。此時齊悼惠王的兒子朱虛侯劉章在京師，因為娶了呂祿的女兒為妻，所以知道了他們的計謀，於是派人向他的哥哥齊王劉襄報告，讓他發兵西進。劉章則想要和太尉周勃、丞相陳平在京師為內應，以誅滅諸呂。齊王劉襄於是發兵，又使詐調用了琅邪王劉澤的全部軍隊，一起帶著向西前進。呂產、呂祿等派遣大將軍灌嬰帶兵迎擊。灌嬰到了滎陽，派人通知齊王一起聯合，只待呂氏發動叛亂，就一起誅討。

4 太尉周勃和丞相陳平謀劃，因為曲周侯酈商的兒子酈寄與呂祿關係好，就派人劫持酈商讓他叫酈寄去欺騙呂祿說：「高帝和呂后一起平定天下，劉氏被立的有九王，呂氏被立的有三王，都是大臣們所議定的。這事也已向諸侯王們布告，諸侯王都認為是適宜的。現在太后去世，皇帝年紀又小，足下若不趕緊回到您的封國為天子藩衛，還留在這裡統兵做將，會被大臣諸侯們懷疑。您何不趕緊歸還將軍印，把軍隊交還太尉，請梁王也歸還相國之印，和大臣們結盟而回到自己的封國？如此齊國一定會罷兵，大臣們也會安定下來，足下還能高枕無憂擁地千里為王，這是萬世之利啊。」呂祿認為這個計謀很對，派人報告呂產和其他呂姓長者。有的人認為這樣不利，計謀因此猶豫未定。呂祿信任酈寄，和他一起出遊，順路拜訪呂祿的姑姑呂嬃。呂嬃生氣說道：「你作為一個將軍卻不要軍權，呂家現在沒有安身之處了！」於是拿出珠玉寶器散在堂下，說：「我不替別人守這些東西！」

5 八月庚申這天，平陽侯曹窋代理御史大夫的事務，去見相國呂產商議政事。郎中令賈壽出使從齊國回來，便責備呂產說：「大王不早點去封國，現在即便想去，還去得了嗎？」於是把灌嬰和齊、楚聯合的情況都告訴了呂產。平陽侯曹窋聽到這些，馳馬跑去報告丞相陳平、太尉周勃。周勃想進入北軍，但進不去。襄平侯紀通主管著調遣軍隊的節符，周勃便令他拿著節符假傳天子之命要北軍接納周勃。周勃又再讓酈寄、典客劉揭遊說呂祿：「皇帝讓太尉統轄北軍，是想讓您回到您的封國去，趕緊歸還將軍印告辭離開吧。不這樣，災禍就要發生。」呂祿就解印交給典客劉揭，把兵權交給太尉周勃。周勃進入軍門，在軍中下令說：「擁護呂家的露出右臂，擁護劉家的露出左臂。」士兵們都露出左臂。周勃就統領了北軍。然而還有南軍，丞相陳平召來朱虛侯劉章佐助周勃。周勃命劉章監守在軍門，命平陽侯曹窋去告訴守衛未央宮宮門的衛尉，不要讓相國呂產進入殿門。呂產不知呂祿已經離開北軍，想進入未央宮發動叛亂，但守衛殿門的不讓他進去，只能來回走來走去。平陽侯曹窋跑去告訴太尉周勃，周勃還怕敵不過，不敢公開宣布誅討呂氏，於是對朱虛侯劉章說：「你趕緊進宮護衛皇上。」劉章從周勃那裡要了五千士兵，從未央宮的旁門進去，發現呂產在宮門前廷中。傍晚時分，便帶兵攻擊呂產。呂產趕緊逃跑。天吹大風，呂產的隨從官員一片混亂，沒人敢來交戰。劉章追趕呂產，在郎中令官署府的廁所中殺死了他。

6 劉章殺死呂產以後，皇帝派謁者持節來慰勞劉章。劉章想要奪取符節，但謁者不給他，劉章就跟隨他乘坐同一輛車，憑藉著謁者的符節跑去斬殺了長樂宮的衛尉呂更始。回來後又去北軍，把情況報告給周勃。周勃起身向劉章拜賀說：「所擔心的就只是呂產，現在他已被誅殺，天下已定了。」辛酉這天，又斬殺了呂祿，笞殺呂嬃。分別派人抓捕呂家全部的男女，無論老幼都殺掉。

7 大臣們相互暗地裡謀劃，認為少帝和他的三個封為王的弟弟都不是孝惠帝的兒子，就又把他們一起都殺掉，擁立文帝。這些事的記載在本書〈周勃傳〉和〈高五王傳〉裡。

贊曰：孝惠、高后之時，海內得離戰國之苦，君臣俱欲無為❶，故惠帝拱己❷，高后女主制政，不出房闥❸，而天下晏然❹，刑罰罕用，民務稼穡，衣食滋殖❺。

【章　旨】作者這裡將漢惠帝、呂后當政期間的統治政策作了總述，但卻對呂后本人的功過與評價諱而不談。

【注釋】❶無為　漢初治國採用了道家無為而治的思想。❷拱己　垂拱而治。❸房闥　房門。闥，宮中的小門。❹晏然平安。❺滋殖　滋，更加。殖，繁殖增生。

【語譯】史官評議說：孝惠帝、高后的時候，海內能遠離戰國互鬥的痛苦，君臣都願意清靜無為，因此惠帝垂拱而治，女主高后治理政事而不出房門，天下太平無事，刑罰使用得很少，百姓們都努力種田務農，衣食日益豐富。

【研析】本篇不動聲色地記述了呂后執政期間發生的各種事情，但從字裡行間仍能看出呂后權勢的氣焰瀰漫，在她活著的時候，大臣們惟有唯唯諾諾。呂后死後，政局失去了重心，高帝劉邦當初與大臣諸侯的約定，成了諸呂頭上的緊箍咒。大臣們密謀誅滅諸呂的描述，令人看了緊張捏汗，在著者的筆下卻是從容道來，水到渠成。

不過，《漢書》同《史記》一樣，在呂后的「本紀」裡詳談她死後諸呂被滅的過程，似乎有點喧賓奪主；傳文前段也只略記呂后稱制後七年多的行事，於其一生事跡實屬單薄；卷末贊語卻又似天外飛來，與傳文不大相關。對照《漢書》中其他篇章還有多處與呂后有關之記述，史家對於如何給呂后定位，似乎有其未盡之言在。

司馬遷說：「呂后為人剛毅，佐高祖定天下，所誅大臣多呂后力。」(《史記・呂太后本紀》)可見呂后是個很有謀略的人。在她掌權稱制十五年間，能以「忍」應付單于，使漢匈和解(見本書卷九十四上〈匈奴傳上〉)；又廢除「三族罪」及「妖言令」，在政治上使人民休養生息。如本卷贊語所稱：「高后女主制政，不出房闥，而天下晏然，刑罰罕用，民務稼穡，衣食滋殖。」在呂后統治時期，不論政治、法制、經濟和思想文化各個領域，都為其後的「文景之治」奠定了堅實的基礎。她的政才與治績獲得史家的肯定。

然而呂后成為中國歷史上女主稱制的第一人，也為歷史投下一定的陰影。西漢一朝，后妃與外戚干政始終如影隨形，前有呂后及諸呂，後有孝文竇皇后、孝宣霍皇后、孝成趙皇后、孝元王皇后等人及其外戚，延及後漢，情況更變本加厲。外戚干政之弊，班固在〈外戚傳〉與〈元后傳〉言之詳矣；而本紀已有〈高后紀〉，〈外戚傳〉卻又以呂后冠其首，別記她殘害劉姓子孫與濫權培植諸呂諸事，史家之貶意不言自明。

呂后的剛毅也表現為心狠手辣之一面。面對統治集團內部的權力鬥爭，呂后對威脅、妨礙到她利益的人絕不手軟。除了積極幫助劉邦剷除異己，如誘殺韓信與彭越外，最駭人聽聞的就是將令她恨之入骨的戚夫人製成「人彘」；她還陸續殺害趙隱王劉如意、趙幽王劉友、趙共王劉恢等劉邦之庶子。雖說宮廷權力的鬥爭每每令人喪失人性，但呂后性格之慘酷也是教人不寒而慄。此所以後人談到「最毒婦人心」，總是會舉呂后為例。

因此，呂后一生的諸多面向，單看〈高后紀〉是不夠的，我們還要參閱卷一〈高帝紀〉、卷三十四〈韓彭英盧吳傳〉、卷三十八〈高五王傳〉、卷四十〈張陳王周傳〉、卷四十二〈張周趙任申屠傳〉、卷九十七〈外戚傳〉等，才能對史家筆下的呂后有一完整之認識。

卷四

文帝紀第四

【題解】 本卷記載了西漢第四位皇帝漢文帝劉恆在位期間的重大史事。在諸呂之叛被平定後，這位高帝尚存兒子之中的最長者，被眾臣迎立為皇帝，並在即位後施行了一系列鞏固統治、發展社會生產的措施，如改革刑制、對匈奴採取低調防禦與和親的政策、鼓勵農耕、減免田租等，都取得了較好的效果。經過漢文帝二十三年的統治，漢帝國的經濟逐漸開始恢復，政治也日趨穩定。

1 孝文皇帝❶，高祖中子❷也，母曰薄姬❸。高祖十一年❹，誅陳豨，定代地，立為代王，都中都❺。十七年秋❻，高后崩，諸呂謀為亂，欲危劉氏。丞相陳平、太尉周勃、朱虛侯劉章等共誅之，謀立代王。語在高后紀、高五王傳。

2 大臣遂使人迎代王。郎中令❼張武等議，皆曰：「漢大臣皆故高帝時將，習兵事，多謀詐，其屬意❽非止此也，特❾畏高帝、呂太后威耳。今已誅諸呂，新喋血京師⑩，以迎大王為名，實不可信。願稱疾無往，以觀其變。」中尉⑪宋昌進曰：「群臣之議皆非也。夫秦失其政，豪傑並起，人人自以為得之者以萬數，然卒⑫踐天子位者，劉氏也，天下絕望⑬，一矣。高帝王子弟，地犬牙⑭相制，所謂盤石之宗也，天下服其彊，二矣。漢興，除秦煩苛⑮，約法令，施德惠，人人自安，難動搖，三矣。夫以呂太后之嚴，立諸呂為三王，擅權專制，然而太尉以一節入北軍，一呼士皆袒左，為劉氏，畔諸呂，卒以滅之。此乃天授，非人力也。今大臣雖欲為變，百姓弗為使⑯，其黨寧能專一邪？內有朱虛、東牟⑰之親，外畏吳、楚、淮南、琅邪、齊、代⑱之彊。方今高帝子獨淮南王與大王，大王又長⑲，賢聖仁孝，聞於天下，故大臣因天下之心而欲迎立大王，大王勿疑也。」代王報太后，計猶豫未定。卜之，兆得大橫⑳。占曰：「大橫庚庚㉑，余為天王，夏啟以光㉒。」代王曰：「寡人固已為王，又何王乎？」卜人曰：「所謂天王者，乃天子也。」於是代王乃遣太后弟薄昭見太尉勃，勃等具言所以迎立王者。昭還報曰：「信矣，無可疑者。」代王笑謂宋昌曰：「果如公言。」乃令宋昌驂乘㉓，張武等六人乘六乘傳㉔詣長安。至高陵㉕止，而使宋昌先之長安觀變。

3 昌至渭橋㉖，丞相已下皆迎。昌還報，代王乃進至渭橋。群臣拜謁稱臣，代王下拜。太尉勃進曰：「願請間[27]。」宋昌曰：「所言公，公言之；所言私，王者無私。」太尉勃乃跪上天子璽。代王謝[28]曰：「至邸[29]而議之。」

4 閏月己酉[30]，入代邸。群臣從至[31]，上議[32]曰：「丞相臣平、太尉臣勃、大將軍臣武[33]、御史大夫臣蒼[34]、宗正臣郢[35]、朱虛侯臣章、東牟侯臣興居、典客臣揭[36]再拜言大王足下：子弘等[37]皆非孝惠皇帝子，不當奉宗廟。臣謹請陰安侯[38]、頃王后[39]、琅邪王[40]、列侯[41]、吏二千石[42]議，大王高皇帝子，宜為嗣。願大王即天子位。」代王曰：「奉高帝宗廟，重事[43]也。寡人不佞[44]，不足以稱[45]。願請楚王[46]計宜者[47]，寡人弗敢當。」群臣皆伏，固請。代王西鄉讓者三[48]，南鄉讓者再[49]。丞相平等皆曰：「臣伏計之，大王奉高祖宗廟最宜稱，雖天下諸侯萬民皆以為宜。臣等為宗廟社稷計，不敢忽[50]。願大王幸聽臣等。臣謹奉天子璽符再拜上。」代王曰：「宗室將相王列侯以為莫宜寡人[51]，寡人不敢辭。」遂即天子位。群臣以次[52]侍。使太僕嬰[53]、東牟侯興居先清宮[54]，奉天子法駕[55]迎代邸。皇帝即日夕入未央宮。夜拜宋昌為衛將軍[56]，領南北軍，張武為郎中令，行[57]殿中。還坐前殿，下詔曰：「制詔丞相、太尉、御史大夫：間者[58]諸呂用事擅權，謀為大逆，欲危劉氏宗廟，賴將相列侯宗室大臣誅之，皆伏其辜[59]。朕初即位，其赦天下，賜民爵一級，女子百戶牛酒(60)，酺(61)五日。」

【章　旨】以上記述文帝被迎立為帝的詳細過程。文帝對於承接大位，可說小心謹慎，步步為營。

【注　釋】❶孝文皇帝　名恆，諡為文。按照諡法，慈惠愛民曰「文」。西元前一八〇至前一五七年在位。❷中子　同「仲子」。排行居中的兒子，劉恆排行為第四。❸薄姬　劉恆的母親。姓薄，吳人。薄姬即姓薄的一個妃子。其事參見本書卷九十七〈外戚傳〉。❹高祖十一年　西元前一九六年。❺中都　地在今山西平遙。❻十七年秋　此指王國代的紀年，即劉恆做代王的第十七年秋季。為西元前一八〇年。❼郎中令　此為代國的郎中令。❽屬意　意向所在。❾特　只。❿喋血京師　指誅殺諸呂的血腥事情。⓫中尉　官名。掌管都城治安。此指代國的中尉。⓬卒　最終。⓭天下絕望　天下豪傑斷絕了（做皇帝的）念頭。⓮犬牙　相互交錯的樣子。⓯煩苛　指秦朝煩多的法律和苛刻的政治。⓰弗為使　不被他們所用。⓱朱虛東牟　指朱虛侯劉章和東牟侯劉興居。二人均為齊悼王劉肥的兒子，當時都在京師長安。⓲吳楚淮南琅邪齊代　均為劉姓王國。吳王為劉濞，楚王為劉交，淮南王為劉長，琅邪王為劉澤，齊王為劉襄，代王為劉恆。⓳長　年紀大。⓴兆得大橫　指卜龜時兆紋出現大橫裂紋。㉑庚庚　指兆紋橫著的樣子。㉒夏啟以光　像夏代的啟那樣能光大帝業。㉓驂乘　即陪乘，指讓宋昌和劉恆同車而乘。㉔乘傳　古代驛站所用的車。㉕高陵　縣名，在今陝西高陵。㉖渭橋　指長安北渭水上之中渭橋，在長安北三里。㉗願請間　希望私下裡說話。㉘謝　辭謝；推辭。㉙邸　此指代王在京城裡的館邸。㉚閏月己酉　九月二十九日。㉛從至　跟從而來。㉜上議　上奏意見。㉝武　柴武。在《漢書》中又作「陳武」。㉞蒼　張蒼。本為秦朝御史，後歸附劉邦，文帝時任丞相。㉟宗正臣郢　宗正，掌管皇族事務的官名。郢，劉郢，為楚元王劉交之子。㊱揭　劉揭。㊲子弘等　諸子劉弘等人。㊳陰安侯　劉邦長兄劉伯的妻子，封侯，地在陰安，即今河南清豐。㊴頃王后　劉邦次兄劉仲的妻子。頃王是劉仲的諡號。㊵琅邪王　劉邦的堂兄弟劉澤。㊶列侯　漢代二十等爵制中最高的一等。本稱徹侯，後避漢武帝諱而改稱通侯，又稱列侯。㊷吏二千石　二千石俸祿的官吏。漢代食俸二千石的官員有九卿、郡守等。㊸重事　大事。㊹不佞　不才。這裡是謙虛的說法。㊺稱　相當；適合。㊻楚王　劉邦的弟弟楚元王劉交。㊼計宜者　考慮合適的人。㊽西鄉讓者三　劉恆在自己的官邸會見群臣，自己為主面向西，群臣為賓面向東，故劉恆行賓主之禮向西之群臣謙讓了三次。鄉，同「向」。㊾南鄉讓者再　君主面南，臣下面北，指劉恆自己按君臣之禮向南謙讓了兩次。再，兩次。㊿忽　草率；輕忽。(51)莫宜寡人　沒有人比我更適合。莫原作「其」，據王念孫說及《史記》改。(52)以次　分別按照職位大小的次序。(53)嬰　夏侯嬰，時任主管皇帝車馬的太僕官職。(54)清宮　清理皇宮。(55)法駕　皇帝專用的車駕，駕六馬，從車三十六輛。奉車郎駕駛，侍中陪乘。(56)衛將軍　主管京城防衛事務的武官。(57)行　巡行。(58)間者　其間；中間一段時間。(59)辜　罪。(60)女子百戶牛酒　男子賜爵，女子則每百戶賞賜牛和酒。(61)酺　聚飲。漢律規定，三人以上無故群聚飲酒，要罰金四兩。因為皇帝新登基，故特許百姓可以聚飲五天。

【語　譯】孝文皇帝，是高祖排行居中的一個兒子，他的母親為薄姬。高祖十一年，誅滅陳豨，平定了代地，就把劉恆立為代王，建都在中都。代王十七年秋季，高后去世，諸呂謀劃作亂，想要奪取劉氏的天下。丞相陳平、太尉周勃、朱虛侯劉章等一起誅滅了諸呂，並商議立代王為皇帝。這些事情記載在〈高后紀〉、〈高五王傳〉裡。

2　大臣們便派人去迎接代王。王國的郎中令張武等討論，都說：「漢的大臣們都是過去高帝時的將領，熟習用兵之事，經常使用詐謀，他們的意向所在恐怕不止於此，只是以前畏懼高帝、呂太后的威嚴罷了。現在已經誅殺了諸呂，剛剛喋血京師，藉著迎立大王為名來請入京，其實不可信任他們。希望您託病別去，以觀其變。」中尉宋昌進言說道：「群臣的議論都不正確。秦朝政權倒下以後，各地豪傑都紛紛起事，自認為能得到天下的人成千上萬，但是最終登上天子之位的，卻只有劉氏，天下的人從此斷絕了得天下的想法，這是其一。高帝把劉姓子弟封為王，封地犬牙般交錯相互制約，這就有了所謂堅如磐石的宗族的支持，天下的人都信服於劉氏的強大，這是其二。漢朝興起以後，廢除了秦朝繁雜的法律和苛刻的政治，約省法令，施行德惠，人人安定，此局面已難以改變動搖，這是其三。當初呂太后憑藉其威嚴，冊封呂氏三人為王，獨擅大權專制統治，然而太尉周勃只憑一節符就進入北軍，一呼之下士卒們都坦露左臂，站在劉氏一邊，背叛呂氏，最終誅滅呂氏。這是天意所授，不是人力所能達到的。現今大臣們即便想要生變，百姓們也不會聽他們的使喚，他們的黨羽又怎能一心一意地跟隨他們呢？在京城之內還有朱虛侯劉章、東牟侯劉興居這些劉姓親族，在京城之外則還有吳、楚、淮南、琅邪、齊、代這些強大的王國令他們畏懼。當今高帝的兒子中只剩下了淮南王和大王您，而大王年紀又大一些，您聖賢仁孝的名聲，聞於天下，因此大臣們順應天下之心而要來迎立大王，大王不要疑慮。」代王向薄太后報告了這些，商議之後還是猶豫未定。用甲骨占卜，兆紋出現了大橫紋。占卜得到內容是：「大橫庚庚，余為天王，夏啟以光。」代王說：「寡人已經做王了，怎麼還要做王？」占卜的人說：「所謂天王，指的是天子。」於是代王便派遣薄太后的弟弟薄昭去見太尉周勃，周勃等人詳細稟明了要迎立代王做天子的原因。薄昭回來報告說：「完全可以信任他們，沒什麼可以疑慮的。」代王笑著對宋昌說：「果然像你說的那樣。」就令宋昌與自己同乘一輛車，張武等六人分別乘坐六輛驛車，一起去長安。到高陵縣時停了下來，派宋昌先去長安察看一下動靜。

3 宋昌到了渭橋，丞相以下的官員都來迎接。宋昌回去報告，代王便前進到達渭橋。群臣拜見代王紛紛稱臣，代王也下車回拜。太尉周勃進言說：「希望能私下裡說幾句話。」宋昌說：「如果說的是公事，就公開地說吧；如果說的是私事，做王的人是不會有私情的。」太尉周勃就跪下獻上天子的璽印。代王推辭說：「到了館邸再商議這件事吧。」

4 閏月九月己酉這天，代王進住代國設在京城的館邸。群臣跟隨一一而來，向代王上奏說：「丞相陳平、太尉周勃、大將軍柴武、御史大夫張蒼、宗正劉郢、朱虛侯劉章、東牟侯劉興居、典客劉揭再拜進告大王足下：諸子劉弘等人都不是孝惠皇帝的兒子，不應當奉祀宗廟。臣等已經特地與陰安侯、頃王后、琅邪王、列侯、官俸二千石的群吏們商議，大王您是高皇帝的兒子，繼承劉氏宗嗣最合適。希望大王您登天子之位。」代王說：「奉嗣高帝宗廟，是件重大的事情。寡人沒有什麼才德，不足以相當。希望你們請示楚王考慮其他合適的人吧，寡人不敢當。」群臣都拜倒，堅持請求。代王面向西謙讓了三次，向南謙讓了兩次。丞相陳平等都說：「臣等考慮，大王奉嗣高祖宗廟是最合適相稱的，即便是天下諸侯和萬民也都認為您最合適。臣等為宗廟社稷考慮，在這件事上是不敢疏忽懈怠的。願大王有幸聽取臣等的建議。臣等謹再次拜請獻上天子璽符。」代王說：「既然皇族宗室、將相、諸侯王、列侯們認為沒有人比寡人更適合，寡人就不敢推辭了。」於是登上了天子之位。群臣們分別按照職位大小列位陪侍皇帝。皇帝派遣太僕夏侯嬰、東牟侯劉興居先去清理皇宮，並尊用天子的法駕來代國館邸迎接。皇帝當天晚上入住未央宮。當天夜裡拜宋昌為衛將軍，帶領南北軍，拜張武為郎中令，負責巡行殿中。皇帝又回到前殿坐朝，下詔說：「天子下令給丞相、太尉、御史大夫：前段時期諸呂執政獨斷專權，陰謀造反，想要傾危劉氏宗廟，有賴將相、列侯、宗室、大臣的努力而誅討他們，並讓他們伏罪。朕剛剛即位，要大赦天下，賜給民戶家長每人爵位一級，女子則每一百戶合在一起賞賜牛和酒若干，並恩許天下的人民可以聚會飲酒五日。」

1 元年❶冬十月辛亥，皇帝見❷于高廟❸。遣車騎將軍❹薄昭迎皇太后❺于代。詔曰：「前呂產自置為相國，呂祿為上將軍，擅遣將軍灌嬰將兵擊齊，欲代劉氏。嬰留滎陽，與諸侯合謀以誅呂氏。呂產欲為不善，丞相平與太尉勃等謀奪產等軍。朱虛侯章首先捕斬產。太尉勃身率襄平侯通持節承詔入北軍。典客揭奪呂祿印❻。其益封❼太尉勃邑萬戶，賜金❽五千斤。丞相平、將軍嬰邑各三千戶，金二千斤。朱虛侯章、襄平侯通邑各二千戶，金千斤。封典客揭為陽信❾侯，賜金千斤。」

2 十二月，立趙幽王子遂❿為趙王，徙琅邪王澤⓫為燕王。呂氏所奪齊楚地皆歸之。盡除收帑相坐律令⓬。

3 正月，有司請蚤⓭建太子，所以尊宗廟也。詔曰：「朕既不德⓮，上帝神明未歆饗也，天下人民未有愜志⓯。今縱不能博求天下賢聖有德之人而嬗⓰天下焉，而曰豫⑰建太子，是重⑱吾不德也。謂天下何⑲？其安之⑳。」有司曰：「豫建太子，所以重宗廟社稷，不忘天下也。」上曰：「楚王㉑，季父也，春秋高㉒，閱㉓天下之義理多矣，明於國家之體。吳王㉔於朕，兄也；淮南王㉕，弟也：皆秉德以陪㉖朕，豈為不豫哉㉗！諸侯王宗室昆弟有功臣，多賢及有德義者，若舉有德以陪朕之不能終㉘，是社稷之靈，天下之福也。今不選舉㉙焉，而曰必子㉚，人其以朕為忘賢有德者而專於子，非所以憂天下也。朕甚不取。」有司固請曰：「古者殷周有國，治安㉛皆且千歲，有天下者莫長焉㉜，用此道也㉝。立嗣必子，所從來遠矣㉞。高帝始平天下，建諸侯，為帝者太祖。諸侯王列侯始受國者亦皆為其國祖㉟。子孫繼嗣，世世不絕，天下之大義也。故高帝設之㊱以撫海內。今釋宜建㊲而更選於諸侯宗室，非高帝之志也。更議㊳不宜。子啟㊴最長，敦厚慈仁，請建以為太子。」上乃許之。因賜天下民當為父後者㊵爵一級。封將軍薄昭為軹㊶侯。

4 三月，有司請立皇后。皇太后曰：「立太子母竇氏為皇后。」

5 詔曰：「方㊷春和時，草木群生之物皆有以自樂，而吾百姓鰥寡孤獨窮困之人或阽於死亡㊸，而莫之省憂㊹，為民父母將何如？其議所以振貸㊺之。」又曰：

「老者非帛不煖(46)，非肉不飽。今歲首(47)，不時(48)使人存問(49)長老，又無布帛酒肉之賜，將何以佐天下子孫孝養其親？今聞吏稟(50)當受鬻(51)者，或以陳粟，豈稱(52)養老之意哉！具為令(53)。」有司請令縣道(54)，年八十已上(55)，賜米人月一石，肉二十斤，酒五斗。其九十已上，又賜帛人二疋，絮(56)三斤。賜物及當稟鬻米者，長吏(57)閱視，丞若尉致(58)。不滿九十，嗇夫、令史(59)致。二千石遣都吏(60)循行，不稱者督(61)之。刑者及有罪耐(62)以上，不用此令(63)。

6 楚元王交(64)薨。

7 四月，齊楚地震，二十九山同日崩，大水潰出(65)。

8 六月，令郡國無來獻(66)。施惠天下，諸侯四夷(67)遠近驩洽。乃脩代來功(68)。詔曰：「方(69)大臣誅諸呂迎朕，朕狐疑(70)，皆止朕，唯中尉宋昌勸朕，朕已得保宗廟。已尊(71)昌為衛將軍，其封昌為壯武侯(72)。諸從朕六人，官皆至九卿(73)。」又曰：「列侯從高帝入蜀漢者六十八人益(74)邑各三百戶，吏二千石以上從高帝潁川守尊(75)等十人食邑六百戶，淮陽守申屠嘉(76)等十人五百戶，衛尉足(77)等十人四百戶。」封淮南王舅趙兼為周陽侯，齊王舅駟鈞為靖郭侯，故(78)常山丞相蔡兼為樊侯。

9 二年冬十月，丞相陳平薨。詔曰：「朕聞古者諸侯建國千餘，各守其地，以時入貢，民不勞苦，上下驩欣，靡有[79]違德。今列侯多居長安，邑遠[80]，吏卒給輸費苦，而列侯亦無繇[81]教訓其民。其令列侯之[82]國，為吏及詔所止者，遣太子[83]。」

10 十一月癸卯晦[84]，日有食之。詔曰：「朕聞之，天生民，為之置君以養治之。人主不德，布政[85]不均，則天示之災以戒不治。乃十一月晦，日有食之，適[86]見于天，災孰大焉[87]！朕獲保宗廟，以微眇之身託于士民君王之上，天下治亂，在予一人[88]，唯二三執政猶吾股肱也。朕下不能治育群生，上以累[89]三光[90]之明，其不德大矣。今至[91]，其悉思朕之過失，及知見[92]之所不及，匄[93]以啟告朕。及舉賢良方正能直言極諫者，以匡[94]朕之不逮[95]。因各敕[96]以職任，務省繇[97]費以便民。朕既不能遠德[98]，故憪然[99]念外人之有非[100]，是以設備未息[101]。今縱不能罷[102]邊屯戍，又飭兵厚衛[103]，其罷衛將軍軍。太僕見馬遺財足[104]，餘皆以給傳置[105]。」

11 春正月丁亥，詔曰：「夫農，天下之本[106]也，其開籍田[107]，朕親率耕，以給宗廟粢盛[108]。民讁作縣官及貸種食未入、入未備者，皆赦之[109]。」

12 三月，有司請立皇子為諸侯王。詔曰：「前趙幽王幽死[110]，朕甚憐之，已立其太子遂[111]為趙王。遂弟辟彊[112]及齊悼惠王子朱虛侯章[113]、東牟侯興居[114]有功，可王[115]。」乃遂立辟彊為河間王，章為城陽王，興居為濟北王。因立皇子武[116]為代王，參[117]為太原王，揖[118]為梁王。

13 五月，詔曰：「古之治天下，朝有進善之旌[119]，誹謗之木[120]，所以通治道[121]而來諫者[122]也。今法有誹謗訞言[123]之罪，是使眾臣不敢盡情[124]，而上無由聞過失也。將何以來遠方之賢良？其除之。民或祝詛上[125]，以相約[126]而後相謾[127]，吏以為大逆，其有他言，吏又以為誹謗。此細民[128]之愚，無知抵死[129]，朕甚不取[130]。自今以來，有犯此者勿聽治[131]。」

14 九月，初與郡守為銅虎符、竹使符[132]。

15 詔曰：「農，天下之大本也，民所恃[133]以生也，而民或不務本而事末[134]，故生不遂[135]。朕憂其然，故今茲親率群臣農[136]以勸之。其賜天下民今年田租之半[137]。」

16 三年冬十月丁酉晦，日有食之。十一月丁卯晦，日有蝕之。

17 詔曰：「前日[138]詔遣列侯之國，辭[139]未行。丞相朕之所重，其為朕率[140]列侯之國。」遂免丞相勃，遣就國[141]。十二月，太尉潁陰侯灌嬰為丞相。罷太尉官，屬[142]丞相。

18 夏四月，城陽王章薨。淮南王長[143]殺辟陽侯審食其[144]。

19 五月，匈奴入居北地、河南[145]為寇。上幸甘泉[146]，遣丞相灌嬰擊匈奴，匈奴去[147]。發中尉材官[148]屬衛將軍，軍[149]長安。

20 上自甘泉之高奴[150]，因幸太原[151]，見故群臣，皆賜之。舉功行賞，諸民里[152]賜牛酒。復[153]晉陽、中都[154]民三歲租。留游太原十餘日。

21 濟北王興居聞帝之代，欲自擊匈奴，乃反[155]，發兵欲襲滎陽。於是詔罷丞相兵，以棘蒲侯柴武為大將軍[156]，將四將軍十萬眾擊之。祁侯繒賀為將軍，軍滎陽。秋七月，上自太原至長安。詔曰：「濟北王背德反上，詿誤[157]吏民，為大逆。濟北吏民兵[158]未至先自定[159]及以軍城邑降者，皆赦之，復官爵。與王興居去來者[160]，亦赦之。」八月，虜濟北王興居，自殺。赦諸與興居反者。

22 四年冬十二月，丞相灌嬰薨。

23 夏五月，復[161]諸劉有屬籍[162]，家無所與[163]。賜諸侯王子邑各二千戶。

24 秋九月，封齊悼惠王子七人為列侯。

25 絳侯周勃有罪，逮詣[164]廷尉詔獄[165]。

26 作顧成廟[166]。

【章旨】以上記述文帝在即位後的元年到四年期間，為鞏固自己權力而採取的一系列舉措：賞賜功臣、冊立太子、任用親信、令列侯回到自己的封國、剝奪丞相周勃的權力、平定濟北王劉興居叛亂、鼓勵農耕等。

【注　釋】❶元年　即文帝元年，西元前一七九年。❷見　參謁；拜謁。❸高廟　漢高帝劉邦之廟。❹車騎將軍　官名，職位次於上卿。❺皇太后　指文帝的母親薄太后。❻典客揭奪呂祿印　以上各句所述諸人諸事詳見卷三〈高后紀〉。❼益封　加封。❽金　黃金。漢代黃金一斤值一萬個銅錢。❾陽信　在今山東陽信。❿趙幽王子遂　趙幽王即劉邦的第六子劉友，其長子為劉遂。⓫琅邪王澤　呂后時立營陵侯劉澤為琅邪王。⓬收帑相坐律令　收帑是一人犯罪，亦將妻子兒女治罪。相坐，指一人犯罪，其他相關的人也連帶受罰。⓭蚤　即「早」。⓮不德　沒有德行。⓯慊志　滿意。⓰嬗　通「禪」。禪讓。⓱豫　預先。⓲重　增加。⓳謂天下何　怎麼向天下交代。⓴其安之　以後慢慢再說。(21)楚王　指劉邦同父異母的弟弟劉交。(22)春秋高　年歲大。(23)閱　閱歷；經歷。(24)吳王　劉邦次兄劉仲的兒子劉濞。(25)淮南王　指劉邦的兒子劉長。(26)陪　輔助。(27)豈為不豫哉　難道不算是可能的繼承人嗎。(28)不能終　不能完成的（事業）。(29)選舉　推選舉薦。(30)而曰必子　卻說一定要傳位給自己的兒子。(31)治安　（國家得到）治理安定。(32)莫長焉　沒有比它們長久的。(33)用此道也　就因為用了這種傳位於子的方法。(34)所從來遠矣　由來已久。(35)國祖　封國的始祖。(36)設之　設置此法。(37)釋宜建　指放棄應繼位者。釋，放下；捨棄。宜建，嫡嗣。(38)更議　另行選議。(39)子啟　文帝的兒子劉啟，即漢景帝。(40)當為父後者　應當繼承父業的後代。(41)軹　縣名，在今河南濟源。(42)方　正當。(43)阽於死亡　臨近死亡。(44)省憂　省，視察。憂，關心擔憂。(45)振貸　救濟。(46)煖　暖和。(47)歲首　一年開頭的時候。(48)時　此時。(49)存問　慰問。(50)稟　即「廩」，發放糧食。(51)鬻　即「粥」，用來做稀粥的碎米。(52)稱　符合。(53)具為令　一一制定解決相關問題的條令。(54)縣道　縣和道。有少數民族居住的地方稱道。(55)已上　以上。(56)絮　綿。(57)長吏　縣里的最高長官縣令、縣長。(58)丞若尉致　縣丞或者縣尉送到。若，或。致，送致。(59)嗇夫令史　都是縣鄉地方的官名。(60)都吏　官名，即督郵。(61)督　督察；責問。(62)耐　古代的一種刑罰，刑期為三年。(63)不用此令　不在上述法令賞賜的範圍中。(64)楚元王交　即劉交。「元」是他的謚號。(65)潰出　旁決曰潰，上湧曰出。(66)獻　指郡國向皇帝的上貢。(67)四夷　中國古代對華夏族以外的少數民族的稱呼。(68)脩代來功　代，代國。指封賞從代國過來的那些有功人員。(69)方　當。(70)狐疑　狐狸其性多疑，故用「狐疑」比喻多疑或猶豫不定。(71)尊　尊封高官。(72)壯武侯　封侯在壯武。壯武縣在山東即墨西。(73)九卿　漢代太常、光祿勳、衛尉、太僕、廷尉、大鴻臚、宗正、大司農、少府、執金吾、水衡都尉等十幾職為「九卿」。(74)益　增加。(75)潁川守尊　守，郡守。尊，人名。潁川郡轄今河南中部地區。(76)淮陽守申屠嘉　淮陽，即淮陽郡，轄今河南東部一帶。中屠嘉，人名，複姓申屠，名嘉，曾隨劉邦擊項羽等，惠帝時任淮陽郡守，後任丞相。其事參見本書卷四十二〈申屠嘉傳〉。[77]衛尉足　衛尉為「九卿」之一，掌管皇宮警衛事務。足，人名。[78]故　過去的。[79]靡有　沒有。[80]邑遠　他們的食邑離長安很遠。[81]無繇　無由；無從。[82]之　去；到。[83]為吏及詔所止者二句　諸侯中有在長安任職為吏的，以及詔令中允許其留下的，就派遣太子回到他們的封國。[84]晦　夏曆每月的最後一天。[85]布政　施行政教。[86]適　通「謫」。責罰。[87]災孰大焉　災莫大於此。[88]在予一人　責任都在我一人身上。[89]累　有累於；有損於。[90]三光　日、月、星。[91]令至　詔令到達各地。[92]知見　知識、見識。[93]匄　通「丐」。乞求；希望。[94]匡　匡正；改正。[95]不逮　不及；沒照顧到的地方。[96]敕　整飭；整頓。[97]繇　徭役。[98]遠德　德化至於邊遠地區。[99]憪然　憂慮不安的樣子。[100]非　非分之想；奸邪之心。[101]設備未息　設防準備未敢停息。[102]罷　罷除；撤除。[103]飭兵厚衛　整飭軍隊加強防衛。[104]見馬遺財足　見，見在；現有的。遺，留。財，即「纔」。只；僅僅。意即現有的馬匹中只留下夠用的就行了。[105]傳置　驛站，是古代公文傳遞人員或往來官員在路上歇腳、換馬的處所。[106]本　根本。[107]籍田　古代供天子象徵性耕種的田。[108]粢盛　祭品。盛放在器物裡的黍稷飯食。[109]民讁作二句　意為百姓中被懲罰到官府勞作的以及向官府借貸種子糧食還沒有交還和沒有交還完的，都赦免他們。讁，懲罰。作，勞作。縣官，這裡指官府。種，種子。食，糧食。入，交納。備，足；夠。[110]幽死　在幽禁中死去。[111]遂　劉遂，趙幽王的太子。[112]辟彊　劉辟彊，趙幽王太子遂的弟弟。[113]章　劉章，齊悼惠王的兒子。[114]興居　劉興居。[115]王　封為諸侯王。[116]武　劉武，漢文帝的次子。[117]參　劉參，漢文帝的第三子。[118]揖　劉揖，漢文帝的幼子。[119]進善之旌　進善，進善言。旌，旗幟。相傳堯時曾在道路上設立旗幟，讓人們可以站在旗幟下向統治者提意見。[120]誹謗之木　誹謗，批評。相傳堯曾在道路上設立木牌，讓人們可以在木牌上寫下批評的意見。[121]通治道　疏通治政之道。[122]來諫者　招徠進諫之人。來，徠；招徠。[123]訞言　蠱惑人心的邪說。[124]盡情　暢言實情。[125]祝詛上　乞求鬼神降禍加害於皇上。上，指皇帝。[126]相約　一起相互盟誓訂約。[127]相謾　相互欺騙而互相告發。[128]細民　小民，指一般老百姓。細，小。[129]抵死　至死，觸犯了死罪。抵，至；觸。[130]不取　（認為）不可取。[131]聽治　追究和治罪。[132]銅虎符竹使符　用銅和竹做成的用以調兵遣使的符。符分兩半，一半留在朝廷，一半授予將帥或地方長官，兩半符合才能有效。[133]恃　依靠；憑藉。[134]不務本而事末　本，這裡指農業。末，這裡指工商業。[135]不遂　指因缺少衣食而不能善終天年。[136]農　耕作。[137]其賜天下民句　恩賜天下百姓，今年應交納的田租只收一半。[138]前日　往日。[139]辭　託辭；找藉口。[140]率　率領。[141]就國　到封國去。就，去；到。[142]屬　職屬於。[143]長　劉邦的第七子劉長，封為淮南王。[144]審食其　呂后的寵信者，封辟陽侯，官至左丞相。[145]北地河南　北地，北地郡，轄今甘肅東北部和寧夏東南地區。河南，指今內蒙古境內黃河以南地區。146幸甘泉　幸，指帝王駕臨。帝王車駕所至，民臣以為僥幸，故曰幸。甘泉，甘泉宮，故址在今陝西淳化甘泉山。147去　逃離。148中尉材官　中尉，執掌長安治安之官。材官，指才能勇敢出眾的步兵。149軍　駐軍。150高奴　縣名，在今陝西延安東北。151太原　太原郡，治今山西太原西南。152里　地方的基層居民區，一里或有二十五戶至一百戶不等。153復　免除租稅。154晉陽中都　均為縣名。晉陽縣在今山西太原西南，中都縣在今山西平遙西南。155反　反叛。156大將軍　官名，執掌統兵征戰，職位很高。157詿誤　貽誤；連累。158兵　指朝廷的軍隊。159自定　自行平定。160與王興居去來者　指雖一開始和濟北王劉興居一起叛亂而後來卻又投降朝廷的人。161復　免除賦稅。162屬籍　家族的名冊。163無所與　指不承擔任何徭役。與，參與。164逮詣　逮，抓捕。詣，送到。165詔獄　奉詔令關押犯人的牢獄。166顧成廟　文帝自己建造的廟，廟在長安城南。因建造時間短，似乎顧望之間就已建成，故名「顧成」。

【語　譯】文帝元年冬季十月辛亥這天，皇帝去拜謁高帝之廟。派遣車騎將軍薄昭去代國接皇太后。皇帝下詔說：「從前呂產自置為相國，呂祿自命為上將軍，擅自遣令將軍灌嬰帶兵攻擊齊國，想要篡奪劉氏的天下。灌嬰駐留在滎陽，與諸侯們合謀誅討呂氏。呂產想要謀亂，丞相陳平與太尉周勃等策謀奪取了呂產等人的軍權。朱虛侯劉章首先捕殺了呂產。太尉周勃親自帶領襄平侯紀通拿著符節奉詔進入北軍。典客劉揭奪取了呂祿的帥印。現在加封太尉周勃萬戶食邑，賞賜黃金五千斤。加封丞相陳平、將軍灌嬰各三千戶食邑，賞賜黃金各二千斤。賜朱虛侯劉章、襄平侯紀通食邑各二千戶，賞賜黃金千斤。封典客劉揭為陽信侯，賞賜黃金千斤。」

2　十二月，立趙幽王的長子劉遂為趙王，把琅邪王劉澤遷為燕王。原來呂氏所侵奪齊、楚的地方全都歸還回去。全部廢除收捕罪犯家屬連坐的律令。

3　正月，有關部門報請及早確立太子，以便尊奉宗廟。皇帝下詔說：「我沒有德行，上帝和神明還沒有欣然接受我的饗祀，天下的人民也還沒有完全滿意。現在縱使不能廣泛地在天下聖賢有德的人中選出一位來以便我把位置禪讓給他，卻說要預先確立太子，這是加重我的不德啊。怎麼向天下交代呢？以後慢慢再說吧。」有關部門官員報道：「預先確立太子，正是用來尊崇宗廟社稷，表明不忘天下啊。」皇帝說：「楚王，乃是我的叔父，年紀又大，天下義理閱歷豐富，明瞭治國之體。吳王對我來說，是我的兄長；淮南王，是我的弟弟：他們都是懷德之人而輔佐著我，他們難道不算是可能的繼承人嗎！諸侯王、宗室昆弟及有功大臣，很多都是賢能和有德義的人，若能推舉有德的人來繼承我沒有完成的事業，這是社稷有靈，天下有福啊。現在沒能推選舉薦，卻說一定要傳位給自己的兒子，人們可能就會認為朕忘記了賢能有德的人而一心只想傳給自己的兒子，這不是以天下為憂的表現啊。我認為這不足取。」有關部門堅持說：「過去殷、周擁有國家，國家治理安定都將近千年，沒有誰能比它們更長久地擁有天下了，就是用了這種傳位於子的方法啊。一定要把自己的子嗣確定為繼承人，這事是由來已久的。高皇帝頭一個平定了天下，建立諸侯，是我朝皇帝中的太祖。頭一個接受封國的諸侯王和列侯也都是他們封國的始祖。子孫們繼承嗣位，代代不絕，是天下的大義。所以高帝設置此法以安撫海內。現在若捨棄自己應該做太子的子嗣，而另從諸侯宗室中挑選，這不是高帝的意志啊。不應該另行選議。陛下的兒子劉啟年紀最長，敦厚仁慈，請立他為太子吧。」皇帝這才同意了。於是恩賜一級爵給天下百姓中應該繼承父業的人。冊封將軍薄昭為軹侯。

4 三月，有關部門官員報請皇帝冊立皇后。皇太后說：「立太子的母親竇氏為皇后吧。」

5 皇帝下詔說：「現在正當春天暖和之時，草木眾生都獲得了長育之樂，而我的百姓中那些鰥寡孤獨窮困的卻有人面臨死亡的境地，而沒有人去視察關心他們，我們還怎麼去做百姓的父母官啊？大臣們商議一下去賑濟他們吧。」又說：「老年人不穿帛衣就不會感到暖和，不吃肉就不會感到飽。如今正處在一年開頭的時節，如果不在此時派人去慰問老人，又沒有布帛酒肉賜給他們，這將何以勸佐天下的子孫們去孝順奉養他們的父母呢？目前我還聽說官吏在發放糧食給那些只能喝粥的人時，有的還發放陳糧給他們，這怎能符合養老的本意呢！要一一制定解決這些問題的條令。」有關部門官員就報請下令到縣和道，年紀在八十歲以上的，由官府賜給每人每月米一石，肉二十斤，酒五斗。年紀在九十歲以上的，還要賜給每人帛二匹，綿三斤。而且這些賞賜的物品和應當發放的糧食，縣里的最高長官們要進行督察，派縣丞或縣尉親自送到。不滿九十歲的，則由嗇夫、令史送到。郡守要派遣都吏去巡行視察，對那些不稱職的要進行督責。受有刑罰和犯罪在刑期兩年以上的人，不適用於上述賞賜的法令。

6 楚元王劉交去世。

7 四月，齊、楚發生地震，二十九座山在同一天崩塌，洪水湧出。

8 六月，下令郡國不要來京上貢。皇帝對天下廣施恩惠，諸侯與四夷之國無論遠近都十分融洽。於是封賞從代國過來的那些有功人員。詔書中說：「當大臣們誅滅諸呂要迎我入京的時候，我猶豫不定，大家都阻止我去，只有中尉宋昌勸我去，最後我得以即位保有宗廟。此前已經尊封宋昌為衛將軍，現在再封他為壯武侯。跟隨我的其餘六人，也都封為九卿之官。」又說：「列侯中曾跟從高帝進入蜀漢的那六十八人都各增加食邑三百戶，官吏中俸祿在二千石以上跟從高帝的潁川郡守尊等十人，封賜食邑六百戶，淮陽郡守申屠嘉等十人封賜食邑五百戶，衛尉足等十人封賜食邑四百戶。」封淮南王的舅父趙兼為周陽侯，齊王的舅父駟鈞為靖郭侯，前常山國的丞相蔡兼為樊侯。

9 二年冬天的十月，丞相陳平去世。文帝下詔說：「我聽說古代建國的諸侯有上千個，他們各自守衛自己的土地，按時納貢，百姓不會勞苦，上下都很高興，沒有違德之事出現。如今列侯們大部分都居住在京城長安，遠離他們各自的封邑，使運送給養到京城的吏卒們花費多又辛苦，而列侯們也無從訓導他們自己的百姓。下令讓列侯們都回到他們各自的封國去吧，但列侯中有在長安任職為吏的，以及詔令中允許其留下的，就遣他們的太子回到封國。」

10 十一月最後一天癸卯日，發生了日食。文帝下詔說：「我聽說，上天生育萬民，替他們設置君主來撫養治理他們。君主如果無德，施行政教不公，那麼上天就會顯示災異，來警戒君主的治理不當。這次十一月的最後一天，發生了日食，上天表現出來了它的責罰，還有什麼災難比這個還大呢！我獲得了保有宗廟的榮幸，以我渺小之身依託於士民與諸侯之上，天下的治亂，責任都在我一人身上，而那幾位執政大臣就像是我的左右手足。我對下不能撫育治理好眾生，向上又有損於日月星辰的光明，我的失德真是太大了。我的詔令到達各地後，大家都想一下我的過失和我的識見所不及之處，希望大家把這些告訴我。此外要推舉賢良方正、能直言極諫的人，來糾正我沒有做到的地方。官吏們要好好整頓自己的工作與職責，一定要減省徭役與開支以便利百姓。我既不能施德至於遠方，因此憂慮不安，擔心別人會對我們有奸邪之心，所以國家設防準備一直沒有停息下來。如今即使不能罷除邊境上屯戍的軍隊，又要整飭軍隊加強防衛，那就撤除衛將軍的軍隊吧。太僕現有的馬匹中只留下夠用的就行了，其餘的都交到驛站。」

11 春季正月丁亥這天，文帝下詔說：「農業，是天下的根本，應當開闢藉田，我要親自帶頭耕作，以供給宗廟裡用來祭祀的穀物糧食。百姓中被謫罰到官府勞作的以及向官府借貸種子糧食還沒有交還和沒有交還完的，都赦免他們。」

12 三月，有關部門奏請封立皇子們為諸侯王。文帝下詔說：「此前趙幽王被幽禁而死，我心中十分憐惜，已經立其太子趙遂為趙王。趙遂的弟弟劉辟彊以及齊悼惠王的兒子朱虛侯劉章、東牟侯劉興居都有功勞，可以封他們為王。」於是封立劉辟彊為河間王，劉章為城陽王，劉興居為濟北王。於是立皇子劉武為代王，劉參為太原王，劉揖為梁王。

13 五月，文帝下詔說：「古代治理天下，朝廷設有進善之旗和誹謗之木，以此來疏通治政之道和招徠進諫之人。如今有誹謗妖言之罪列於法律之中，這使得大臣們不敢暢言實情，而在上位者也沒辦法聽到自己的過失了。這樣將何以招徠遠方的賢良之人？應該廢除此條法令。百姓中有人在背後詛咒皇帝，他們當初相互約好隱瞞而後卻互相欺騙告發，官吏認為他們是大逆不道，聽他們又說些其他的話，官吏就又認為他們是在誹謗。這都是小老百姓們的愚昧，由於無知而至於觸犯死罪，我認為這不太可取。從今以後，有觸犯了此條法令的就不要追究治罪了。」

14 九月，開始分發給郡守銅虎符和竹使符。

15 文帝下詔說：「農業，是天下最重要的根本，人民賴以生存，但百姓中卻有不從事農業生產而去從事工商業的，所以導致衣食缺乏而有人不能善終天年。我對這種情況十分擔憂，所以現在要親自率領群臣進行耕作以勸勉大家從事農業。恩賜天下百姓，今年的田租只收一半吧。」

16 三年冬天十月丁酉這最後一天，發生了日食。十一月丁卯最後一天，又發生了日食。

17 皇帝下詔說：「往日曾下詔讓列侯們回到各自的封國，一些人託詞沒有走。丞相是我所看重的，應該替我率領列侯們到各自的封國去。」於是免去丞相周勃的職務，派遣他回封國去。十二月，太尉潁陰侯灌嬰做了丞相。撤除了太尉的官職，把原來太尉的職務歸屬到丞相那裡。

18 夏天四月，城陽王劉章去世。淮南王劉長殺死了辟陽侯審食其。

19 五月，匈奴入侵並停留在北地郡和黃河河套以南地區進行寇掠。皇帝駕臨甘泉宮，派遣丞相灌嬰出擊匈奴，匈奴逃走了。調發中尉之下才能勇敢出眾之士歸由衛將軍統屬，駐紮在長安。

20 皇帝從甘泉宮到了高奴縣，於是又駕臨太原，會見了過去代國的舊臣們，對他們都有賞賜。並論功行賞，賜給鄉里民眾們牛、酒。免除晉陽、中都百姓三年的田租。文帝在太原遊賞停留了十餘天。

21 濟北王劉興居聽說文帝去了代地，想要自己統兵攻打匈奴，於是藉機反叛，調發軍隊打算襲擊滎陽。文帝於是下詔讓丞相灌嬰撤軍，任命棘蒲侯柴武為大將軍，率領四位將軍共十萬兵馬去迎擊叛軍。任命祁侯繒賀為將軍，駐軍於滎陽。秋天七月，文帝從太原回到長安。下詔說：「濟北王違背道德反叛皇上，並牽連吏民，犯下大逆不道的罪行。凡是濟北地區的吏民，在朝廷軍隊未到之前就先自行平定叛亂以及帶著軍隊或城邑向朝廷投降的人，都赦免他們，恢復原來的官爵。那些雖一開始和濟北王劉興居一起叛亂而後來卻又投降朝廷的人，也赦免他們。」八月，俘虜了濟北王劉興居，劉興居自殺了。文帝又赦免了那些曾與劉興居一起反叛的人。

22 四年冬天十二月，丞相灌嬰去世。

23 夏天五月，凡是登記在劉姓家族名冊上的，都免除他們的賦稅及一切傜役。賜給諸侯王之子食邑各二千戶。

24 秋天九月，封齊悼惠王兒子中的七人為列侯。

25 絳侯周勃有罪，逮捕後送到廷尉的詔獄治罪。

建造顧成廟。

五年春二月，地震。

夏四月，除盜鑄錢令❶。更造四銖錢❷。

六年冬十月，桃李華❸。

十一月，淮南王長謀反，廢遷蜀嚴道❹，死雍❺。

七年冬十月，令列侯太夫人❻、夫人、諸侯王子及吏二千石無得擅徵捕❼。

夏四月，赦天下。

六月癸酉，未央宮東闕❽罘罳❾災。

八年夏，封淮南厲王長子四人為列侯。

九年春，大旱。

有長星❿出于東方。

十年冬，行幸甘泉。

將軍薄昭死⓫。

十一年冬十一月，行幸代。春正月，上自代還。

14 夏六月，梁王揖薨。

15 匈奴寇狄道⑫。

16 十二年冬十二月，河決東郡⑬。

17 春正月，賜諸侯王女⑭邑各二千戶。

18 二月，出孝惠皇帝後宮美人，令得嫁。

19 三月，除⑮關無用傳⑯。

20 詔曰：「道⑰民之路，在於務本⑱。朕親率天下農⑲，十年于今，而野不加辟⑳，歲一不登㉑，民有飢色，是從事㉒焉尚寡，而吏未加務㉓也。吾詔書數下，歲㉔勸民種樹㉕，而功未興㉖，是吏奉吾詔不勤，而勸民不明也。且吾農民甚苦，而吏莫之省㉗，將何以勸焉？其賜農民今年租稅之半。」

21 又曰：「孝悌㉘，天下之大順㉙也。力田㉚，為生之本也。三老㉛，眾民之師也。廉吏，民之表㉜也。朕甚嘉㉝此二三大夫㉞之行。今萬家之縣，云無應令㉟，豈實人情㊱？是吏舉賢之道未備也。其遣謁者㊲勞賜三老、孝者帛人五匹，悌者、力田二匹，廉吏二百石以上率百石者三匹㊳。及問民所不便安㊴，而以戶口率㊵置三老孝悌力田常員㊶，令各率其意以道民焉。」

22 十三年春二月甲寅，詔曰：「朕親率天下農耕以供粢盛，皇后親桑[42]以奉祭服，其具禮儀[43]。」

23 夏，除祕祝[44]，語在郊祀志。五月，除肉刑法，語在刑法志。

24 六月，詔曰：「農，天下之本，務莫大焉。今廑[45]身從事，而有租稅之賦，是謂本末[46]者無以異[47]也，其於勸農之道未備。其除田之租稅。賜天下孤寡布帛絮各有數[48]。」

25 十四年冬，匈奴寇邊，殺北地都尉卬[49]。遣三將軍[50]軍隴西[51]、北地、上郡[52]，中尉周舍為衛將軍，郎中令張武為車騎將軍，軍渭北[53]，車千乘，騎卒十萬人。上親勞軍[54]，勒兵[55]，申[56]教令，賜吏卒。自欲征匈奴，群臣諫，不聽。皇太后固要[57]上，乃止。於是以東陽侯張相如為大將軍，建成侯董赫、內史[58]欒布皆為將軍，擊匈奴。匈奴走。

26 春，詔曰：「朕獲執犧牲珪幣[59]以事上帝宗廟，十四年于今。歷日彌長，以不敏不明而久撫臨[60]天下，朕甚自媿[61]。其廣增諸祀墠場[62]珪幣。昔先王遠施不求其報，望祀[63]不祈其福，右賢左戚[64]，先民後己[65]，至明之極也。今吾聞祠官祝釐[66]，皆歸福於朕躬，不為百姓，朕甚媿之。夫以朕之不德，而專鄉[67]獨美其福，百姓不與(68)焉，是重(69)吾不德也。其令祠官致敬，無有所祈(70)。」

27 十五年春，黃龍見於成紀(71)。上乃下詔議郊祀(72)。公孫臣(73)明服色(74)，新垣平(75)設五廟(76)。語在郊祀志。夏四月，上幸雍，始郊見五帝(77)，赦天下，脩名山大川嘗祀而絕者(78)，有司以歲時致禮(79)。

28 九月，詔諸侯王公卿郡守舉賢良能直言極諫者，上親策(80)之，傅納以言(81)。語在鼂錯傳。

29 十六年夏四月，上郊祀五帝于渭陽(82)。

30 五月，立齊悼惠王子六人、淮南厲王子三人皆為王。

31 秋九月，得玉杯(83)，刻曰「人主延壽」。令天下大酺，明年改元(84)。

【章旨】以上為從文帝五年到十六年期間的史事記載。此期間文帝的權力已經穩固，但由於國力尚弱，因此對外，面對匈奴的不斷侵擾，主要採取了防禦的政策；對內，則在政治上採取寬鬆的政策，在經濟上鼓勵農耕，發展生產，不斷增強國力。

【注釋】❶除盜鑄錢令　廢除禁止民間私自鑄錢的法令，即聽任民間私自鑄錢。❷四銖錢　文帝下令所鑄重四銖的錢幣。當時二十四銖為一兩。❸華　通「花」。開花。❹廢遷蜀嚴道　廢，廢除王號。遷，流放。蜀嚴道，蜀郡的嚴道，在今四川滎經。有少數民族居住的縣叫道。❺死雍　此指劉長在流放路途中經過雍縣時死去。雍，雍縣，在今陝西鳳翔南。❻太夫人　列侯之妻稱為夫人，列侯死後，她的兒子若又為列侯，此時她就稱太夫人。❼徵捕　徵物和捕人。❽闕　古代房屋前面兩旁高大的建築物。❾罘罳　宮闕的窗櫺。❿長星　彗星的一種。舊說長星為兵革之兆。⓫薄昭死　據說薄昭因殺朝廷使者而犯罪，文帝下令讓他自殺而死。⓬狄道　縣名，在今甘肅臨洮。⓭河決東郡　黃河在東郡決口。東郡，地轄今山東西北和河南北部地區。⓮諸侯王女　諸侯王的女兒。⓯除　廢除。⓰傳　傳信，是古代出入關口時所用的通行證，或用木製，或寫於繒帛。⓱道　引導。⓲本　此指農業生產。⓳農　務農，從事農業生產。⓴加辟　開闢得更多。辟，開闢。㉑不登　沒有好的收成。㉒從事　從事農業生產的。㉓未加務　沒有盡責。㉔歲　每年。㉕種樹　種植。樹，栽種。㉖未興　沒有興起。此指沒有成效。㉗省　省視；查看；了解。㉘孝悌　孝指孝順父母，悌指敬愛兄長。漢代仕舉而設有孝悌之官，此外還有下面說到的力田之官。㉙大順　古代儒家描述的一種達到很高禮制秩序的狀態。㉚力田　努力從事農田之事。漢代專為負責督導百姓努力從事農業生產設有力田之官。㉛三老　漢代地方掌管教化事務的官名。㉜表　表率。㉝嘉　嘉賞；讚賞。㉞此二三大夫　指上面提到的孝悌、力田、三老等人。㉟云無應令　說沒有能符合舉薦為孝悌、力田條件的人。㊱豈實人情　難道是真實的情況嗎。㊲謁者　官名，掌管接待賓客和拜謁天子等傳達事務。㊳率百石者三匹　率，比例。意即二百石以上按比例每百石遞增三匹來計算賞賜。㊴問民所不便安　向百姓徵詢有哪些地方讓百姓不便不安。㊵以戶口率　按照戶口的比例。㊶常員　常任固定之員。㊷桑　種桑養蠶。㊸具禮儀　制定皇室帶頭從事農桑的相關禮儀制度。㊹祕祝　掌管替皇帝向神靈求福消災的官名。㊺廑　即「勤」。辛勤。㊻本末　本指農業，末指工商業。㊼無以異　沒有區別。㊽各有數　各有一定的數量。㊾都尉印　都尉，官名，主管一郡的軍事與治安。印，姓孫名印。㊿三將軍　此指隴西將軍周竈、北地將軍魏遬、上郡將軍盧卿。(51)隴西　郡名，地轄今甘肅東南部地區。(52)上郡　郡名，地轄今陝西東部。(53)渭北　渭水之北。(54)勞軍　慰勞軍隊。(55)勒兵　檢閱軍隊。勒，約束。(56)申　申明；約束。(57)固要　堅決阻攔。要，攔阻；截擊。(58)內史　官名，掌管京城民政。(59)犧牲珪幣　犧牲，祭祀時所用的牲畜。珪幣，祭祀時所用的玉和帛等。(60)撫臨　安撫治理。(61)媿　通「愧」。慚愧。(62)壇場　築土為壇，除地為場。為舉行祭祀和各類慶典的場所。(63)望祀　遙望而祭祀。是祭祀的一種形式。(64)右賢左戚　秦漢時以右為尊，左為卑。意為重視賢才，讓他們位居自己的親戚之上。(65)先民後己　以百姓為先，以自己為後。(66)祠官祝釐　祠官，主管祭祀的官員。祝釐，祈求上天降福。釐，通「禧」。福。(67)鄉　通「饗」。享用。(68)不與　不在其中；沒有得到。(69)重　加重。(70)無有所祈　指不要再為我個人求福。(71)見於成紀　見，通「現」。出現。成紀，縣名，當時屬隴西郡，在今甘肅秦安北。(72)郊祀　在郊外對天地神靈的祭祀。(73)公孫臣　魯人，當時的博士。(74)明服色　確定車馬、服飾的顏色。古代各個王朝的車服，都有自己崇尚的顏色。(75)新垣平　複姓新垣，名平，趙人。(76)五廟　即下所言五帝之廟。(77)五帝　五位天帝。(78)嘗

祀而絕者　指曾經祭祀過但後來又終止了的神祠。嘗，曾經。[79]以歲時致禮　按年度季節進行相關的祭祀。以，按。時，季節。[80]策　策問。選拔人才時將問題寫在簡冊上讓考生一一回答。[81]傳納以言　指讓人陳述意見而加以採納。傳，同「敷」。陳述。[82]渭陽　地在當時長安的東北。[83]得玉杯　新垣平為欺騙文帝，讓人做了刻有「人主延壽」字的玉杯獻上。[84]明年改元　將下一年（文帝十七年）改為新的元年重新開始，即下稱「後元年」。

【語譯】文帝五年春天二月，發生地震。

2 夏天四月，廢除禁止民間私自鑄錢的法令。開始改鑄為四銖錢。

3 六年冬天十月，桃樹、李樹開花。

4 十一月，淮南王劉長謀反，廢黜他的王號並放逐到蜀郡嚴道，在放逐路途中經過雍縣時死去。

5 七年冬天十月，下令列侯太夫人、夫人、諸侯王之子以及二千石的官吏不得擅自徵物及捕人。

6 夏天四月，大赦天下。

7 六月癸酉這天，未央宮東闕的窗櫺發生火災。

8 八年夏天，封淮南厲王劉長兒子中四人為列侯。

9 有長星出現在東方。

10 九年春天，天下發生大旱。

11 十年冬天，皇帝駕臨甘泉宮。

12 將軍薄昭因罪死去。

13 十一年冬天十一月，皇帝駕臨代地。春天正月，皇帝從代地回到京城。

14 夏天六月，梁王劉揖去世。

15 匈奴侵擾狄道地區。

16 十二年冬天十二月，黃河在東郡決口。

17 春天正月，賞賜諸侯王的女兒食邑各二千戶。

18 二月，遣孝惠皇帝後宮的美人出宮，准許她們可以出嫁。

19 三月，廢除關卡，出入關口不必使用的通行證。

20 文帝下詔說：「正確引導百姓的途徑，在於讓百姓努力從事農業生產。我親自率領天下人從事農業生產，到如今已有十年，但不見開闢有更多的田地，只要有一年收成不好，老百姓就面有飢色，這是因為從事農業生產的人還不夠多，而且官吏們也還沒有努力盡責去督導啊。我多次下達詔書，每年都鼓勵百姓從事種植，但卻沒有成效，這是官吏們執行我的詔令還不夠認真勤勉，鼓勵百姓的措施也還不夠明確。並且我們的農民已經十分勞苦，但官吏們卻不夠體察他們，這將怎麼來鼓勵百姓務農呢？應當恩賜農民，免除他們今年一半的租稅吧。」

21 文帝又下詔說：「孝與悌，能使天下達到大順的境界。努力從事農田生產，是人們生存的根本所在。地方上的三老，是民眾的老師。廉潔之吏，是百姓的表率。我很讚賞上述相關人員的所作所為。如今民戶達萬家的縣，卻說沒有符合舉薦為孝悌、力田條件的人，這難道是真實情況嗎？這是官吏們推舉賢能的制度還不夠完備啊。應該派遣謁者去慰勞並賞賜三老、孝者每人帛五匹，悌者、力田每人帛二匹，廉吏二百石以上的按比例每百石遞增三匹帛來計算賞賜。並且要向百姓徵詢有哪些讓他們不便不安的地方，要按戶口的比例設置固定員額的三老、孝悌、力田，讓他們各自盡心盡意去引導百姓。」

22 十三年春天二月甲寅這天，下詔說：「我親自率領天下從事農耕以供應宗廟所需的穀物，皇后親自種桑養蠶以供應祭祀服裝之用，應該制定下來皇室帶頭從事農桑的相關禮儀制度。」

23 夏天，廢除了祕祝之官，相關內容記載在本書〈郊祀志〉裡。五月，廢除有關肉刑的法令，相關內容記載在〈刑法志〉裡。

24 六月，文帝下詔說：「農業生產，是天下的根本，沒有比努力從事農業生產更重要的了。如今百姓們辛勤地從事農業生產，卻還有租稅之賦，這樣就使得從事農業的人與工商業的人沒有什麼區別了，這說明國家鼓勵從事農業生產的制度還不夠完備。應免除田地的租稅。賞賜一定數量的帛和絮給天下的孤寡之人。」

25 十四年冬天，匈奴侵擾邊境，殺死了北地郡都尉孫卬。文帝派遣三位將軍駐軍在隴西郡、北地郡、上郡，任命中尉周舍為衛將軍，郎中令張武為車騎將軍，駐軍在渭水之北，有車千乘，騎兵十萬人。皇帝親自慰勞軍隊，檢閱隊伍，申明軍紀，賞賜吏卒。文帝想要親自去征討匈奴，群臣們上諫阻止，文帝不聽。皇太后堅決阻攔，文帝才罷休。於是任命東陽侯張相如為大將軍，任命建成侯董赫、內史欒布均為將軍，攻擊匈奴。匈奴逃走。

26 春天，文帝下詔說：「我獲准拿著犧牲珪幣來侍奉上帝和宗廟，到如今已經十四年。歷經歲月已很長久，自身既不聰明也不賢明卻安撫治理天下這麼久，我自己十分慚愧。應當擴充和增加祭祀的壇場和珪幣。過去先王遠施恩惠不求回報，遨祭天地神靈卻不求福祉，尊重賢才抑制親戚，以百姓為先以一己為後，真是英明到了極點。如今我聽說祭祀的官員在祈求上天賜福時，將福祉都歸給我一個人，沒有替百姓求福，我十分慚愧。以我這樣的不德之人，卻獨自專門享用上天所賜之福，百姓們卻得不到，這是加重我的不德啊。應該下令祭祀的官員在敬祀上天時，不要再為我個人求福。」

27 十五年春天，有黃龍出現在隴西郡成紀縣地區。文帝乃下詔商議郊祀的事宜。公孫臣確定車馬、服飾的顏色，新垣平建置祭祀五帝的祠廟。相關的內容記載在本書〈郊祀志〉裡。夏天四月，文帝駕臨雍縣，開始在郊外祭祀五帝，大赦天下，修繕各名山大川曾經祭祀過但後來又終止了的神祠，命相關人員要按年度季節進行祭祀。

28 九月，文帝下詔讓諸侯、王公、公卿、郡守舉薦賢良之才和能直言極諫的人，文帝親自對他們進行策問，讓他們陳述意見，並予以採納。相關的內容記載在本書〈鼂錯傳〉裡。

29 十六年夏天四月，皇上在渭陽對五帝舉行郊祀。

30 五月，封立齊悼惠王兒子中六人、淮南厲王兒子中三人都為王。

31 秋天九月，有人獻給皇帝一個玉杯，上面刻著「人主延壽」的字。文帝下令特許天下聚飲，並計劃在第二年改為新的元年重新開始。

1 後元年❶冬，十月，新垣平詐覺❷，謀反❸，夷❹三族。

2 春三月，孝惠皇后張氏薨❺。

3 詔曰：「間者❻數年比不登❼，又有水旱疾疫之災，朕甚憂之。愚而不明，未達其咎❽。意者❾朕之政有所失而行有過與❿？乃天道有不順，地利或不得，人事多失和，鬼神廢不享與？何以致此？將百官之奉養或費⓫，無用之事或多與？何其民食之寡乏⓬也！夫度⓭田非益寡，而計⓮民未加益，以口量地⓯，其於古猶有餘，而食之甚不足者，其咎安在？無乃⓰百姓之從事於末⓱以害農者蕃⓲，為酒醪以靡⓳穀者多，六畜之食焉⓴者眾與？細大之義，吾未能得其中㉑。其與丞相列侯吏二千石博士議之，有可以佐百姓者，率意遠思㉒，無有所隱。」

4 二年夏，行幸雍棫陽宮㉓。

5 六月，代王參㉔薨。匈奴和親。詔曰：「朕既不明，不能遠德㉕，使方外之國或不寧息。夫四荒㉖之外不安其生，封圻㉗之內勤勞不處㉘，二者之咎，皆自於朕之德薄而不能達遠㉙也。間者累年，匈奴並暴㉚邊境，多殺吏民，邊臣兵吏又不能諭其內志㉛，以重吾不德。夫久結難連兵㉜，中外之國將何以自寧？今朕夙興夜寐，勤勞天下，憂苦萬民，為之惻怛㉝不安，未嘗一日忘於心，故遣使者冠蓋相望㉞，結轍㉟於道，以諭朕志於單于㊱。今單于反㊲古之道，計㊳社稷之安，便萬民之利，新與朕俱棄細過，偕之㊴大道，結兄弟之義，以全天下元元之民㊵。和親以定，始于今年。」

6 三年春二月，行幸代。

7 四年夏四月丙寅晦，日有食之。五月，赦天下。免官奴婢㊶為庶人。行幸雍。

8 五年春正月，行幸隴西。三月，行幸雍。秋七月，行幸代。

9 六年冬，匈奴三萬騎入㊷上郡，三萬騎入雲中㊸。以中大夫令免㊹為車騎將軍屯飛狐㊺，故楚相蘇意為將軍屯句注㊻，將軍張武屯北地，河內太守周亞夫為將軍次細柳㊼，宗正劉禮為將軍次霸上㊽，祝茲侯徐厲為將軍次棘門㊾，以備胡㊿。

10 夏四月，大旱，蝗(51)。令諸侯無入貢。弛(52)山澤。減諸服御(53)。損(54)郎吏員。發倉庾(55)以振(56)民。民得賣爵(57)。

11 七年夏六月己亥，帝崩于未央宮(58)。遺詔曰：「朕聞之，蓋天下萬物之萌生，靡不有死。死者天地之理，物之自然，奚可(59)甚哀！當今之世，咸嘉(60)生而惡死，厚葬以破業(61)，重服(62)以傷生，吾甚不取。且朕既不德，無以佐百姓；今崩，又使重服久臨(63)，以罹寒暑之數(64)，哀人父子(65)，傷長老之志(66)，損其飲食，絕鬼神之祭祀，以重吾不德，謂天下何！朕獲保宗廟，以眇眇[67]之身託于天下君王之上，二十有餘年矣。賴天之靈，社稷之福，方內[68]安寧，靡有兵革。朕既不敏，常畏過行[69]，以羞先帝之遺德；惟年之久長，懼于不終。今乃幸以天年[70]得復供養于高廟，朕之不明與嘉之[71]，其奚哀念之有[72]！其令天下吏民，令到出臨三日，皆釋服[73]。無禁取[74]婦嫁女祠祀飲酒食肉。自當給喪事服臨者[75]，皆無踐[76]。絰帶[77]無過三寸。無布[78]車及兵器。無發民哭臨宮殿中。殿中當臨者，皆以旦夕各十五舉音[79]，禮畢罷[80]。非旦夕臨時，禁無得擅哭。以下[81]，服大紅[82]十五日，小紅[83]十四日，纖[84]七日，釋服。它不在令中者，皆以此令比類[85]從事。布告天下，使明知朕意。霸陵[86]山川因其故，無有所改。歸夫人以下至少使[87]。」令中尉亞夫為車騎將軍，屬國[88]悍為將屯將軍[89]，郎中令張武為復土將軍，發近縣卒萬六千人，發內史[90]卒萬五千人，藏郭穿復土屬將軍武[91]。賜諸侯王已下至孝悌力田金錢帛各有數。乙巳，葬霸陵。

【章　旨】以上為文帝後元元年至其去世期間的史事記載。主要有平定新垣平的謀反，匈奴短暫和親後又入寇，遣將備胡，下遺詔薄葬等。

【注　釋】❶後元年　即上述改元後的第一年，即文帝十七年。❷覺　被發覺。❸謀反　因偽造玉杯事被發覺，而後意圖謀反。❹夷　削平；誅滅。❺薨　因為張皇后曾與呂氏為黨，後被廢居處於北宮，所以死去時沒稱「崩」而稱「薨」。❻間者　近來。❼比不登　連續農業歉收。比，連續。不登，歉收。❽未達其咎　不能知道自己的錯誤在哪裡。達，知曉。❾意者　猜測之詞；或許是。❿與　通「歟」。句末表示疑問的語氣詞。⓫費　浪費。⓬寡乏　缺少。⓭度　丈量；測量。⓮計　計算。⓯以口量地　按人口來計量土地。⓰無乃　莫不是。⓱從事於末　從事工商之業。⓲蕃　多。⓳靡　浪費。⓴焉　這些，此指穀物。㉑得其中　明白確切的道理。㉒率意遠思　盡心盡意地為長久考慮。㉓棫陽宮　宮名，相傳秦昭王所建，地在當時的雍縣，在今陝西扶風東北。㉔參　劉參，初為太原王，後改封代王。㉕遠德　施德於遠方，以德懷服遠方之國。㉖四荒　境外四方荒遠之地，古時常為戎狄所居之地。㉗封圻　即「封畿」，此指本國之內。㉘不處　不能安居。㉙達遠　德化至於遠方。㉚並暴　接連侵犯。㉛諭其內志　把我內心的想法告知於他們。諭，告曉；告知。㉜結難連兵　災難與戰爭接連不斷。㉝惻怛　痛恨。惻，痛。怛，恨。㉞冠蓋相望　指使者車馬很多連續不斷。㉟轍　車轍；車輪在地上輾過的痕跡。㊱單于　匈奴最高首領的稱呼。㊲反　通「返」。返回。㊳計　考慮。㊴偕之　偕，一起。之，去；前往。㊵元元之民　善良的老百姓。元元，善。㊶官奴婢　官府的奴婢。㊷入　侵入。㊸雲中　郡名，治今蒙古呼和浩特西南。㊹令免　人名，又作「李勉」。㊺飛狐　關口名，地在當時的代郡，在今河北淶源北。㊻句注　山名，即今雁門山，在今山西代縣西北。㊼細柳　地名，在今陝西咸陽西南。㊽次霸上　駐紮在霸上。次，駐紮。霸上，地名，在今陝西西安東。㊾棘門　地名，在今陝西咸陽東北。㊿胡　古代一般對西方、北方的少數民族稱為胡。此指匈奴。(51)蝗　發生蝗災。(52)弛　開放。(53)服御　衣服和車馬。(54)損　減少。(55)倉庾　泛指各種儲存糧食的倉庫。(56)振　通「賑」。救濟。(57)賣爵　出售自己的爵位。(58)帝崩于未央宮　文帝即位時二十三歲，在位二十三年，死時為四十六歲。(59)奚可　何可。(60)嘉　認為好。(61)業　產業。(62)重服　服重喪。(63)久臨　長久地哭弔死者。臨，哭弔死者。(64)以罹寒暑之數　指因服喪太久而遭受寒冬酷暑的折磨。(65)哀人父子　使別人父子悲哀。(66)志　心志。(67)眇眇　形容小的樣子。(68)方內　一國之內。(69)過行　行為有過失。(70)幸以天年　有幸得享自然壽命，即終以天年。(71)朕之不明與嘉之　我見識雖不高明，卻為此感到高興。與，通「歟」。語氣詞。(72)其奚哀念之有　哪還有值得哀悼的呢。(73)釋服　脫下喪服。(74)取　通「娶」。(75)自當給喪事服臨者　應當去為我辦理喪事、服喪哭祭的人。(76)踐　赤腳踩在地上。古時哭喪者赤腳踩地以示悲痛。(77)經帶　古代服喪時繫在頭上或腰間的麻帶。(78)布　布列；陳列。(79)皆以旦夕各十五舉音　都只在早晚才各哭十五聲。(80)罷　撤除；停止。(81)以下　已經下葬以後。以，通「已」。下，下葬。(82)大紅　即「大功」，為喪服制度中的第三等，原服喪期為九個月，這裡文帝減少到只有十五天。(83)小紅　即「小功」，為喪服制度中的第四等，原服喪期為五個月，這裡文帝減少到十四天。84纖　即「緦麻」，為喪服制度的第五等，原服喪期為三個月，這裡文帝減少到只有七天。85比類　比照。86霸陵　文帝的陵墓，在今西安東北。87歸夫人以下至少使　文帝後宮中的嬪妃，級別在夫人以下的美人、良人、八子、七子、長使、少使，都讓她們出宮，予以遣歸回家。88屬國　官名，主管少數民族事務。89將屯將軍　與下面「復土將軍」，均為治喪而設置的將軍。90內史　京畿地區。91藏郭句　埋藏棺槨和挖土、埋土的事務都由將軍張武來負責。郭，通「槨」。穿復土，指挖土和埋土。

【語　譯】後元元年冬天十月，新垣平偽造玉杯的事被發覺，於是他企圖造反，被夷滅三族。

2 春天三月，孝惠皇后張氏去世。

3 文帝下詔說：「近來多年農業連續歉收，又有各種水旱和疾病的災難發生，我很是憂心。自己愚昧又不聰明，不知道自己的過錯究竟在哪裡。想一想是我在政治上有所缺失和行為上犯有錯誤呢？還是沒有順應天道，沒有獲得地利，在人事上失去了和諧，廢棄鬼神沒有對他們祭祀所導致的呢？為什麼會成了這個樣子呢？還是由於奉養百官的資費太多，做了太多無用的事情呢？為什麼百姓的糧食這麼缺少呢！田地都丈量過，也並沒有減少，老百姓的人口也統計過，並沒有增多，按人口去計算土地，和古代相比也算是多的，然而糧食卻還是很不夠，到底是哪兒出錯了呢？莫不是從事工商的老百姓太多，以致損害了農業生產，釀酒消耗了太多的穀物，或六畜吃的糧食太多了嗎？這其中大大小小的道理，我實在很不明白。應當讓丞相、列侯、二千石以上的官吏、博士們討論一下，若有可以幫助百姓的辦法，希望大家盡心地從長計議，不要有所隱瞞。」

4 後元二年夏天，文帝駕臨雍縣的棫陽宮。

5 六月，代王劉參去世。匈奴與漢朝和親。文帝下詔說：「我不賢明，不能夠施德於遠方，讓境外其他國家沒有安定下來。四方邊遠之地的人沒有安居樂業，境內的人民辛勤勞動也沒能安居，這二者的過錯，都在於我的道德教化還不夠且沒能把德化推行到遠方。近來多年，匈奴連續侵犯邊境，殺死了許多吏民，而我內心的想法又不能明確地告知在邊境的臣下和士兵們，這加重了我的不德。長久以來災難和戰爭接連不斷，中外各國該怎樣才能安寧下來呢？現在我夙興夜寐，為天下辛勤勞累，為萬民而憂慮，為此我惶惶不安，在心裡一天也沒有把這些忘記，所以派遣去匈奴的使者前後車蓋相望，車轍縱橫相交，就為了想把我內心的想法告知單于。如今單于回到過去相互親善的道路上去，為國家的安定而考慮，為萬民提供便利，開始和我一起拋棄過去細小的過失，一起走向正道，結為兄弟的友誼，以保全天下的善良百姓。和親就這麼確定下來，從今年開始吧。」

6 三年春天二月，文帝駕臨代地。

7 四年夏天四月丙寅這最後一天，發生日食。五月，下令大赦天下。赦免官府的奴婢為庶人。文帝駕臨雍縣。

8 五年春天正月，文帝駕臨隴西郡。三月，又駕臨雍縣。秋天七月，文帝駕臨代地。

9 六年冬天，匈奴三萬騎兵侵入上郡，三萬騎兵侵入雲中郡。文帝任命中大夫令免為車騎將軍屯軍在飛狐關口，任命原楚國丞相蘇意為將軍屯軍在句注，將軍張武屯軍在北地，任命河內太守周亞夫為將軍駐紮在細柳，任命宗正劉禮為將軍駐紮在霸上，任命祝茲侯徐厲為將軍駐紮在棘門，以防備匈奴。

10 夏天四月，天下大旱，發生蝗災。文帝下令諸侯不必向中央納貢。向百姓開放山林川澤。減少皇家使用的服飾、車馬。裁減郎官數量。打開糧倉發糧賑濟百姓。允許百姓可以買賣自己的爵位。

11 七年夏天六月己亥這天，文帝在未央宮去世。他留下遺詔說：「我聽說，天下萬物萌生之後，最終沒有不會死的。死亡，是天地的法則，是萬物的自然現象，有什麼值得悲哀的！當今之世，大家都喜歡活著而討厭死去，厚葬以致搞垮家業，服重喪以致傷害身體，我認為很不可取。況且我沒有什麼德行，也沒有幫助到百姓；如今死去，還要使人服重喪長時間哭弔，讓人遭受寒冬酷暑之苦，使別人父子悲哀，使長老們心志受到傷害，為此減少他們的飲食，中斷了對鬼神的祭祀，這更加重了我的不德，怎麼對得起天下呢！我幸獲保有宗廟，以自己渺小之身居處在天下君王的位置上，已經有二十多年了。靠上天之靈，託社稷之福，國內還算安寧，沒有戰爭發生。我既不聰敏，常常害怕行為出現錯誤，以致愧對先帝遺留下來的美德；隨著年長日久，很擔心自己沒有善終。現在有幸終以天年並能死後被供奉在高廟裡，我見識雖不高明，卻為此感到高興，哪還有值得哀悼的呢！現在下令給天下吏民，在此遺令到達之時只哭弔三天，然後就都脫下喪服。不要禁止民眾娶婦、嫁女、祠祀、飲酒、吃肉。應當去為我辦理喪事、服喪哭祭的人，都不要赤腳踩地。孝帶不要超過三寸。不要擺設車馬和兵器。不要徵發民眾到宮殿中哭弔。宮殿裡應當哭弔的人，都只在早晚各哭十五聲，禮儀完畢後就停止。若非早晚哭弔的時間，要禁止大家擅自哭弔。下葬以後，應服喪大功的期限為十五天，應服喪小功的期限為十四天，應服喪緦麻的期限為七天，然後都脫下喪服。其他在此詔令中沒有規定的，都按照此詔令中的內容比照辦理。將此詔令通告天下，讓大家明白知道我的心意。霸陵的山川都保持舊樣，不要有所改變。遣返宮中夫人以下一直到少使的美人出宮回家。」任命中尉周亞夫為車騎將軍，屬國悍為將屯將軍，郎中令張武為復土將軍，徵發附近縣裡士兵一萬六千人，徵發京畿地區士兵一萬五千人，掩埋棺槨以及挖土、埋土的事務都歸屬將軍張武負責。賞賜金錢布帛給諸侯王以下直到孝悌、力田各有一定的數量。乙巳這天，將文帝葬在霸陵。

贊曰：孝文皇帝即位二十三年，宮室苑囿車騎服御無所增益。有不便❶，輒弛❷以利民。嘗欲作露臺❸，召匠計之，直❹百金。上曰：「百金，中人❺十家之產❻也。吾奉先帝宮室，常恐羞之❼，何以臺為❽！」身衣弋綈❾，所幸❿慎夫人衣不曳地⓫，帷帳無文繡⓬，以示敦朴，為天下先。治⓭霸陵，皆瓦器，不得以金銀銅錫為飾，因其山⓮，不起墳⓯。南越尉佗⓰自立為帝，召貴⓱佗兄弟，以德懷之，佗遂稱臣。與匈奴結和親，後而背約入盜，令邊備守，不發兵深入，恐煩百姓。吳王詐病不朝，賜以几杖⓲。群臣袁盎⓳等諫說雖切⓴，常假借納用焉。張武等受賂金錢，覺，更加賞賜，以媿其心㉑。專務以德化民，是以海內殷富，興於禮義，斷獄數百㉒，幾致刑措㉓。烏呼，仁哉！

【章　旨】作者盛讚漢文帝的簡樸生活與仁厚的性格，概述了他不與百姓爭利、安撫南越遠人的治績。

【注　釋】❶不便　不便於民。❷弛　廢除。❸露臺　露天平臺。❹直　通「值」。價值。❺中人　指不貧不富的中等人家。❻產　家產。❼羞之　使他們受到羞辱。❽何以臺為　還建露臺幹什麼呢。❾弋綈　弋，黑色。綈，一種粗糙的織品。❿幸　寵幸。⓫曳地　拖曳到地上。⓬文繡　繡有花紋。⓭治　作；建造。⓮因其山　依憑著山勢。⓯墳　墓上堆起的大土堆。⓰佗　人名，即趙佗，秦時做過南海郡尉，後自建南越國。⓱召貴　召來並使他們顯貴。⓲几杖　坐時身體可以依靠的木几和走路時用以扶持的手杖。⓳袁盎　即爰盎，楚人，曾任齊國、吳國的相，其事參見本書卷四十九〈爰盎傳〉。⓴切　言辭深切、尖銳。㉑以媿其心　讓他們內心有愧。㉒斷獄數百　此指天下定死罪的人僅不過數百人。㉓幾致刑措　幾乎讓刑具都放置起來而沒有用處。此形容天下被判罪的人極少。

【語　譯】史官評議說：孝文皇帝即位一共二十三年，在此期間宮室、苑囿、車騎、服御等沒有加以擴充過。有對老百姓不方便的事情，就加以撤除以方便百姓。他曾經想要建一個露臺，召來工匠一計算，造價要一百斤金。文帝說：「一百斤金，相當於十戶中等人家的家業。我奉守著先帝的宮室，常常還怕讓先帝蒙羞，要建造露臺幹什麼呢！」文帝自己身穿黑色的粗絲衣服，他所寵幸的慎夫人所穿的衣服也不許長到拖在地上，用的帷帳也都沒有繡花紋，以此表示簡樸，為天下作出表率。建造霸陵，墓內裝飾也都用泥瓦，不許用金銀銅錫來做裝飾，他的陵墓依憑著山勢，上面也不另堆土造墳。南越尉佗在南方自立為帝，文帝召來他中原老家的兄弟並使之顯貴，以德化懷柔尉佗，尉佗因此向漢朝稱臣了。文帝與匈奴結為和親，後來匈奴背棄約定入侵寇邊，文帝下令邊境只是守備，並不發兵深入攻擊匈奴，恐怕太煩擾百姓。吳王謊稱有病不來朝見皇帝，文帝就賞賜他木几和手杖示意他可以免去朝見之禮。群臣中如袁盎等人上諫時言辭尖銳，文帝也常寬容並採納他們的合理意見。張武等人接受金錢等賄賂，後被發覺，文帝還更加賞賜，使他們內心有愧。文帝一心以德化民，所以國內人民生活富足，禮義盛行，天下定死罪的人僅不過數百人，刑具幾乎都閒置而沒有用處。啊，這真是仁政啊！

【研析】文帝自二十三歲登上皇帝之位，在位也達二十三年之久，年月雖長，但本紀對其間重大史事的相關記載卻要而不繁，僅在重大的事情上詳細記述，尤其是對其中一些詔令的詳細記載，達到了作者所欲彰顯文帝「仁」政的目的。

文帝即位後，面對漢初尚未完全穩定的政局，其對外、對內的寬鬆政策，固然與他個人的品性相關，也可以說是他所面臨的政治形勢和國內情況決定的。文帝是因諸呂之亂，大臣們「因天下之心」而迎立，以高祖庶子繼統，地位本就不很穩固，加上當時的劉姓諸侯王經歷兩三代的更迭，與文帝的血緣關係已漸疏遠，政治上不那麼可靠，使他即位之初戰戰兢兢，如臨深淵，如履薄冰；文帝長於代地邊境，了解民間疾苦，能憂民之所憂，加上他秉性仁厚，為代王時即「賢聖仁孝，聞於天下」，即帝位後又「專務以德化民」，自奉簡樸，凡事以身作則；面對諸侯王國勢力過大、匈奴入侵內地、農商失調等政經局勢，文帝展現勵精圖治的決心，一切以安定社稷、利益百姓為出發點，而且開明而不專制，鼓勵、接受臣民建言，因此所採取的各種措施，都能針對時弊，達到效果，開創了史上所盛稱的「文景之治」。

班固撰寫〈文帝紀〉，基本承襲《史記．孝文本紀》，行文較為簡練，同樣載入大量文帝頒布的詔令，從中可以深刻感受到一個勤勤懇懇，一心為民，謙虛謹慎，重德讓賢的仁君形象。特別是詳載他的遺詔，彰顯了文帝生死如一、樸素儉約的德性，對照那些為謬求長生而鋪張奢侈、勞民傷財的帝王如秦皇漢武者流，文帝顯得更加難能可貴，也見出史家的記述其實寓有深意。

卷五

景帝紀第五

【題解】本卷記載了西漢第五個皇帝漢景帝劉啟在位十六年間的重大史事。景帝在統治期間，繼承了文帝的一些政策，繼續重視農桑，與民休息，輕徭薄賦。在此期間，漢王朝的社會經濟得到持續的發展。七國之亂及其平定，對諸侯王勢力的削奪，則是景帝在位期間最為重大的政治事件。它的成功處理，使得景帝駕馭的漢帝國這艘巨船在經歷風雨後平穩地向前駛去。

1 孝景皇帝❶，文帝太子也。母曰竇皇后。後七年❷六月，文帝崩。丁未❸，太子即皇帝位，尊皇太后薄氏曰太皇太后，皇后❹曰皇太后。

2 九月，有星孛❺于西方。

3 元年❻冬十月，詔曰：「蓋聞古者祖❼有功而宗❽有德，制禮樂各有由❾。歌者，所以發德❿也；舞者，所以明功⓫也。高廟酎⓬，奏武德、文始、五行之舞⓭。

孝惠廟酎，奏文始、五行之舞。孝文皇帝臨⑭天下，通關梁⑮，不異遠方⑯；除誹謗⑰，去肉刑，賞賜長老，收恤⑱孤獨，以遂⑲群生；減耆欲⑳，不受獻㉑，罪人不帑㉒，不誅無罪，不私其利也；除宮刑㉓，出美人㉔，重㉕絕人之世㉖也。朕既不敏，弗能勝識㉗。此皆上世㉘之所不及，而孝文皇帝親行之。德厚侔㉙天地，利澤施四海，靡不㉚獲福。明㉛象乎日月，而廟樂不稱㉜，朕甚懼焉。其為孝文皇帝廟為昭德之舞㉝，以明休㉞德。然後祖宗之功德，施于萬世，永永無窮，朕甚嘉之。其與丞相、列侯、中二千石、禮官具禮儀奏㉟。」丞相臣嘉㊱等奏曰：「陛下永思㊲孝道，立昭德之舞以明孝文皇帝之盛德，皆臣嘉等愚所不及。臣謹議：世功莫大於高皇帝，德莫盛於孝文皇帝。高皇帝廟宜為帝者太祖之廟，孝文皇帝廟宜為帝者太宗之廟。天子宜世世獻㊳祖宗之廟。郡國諸侯宜各為孝文皇帝立太宗之廟。諸侯王列侯使者侍祠㊴天子所獻祖宗之廟。請宣布天下。」制㊵曰：「可。」

4 春正月，詔曰：「間者歲比不登㊶，民多乏食，夭絕天年㊷，朕甚痛之。郡國或磽陿㊸，無所農桑毄畜㊹；或地饒廣㊺，薦草莽㊻，水泉㊼利，而不得徙㊽。其議民欲徙寬大地者，聽之。」

5 夏四月，赦天下。賜民爵一級。

6 遣御史大夫青[49]翟至代[50]下與匈奴和親。

7 五月，令田半租[51]。

8 秋七月，詔曰：「吏受所監臨[52]，以飲食免[53]，重[54]；受財物，賤買貴賣，論輕[55]。廷尉與丞相更議著令[56]。」廷尉信[57]謹與丞相[58]議曰：「吏及諸有秩[59]受其官屬所監、所治、所行、所將[60]，其與[61]飲食計償費[62]，勿論[63]。它物[64]，若[65]買故賤，賣故貴[66]，皆坐臧為盜[67]，沒入臧縣官[68]。吏遷徙[69]免罷[70]，受其故[71]官屬所將監治[72]送財物，奪爵為士伍[73]，免之[74]。無爵，罰金二斤，令沒入所受[75]。有能捕告[76]，畀[77]其所受臧。」

9 二年冬十二月，有星孛于西南。

10 令天下男子年二十始傅[78]。

11 春三月，立皇子德為河間王[79]，閼為臨江王[80]，餘為淮陽王[81]，非為汝南王[82]，彭祖為廣川王[83]，發為長沙王[84]。

12 夏四月壬午，太皇太后[85]崩。

13 六月，丞相嘉薨。

14 封故相國蕭何孫係為列侯。

15 秋，與匈奴和親。

16 三年冬十二月，詔曰：「襄平侯嘉[86]子恢說[87]不孝，謀反，欲以殺嘉，大逆無道[88]。其赦嘉為襄平侯，及妻子[89]當坐者復故爵。論[90]恢說及妻子如法。」

17 春正月，淮陽王宮正殿災。

18 吳王濞、膠西王卬、楚王戊、趙王遂、濟南王辟光、菑川王賢、膠東王雄渠皆舉兵反。大赦天下。遣太尉亞夫[91]、大將軍竇嬰[92]將兵擊之。斬御史大夫晁錯[93]以謝[94]七國。

19 二月壬子晦，日有蝕之。

20 諸將破七國[95]，斬首十餘萬級。追斬吳王濞於丹徒[96]。膠西王卬、楚王戊、趙王遂、濟南王辟光、菑川王賢、膠東王雄渠皆自殺。夏六月，詔曰：「迺者[97]吳王濞等為逆，起兵相脅，詿誤[98]吏民，吏民不得已[99]。今濞等已滅，吏民當坐濞等及逋逃亡軍者[100]，皆赦之。楚元王子蓺等與濞等為逆，朕不忍加法，除其籍[101]，毋令汙宗室。」立平陸侯劉禮[102]為楚王，續元王後。立皇子端為膠西王，勝為中山王。賜民爵一級。

21 四年春，復置諸關用傳[103]出入。

夏四月己巳，立皇子榮為皇太子，徹[104]為膠東王。

六月，赦天下，賜民爵一級。

秋七月，臨江王閼薨。

十月戊戌晦，日有蝕之。

五年春正月，作陽陵邑[105]。夏，募民徙陽陵，賜錢二十萬。

遣公主嫁匈奴單于。

六年冬十二月，雷，霖雨[106]。

秋九月，皇后薄氏廢。

七年冬十一月庚寅晦，日有蝕之。

春正月，廢皇太子榮為臨江王。

二月，罷太尉官。

夏四月乙巳，立皇后王氏。

丁巳，立膠東王徹為皇太子。賜民為父後者[107]爵一級。

【章旨】以上記述漢景帝即位後七年內發生的大事。於內，景帝對吏、民繼續施行了較為寬鬆的政策；於外，對匈奴施行和親外交。此外，在此期間成功地平定了七國之亂，這為漢景帝中央政權的穩定打下了牢固的基礎。

【注釋】❶孝景皇帝　名啟，諡為景。按照諡法，布義行剛曰「景」。西元前一五六至前一四一年在位。❷後七年　指文帝後元七年，即西元前一五七年。❸丁未　夏曆六月初九。❹皇后　即景帝的母親竇皇后。❺孛　此指彗星。❻元年　指景帝元年，即西元前一五六年。❼祖　第一個開國的皇帝稱「祖」，如漢高帝劉邦稱「高祖」。❽宗　第一個使天下大治的皇帝稱「宗」，如漢文帝劉恆稱「太宗」。❾由　緣由；根據。❿發德　頌揚德行。發，抒發；頌揚。⓫明功　表彰功績。明，顯明；表彰。⓬高廟酎　用多次釀製而成的醇酒去祭享高帝劉邦的廟。高廟，高帝之廟。酎，醇酒，味道濃厚。⓭武德文始五行之舞　武德，是高祖時創作的一種舞蹈，舞者手持斧、盾兵器，屬於武舞。文始，相傳是舜時的一種舞蹈，舞者手持羽毛和樂器，屬於文舞。五行，是周代的一種舞蹈，舞者身穿五色衣。可參本書卷二十二〈禮樂志〉的相關內容。⓮臨　統治；治理。⓯關梁　關口與津梁，泛指水陸要道。⓰不異遠方　遠近沒有差別，到哪兒都一樣。指廢除各種關卡之後，百姓能夠自由方便地遠近往來。⓱除誹謗　廢除誹謗妖言之罪，參見卷四〈文帝紀〉。⓲收恤　撫養存恤。⓳遂　促成；達到。⓴耆欲　嗜好欲望。㉑獻　納貢。㉒不帑　即「不孥」，指罪行不牽連到妻子兒女。㉓宮刑　破壞犯人生殖器官的酷刑。㉔出美人　讓宮中的嬪妃出宮返家。㉕重　看重。㉖絕人之世　使人後代斷絕。世，後嗣。㉗勝識　盡知。勝，盡；全部。㉘上世　以前時代的帝王。㉙侔　相等；與……差不多。㉚靡不　無不；莫不。㉛明　聖明。㉜不稱　不相稱；不符合。㉝昭德之舞　景帝時專為頌揚文帝而編製的一種舞蹈，可參本書卷二十二〈禮樂志〉中的相關記載。㉞休　美。㉟具禮儀奏　準備制定相關禮儀並上報上來。㊱嘉　申屠嘉，複姓申屠，名嘉，時任丞相。其事參見本書卷四十二〈申屠嘉傳〉。㊲永思　心裡長久地想著、惦記著。㊳獻　獻物祭祀。㊴侍祠　即侍祭，參加到祭祀的行列之中。此指天子在獻祭祖宗之廟時，諸侯王、列侯也要派遣使者前往參與祭祀。㊵制　皇帝下達的文書。㊶間者歲比不登　間者，近來。比，接連。登，穀物有收成。㊷夭絕天年　沒活到自然而終的壽數就夭折死去了。㊸磽陿　指土地貧瘠狹小。磽，多石而瘠薄的土地。㊹畜　飼養和放牧。㊺饒廣　豐饒而廣大。㊻薦草莽　牧草茂密。薦，牧草。莽，草木茂密。㊼水泉　水源。㊽不得徙　不允許百姓遷徙過去。㊾青　人名，即陶青。「青」下的「翟」字為衍文。㊿代　代國，其地與匈奴活動的區域相鄰。(51)半租　只交納一半的租稅。(52)吏受所監臨　官吏接受所監管部門的饋贈。(53)以飲食免　因為接受吃喝而被免職。(54)重　處罰太重。(55)論輕　以法論處太輕。(56)更議著令　重新討論並擬定相關法令。(57)廷尉信　信，人名，時為廷尉。(58)丞相　此時為申屠嘉。(59)有秩　為百石之吏。

(60)所監所治所行所將　所監察、所管理、所委派、所帶領。(61)與　給。(62)計償費　計算接受吃喝的費用並予以償還。(63)論以罪論處。(64)它物　除飲食之外的其他財物。(65)若　或者。(66)買故賤二句　有意低價買進並且有意高價賣出。(67)坐臧為盜按接受贓物論處為盜竊之罪。坐，獲罪。臧，通「贓」。贓款贓物。(68)沒入臧縣官　沒收並把贓物繳納到官府。縣官，此指官府。(69)遷徙　職務調動。(70)免罷　免官、罷官。(71)故　原先的；過去的。(72)所將監治　即前面所說的「所將」、「所監」、「所治」。(73)奪爵為士伍　剝奪他們的爵位與士卒為伍，意即變為普通人的身分。(74)免之　免除對他們的處罰。(75)沒入所受　沒收他們接受得到的財物。(76)捕告　捕獲與告發。(77)畀　給予。(78)傅　指男子到了服役年齡，將名字登記入冊。(79)德為河間王劉德做河間王。河間，封國，轄今河北東南部地區。(80)閼為臨江王　劉閼做臨江王。臨江，封國，轄今湖北西部一帶。(81)餘為淮陽王　劉餘做淮陽王。淮陽，封國，轄今河南中部地區。(82)非為汝南王　劉非做汝南王。汝南，封國，轄今河南南部和安徽西南部地區。(83)彭祖為廣川王　劉彭祖做廣川王。廣川，封國，轄今河北武邑、景縣南部。(84)發為長沙王　劉發做長沙王。長沙，封國，轄今湖南溆浦以東、衡山以北地區。(85)太皇太后　即漢文帝的母親薄太后。(86)嘉　人名，紀嘉，即本書卷十六〈高惠高后文功臣表〉中的紀通。(87)恢說　人名，紀嘉的兒子。(88)大逆無道　犯下了大逆不道的罪行。此罪在漢代要誅三族，罪人的父母、妻子、兄弟都要被棄市。(89)妻子　此指紀嘉的妻子和其他的兒子。(90)論　依法論處。(91)亞夫　周亞夫，周勃的兒子。其事參見本書卷四十〈周勃傳〉。(92)竇嬰　漢景帝母親竇太后的姪子。其事參見本書卷五十二〈竇嬰傳〉。(93)鼂錯　也作「鼂錯」。潁川人，曾任御史大夫，主張重農抑商、削奪諸侯封地。(94)謝　謝罪；認錯。(95)七國　即上面所述吳、膠西、楚、趙、濟南、菑川、膠東七國。(96)丹徒　縣名，治今江蘇鎮江東南。(97)迺者　往日；過去。(98)詿誤　連累。(99)不得已不得已而跟隨。(100)逋逃亡軍者　平叛軍隊去後而逃走的人。逋，逃。(101)除其籍　從劉氏宗族的名冊中去除。(102)劉禮　楚元王劉交的兒子。(103)傳　關卡出入的憑證。文帝十二年廢除了關卡用傳，此時景帝又重新恢復用傳。大概因為七國之亂後，以防備非常情況。(104)徹　劉徹，即後來的漢武帝。其事參見本書卷六〈武帝紀〉。(105)作陽陵邑　景帝預先為自己修建的陵墓，地在陽陵，因此置縣，並興建城邑。作，興建。(106)霖雨　連日不斷的大雨。(107)為父後者　作為繼承父業的後代。

【語　譯】孝景皇帝，是漢文帝的太子。他的母親是竇皇后。後元七年的六月，文帝去世了。丁未這天，太子登上皇帝位，尊皇太后薄氏為太皇太后，尊竇皇后為皇太后。

2　九月，有彗星在西方出現。

3 景帝元年冬天十月，下詔說：「我聽說在古代，把有功者稱為祖，把有德者稱為宗，為他們制定禮樂時也各有依據。歌，是用來頌揚德行的；舞，是用來彰顯功績的。用醇酒祭祀高帝之廟時，要演奏〈武德〉、〈文始〉、〈五行〉這些舞蹈。用醇酒祭祀孝惠帝之廟時，要演奏〈文始〉、〈五行〉的舞蹈。孝文皇帝治理天下，暢通各種關口橋梁，使百姓遠近往來沒有差別，到哪兒都一樣；廢除誹謗妖言之罪，廢去殘害肢體的肉刑，賞賜年長的人，收養撫恤孤獨之人，以致眾生均能長養；他還減少自身的嗜好欲望，不接受諸侯獻上的貢品，治人之罪也不牽連妻子兒女，不枉殺無罪的人，不謀求個人的利益；他廢除了宮刑，讓宮中的嬪妃出宮返家，看重強調不能滅絕別人的後嗣。我不聰敏，還不能全部都知道他的德行。這些都是以前時代的帝王們做不到的，而孝文皇帝都親身去做了。他的聖德之厚比於天地，恩澤流布四海，無人不獲得他的福澤。他的聖明像日月一樣，但他廟中的樂舞卻不能匹配，我很是憂懼啊。應該為孝文皇帝之廟演奏〈昭德〉的舞蹈，來彰顯他的美德。然後祖宗的功德，流傳萬代，永遠沒有窮盡，我才能感到很滿意。讓丞相、列侯、中二千石以上的官吏、禮官們制定相關的禮儀並上報上來。」丞相申屠嘉等臣上奏說：「陛下心裡一直想著孝道，決定製作〈昭德〉的舞蹈來彰顯孝文皇帝的盛德，這都是我們這些臣下比不上的。我們恭謹地建議：論功勞沒有誰能比過高皇帝，論聖德沒有誰能比過孝文帝，高皇帝廟應該作為我朝皇帝中的太祖之廟，孝文皇帝之廟應該作為我朝皇帝中的太宗之廟。後世天子應該世世代代都在太祖、太宗之廟獻祭。各郡、各諸侯國也應該分別為孝文皇帝建立太宗之廟。天子在獻祭太祖、太宗之廟時，諸侯王、列侯也要派遣使者前來參加祭祀。請將這些向全國發布通告。」景帝下制書說：「可以。」

4 春天正月，下詔說：「近來接連多年歉收，百姓大多缺少吃的，未享天年就已夭折，我很是痛心。各個郡國，有的土地薄瘠狹小，沒有足夠用來從事農桑和畜牧的土地；有的土地富饒而廣博，牧草茂盛，水源便利，但卻不允許百姓搬遷過去。應該商議凡是想搬遷到土地寬廣地區的百姓，聽任他們。」

5 夏天四月，大赦天下。賞賜百姓爵位一級。

6 派遣御史大夫陶青到代地與匈奴和親。

7 五月，景帝下令減少一半的田租。

8 秋天七月，下詔說：「官吏從所監管部門那兒接受吃喝以致免職，處罰太重了；接受財物，用便宜的價格買進而用較貴的價格賣出，對他們的這種行為以法論處得又太輕了。廷尉和丞相應重新討論並擬定相關法令。」廷尉信和丞相申屠嘉恭謹地上奏議說：「吏與其他官員接受所監察、所管理、所委派、所帶領部門官員給予的飲食，如果按價償還的，就不以罪論處。若接受的是飲食以外的其他物品，或者是有意低價買進並且有意高價賣出的，都按接受贓物論處為盜竊之罪，沒收贓物並繳納到官府。官吏在職務調動和免官罷官時，接受了原先部門所率領、監察、管理的部屬送的財物，要剝奪他們的爵位讓他們與士卒為伍，免除對他們的處罰。如果沒有爵位，就罰金二斤，並下令沒收他們接受得到的財物。有人若能捕獲或者告發這些人，則給他這些人所接受的贓物。」

9 景帝二年冬天十二月，有彗星出現在西南方。

10 景帝下令天下的男子年滿二十歲時開始將名字登錄到服役的名冊中。

11 春天三月，冊立皇子劉德為河間王，劉閼為臨江王，劉餘為淮陽王，劉非為汝南王，劉彭祖為廣川王，劉發為長沙王。

12 夏天四月壬午這天，太皇太后去世。

13 六月，丞相申屠嘉去世。

14 冊封原相國蕭何的孫子蕭係為列侯。

15 秋天，漢王朝與匈奴和親。

16 三年冬天十二月，下詔說：「襄平侯紀嘉的兒子紀恢說不孝，謀反作亂，想要藉此殺掉紀嘉，犯下了大逆不道的罪行。赦免紀嘉被牽連之罪仍為襄平侯，也赦免紀嘉的妻子和其他依法應當治罪的人並恢復他們原來的爵位。依法論處紀恢說及其妻子兒女的罪行。」

17 春天正月，淮陽王宮中正殿發生火災。

18 吳王劉濞、膠西王劉卬、楚王劉戊、趙王劉遂、濟南王劉辟光、菑川王劉賢、膠東王劉雄渠都一起舉兵造反。景帝大赦天下。派遣太尉周亞夫、大將軍竇嬰率領軍隊攻擊叛軍。景帝殺掉御史大夫晁錯以向造反的七國道歉。

19 二月壬子這最後一天，發生了日食。

20 諸將領攻破了七國軍隊，斬首十餘萬人。在丹徒追殺吳王劉濞。膠西王劉卬、楚王劉戊、趙王劉遂、濟南王劉辟光、菑川王劉賢、膠東王劉雄渠都自殺。夏天六月，下詔說：「前些時候吳王劉濞等叛逆造反，起兵威脅朝廷，連累官吏和百姓，官吏和百姓不得已而跟隨他。如今劉濞等已被誅滅，因為劉濞等造反而應一起受處罰的官吏、百姓以及平叛軍隊到達後逃走的人，都赦免他們。楚元王兒子劉蓺等和劉濞等一起叛逆造反，我不忍對他加之以法，就從劉氏宗族名冊中把他的名字除去吧，別讓他玷汙了劉氏宗族。」景帝就立平陸侯劉禮為楚王，作為元王的後嗣延續下去。立皇子劉端為膠西王，立劉勝為中山王。賞賜天下百姓爵位一級。

21 景帝四年春天，又重新設置關口憑證出入的措施。

22 夏天四月己巳這天，冊立皇子劉榮為皇太子，立劉徹為膠東王。

23 六月，大赦天下，賞賜百姓爵位一級。

24 秋天七月，臨江王劉閼去世。

25 十月最後一天戊戌日，發生了日食。

26 五年春天正月，興建陽陵的城邑。夏天，召募百姓遷到陽陵，賜給銅錢二十萬。

27 漢朝廷派遣公主嫁給匈奴單于。

28 六年冬天十二月，打雷，連日不斷地下大雨。

29 秋天九月，皇后薄氏被廢黜。

30 七年冬天十一月最後一天庚寅日，發生了日食。

31 春天正月，廢黜皇太子劉榮，貶為臨江王。

32 二月，取消太尉的官職。

33 夏天四月乙巳，景帝冊立王氏為皇后。

34 丁巳這天，立膠東王劉徹為皇太子。賞賜百姓中應當繼承父業的人爵位一級。

1 中元年❶夏四月，赦天下，賜民爵一級。封故御史大夫周苛、周昌孫子❷為列侯。

2 二年春二月，令諸侯王薨、列侯初封及之國❸，大鴻臚❹奏謚、誄、策❺。列侯薨及諸侯太傅❻初除之官❼，大行❽奏謚、誄、策。王薨，遣光祿大夫❾弔襚祠賵❿，視⓫喪事，因立嗣子。列侯薨，遣太中大夫⓬弔祠，視喪事，因立嗣。其薨葬，國⓭得發民輓喪⓮，穿復土，治墳無過三百人畢事⓯。

3 匈奴入燕⓰。

4 改磔⓱曰棄市⓲，勿復磔。

5 三月，臨江王榮坐侵太宗⓳廟地，徵詣中尉⓴，自殺。

6 夏四月，有星孛于西北。

7 立皇子越為廣川王，寄為膠東王。

秋七月，更[21]郡守為太守，郡尉為都尉。

九月，封故楚、趙傅相內史[22]前死事者四人子[23]皆為列侯。

甲戌晦，日有蝕之。

三年冬十一月，罷諸侯御史大夫官。

春正月，皇太后[24]崩。

夏旱，禁酤酒[25]。秋九月，蝗。有星孛于西北。戊戌晦，日有蝕之。

立皇子乘為清河王。

四年春三月，起德陽宮[26]。

御史大夫綰[27]奏禁馬高五尺九寸以上，齒未平[28]，不得出關[29]。

夏，蝗。

秋，赦徒作陽陵者，死罪欲腐[30]者，許之。

十月戊午，日有蝕之。

五年夏，立皇子舜為常山王。六月，赦天下，賜民爵一級。

秋八月己酉，未央宮[31]東闕災。

更名諸侯丞相為相。

23 九月，詔曰：「法令度量，所以禁暴止邪也。獄，人之大命[32]，死者不可復生。吏或不奉法令，以貨賂為市[33]，朋黨比周[34]，以苛為察，以刻為明，令亡罪者失職[35]，朕甚憐之。有罪者不伏罪，姦法[36]為暴，甚亡謂[37]也。諸獄疑[38]，若雖文致於法[39]而於人心不厭[40]者，輒讞[41]之。」

24 六年冬十月，行幸雍，郊五畤[42]。

25 十二月，改諸官名[43]。定鑄錢偽黃金棄市律[44]。

26 春三月，雨雪[45]。

27 夏四月，梁王[46]薨，分梁為五國[47]，立孝王子五人[48]皆為王。

28 五月，詔曰：「夫吏者，民之師也，車駕衣服宜稱[49]。吏六百石以上，皆長吏[50]也，亡度者[51]或不吏服[52]，出入閭里，與民亡異。令長吏二千石車朱兩轓[53]，千石至六百石朱左轓。車騎從者[54]不稱其官衣服，下吏[55]出入閭巷亡吏體[56]者，二千石[57]上[58]其官屬，三輔[59]舉不如法令者[60]，皆上丞相御史請[61]之。」先是[62]吏多軍功，車服尚輕[63]，故為設禁。又惟[64]酷吏奉憲失中[65]，迺詔有司減笞法[66]，定箠令[67]。語在刑法志。

29 六月，匈奴入鴈門[68]，至武泉[69]，入上郡[70]，取苑馬[71]。吏卒戰死者二千人。

30 秋七月辛亥晦，日有蝕之。

【章　旨】以上記述中元元年至六年漢景帝在禮、刑方面改定和推行的一些政策，並在七國之亂後施行了消弱諸侯王國的措施。漢帝國內部雖然漸趨穩定，但在邊境地區卻不斷受到匈奴的侵擾。

【注　釋】❶中元年　漢景帝中元年，即西元前一四九年。❷孫子　這裡指周苛之孫和周昌之子。周苛與周昌為堂兄弟，都曾做過御史大夫。❸之國　回到封國。❹大鴻臚　官名，九卿之一，執掌賓客接待和四方部族朝拜之事。❺諡誄策　諡，帝王貴族死後得到的諡號。誄，哀悼死者追述死者生前功績德行的文章。策，皇帝對臣下任官或賜爵的策命。❻太傅　官名，君王的輔導之臣。❼初除之官　剛授官去上任。除，授官；除去舊職而任新職。之，往；去。❽大行　官名，為大鴻臚的下屬，執掌賓客接待。❾光祿大夫　官名，為郎中令的屬官，執掌顧問應對。❿弔襚祠賵　弔，弔喪。襚，贈送死者的衣服。祠，贈送死者的飲食。賵，送死者的車馬布帛等物品。⓫視　主持。⓬太中大夫　官名，為郎中令的屬官，執掌議論。⓭國　諸侯和列侯之國。⓮輓喪　牽引喪車送葬。⓯畢事　使葬事完畢。⓰入燕　侵入燕地。燕地為今北京、河北北部、遼寧西部的一帶地區。⓱磔　分裂肢體的酷刑。⓲棄市　一種死刑，或說即將人在鬧市處死。⓳太宗　漢文帝的廟號。⓴徵詣中尉　徵召到中尉那裡處理。中尉，官名，執掌京師治安。㉑更　換。這裡指更換名稱。㉒傅相內史　傅相，官名，王國的太傅和相。內史，官名，執掌民政。㉓前死事者四人子　此前因七國之亂而死去的楚相張尚、太傅趙夷吾、趙相建德、內史王悍四個人的兒子。㉔皇太后　景帝母竇太后之卒在武帝時，此言皇太后崩，疑有誤。㉕酤酒　賣酒。酤，賣。㉖德陽宮　景帝廟。因景帝生前建造，避諱不說「廟」，因而稱「宮」。㉗綰　衛綰，其事參見本書卷四十六〈衛綰傳〉。㉘齒未平　牙齒還沒長齊。㉙不得出關　指不能讓精壯馬匹輸出到關東諸侯國內。㉚腐　腐刑，即宮刑，殘毀人的生殖器官的刑罰。㉛未央宮　宮殿名，位於當時長安城內西南。㉜大命　指生死攸關。㉝市　買賣；交易。㉞比周　結夥營私。㉟失職　失去常理。職，常也。㊱姦法　犯法。姦，犯。㊲亡謂　即「無謂」。沒有意義。㊳疑　有疑點；有疑問。㊴文致於法　舞弄法律條文而陷人入罪。㊵不厭　不滿意；不服。㊶讞　奏讞；評議。㊷五時　古代祭祀天地五帝的五個祭壇。㊸改諸官名　改換各種官職的名稱，如：將廷尉改為大理，大行改為行人等等。㊹定鑄錢偽黃金棄市律　此前文帝五年曾允許民間私自鑄錢，此時重新制定法律禁止民間鑄錢，違者棄市。㊺雨雪　下雪。雨，下。㊻梁王　梁孝王劉武。㊼五國　原梁國被分為梁、濟川、濟東、山陽、濟陰五個王國。㊽五人　指梁王劉買、濟川王劉明、濟東王劉彭離、山陽王劉定、濟陰王劉不識。㊾宜稱　應該和他們各自的官位相稱。㊿長吏　官吏中品級和地位較高的人。(51)亡度者　沒有法度的人。(52)不吏服　不穿著官吏的服裝。(53)朱兩轓　把車子兩邊的屏障塗上朱紅色。(54)從者　跟隨的人。(55)下吏　下級吏員。(56)亡吏體　沒有官吏的體統。(57)二千石　此指郡守。(58)上上報。(59)三輔　景帝時三輔尚未出現，此或史官以後世之制以說解前朝之史。(60)不如法令者　沒有按照法律執行的人。(61)請這裡指請治其罪。(62)先是　在這之前。(63)尚輕　喜歡輕裝簡從。(64)惟　考慮。(65)奉憲失中　遵奉法令不當。失中，失當；不合適。(66)減笞法　減輕笞刑。笞，用竹木棍條鞭打人的刑罰。(67)箠　用較大的竹木板鞭打人的刑罰。(68)鴈門　郡名，轄今山西北部一帶地區。(69)武泉　縣名，在今內蒙古呼和浩特東北。(70)上郡　郡名，轄今陝西北部和內蒙古河套以南地區。(71)苑馬牧馬場中的馬。漢代設有專門養馬的牧場，稱為苑。

【語譯】景帝中元元年夏天四月，大赦天下，賞賜百姓爵位一級。封原御史大夫周苛之孫、周昌之子為列侯。

2 二年春天二月，景帝下令諸侯王去世、列侯始封與到封國去時，由大鴻臚上奏相關的諡號、誄文、策命。列侯去世以及諸侯太傅剛授官赴任時，由大行上奏相關的諡號、誄文、策命。諸侯王去世，朝廷派遣光祿大夫弔喪並向死者贈送衣服、飲食、車馬等殉葬用品，主持喪事，冊立諸侯王的繼承人。列侯去世，朝廷派遣大中大夫弔喪祭祀，主持喪事，並冊立其繼承人。他們下葬時，諸侯國可以徵發百姓牽引喪車送葬，挖穴埋土，從治墳到事情完畢不得超過三百人的規模。

3 匈奴侵入燕地。

4 把死刑中的磔改為棄市，不再施行磔刑。

5 三月，臨江王劉榮因侵占太宗廟的土地而有罪，被徵召到中尉那裡去處理，劉榮自殺。

6 夏天四月，有彗星出現在西北方。

7 立皇子劉越為廣川王，劉寄為膠東王。

8 秋天七月，更名郡守為太守，郡尉為都尉。

9 九月，景帝封原任楚、趙傅相內史卻因七國之亂而死去的四個人的兒子均為列侯。

10 這個月最後一天甲戌日，發生了日食。

11 三年冬天十一月，撤銷諸侯國御史大夫這一官職。

12 春天正月，皇太后去世。

13 夏天發生大旱，景帝下令禁止賣酒。秋天九月，發生蝗災。有彗星出現在西北方。最後一天戊戌日，發生了日食。

14 立皇子劉乘為清河王。

15 景帝中元四年春天三月，建造德陽宮。

16 御史大夫衛綰奏議請求禁止把高五尺九寸以上，牙齒還沒長齊的馬輸出關東之外。

17 夏天，發生了蝗災。

18 秋天，赦免修建陽陵罪犯的死罪，想要改為腐刑的，可以允許。

19 十月戊午，發生了日食。

20 五年夏天，冊立皇子劉舜為常山王。六月，大赦天下，賞賜百姓爵位一級。

21 秋天八月己酉這天，未央宮東闕發生了火災。

22 把諸侯的丞相更名為相。

23 九月，下詔說：「法令制度，是用來禁暴止邪的。獄訟，關係著人的生死大命，人死了就不能再復生。官吏中有人不遵奉法令，用錢財物品作交易，結為朋黨合夥謀取私利，用法苛刻以充明察，讓無罪的人也因而失去常理，我很為他們哀憐。有罪的人反而沒有伏罪，犯法做壞事，這樣做是沒有什麼意義的。今後凡是案件有疑點，即使按法律條文可以羅致罪名但卻讓人心不服的，都要上奏進行評議。」

24 六年冬天十月，景帝駕臨雍縣，對天地五帝舉行了郊祭。

25 十二月，改換了許多官職的名稱。制定法律禁止民間鑄錢，違者棄市。

26 春天三月，下雪了。

27 夏天四月，梁王劉武去世，景帝把梁國分為五個王國，立梁孝王劉武的五個兒子都為王。

28 五月，下詔說：「官吏，是民眾的師表，他們的車馬、衣服應該和他們的職位相稱。官吏在六百石以上的，都是高級官吏了，其中有不守法度的人不穿官吏的服裝，在閭里出入，和老百姓沒有差別。下令高級官吏中二千石的車兩邊的屏障都塗成朱紅色，千石至六百石的只把車左邊的屏障塗成朱紅色。坐車騎馬的隨從人員衣著和其官服不相稱的，與出入閭巷的下級官吏沒有官員體統的，由郡守查明他們的官屬並上報，京畿三輔檢舉不按照法律執行的人，都上報到丞相、御史那裡請予處置。」在這之前官吏因為有較多軍功，所以車馬服飾喜歡從輕就簡，所以現在制定相關條令加以規範。又考慮到酷吏們可能遵奉法令失當，於是景帝下詔給有關部門減輕笞刑，制定箠刑。相關內容記載在〈刑法志〉中。

29 六月，匈奴侵入鴈門郡，一直到了武泉縣，並侵入上郡，奪取了牧馬場的馬匹。與匈奴作戰而死去的官兵達二千人。

30 秋天七月辛亥這最後一天，發生了日食。

1 後元年❶春正月，詔曰：「獄，重事也。人有智愚，官有上下。獄疑者讞有司。有司所不能決，移廷尉。有令讞而後不當❷，讞者不為失❸。欲令治獄者務先寬。」三月，赦天下，賜民爵一級，中二千石諸侯相爵右庶長❹。夏，大酺五日，民得酤酒。

2 五月，地震。秋七月乙巳晦，日有蝕之。

3 條侯周亞夫下獄死。

4 二年冬十月，省徹侯之國❺。

5 春，匈奴入鴈門，太守馮敬與戰死。發車騎材官屯❻。

6 春，以歲不登，禁內郡食❼馬粟，沒入之❽。

7 夏四月，詔曰：「雕文刻鏤❾，傷農事者也；錦繡纂組❿，害女紅⓫者也。農事傷則飢之本⓬也，女紅害則寒之原⓭也。夫飢寒並至，而能亡為非⓮者寡矣。朕親耕，后⓯親桑，以奉宗廟粢盛祭服，為天下先。不受獻⓰，減太官，省繇賦，欲天下務農蠶，素⓱有畜積⓲，以備災害。彊毋攘弱⓳，眾毋暴⓴寡，老耆㉑以壽終，幼孤得遂長㉒。今歲或不登，民食頗寡，其咎安在？或詐偽為吏㉓，吏以貨賂為市，漁奪㉔百姓，侵牟㉕萬民。縣丞，長吏也，奸法與盜盜㉖，甚無謂也。其令二千石各脩㉗其職；不事官職㉘耗亂㉙者，丞相以聞㉚，請其罪。布告天下，使明知朕意。」

8 五月，詔曰：「人不患㉛其不知㉜，患其為詐也；不患其不勇，患其為暴也；不患其不富，患其亡厭㉝也。其唯廉士，寡欲易足。今訾算㉞十以上迺得官㉟，廉士算不必眾㊱。有市籍㊲不得官，無訾又不得官，朕甚愍㊳之。訾算四得官，亡令廉士久失職，貪夫長利㊴。」

9 秋，大旱。

10 三年春正月，詔曰：「農，天下之本也。黃金珠玉，饑不可食，寒不可衣，以為幣用，不識其終始㊵。間歲或不登，意為末者眾，農民寡也。其令郡國務勸農桑，益種樹㊶，可得衣食物。吏發民㊷若取庸㊸采黃金珠玉者，坐臧㊹為盜。二千石聽㊺者，與同罪。」

11 皇太子冠㊻，賜民為父後者爵一級。

12 甲子，帝崩于未央宮。遺詔賜諸侯王列侯馬二駟㊼，吏二千石黃金二斤，吏民戶百錢㊽。出宮人歸其家，復終身㊾。二月癸酉，葬陽陵㊿。

【章旨】以上記述漢景帝後元元年至去世前的重要史事。繼續貫徹省徭賦、重農桑的舉措，周亞夫下獄而死，匈奴之患未已，唯加強守邊而已。

【注釋】❶後元年　漢景帝後元年，為西元前一四三年。❷不當　不對。❸不為失　不算過錯。❹右庶長　漢代二十等爵制中的第十一級。❺省徹侯之國　撤銷讓列侯回到他們封國去的命令。省，去除。徹侯，列侯。文帝時曾下令列侯回到各自的封國去。❻發車騎材官屯　徵發戰車部隊和勇武的步兵部隊屯住在鴈門。❼食　餵養。❽沒入之　（違令者）沒收其馬匹入官府。❾雕文刻鏤　（為建築）雕刻鏤空繁複的花紋。❿錦繡纂組　（為衣服）刺繡編織彩色的圖案。⓫女紅　也作「女功」，指女子所從事的紡織等事務。⓬本　本源；根源。⓭原　即「源」。源頭；本源。⓮亡為非　不去做壞事。⓯后　皇后。⓰不受獻　不接受貢品。⓱素　平時。⓲畜積　蓄積。⓳彊毋攘弱　強大的不要奪取弱小的。攘，取。⓴暴　強暴；欺侮。㉑耆　老者。㉒遂長　成長。遂，成。㉓詐偽為吏　官吏為政欺詐。㉔漁奪　掠奪。漁，漁獵。㉕侵牟　侵奪。牟，一種吃食苗根的害蟲。㉖姦法與盜盜　犯法和盜賊一起做盜賊的事情。姦，同「奸」。犯。㉗脩　整理；整頓。㉘不事官職　在官職上不盡職。㉙耗亂　昏亂。㉚以聞　以之聞於上；上報到朝廷。㉛患　擔心；擔憂。㉜不知　不聰明；不智慧。知，同「智」。㉝亡厭　沒有滿足。亡，無。厭，滿足。㉞訾算　訾，資財。算，漢代徵收稅款，每一萬錢徵收稅一算，即一百二十七錢。㉟官　授予官職。㊱眾　多。㊲市籍　商人的戶籍。㊳愍　哀憐。㊴長利　長久地獲利。㊵終始　本末。即起源和發展。㊶益種樹　多進行種植。益，多。種樹，種植。㊷發民　徵發民眾。㊸若取庸　或者雇佣（民眾）。若，或。取庸，雇佣。㊹臧　同「贓」。贓物。㊺聽　聽任；縱容。㊻冠　進行冠禮，表示已成人。㊼二駟　八匹。一駟為四馬。㊽戶百錢　每戶百錢。㊾復終身　免除終身的賦役。㊿陽陵　在當時長安東北四十五里。

【語譯】景帝後元元年春天正月，下詔說：「獄訟，是重大的事情。人有智有愚，官有上有下。獄訟有疑點的要上報到相關部門評議。有關部門還不能決定的，就移交到廷尉。有上奏而後來發現上奏不當的，上奏的人不算有過錯。要讓他們治理獄訟就先要對他們寬容一些。」三月，大赦天下，賞賜百姓爵位一級，賞賜右庶長的爵位給中二千石和諸侯的相。夏天，特許全國民眾聚會飲酒五天，讓百姓可以賣酒。

2 五月，發生了地震。秋天七月乙巳這最後一天，發生了日食。

3 條侯周亞夫因罪下獄而死。

4 二年冬天十月，撤銷讓列侯回到封國的命令。

5 春天，匈奴侵入鴈門郡，太守馮敬與匈奴作戰而死。朝廷徵發戰車部隊和有材勇的步兵部隊屯住到鴈門。

6 春天，因為該年歉收，下令禁止各郡用粟餵馬，違者將沒收他們的馬到官府。

7 夏天四月，下詔說：「對房屋進行雕刻彩飾，將傷害農業生產；對衣服進行刺繡彩繪，將妨害女紅正事。農業生產受到傷害，是挨餓的根源，女紅正事受到妨害，是受凍的原因。挨餓受凍一起來到，而能不做壞事的人是很少的。我親自農耕，皇后親自種桑，以供奉宗廟祭祀用的穀物和衣服，先為天下做出表率。我也不接受貢品，減少官員的數量，減省傜役和賦稅，要天下都致力於農業與蠶桑，希望平時有所積蓄，以備災害。希望勢強的不要掠取勢弱的，人多的不要欺侮人少的，老年人都能終享天年，幼兒孤兒都得以成長。現在年成還有時歉收，百姓的糧食甚為缺少，過錯究竟在哪裡呢？有的人做官為政欺詐，官吏以錢財物品作為交易，魚肉和掠奪百姓，侵食天下萬民。縣丞，是高級官吏，卻犯法和盜賊一起做盜賊的事情，真是太沒有道理了。務必下令二千石的官吏各自整頓自己的職守；那些對自己職守不盡職的和庸庸昏亂之人，丞相要上報讓朝廷知曉，並對他們處罪。將這些公布告訴天下之人，使他們明確知曉我的心意。」

8 五月，下詔說：「人不怕他不聰明，就怕他做欺詐之事；不怕他不勇敢，就怕他去做暴掠之事；不怕他不富有，就怕他不知滿足。也只有廉士，才能做到寡欲且容易滿足。如今財產要十萬以上才能授予官職，廉士的財產必然沒有那麼多。有市籍的人不能授予官職，而沒錢的人又不能給他官位，我很同情這些人。以後規定財產有四萬即可授予官職，不要讓廉士長久沒有職位，而貪婪的人卻長期獲利。」

9 秋天，大旱。

10 三年春天正月，下詔說：「農業，是天下的根本。黃金珠玉，餓了不能吃，冷了不能穿，把它們作為貨幣來用，不知是怎麼回事。近來有時年成歉收，想來應該是從事工商的人太多，而從事農業的人太少。應該下令各郡國一定要致力於鼓勵農桑，多進行種植，這樣才能有衣服食物。官吏若徵發民眾或雇佣民眾開採黃金珠玉的，要按貪贓之罪論處。二千石的官吏聽任縱容的，和他們同罪。」

11 皇太子進行冠禮，朝廷賞賜百姓中凡將繼承父業的人爵位一級。

12 甲子這天，景帝在未央宮去世。留下遺詔賞賜諸侯王、列侯馬各八匹，賞賜二千石的官吏黃金二斤，賞賜一般官吏和百姓每戶百錢。放出宮女遣歸她們回家，並免除她們終身的賦役。二月癸酉這天，把景帝安葬在陽陵。

贊曰：孔子稱「斯民，三代之所以直道而行也」❶，信哉！周秦之敝，罔密文峻❷，而姦軌不勝❸。漢興，掃除煩苛❹，與民休息。至于孝文，加之以恭儉，孝景遵業，五六十載之間，至於❺移風易俗，黎民醇厚。周云成康❻，漢言文景，美矣！

【章　旨】作者這裡總結了秦、漢在統治策略上的差異，盛讚了漢文帝和景帝的恭儉和治績。

【注　釋】❶孔子稱二句　語出《論語・衛靈公》，意思是：現在的老百姓，仍然是夏、商、周三代用正直之道統治的那些老百姓。❷罔密文峻　法令條文嚴密苛刻。罔，即「網」，法網。文，法律條文。❸不勝　不可勝數。❹煩苛　繁瑣苛刻的法令。❺至於　達到。❻成康　周成王、周康王。

【語　譯】史官評議說：孔子曾說「現在的老百姓，仍然是夏、商、周三代用正直之道統治的那些老百姓」，確實是這樣啊！周代與秦代的弊端，在於法令條文嚴密苛刻，但作奸犯科之人還是不可勝數。漢興起以後，廢除那些繁瑣苛刻的法令，讓百姓休養生息。到了孝文帝，再加上為政恭敬簡樸，景帝也遵循著祖業，從漢興以來五六十年之間，達到了移風易俗的效果，百姓們淳樸厚道。周代有成康之治，漢代有文景之治，這都是歷史上值得比美的盛世！

【研　析】漢景帝劉啟三十二歲即位，在位十六年，去世時四十八歲。十六年的時間並不短，然而本篇只對景帝議定高祖、惠帝、文帝廟的禮樂、整頓吏治、平定七國之亂、強調農桑等事作了重點記載，要而不繁。作者通過這樣的記載突出了景帝為政對文帝政策的繼承與延續，頌揚了「文景之治」。然而從這些簡略的大事記中，我們還能發現景帝與文帝不同的地方：為政更顯鐵腕和強硬。也許這正是作者在〈文帝紀〉中盛稱文帝為「仁」，而在〈景帝紀〉中則盛讚景帝為「美」的原因吧。

把本篇與《史記》中的〈孝景本紀〉對比閱讀，也會發現不同的作者在有些方面的記述是有著不同旨趣的。《史記・孝景本紀》只是一些大事綱目的記錄，文不加飾，沒有載錄任何詔令，也沒有具體事件的描述，例如平定「七國之亂」這件景帝朝的大事，它只是一筆帶過。與《史記》中的其他「本紀」相比，〈孝景本紀〉

簡略得出奇。然而在簡略之中，有關彗星、雨雹、火災、大蝗、日食、日月皆赤、五星逆行、地震、大風壞城等天災異象的記錄卻又特別多。明代董份曾說〈孝景本紀〉如此寫法，史家乃「意固有在」，司馬遷或許是刻意要彰顯景帝的「君德」有虧。如景帝殺大臣鼂錯、周亞夫、臨江王劉榮，放縱軍士對七國叛軍大肆殺戮等，《史記》在相關篇章中的記述，對景帝都是頗有微辭的。班固的〈景帝紀〉則明顯不同於這種寫法，它沒有那麼多災異的記載，反而徵引許多詔令，以見景帝如何與民休息、獎勵農桑、勤儉治國，強調的是他的政績。

卷六

武帝紀第六

【題解】漢武帝劉徹是中國歷史上一位頗有作為的皇帝，他在位五十四年間（西元前一四一—前八七年）加強皇權，頒行推恩令，制定左官法，重附益之法；不拘一格選用人才；裁抑丞相職權，以近侍參與決策，形成內朝與外朝之制；征伐匈奴，通使西域，外攘「四夷」，廣置郡縣；改革幣制，官營鹽鐵，實行均輸、平準制度；重視水利，治理黃河；尊崇儒家，罷黜百家。這些措施促進了社會經濟的發展，維護了國家的統一，開創了西漢的鼎盛局面。其文治武功，彪炳史冊。司馬遷曾寫〈今上本紀〉記載武帝之事，已佚，後人取〈封禪書〉文字以補之，名〈孝武本紀〉。班固書寫本篇，內容全面，文字簡約，是反映漢武帝及其時代的重要篇章。

孝武皇帝，景帝❶中子❷也，母曰王美人❸。年四歲立為膠東❹王。七歲為皇太子，母為皇后。十六歲，後三年❺正月，景帝崩❻。甲子❼，太子即皇帝位，尊皇太后竇氏❽曰太皇太后，皇后曰皇太后。三月，封皇太后同母弟田蚡、勝❾皆為列侯❿。

【章　旨】以上簡要記載了漢武帝登基前的個人情況。

【注　釋】❶景帝　即漢景帝劉啟。在位期間實行「與民休息」政策，使得政治安定、經濟繁榮，出現了歷史上有名的「文景之治」。詳見卷五〈景帝紀〉。❷中子　排行居中的兒子。漢景帝有十三個兒子，漢武帝劉徹是他的第九個兒子。中，通「仲」。長子與少子間的諸多兒子都稱仲子。❸王美人　漢景帝的寵姬，後被立為皇后。美人，漢代妃嬪的稱號。❹膠東　諸侯國名。建都即墨（今山東平度東南）。❺後三年　指景帝後元三年（西元前一四一年）。❻崩　古代稱帝王死為「崩」，取山陵崩之意。❼甲子　甲為十天干首位，子為十二地支首位，古代以干支依次相配以紀日，如甲子、乙丑等。下同。此甲子日為正月二十七日。❽竇氏　漢文帝之妻、漢武帝劉徹的祖母，好黃老之術。❾田蚡勝　皆為漢景帝王皇后同母異父弟。王皇后之母臧兒，初嫁王氏，生男信及兩女（王皇后及其姊），後改嫁田氏，生男蚡、勝。武帝即位後，封田蚡為武安侯，拜太尉，後遷丞相。田蚡好儒術，任官驕橫專斷。卷五十二有傳。❿列侯　爵位名。是當時二十等爵制的最高一級。本稱「徹侯」，因避漢武帝劉徹之諱，改稱「通侯」，也稱「列侯」。

【語　譯】漢武帝劉徹是漢景帝排行居中的兒子，母親是王美人。他四歲時被封為膠東王。七歲時被立為皇太子，母親做了皇后。他十六歲時，即景帝後元三年正月，景帝去世。正月二十七甲子日，太子劉徹登上皇位，尊稱皇太后竇氏為太皇太后，皇后為皇太后。三月，封皇太后的同母弟田蚡、田勝為列侯。

1　建元❶元年冬十月，詔❷丞相❸、御史❹、列侯、中二千石❺、二千石❻、諸侯相❼舉賢良方正❽直言極諫❾之士。丞相綰❿奏：「所舉賢良，或⓫治申⓬、商⓭、韓非⓮、蘇秦⓯、張儀⓰之言，亂國政，請皆罷。」奏可⓱。

2 春二月，赦天下，賜民爵⑱一級。年八十復二算⑲，九十復甲卒⑳。行三銖錢㉑。

3 夏四月己巳，詔曰：「古之立教，鄉里㉒以齒㉓，朝廷以爵，扶世導民，莫善於德。然則㉔於鄉里先耆艾㉕，奉高年，古之道也。今天下孝子順孫願自竭盡以承其親，外迫公事，內乏資財，是以孝心闕㉖焉。朕甚哀之。民年九十以上，已有受鬻法㉗，為復子若㉘孫，令得身帥㉙妻妾遂㉚其供養之事。」

4 五月，詔曰：「河海潤千里，其㉛令祠官㉜脩山川之祠㉝，為歲事㉞，曲加禮㉟。」

5 赦吳楚七國㊱帑輸在官者㊲。

6 秋七月，詔曰：「衛士轉置送迎二萬人㊳，其省㊴萬人。罷苑馬㊵，以賜貧民。」

7 議立明堂㊶。遣使者安車㊷蒲輪㊸，束帛加璧，徵魯申公㊹。

8 二年冬十月，御史大夫趙綰坐㊺請毋㊻奏事太皇太后，及郎中令㊼王臧皆下獄，自殺。丞相嬰㊽、太尉㊾蚡免。

9 春二月丙戌朔㊿，日有蝕之(51)。夏四月戊申，有如日夜出。

10 初置茂陵邑(52)。

11 三年春，河水(53)溢于平原(54)，大饑(55)，人相食。

12 賜徙茂陵者戶錢二十萬，田二頃。初作便門橋(56)。

13 秋七月，有星孛于西北。

14 濟川[57]王明坐殺太傅[58]、中傅[59]廢遷防陵[60]。

15 閩越圍東甌[61]，東甌告急。遣中大夫[62]嚴助[63]持節[64]發會稽[65]兵，浮海救之。未至，閩越走，兵還。

16 九月丙子晦[66]，日有蝕之。

17 四年夏，有風赤如血。六月，旱。秋九月，有星孛于東北。

18 五年春，罷三銖錢，行半兩錢。

19 置五經博士[67]。

20 夏四月，平原君[68]薨[69]。

21 五月，大蝗[70]。

22 秋八月，廣川[71]王越[72]、清河[73]王乘[74]皆薨。

23 六年春二月乙未，遼東[75]高廟[76]災。夏四月壬子，高園便殿[77]火[78]。上素服[79]五日。

24 五月丁亥，太皇太后崩。

25 秋八月，有星孛于東方，長竟天[80]。

26

閩越王郢攻南越81。遣大行82王恢將兵出豫章83，大司農84韓安國85出會稽，擊之。未至，越人殺郢降，兵還。

【章　旨】以上記載武帝建元年間詔舉賢良方正直言極諫之士，置五經博士等重要史事。

【注　釋】❶建元　漢武帝以前，帝王紀年只有年數。從漢武帝起，始用年號紀年。建元為漢武帝的第一個年號。❷詔　皇帝的命令。❸丞相　官名。古代中央政權的最高行政長官，協助皇帝處理國家政務。❹御史　即御史大夫。官名。秦漢時是僅次於丞相的中央最高長官之一，與丞相、太尉合稱三公。主要職責為監察、執法，兼掌重要圖籍文書。❺中二千石　漢代官吏級別，亦為漢代俸祿等級。漢制，官吏級別為中二千石者，一年的俸祿為二千一百六十石（月俸一百八十斛穀）。中，滿。❻二千石　漢代官職級別，亦為漢代俸祿等級，低於中二千石，一年的俸祿為一千四百四十石（月俸一百二十斛穀）。❼諸侯相　掌管諸侯國軍政大權的高級官員。漢代各諸侯王國的相均由中央選派。❽賢良方正　指有德才，品行端平正直的人。漢代自文帝開始，曾下詔設賢良方正（或稱賢良文學）這一科目，以選拔人才，詢訪政治得失。❾直言極諫　漢代選拔人才的科目之一。❿綰　衛綰。以車技雜戲得寵於文帝。景帝時任河間王太傅。後平吳楚七國之亂有功，不久任丞相。武帝初立，仍任舊職，後因不稱職被免官。本書卷四十六有傳。⓫或　有的。⓬申　指申不害，鄭國人，戰國時思想家。韓國滅鄭國後，被韓昭侯任為相。治黃老刑名之學，其政治主張歸結為一個「術」字，所謂「術」，就是一套駕馭臣下、統治民眾的權術。為相期間，內修政教，外應諸侯，使得國治兵強。⓭商　商鞅。姬姓，公孫氏，名鞅。衛國公族，故又稱「衛鞅」。因封於商（今陝西商縣東南），號為商君。秦孝公時，主持秦國變法，廢井田，開阡陌，獎勵耕戰，推動了生產力的發展，使秦國富強。後遭車裂而死。⓮韓非　戰國末期法家代表人物。原為韓國公族，與李斯同為荀卿的學生。曾多次勸韓王變法，未被採納。後秦王嬴政慕名邀他來秦，在秦遭李斯陷害，冤死獄中。⓯蘇秦　戰國時縱橫家。以「合縱」之策說服韓、趙、魏、齊、燕等國合縱反秦，被趙王封為武安君。後在齊國遭車裂而死。⓰張儀　戰國時縱橫家。遊說於趙、東周，皆不用，遂入秦，為惠王重用。以「連橫」之策遊說六國服從於秦，被秦惠王拜為相，封為武信君。⓱奏可　同意衛綰之奏。⓲賜民爵　漢制，每逢新皇帝登位或朝廷舉行重大慶典時，賜給民戶的家長一級爵位，以示施恩於民、普天同慶之意。但最高不超過五大夫（二十等爵制的第九級)。漢時爵位可以買賣，還可用來贖罪免賦。⑲八十復二算　指家有八十歲以上老人者，可免去兩個人的算賦，即免稅二百四十文。復，免除賦稅或徭役。二算，兩口人的算賦。漢制，年十五歲以上至五十六歲的人丁，均須交納賦稅。每人每年一算(一百二十文錢)。⑳九十復甲卒　指家裡有九十歲以上老人，可免除軍賦。顏師古注引張晏曰：「復甲卒，不豫革車之賦也。」甲卒，漢代軍賦名。㉑三銖錢　漢代貨幣名。秦時以半兩錢(二十四銖為一兩，半兩即十二銖)為全國統一貨幣。漢初因銅料缺乏，令民改鑄三銖錢，仍稱「半兩錢」。由於允許百姓私鑄，錢愈鑄愈輕，稱為「榆莢錢」。呂后二年(西元前一八六年)改鑄八銖錢，至文帝時又改鑄四銖錢，並允許百姓仿鑄。這裡指毀四銖錢造三銖錢。㉒鄉里　古代地方基層組織。縣下設鄉，鄉下設里。這裡代指民間。㉓齒　年齒；年歲。㉔然則　這是代詞「然」與連詞「則」組合成的一個連詞性結構。然，肯定前事。則，引出後事。其意是「(既然)這樣……那麼」。㉕耆艾　對老年人的尊稱。年六十稱耆，五十稱艾。㉖闕　通「缺」。㉗受鬻法　官府給米粟以為粥之法。鬻，通「粥」。㉘若　或。㉙帥　通「率」。㉚遂　完成。㉛其　副詞。表示語氣。這裡表示的是希望、勸勉、命令等祈使語氣，意為「希望」、「要」。㉜祠官　掌祭祀、祠廟官的泛稱。㉝山川之祠　山神河神的祭祀。祠，通「祀」。㉞歲事　歲以為常事。㉟曲加禮　厚施祭禮。指增加祭品，提高祭禮的規格。㊱吳楚七國　指漢初分封的吳、楚等七個諸侯王國。景帝前元三年(西元前一五四年)，吳王劉濞等七國以誅鼂錯為名，發動叛亂。朝廷派太尉周亞夫等領兵征討，平定了七國叛亂。㊲帑輸在官者　妻子兒女沒入為官奴婢者。指七國叛亂分子的妻子兒女因受株連而被沒入官府為奴。帑，妻子兒女。㊳轉置送迎二萬人　顏師古注曰：「去故置新，常二萬人。」㊴省　減省；裁減。㊵罷苑馬　顏師古注曰：「養馬之苑，舊禁百姓不得芻牧采樵，今罷之。」罷，停止。引申為撤消。㊶明堂　古代天子宣明政教之所，凡朝會、祭祀、慶賞、選士、養老、教學等大典均於其中舉行。㊷安車　一種可以坐乘的小車。古代乘車一般為立乘，這種車坐乘，故稱安車。高官告老或徵召有重望的人，往往賜乘安車。㊸蒲輪　用蒲草裹輪，使車行走時減少震動。古代徵聘賢士時常用，以示禮敬。㊹申公　名培，魯國人。以研究《詩經》著名。㊺坐　特指辦罪的因由。㊻毋　不；不要。㊼郎中令　官名。漢承秦置，漢武帝太初元年(西元前一〇四年)更名為光祿勳。為宿衛侍從首領，兼皇帝的顧問參議，位列九卿。㊽嬰　竇嬰。竇太后姪子，因平定七國之亂有功，被封為魏其侯。武帝時與灌夫一同被田蚡誣殺。本書卷五十二有傳。㊾太尉　官名。全國最高軍事長官。與丞相、御史大夫合稱「三公」。武帝時廢太尉而置大司馬，冠以將軍之號，常授予掌權輔政的外戚。㊿朔　農曆每月初一日。(51)日有蝕之　有日食現象。古人迷信，以為日食現象是凶兆，所以特別重視而加以記載。(52)茂陵邑　建元二年(西元前一三九年)，置茂陵邑(今陝西興平東北)，移民於茂陵周圍。茂陵，漢武帝的陵墓，在其生前便開始建造。(53)河水　古代專指黃河。稱「河」或「河水」。(54)平原　縣名。在今山東平原西南。(55)大饑　發生大饑荒。(56)便門橋　橋名。在當時漢都城長安（今陝西西安西北）西北渭水上，以便赴往茂陵。(57)濟川　王國名。建都濟陽（今河南蘭考東北）。(58)太傅　官名。這裡指諸侯王太傅，職掌輔導諸侯王。(59)中傅　官名。由宦官擔任，為諸侯王的顧問，出入王宮，在王左右。(60)防陵　即房陵。縣名。在今湖北房縣。(61)閩越圍東甌　閩越、東甌皆為部族名，為越人。漢高祖立句踐的後代無諸為閩越王，建都東冶（今福建福州）。惠帝時又立句踐的後代繇為東海王，建都東甌（今浙江溫州）。吳楚七國叛亂時，吳王劉濞敗走東甌，被越人所殺。濞子劉駒逃往閩越，欲替父報仇，勸閩越攻擊東甌。(62)中大夫　官名。為九卿之一郎中令屬官，掌論議。(63)嚴助　本姓莊，後因避東漢明帝劉莊之名諱改為嚴。武帝時舉賢良，提拔為中大夫，又升為會稽太守，深得武帝重用。後因與淮南王劉安有私交而獲罪被殺。本書卷六十四有傳。(64)節　符節。古時傳達命令、調動兵馬等用的憑證。(65)會稽　郡名。治吳縣（今江蘇蘇州）。(66)晦　農曆每月最末的一天。(67)五經博士　官名。漢武帝建元五年（西元前一三六年）初置。博士作為官號始於戰國。秦代博士掌通古今，漢《五經》博士執掌傳授儒家《五經》。五經，指《詩》、《書》、《禮》、《易》、《春秋》這五部儒家經典。這些典籍中保存有中國古代豐富的歷史資料。(68)平原君　王太后之母、武帝外祖母臧兒的封號。(69)薨　古代稱諸侯死為「薨」。(70)大蝗　嚴重的蝗災。(71)廣川　諸侯國名。建都信都（今河北冀州）。(72)越　景帝之子劉越。本書卷五十三有傳。(73)清河　諸侯國名。建都清陽（今河北清河東南）。(74)乘　景帝之子劉乘。本書卷五十三有傳。(75)遼東　郡名。治襄平（今遼寧遼陽）。(76)高廟　高帝劉邦之廟。(77)便殿　帝王休息宴遊的別殿，與正殿相對而言。(78)火　古人指人為引起的火災。(79)素服　白色的衣服。(80)竟天　橫貫天空。這裡指彗星發出的光芒很長。竟，窮；終。(81)南越　部族名。是古代南方越人的一支，主要分布在今兩廣地區，秦代於其地設三郡，秦亡後趙佗自立為南越王，後臣服漢朝。武帝時滅之並於其地設九郡。(82)大行　即大行令。官名，為九卿之一。掌諸王列侯與內附部族之封拜、朝聘、宴饗、郊迎之禮儀。武帝太初元年（西元前一〇四年）更名大鴻臚。(83)豫章　郡名。治南昌（今江西南昌）。(84)大司農　官名。秦代稱「治粟內史」，景帝後元年（西元前一四三年）改稱「大農令」，武帝太初元年（西元前一〇四年）改稱「大司農」。掌管租稅錢穀鹽鐵等事。(85)韓安國　初事梁孝王，武帝時任大司農、御史大夫等職。

【語　譯】建元元年冬季十月，下詔書給丞相、御史大夫、列侯、中二千石官員、二千石官員、諸侯國相，要他們推薦德才兼備、品行正直、敢於直言進諫的人士。丞相衛綰上奏說：「各地所推薦的賢良，有的人研究申不害、商鞅、韓非、蘇秦、張儀的理論，擾亂國政，請一律罷免。」奏章被批准了。

2 春季二月，大赦天下，賜給民戶的家長爵位一級。家裡有年紀到八十歲的老人，可免除兩口人的算賦，家裡有九十歲的老人，可免除軍賦。推行三銖錢。

3 夏季四月初九己巳日，下詔說：「古時樹立教化，民間按年歲大小，朝廷按爵位高低，扶助世道，引導人民，沒有比德行更好的了。既然這樣，那麼在民間禮讓老人、尊敬長者就是符合古道的。如今天下的孝子順孫願意盡力來敬奉他們的父母，但外為公事所迫，內又缺乏資財，因此對長輩缺少孝心。我很哀憐他們。百姓年紀在九十歲以上的，已有受鬻法，為他們免除兒子或孫子的徭役，使他們的子孫能帶領妻妾完成供養之事。」

4 五月，下詔說：「河海滋潤千里土地，令祠官舉行山川諸神的祭祀，為歲之常事，並厚施祭禮。」

5 赦免吳楚七國叛亂分子被沒入官府為奴的家屬。

6 秋季七月，下詔說：「衛士復員入伍、輪換更新，常員為二萬人，裁減一萬人。撤銷養馬的宮苑，將土地賞賜給貧民。」

7 討論設立明堂的事。派遣使者帶著輪子裹了蒲草的車及絲帛玉璧等，去徵召魯國申公。

8 建元二年冬季十月，御史大夫趙綰因奏請皇上不要向太皇太后報告請示政事而獲罪，和郎中令王臧一起被關入監獄自殺了。丞相竇嬰、太尉田蚡被免除職務。

9 春季二月初一丙戌日，發生了日食。夏季四月初三戊申日，有像太陽夜間出現的現象發生。

10 開始設置茂陵邑。

11 建元三年春季，黃河洪水氾濫於平原縣，發生大饑荒，出現人吃人的現象。

12 賞賜遷徙到茂陵的人家每戶二十萬錢，田二頃。開始修建便門橋。

13 秋季七月，有彗星出現在西北方。

14 濟川王劉明因殺死太傅和中傅，被廢黜放逐到防陵。

15 閩越圍攻東甌，東甌告急。朝廷派中大夫嚴助帶著符節調動會稽郡軍隊，渡海救援東甌。救兵沒到達，閩越人就敗逃了，於是兵馬撤回。

16 九月最後一天丙子日，發生了日食。

17 建元四年夏季，有風像血一樣紅。六月，發生乾旱。秋季九月，有彗星出現在東北方。

18 建元五年春季，取銷三銖錢，推行半兩錢。

19 設置《五經》博士。

20 夏季四月，平原君去世。

21 五月，發生嚴重蝗災。

22 秋季八月，廣川王劉越、清河王劉乘都去世。

23 建元六年春季二月乙未日，遼東郡的高祖廟發生火災。夏季四月壬子日，高祖陵園的便殿失火。皇上為此穿白衣五天以示戒惕。

24 五月二十六丁亥日，太皇太后竇氏去世。

25 秋季八月，有彗星出現在東方，光芒長貫天空。

26 閩越王郢進攻南越。朝廷派大行令王恢率兵從豫章郡出發，大司農韓安國從會稽郡出發，進攻閩越軍。大軍未到，越人殺死閩越王郢前來投降，於是軍隊撤回。

1 元光❶元年冬十一月，初令郡國舉孝廉❷各一人。

2 衛尉❸李廣❹為驍騎將軍❺屯雲中❻，中尉❼程不識為車騎將軍屯鴈門❽，六月罷。

3 夏四月，赦天下，賜民長子爵一級。復七國宗室前絕屬者⑨。

4 五月，詔賢良曰：「朕聞昔⑩在唐虞⑪，畫象⑫而民不犯，日月所燭⑬，莫不率俾⑭。周之成康⑮，刑錯⑯不用，德及鳥獸，教通四海。海外肅昚⑰，北發⑱渠搜⑲，氐羌⑳徠㉑服。星辰不孛，日月不蝕，山陵不崩，川谷不塞；麟鳳㉒在郊㉓藪㉔，河洛出圖書㉕。嗚虖㉖！何施而臻㉗此與！今朕獲奉宗廟㉘，夙興㉙以求，夜寐㉚以思，若涉淵水㉛，未知所濟。猗與偉與㉜！何行而可以章㉝先帝之洪業㉞休德㉟，上參㊱堯舜，下配三王㊲！朕之不敏，不能遠德㊳，此子大夫㊴之所睹聞也。賢良明於古今王事之體，受策察問㊵，咸㊶以書對，著之於篇㊷，朕親覽焉。」於是董仲舒㊸、公孫弘㊹等出焉。

5 秋七月癸未，日有蝕之。

6 二年冬十月，行幸㊺雍㊻，祠五畤㊼。

7 春，詔問公卿㊽曰：「朕飾子女以配單于㊾，金幣文繡㊿賂(51)之甚厚，單于待命加嫚(52)，侵盜(53)亡(54)已。邊境被害，朕甚閔(55)之。今欲舉兵攻之，何如？」大行王恢建議宜擊。夏六月，御史大夫韓安國為護軍將軍，衛尉李廣為驍騎將軍，太僕(56)公孫賀為輕車將軍，大行王恢為將屯將軍，太中大夫(57)李息為材官將軍，將三十萬眾屯馬邑(58)谷中，誘致單于，欲襲擊之。單于入塞，覺之，走出。六月，軍罷。將軍王恢坐首謀不進(59)，下獄死。

秋九月，令民大酺五日(60)。

三年春，河水徙(61)，從頓丘(62)東南流入渤海。

夏五月，封高祖功臣五人後為列侯。

河水決濮陽(63)，氾(64)郡十六。發卒十萬救決河。起龍淵宮(65)。

四年冬，魏其侯竇嬰有罪，棄市(66)。

春三月乙卯，丞相蚡薨。

夏四月，隕(67)霜殺草。五月，地震。赦天下。

五年春正月，河間(68)王德薨。

夏，發巴蜀(69)治南夷道(70)，又發卒萬人治鴈門阻險(71)。

秋七月，大風拔木。

乙巳，皇后陳氏(72)廢。捕為巫蠱(73)者，皆梟首(74)。

八月，螟(75)。

徵吏民有明當時之務、習先聖之術者，縣次續食(76)，令與計偕(77)。

21 六年冬，初算商車[78]。

22 春，穿[79]漕渠[80]通渭[81]。

23 匈奴[82]入上谷[83]，殺略吏民。遣車騎將軍衛青[84]出上谷，騎將軍公孫敖出代[85]，輕車將軍公孫賀出雲中，驍騎將軍李廣出鴈門。青至龍城[86]，獲首虜七百級。廣、敖失師而還。詔曰：「夷狄[87]無義，所從來久。間者[88]匈奴數寇[89]邊境，故遣將撫師[90]。古者治兵振旅[91]，因遭虜之方入，將吏新會[92]，上下未輯[93]，代郡將軍敖、鴈門將軍廣所任不肖[94]，校尉[95]又背義妄行，棄軍而北[96]，少吏[97]犯禁。用兵之法：不勤不教，將率[98]之過也；教令宣明，不能盡力，士卒之罪也。將軍已下廷尉[99]，使理正之[100]，而又加法於士卒，二者並行，非仁聖之心。朕閔眾庶陷害，欲刷[101]恥改行，復奉正義，厥路亡繇[102]。其赦鴈門、代郡軍士不循[103]法者。」

24 夏，大旱，蝗。

25 六月，行幸雍。

26 秋，匈奴盜[104]邊。遣將軍韓安國屯漁陽[105]。

【章旨】以上記載武帝元光年間初令郡國舉孝廉，詔賢良對策，祠五時，初擊匈奴等重要史事。

【注　釋】❶元光　因上一年八月出現長星，故改元元光。❷孝廉　漢代選拔官吏的兩個科目，後漸合為一，與賢良同由各郡國守相在所轄吏民中舉薦，以孝順父母、清廉方正作為標準。❸衛尉　官名。漢承秦置，為九卿之一，掌管宮門警衛。❹李廣　西漢名將。以勇敢善戰著稱，匈奴稱之為「飛將軍」，數年不敢犯界。卷五十四有傳。❺驍騎將軍　和下文的車騎將軍、將屯將軍、護軍將軍等，都是將軍名號。❻雲中　郡名。治雲中（今內蒙古托克托東北）。❼中尉　官名。掌管京城治安，兼主北軍。❽鴈門　郡名。治善無（今山西右玉南）。❾復七國句　恢復吳楚七國叛王後代的宗室名籍。七國，指景帝時發動叛亂的吳楚等七國。宗室，皇族。前絕屬者，指參與叛亂的諸侯王及其後嗣因牽連叛亂而被皇族除名。武帝特恩准將他們重新登上皇族的名冊。❿昔　以前；往日。⓫唐虞　傳說中古代部落聯盟領袖陶唐氏（堯帝）和有虞氏（舜帝）的合稱。陶唐氏即唐堯，名放勳。有虞氏即虞舜，名重華。當時實行禪讓制，堯傳位於舜。堯舜都是儒家稱道的聖明君主，所以常常「唐虞」或「堯舜」連稱。⓬畫象　相傳堯舜時代，對犯法者不施肉刑，只在他們的服飾上按犯罪情節的輕重畫出特殊的標記圖象，以示懲戒，稱為「畫象」。⓭燭　照。⓮率俾　顏師古注曰：「率，循也。俾，使也。言皆循其貢職而可使也。」⓯成康　指周成王和周康王父子。成康之際，天下安寧，刑罰四十多年不用，被稱為周朝的鼎盛之世。⓰刑錯　刑具放置不用，指不用刑拷打。錯，同「措」。放置；棄置。⓱肅昚　即肅慎。古代部族名。商、周時，分布在今長白山北及黑龍江、松花江流域。昚，通「慎」。⓲發　徵發。⓳渠搜　古國名。西戎之國。⓴氐羌　皆為古部族名。主要分布在今西北地區及四川。㉑徠　通「來」。㉒麟鳳　麒麟和鳳凰。麒麟和鳳凰都是傳說中的吉祥之物。㉓郊　野外。㉔藪　大澤；湖澤。㉕河洛出圖書　出自《周易・繫辭上》。意為：上古之時，有龍馬出自黃河，背負圖形；有神龜出自洛水，背負有圖。伏羲依河圖畫有八卦，大禹依洛書制定「九疇」。㉖嗚虖　感歎詞。虖，通「乎」。㉗臻　達到。㉘宗廟　帝王、諸侯祭祀祖先的場所。古代帝王把天下據為一家所有，世代相傳，故以宗廟作為皇室、國家的代稱。㉙夙興　早起。夙，早。㉚夜寐　晚睡。夙興和夜寐都形容勤奮不懈。㉛淵水　深潭之水。㉜猗與偉與　顏師古注曰：「猗，美也。偉，大也。與，辭也。言美而且大也。」與，通「歟」。㉝章　顯明。引申為發揚。㉞洪業　宏偉的事業。洪，大。㉟休德　美德。休，美。㊱參　並列。㊲三王　夏、商、周三代開國之王，指夏禹、商湯、周文王與周武王。㊳不能遠德　顏師古注曰：「言德不及遠也。」㊴子大夫　大夫的美稱。漢代，對沒有大夫官位的男子，也可用「子大夫」或「大夫」作為尊美之稱。㊵受策察問　即策問，也叫對策。天子拿政事或經義設問，問題寫在簡冊上，讓人按問對答，叫做策問，又叫對策（以天子言為策問，以應對者言為對策）。㊶咸　都。㊷篇　竹簡。㊸董仲舒　西漢時期著名哲學家、經學大師，著有《春秋繁露》等書。武帝採納其「廢黜百家，獨尊儒術」之議，開此後兩千餘年以儒學為正統的先河。本書卷五十六有傳。㊹公孫弘　西漢大臣，因通經學、兼習文法吏事深得武帝賞識，數年間從平民升至丞相。本書卷五十八有傳。㊺幸　封建時代稱皇帝親臨為「幸」。㊻雍　縣名。在今陝西鳳翔南。㊼五時　當時祭祀五帝的五個壇址。分別祭祀古代傳說中主管東南西北中五方的青帝、赤帝、白帝、黑帝、黃帝這五位天帝。舊址在今陝西鳳翔南。㊽公卿　三公九卿。這裡泛指朝廷高級官員。㊾單于　匈奴最高首領的稱呼。㊿文繡　繡有花紋的絲織品或衣服。文，花紋。51賂　贈送財物。52嫚　輕視；侮辱。53侵盜　侵犯掠奪。54亡　通「無」。55閔　憐憫；憂慮。56太僕　官名。掌管皇帝輿馬及畜牧事務。是「九卿」之一。57太中大夫　官名。為九卿之一郎中令（光祿勳）屬官，掌議論。58馬邑　縣名。在今山西朔縣。59首謀不進　指為首倡議進攻，臨戰卻不進擊。60大酺五日　特許百姓聚飲五天。酺，古代官府特許的表示歡慶的聚會飲酒。61徙　遷移。這裡指黃河改道。62頓丘　縣名。在今河南清豐西南。63濮陽　縣名。在今河南濮陽西南。64氾　氾濫。氾，同「泛」。65龍淵宮　宮殿名。在當時長安城西。因宮殿有銅鑄飛龍而得名。66棄市　古代在鬧市執行死刑，陳屍街頭示眾，表示為人所棄，稱作「棄市」。67隕　降落；落下。68河間　諸侯國名。建都樂成（今河北獻縣東南）。69巴蜀　巴郡和蜀郡的合稱。巴，郡名。治江州（今重慶嘉陵江北岸）。蜀，郡名。治成都（今四川成都）。70治南夷道　修築南夷道。南夷道，大致自今四川宜賓，沿橫江而南，經雲南昭通、貴州威寧，過北盤江到曲靖。71阻險　指在地勢險要處所設的關防。72陳氏　即陳阿嬌。漢文帝長女劉嫖的女兒，被漢武帝立為皇后，後被廢。本書卷九十七有傳。73巫蠱　古代迷信，稱巫師使用邪術加禍於人為巫蠱。74梟首　斬首懸而示眾。75螟　螟災。指因螟蟲蛀食農作物引起的災害。76縣次續食　所經過的各縣供給食宿。續，據王先謙《漢書補注》考證，當作「給」。77與計偕　與送計簿的使者一道來京。計，計簿。是記載地方行政區戶口、賦稅的簿籍。按漢朝規定，郡國守相每年十月派人到京呈送本年度的計簿向朝廷彙報。偕，俱。78初算商車　開始向商賈的車船徵稅。規定每輛車收二算（一算一百二十錢）。長五丈以上的船收一算。79穿　鑿通。引申為挖掘。80漕渠　運河。漕，水道運物。81渭　渭河。黃河主要支流之一。是當時關中的漕運要道。82匈奴　北方部族名，也稱「胡」。戰國時活動於長城以北地區，秦漢之際，匈奴勢力強大，戰勝了周圍很多部族，統一了大漠南北廣大地區。漢初，匈奴不斷侵擾漢朝的北部邊境，武帝時期經過大規模的征伐匈奴的戰爭，匈奴勢力逐漸衰弱。83上谷　郡名。治沮陽（今河北懷來東南）。84衛青　衛皇后之弟。初為平陽公主家奴，後為武帝重用，官至大將軍，封長平侯。曾七次出擊匈奴，屢立戰功，安定了北邊諸郡。本書卷五十五有傳。85代　郡名。治代縣（今河北蔚縣東北）。86龍城　匈奴地名。是匈奴大會各部酋長和祭祀祖先與天地鬼神的處所。87夷狄　泛指四方各部族。88間者　近來。89寇　劫取；侵犯。90撫師　領兵出征。

師，軍隊。91治兵振旅　古代軍隊出戰叫治兵，回師稱振旅。這裡指軍隊訓練有素。92新會　剛剛會合。93輯　和睦；協調。94不肖　與「賢」相對，指不賢，不成才。95校尉　武官員。職位低於將軍。96北　敗逃。97少吏　小吏。這裡指低級軍官。98將率　將帥。率，通「帥」。99下廷尉　交付給廷尉處理。廷尉，官名。掌刑辟。為「九卿」之一。100使理正之　依法懲處。理，法。101刷　顏師古注曰：「刷，除也。」102厥路亡繇　顏師古注曰：「一陷重刑，無因復從正道也。」厥，其。亡，通「無」。繇，通「由」。103循　顏師古注曰：「循，從也，由也。」104盜　劫掠。105漁陽　郡名。治漁陽（今北京密雲西南）。

【語譯】元光元年冬季十一月，開始下令各郡、諸侯國舉薦孝、廉各一人。

2 衛尉李廣任驍騎將軍屯駐雲中郡，中尉程不識任車騎將軍屯駐鴈門郡，六月撤兵。

3 夏季四月，大赦天下，賜給百姓每戶的長子爵位一級。恢復吳楚七國叛王後代的宗室名籍。

4 五月，下詔給賢良們說：「我聽說從前在唐堯、虞舜時代，在犯法者的服飾上按犯罪情節的輕重畫出特殊的標記圖象，以示懲戒，老百姓就不犯法，日月照得到的地方，沒有不服從的。周朝的成王康王時代，刑罰擱置不用，他們的恩德施及鳥獸，教化通達四海。遠到肅眘，北方可以徵發役使渠搜國，氐族羌族也來歸服。那時，星辰不反常，日月不虧食，山陵不崩塌，河谷不阻塞；麒麟、鳳凰出現於郊野湖澤，河圖、洛書出現在黃河洛河。啊！用什麼辦法能達到如此的境地呢！如今我獲得管理國家的機會，早起晚睡，不懈追求，努力思考，如同面臨深深的潭水，不知怎樣才能渡過。先帝的功業真是壯偉啊！怎樣做才能發揚先帝的偉業和美德，從而能上與堯舜並列，下可與三王相配呢！我生性不聰敏，不能將德政布施到遠方，這些都是各位大夫所耳聞目睹的。各位賢良明瞭古今帝王事業的體制，回答策問，都要用文字作答，寫在竹簡上，我要親自閱讀它。」董仲舒、公孫弘等人便出現了。

5 秋季七月癸未日，發生了日食。

6 元光二年冬季十月，武帝駕臨雍縣，在五時祭祀天帝。

7 春季，下詔徵詢公卿大臣的意見說：「我將梳妝打扮好的女兒許配給匈奴單于，饋贈的金錢財物和錦繡衣服十分豐厚，可單于對待我的命令卻更加輕慢，侵擾搶奪不止。邊境地區受到危害，我很憐憫邊境地區的百姓。如今打算興兵攻擊匈奴，怎麼樣？」大行令王恢提議應當出擊。夏六月，御史大夫韓安國為護軍將軍，衛尉李廣為驍騎將軍，太僕公孫賀為輕車將軍，大行令王恢為將屯將軍，太中大夫李息為材官將軍，率領三十萬兵馬駐紮在馬邑谷中，想要引誘單于到來，對匈奴進行襲擊。單于進入邊塞，發覺漢軍的計謀，逃走了。六月，漢軍撤兵。將軍王恢因首倡反擊而臨戰不進獲罪，被下獄處死。

8 秋季九月，特許百姓相聚大飲五天。

9 元光三年春季，黃河改道，從頓丘向東南流入勃海。

10 夏季五月，封高祖時五位功臣的後代為列侯。

11 黃河洪水沖決濮陽境內堤岸，氾濫十六郡。朝廷調派十萬士兵搶救洪水沖決的堤岸。建造龍淵宮。

12 元光四年冬季，魏其侯竇嬰有罪，在鬧市被處死，陳屍街頭示眾。

13 春季三月十七乙卯日，丞相田蚡去世。

14 夏季四月，天降大霜凍死草木。五月，發生地震。大赦天下。

15 元光五年春季正月，河間王劉德去世。

16 夏季，朝廷徵調巴、蜀兩郡民夫修築南夷道，又派士兵一萬人修建雁門關塞。

17 秋季七月，狂風將樹木連根拔起。

18 七月十四乙巳日，皇后陳氏被廢黜。逮捕進行巫蠱活動的人，將他們統統斬首，並懸首示眾。

19 八月，發生螟災。

20 朝廷徵召官吏和百姓中明瞭當今政務和研習先聖學問的人，讓他們與各地送計簿的使者一道來京，由沿途各縣供給食宿。

21 元光六年冬季，開始對商賈的車船徵稅。

22 春季，開鑿運河與渭河相連。

23 匈奴侵入上谷郡，虜殺官吏百姓。朝廷派車騎將軍衛青從上谷郡出擊，騎將軍公孫敖從代郡出擊，輕車將軍公孫賀從雲中郡出擊，驍騎將軍李廣從雁門郡出擊。衛青到達龍城，斬獲敵人首級七百。李廣、公孫敖丟了軍隊回來。武帝下詔說：「夷狄各族不講信義，由來已久。近來匈奴多次侵犯邊境，所以派將領兵出征。古時治軍嚴明，訓練有素，此次出兵，因為剛遭敵軍侵擾，我軍將領軍吏剛剛會合，上下關係還未協調，代郡將軍公孫敖、雁門郡將軍李廣不稱職，校尉們又背信棄義，擅自行動，丟下軍隊敗逃，下級軍官違犯禁令。用兵法則說：訓練不勤、管教不嚴是將帥的過失；教令宣講明白，不能盡心竭力，是士兵的罪過。有關將軍已交給廷尉審理，依法論處，而對士兵也加以法辦，官兵同受懲罰，不是仁慈聖明之心。我憐憫士兵們被陷害連累，即使想要洗刷恥辱、改變行為、重新奉行正義，也沒有出路。茲赦免雁門郡和代郡違反軍法的士兵。」

24 夏季，大旱，發生蝗災。

25 六月，武帝駕臨雍縣。

26 秋季，匈奴劫掠邊境。朝廷派將軍韓安國駐守漁陽郡。

1 元朔❶元年冬十一月，詔曰：「公卿大夫，所使總方略❷，壹❸統類❹，廣教化，美風俗也。夫本仁祖義❺，褒德祿賢❻，勸善刑暴❼，五帝❽三王所繇昌也。朕夙興夜寐，嘉與宇內之士臻於斯路。故旅耆老❾，復孝敬，選豪俊，講文學❿，稽參⓫政事，祈進民心。深詔執事⓬，興廉舉孝，庶幾成風，紹休聖緒⓭。夫十室之邑，必有忠信；三人並行，厥有我師。今或至闔郡⓮而不薦一人，是化不下究⓯，而積行之君子雍於上聞⓰也。二千石官長⓱紀綱⓲人倫，將何以佐朕燭幽隱⓳、勸元元⓴、厲㉑蒸庶㉒、崇㉓鄉黨㉔之訓哉？且進賢受上賞，蔽賢蒙顯戮，古之道也。

其與中二千石、禮官㉕、博士議不舉者罪。」有司㉖奏議曰：「古者，諸侯貢士，壹適㉗謂之好德㉘，再適謂之賢賢㉙，三適謂之有功，迺加九錫㉚；不貢士，壹則黜爵㉛，再則黜地㉜，三則黜爵地畢矣。夫附下罔㉝上者死，附上罔下者刑㉞，與聞國政㉟而無益於民者斥㊱，在上位而不能進賢者退，此所以勸善黜惡也。今詔書昭先帝聖緒，令二千石舉孝廉，所以化元元、移風易俗也。不舉孝，不奉詔，當以不敬論。不察廉，不勝任也，當免。」奏可。

2 十二月，江都㊲王非㊳薨。

3 春三月甲子，立皇后衛氏。詔曰：「朕聞天地不變，不成施化㊴；陰陽不變，物不暢茂。易㊵曰『通其變，使民不倦㊶』。詩㊷云『九變復貫，知言之選㊸』。朕嘉唐虞而樂殷周，據舊以鑒新㊹。其赦天下，與民更始㊺。諸逋貸㊻及辭訟㊼在孝景㊽後三年以前，皆勿聽治。」

4 秋，匈奴入遼西㊾，殺太守㊿；入漁陽、鴈門，敗都尉(51)，殺略三千餘人。遣將軍衛青出鴈門，將軍李息出代，獲首虜(52)數千級。

5 東夷薉君南閭(53)等口二十八萬人降，為蒼海(54)郡。

6 魯(55)王餘(56)、長沙(57)王發(58)皆薨。

7 二年冬，賜淮南王[59]、菑川王[60]几杖[61]，毋朝[62]。

8 春正月，詔曰：「梁王[63]、城陽王[64]親慈[65]同生，願以邑分弟，其許之。諸侯王請與子弟邑者，朕將親覽，使有列位焉。」於是藩國[66]始分，而子弟畢侯矣。

9 匈奴入上谷、漁陽，殺略吏民千餘人。遣將軍衛青、李息出雲中，至高闕[67]，遂西至符離[68]，獲首虜數千級。收河南地[69]，置朔方[70]、五原[71]郡。

10 三月己亥晦，日有蝕之。

11 夏，募民徙朔方十萬口。又徙郡國豪傑及訾[72]三百萬以上于茂陵。

12 秋，燕[73]王定國有罪，自殺。

13 三年春，罷蒼海郡。三月，詔曰：「夫刑罰所以防姦也，內[74]長文[75]所以見愛[76]也；以百姓之未洽于教化，朕嘉與士大夫[77]日新[78]厥業，祗[79]而不解[80]。其赦天下。」

14 夏，匈奴入代，殺太守；入鴈門，殺略千餘人。

15 六月庚午，皇太后崩。

16 秋，罷[81]西南夷[82]，城[83]朔方城。令民大酺五日。

17 四年冬，行幸甘泉[84]。

18 夏，匈奴入代、定襄[85]、上郡[86]，殺略數千人。

19 五年春，大旱。大將軍[87]衛青將六將軍[88]兵十餘萬人出朔方、高闕，獲首虜萬五千級。

20 夏六月，詔曰：「蓋聞導民以禮，風[89]之以樂，今禮壞樂崩，朕甚閔焉。故詳延[90]天下方聞之士[91]，咸薦諸朝。其令禮官勸學，講議洽聞[92]，舉遺興禮[93]，以為天下先。太常[94]其議予博士弟子[95]，崇鄉黨之化，以厲賢材焉。」丞相弘[96]請為博士置弟子員，學者益廣。

21 秋，匈奴入代，殺都尉。

22 六年春二月，大將軍衛青將六將軍[97]兵十餘萬騎出定襄，斬首三千餘級。還，休士馬于定襄、雲中、鴈門。赦天下。

23 夏四月，衛青復將六將軍絕幕[98]，大克獲[99]。前將軍趙信軍敗，降匈奴。右將軍蘇建[100]亡軍[101]，獨身脫還，贖為庶人。

24 六月，詔曰：「朕聞五帝不相復禮[102]，三代[103]不同法，所繇殊路而建德一也。蓋孔子對定公以徠遠[104]，哀公以論臣[105]，景公以節用[106]，非期[107]不同，所急異務[108]也。今中國[109]一統而北邊未安，朕甚悼[110]之。日者[111]大將軍巡朔方，征匈奴，斬首虜萬八千級，諸禁錮(112)及有過者，咸蒙厚賞，得免減罪(113)。今大將軍仍(114)復克獲，斬首虜萬九千級，受爵賞而欲移賣者，無所流貤(115)。其議為令。」有司奏請置武功賞官，以寵戰士。

【章　旨】以上記載武帝元朔年間頒推恩令削弱諸侯國勢力、置博士弟子及派衛青出擊匈奴、收復河南地等重要史事。

【注　釋】❶元朔　朔，始。元朔猶言改元初始。❷方略　計謀策略。❸壹　通「一」。這裡用作動詞。❹統類　大綱和條目。❺本仁祖義　以仁義為根本，為起始。「本」和「祖」在這裡都用作動詞。❻褒德祿賢　嘉獎有德之人，重用有才之人。祿，俸祿。這裡用作動詞。❼刑暴　懲罰惡人。暴，兇惡。這裡指兇惡的人。❽五帝　傳說中的上古帝王。有多種說法。顏師古注為：伏羲、神農、黃帝、堯、舜。❾旅耆老　顏師古注曰：「旅耆老者，加惠于耆老之人，若賓旅也。」❿文學　這裡指文獻和經典著作。⓫稽參　考核和參驗。⓬執事　各部門的專職人員。指百官。⓭紹休聖緒　繼承和發揚偉大的基業。紹，繼承；接續。休，美。引申為發揚光大。緒，世業。⓮闔郡　顏師古注曰：「闔，閉也。總一郡之中，故云闔郡。」⓯化不下究　指朝廷的政令沒有傳達貫徹到底。化，教化。指政令。究，竟。⓰雍於上聞　因中間管道阻塞而不能上達於天子。雍，通「壅」。堵塞。⓱二千石官長　顏師古注曰：「謂郡之守尉，縣之令長。」⓲紀綱　治理；管理。⓳幽隱　指隱居的賢士。⓴元元　百姓。㉑厲　通「勵」。勉勵；鼓勵。㉒蒸庶　百姓。蒸，顏師古注曰：「蒸，眾也。」㉓崇　推崇。㉔鄉黨　鄉里；民間。㉕禮官　執掌禮儀事務的官員。㉖有司　有關官吏。古代設官分職，各有專司，所以稱「有司」。㉗適　言適得其人。㉘好德　喜愛有德者。㉙賢賢　尊重賢士。第一個「賢」用作動詞。㉚九錫　古代帝王對有功大臣的特殊賞賜。包括：車馬、衣服、樂器、朱戶、納陛、虎賁、鈇鉞、弓矢、秬鬯。錫，通「賜」。㉛黜爵　降低爵位。㉜黜地　削減封地。㉝罔　欺騙。㉞刑　刑罰。這裡用作動詞。㉟與聞國政　參與國家政事。與，參與。㊱斥　排斥；棄逐。㊲江都　諸侯國名。建都廣陵（今江蘇揚州西南）。㊳非　劉非。景帝之子。本書卷五十三有傳。㊴施化　推行教化。㊵易　即《周易》，也稱《易經》。是我國最古老的一部占卜書，其中也含有一些哲學思想，闡發人們立身處世、齊家治國的社會倫理哲學，是儒家的主要經典。其內容包括經、傳兩部分，主要通過象徵天、地、風、雷、水、火、山、澤等八種自然現象的八卦形式，推測自然和人事變化，以陰陽二氣的交感作用為產生萬物的本源。㊶通其變二句　此處引文出自《易經·繫辭下》。意思是：統治者只有通曉事物的變化規律，才能使老百姓不鬆懈怠惰。㊷詩　我國最早的詩歌總集，也是儒家的重要經典之一。本稱《詩》。漢武帝獨尊儒術，置《五經》博士，將《詩》列入儒家經典之一，此後又稱《詩經》。其內容分為「風」、「雅」、「頌」三大類，共三百零五篇。編成於春秋時代，反映了周代初至春秋中葉的社會生活。不僅對我國的文學發展有深廣的影響，而且具有珍貴的史學價值。㊸九變復貫二句　引詩屬於逸詩。意為：經過多次變革，恢復舊制，聽取遠見之辭，擇善而從。貫，事例，指舊制。選，善。㊹據舊以鑒新　顏師古注曰：「追觀舊迹，以知新政，而為鑒戒。」㊺更始　重新開始。㊻逋貸　指拖欠公家財物。逋，顏師古注曰：「逋，亡也。久負官物亡匿不還者，皆謂之逋。」㊼辭訟　訴訟。㊽孝景　即景帝劉啟。漢代重視孝道，自惠帝劉盈起，各代皇帝的諡號前都冠以「孝」字，如孝惠、孝文、孝景等。㊾遼西　郡名。治陽樂（今遼寧義縣西）。㊿太守　官名。秦置，掌治其郡，為一郡的最高行政長官。漢代沿設。景帝中二年（西元前一四八年）更名為太守。(51)都尉　官名。掌管一郡的軍事，是太守佐官。(52)首虜　指所獲敵人首級。(53)東夷薉君南閭　即東方的穢貊族之君，名南閭。薉，又作「穢」，即穢貊，古族名。分布在今朝鮮江原道及其以北部分地區。(54)蒼海　郡名。在今朝鮮北部。(55)魯　諸侯國名。建都魯縣（今山東曲阜）。(56)餘　景帝之子劉餘。本書卷五十三有傳。(57)長沙　諸侯國名。建都臨湘（今湖南長沙）。(58)發　景帝之子劉發。本書卷五十三有傳。(59)淮南王　指淮南王劉安，為漢高祖之孫，漢武帝的堂叔。淮南，諸侯國名。建都壽春（今安徽壽縣）。(60)菑川王　指菑川王劉志，為漢高祖之孫，漢武帝的堂叔。菑川，諸侯國名。建都劇縣（今山東壽光南）。(61)几杖　坐時憑身用的木几和行走時用的手杖。古代皇帝賜几杖，表示敬老。(62)毋朝　不必進京朝見。(63)梁王　指梁王劉襄。梁，諸侯國名。建都睢陽（今河南商丘南）。(64)城陽王　指城陽王劉延。城陽，諸侯國名。建都莒縣（今山東莒縣）。(65)親慈　親愛。這裡用作動詞。(66)藩國　諸侯國。古代帝王以諸侯國為藩屏，故名。武帝聽從主父偃的建議，凡諸侯王子弟都可分地為列侯。名為「推恩」，實分其國，以削弱諸侯王勢力。(67)高闕　要塞名。在今內蒙古杭錦後旗北。(68)符離　要塞名。地點不明。(69)河南地　秦漢時對今內蒙古河套以南地區的專稱。(70)朔方　郡名。治朔方（今內蒙古烏拉特前旗南）。(71)五原　郡名。治九原（今內蒙古包頭西北）。(72)訾　通「資」。資財。(73)燕　諸侯國名。建都薊縣（今北京城區西南隅）。(74)內　通「納」。採納。(75)長文　崇尚文德。指推崇禮樂教化等。(76)見愛　顯示仁愛。見，通「現」。(77)士大夫　這裡指居官有職位的人。(78)日新　日日更新。(79)祇　恭敬。(80)解　通「懈」。懈怠；鬆弛。(81)罷　停止。指停止征伐。(82)西南夷　指西南地區各部族。(83)城修築城邑。(84)甘泉　即甘泉宮。宮殿名。本為秦二世林光宮，漢武帝時擴建。舊址在今陝西淳化西北甘泉山。(85)定襄　郡名。治成樂（今內蒙古和林格爾西北）。(86)上郡　郡名。治膚施（今陝西榆林東南）。(87)大將軍　將軍的最高稱號。多由貴戚擔任，掌握政權，職位很高。從漢武帝起，還冠以大司馬之號，成為朝廷中的最高軍政長官。(88)六將軍　據〈衛青傳〉記載，六將軍為游擊將軍蘇建、強弩將軍李沮、騎將軍公孫賀、輕車將軍李蔡、將軍李息、張次公。(89)風　顏師古注曰：「風，教也。」(90)詳延　普遍引進。詳，悉；全部。延，引進；召納。(91)方聞之士　方正博聞之士。(92)洽聞　知識豐富，見識廣博。(93)舉遺興禮　顏師古注曰：「舉遺逸之文而興禮學。」(94)太常　官名。秦代稱「奉常」，為「九卿」之一。景帝中六年（西元前一四四年）改為「太常」。掌宗廟禮儀，並掌文教。(95)予博士弟子　為博士置弟子。漢武帝設博士，掌管《五經》傳授等事。同時置弟子五十人，由各郡國選送。(96)弘　指公孫弘。(97)六將軍　指中將軍公孫敖、左將軍公孫賀、前將軍趙信、右將軍蘇建、後將軍李廣、強弩將軍李沮。(98)絕幕　越過沙漠。絕，度越。幕，通「漠」。(99)大克獲　大敗敵軍，並多有俘獲。(100)蘇建　蘇武之父，曾多次出擊匈奴。本書卷五十四有傳。(101)亡軍　損失了自己所率領的軍隊。(102)不相復禮　指禮制不相因襲。復，顏師古注曰：「復，因也。」(103)三代　指夏、商、周三代。(104)孔子對定公以徠遠　《論語》有楚國葉公問政於孔子的事，孔子回答為政要悅近徠遠（使近者心悅誠服，遠者前來歸附）。這裡說是魯定公，記載不同。(105)哀公以論臣　據《韓非子》記載，魯哀公曾問政於孔子。孔子說：為政之道在於選擇賢臣。論，通「掄」。選擇。(106)景公以節用　據《韓非子》記載，齊景公曾問政於孔子。孔子說：為政在於節制財務費用。(107)期　顏師古注引李奇曰：「期，要也。」(108)所急異務　所急需辦理的事務不同。(109)中國　漢王朝因處於中原華夏地區，故名中國。與今天「中國」的內涵不同。(110)悼　憂傷；憂慮。(111)日者　往日；從前。(112)禁錮　禁止封閉。指因罪而被勒令不准做官。(113)得免減罪　因軍功而被免罪或得以減輕處罰。(114)仍　頻繁。(115)流貤　流轉；轉移。貤，轉移；轉手。這裡指軍士們因立軍功所得爵位過多，可以分給自己的親屬或賣給別人。

【語　譯】元朔元年冬季十一月，下詔說：「公卿大夫的職責是總理國家大計方針，統一諸事綱目，推廣教化，美化風俗。以仁義為根本，嘉獎有德之人，重用有才之人，鼓勵善良，懲罰邪惡，這是五帝三王所以昌盛的原因。我早起晚睡，希望與天下之士達到這樣的境界。所以優待老人，免除孝敬者的賦役，選拔才智過人的豪傑俊才，講習文獻經典，考核和參驗政事，希望促進民心。我深切詔令百官，讓他們推舉孝廉，希望形成風氣，繼承和發揚先聖的偉大基業。十戶人家的村邑，必定有忠誠信義之士；三人同行，其中必定有能為我師者。如今有的郡沒有推薦一個人，這是朝廷的政令沒有貫徹下去，那些素有德才的君子因管道不通暢而不能上達於朝廷的緣故。郡縣的地方行政長官是管理百姓的，這樣將怎麼幫助我發現隱居的賢士、勸導百姓、勉勵人民、推崇鄉規民約呢？況且推薦賢者應受重賞，湮沒賢才者要受重罰，這是自古以來的道理。你們應當和中二千石官員、禮官、博士們討論一下，不舉薦人才者將受到什麼處罰。」有關官員上奏議論說：「古時諸侯進獻人才，一次適得其人，稱許他喜歡有德之人，再次適得其人，稱許他尊重賢良之士，三次適得其人，則稱許他為有功之臣，就賞給他九種器物；對不進獻人才的，第一次降低爵位，再次削減封地，三次爵位、封地就全部削去。對下附和、對上欺瞞的人要處以死刑，對上攀附、對下欺瞞的要處以刑罰，參與國家政事而無益於百姓的要革職罷免，身居高位而不能舉薦賢士者讓位，這些都是用來勸善懲惡的辦法。如今詔書發揚先帝的偉大事業，叫郡守們舉薦孝廉，這是教化百姓、移風易俗的措施。凡不舉薦孝就是不遵奉詔令，應當按不敬之罪論處。凡不能察舉孝廉，就是不能勝任，應當免職。」奏章被批准了。

2 十二月，江都王劉非去世。

3 春季三月十三甲子日，立衛氏為皇后。下詔說：「我聽說天地不變化，不能推行教化；陰陽不變化，萬物不能茂盛生長。《易經》說『統治者只有通曉事物的變化規律，才能使百姓不鬆懈怠惰』。《詩經》說『要經過多次變革，才能恢復舊制，要聽取遠見之言，擇善而從』。我讚賞堯舜而喜歡商代、周代，考察歷史舊跡，作為新政借鑑。茲大赦天下，與百姓一起更新。那些在景帝後元三年以前拖欠公家財物和受官司審訊的，都不再追究。」

4 秋季，匈奴入侵遼西郡，殺死太守；又入侵漁陽、雁門兩郡，打敗都尉，殺死虜去三千多人。朝廷派將軍衛青從雁門郡出擊，將軍李息從代郡出擊，斬獲敵人數千首級。

5 東方穢貊族之君南閭等二十八萬人歸降，設立蒼海郡。

6 魯王劉餘、長沙王劉發都去世。

7 元朔二年冬季，賜給淮南王、菑川王憑几、手杖，讓他們不必進京朝見。

8 春季正月，下詔說：「梁王與城陽王友愛同胞，希望將封邑分給他們的弟弟，應予准許。諸侯王請求分給自己子弟封邑的，我將親自批閱，使他們都有王侯之位。」這樣諸侯國開始分割，諸侯王的子弟都成了列侯。

9 匈奴入侵上谷郡、漁陽郡，殺死虜去官吏和百姓一千多人。朝廷派將軍衛青、李息從雲中郡出擊，到達高闕塞，便西進至符離塞，斬獲敵人數千首級。收復了河南地區，設置朔方郡和五原郡。

10 三月最後一天乙亥日，發生了日食。

11 夏季，招募十萬民眾遷往朔方郡。又將各郡和諸侯國的豪強大戶及家產在三百萬以上的人家遷往茂陵。

12 秋季，燕王劉定國有罪，自殺。

13 元朔三年春季，撤銷蒼海郡。三月，下詔說：「刑罰是用來防止奸邪的，採納崇尚文德是為了顯示仁愛；由於百姓未普遍受到薰陶教化，我盼望與士大夫日日更新這項事業，恭敬而不懈怠。茲大赦天下。」

14 夏季，匈奴入侵代郡，殺死太守；又入侵雁門郡，殺死虜去一千多人。

15 六月庚午日，皇太后去世。

16 秋季，停止征伐西南地區各部族，修築朔方城。特許百姓聚會大飲五日。

17 元朔四年冬季，武帝駕臨甘泉宮。

18 夏季，匈奴入侵代郡、定襄郡和上郡，殺死虜去數千人。

19 元朔五年春季，發生大旱。大將軍衛青率領六位將軍領兵十多萬人從朔方郡和高闕出擊，斬獲敵人一萬五千首級。

20 夏季六月，下詔說：「聽說教導人民要靠禮，教化百姓要用樂，如今禮樂制度已被毀壞，我很憂慮。所以廣泛引進方正博聞之士，把他們都舉薦到朝廷。要令禮官勉勵他們學習，講習和議論廣博的知識見聞，發掘整理遺文散籍，振興禮制，作為百姓的先導。太常應討論給博士選送弟子，推崇民間的教化，以鼓勵賢能之士。」丞相公孫弘報請置博士弟子，學習的人越來越多。

21 秋季，匈奴入侵代郡，殺死都尉。

22 元朔六年春季二月，大將軍衛青統率六位將軍領騎兵十多萬從定襄郡出擊，斬首三千多級。返回時，在定襄、雲中、鴈門等郡休整兵馬。大赦天下。

23 夏季四月，衛青又統率六將軍越過沙漠出擊，大獲全勝。前將軍趙信兵敗，投降匈奴。右將軍蘇建全軍覆沒，隻身逃脫返回，他用財產抵消罪過，被降為平民。

24 六月，下詔說：「我聽說五帝的禮制不相因襲，三代的法制各不相同，所走的途徑不同而建立的德業卻是一樣的。孔子回答魯定公詢問時說為政之道在於使近者心悅誠服，遠者前來歸附，回答魯哀公詢問時說為政之道在於選擇賢臣，回答齊景公詢問時則說為政之道在於節制財用，並非有意要這樣不同，而是由於各國當時所急需辦理的事情不同的緣故。如今國內統一而北部邊境沒有安定，我很憂慮這件事。以往大將軍巡行朔方，征討匈奴，斬獲敵人首級一萬八千，各種因罪被勒令不准任職及犯有罪過的人，都蒙恩受到厚賞，得以免除或減輕刑罰。如今大將軍連連獲勝，斬獲敵人首級一萬九千，將士們因功受賞獲爵過多而想轉贈轉賣，卻沒有辦法轉移流通。應當討論並制定有關法令。」有關官員提請設置武功賞官，以示優待戰士。

1 元狩❶元年冬十月，行幸雍，祠五畤。獲白麟，作白麟之歌。

2 十一月，淮南王安、衡山王賜❷謀反，誅。黨與❸死者數萬人。

3 十二月，大雨❹雪，民凍死。

4 夏四月，赦天下。

5 丁卯，立皇太子❺。賜中二千石爵右庶長❻，民為父後者❼一級。詔曰：「朕聞咎繇❽對禹❾，曰在知人，知人則哲❿，惟帝⓫難之。蓋君者心也，民猶支體⓬，支體傷則心憯怛⓭。日者淮南、衡山⓮脩文學，流貨賂⓯，兩國接壤，怵⓰於邪說，而造篡弒⓱，此朕之不德。詩云：『憂心慘慘，念國之為虐⓲。』已赦天下，滌除與之更始。朕嘉孝弟⓳力田⓴，哀夫老眊㉑孤㉒寡㉓鰥㉔獨㉕或匱㉖於衣食，甚憐愍焉。其遣謁者㉗巡行天下，存問㉘致賜。曰『皇帝使謁者賜縣三老㉙、孝者帛，人五匹；鄉三老、弟者、力田帛，人三匹；年九十以上及鰥寡孤獨帛，人二匹，絮㉚三斤；八十以上米，人三石。有冤失職㉛，使者以聞。縣鄉即賜，毋贅聚㉜』。」

五月乙巳晦，日有蝕之。

匈奴入上谷，殺數百人。

二年冬十月，行幸雍，祠五畤。

春三月戊寅，丞相弘薨。

遣驃騎將軍霍去病㉝出隴西㉞，至皋蘭㉟，斬首八千餘級。

夏，馬生余吾水㊱中。南越獻馴象㊲、能言鳥㊳。

將軍去病、公孫敖出北地㊴二千餘里，過居延㊵，斬首虜三萬餘級。

匈奴入鴈門，殺略數百人。遣衛尉張騫㊶、郎中令李廣皆出右北平㊷。廣殺匈奴三千餘人，盡亡其軍四千人，獨身脫還，及公孫敖、張騫皆後期㊸，當斬，贖為庶人㊹。

14 江都王建有罪，自殺。膠東王寄薨。

15 秋，匈奴昆邪王殺休屠王㊺，并將其眾合四萬餘人來降，置五屬國㊻以處之。以其地為武威㊼、酒泉㊽郡。

16 三年春，有星孛于東方。夏五月，赦天下。立膠東康王少子慶為六安㊾王。封故相國㊿蕭何(51)曾孫慶為列侯。

17 秋，匈奴入右北平、定襄，殺略千餘人。

18 遣謁者勸有水災郡種宿麥(52)。舉吏民能假貸(53)貧民者以名聞(54)。

19 減隴西、北地、上郡戍卒半(55)。

20 發謫(56)吏穿昆明池(57)。

21 四年冬，有司言關東(58)貧民徙隴西、北地、西河(59)、上郡、會稽凡七十二萬五千口，縣官(60)衣食振業，用度不足，請收銀錫造白金(61)及皮幣(62)以足用。初算緡錢(63)。

22 春，有星孛于東北。

23 夏，有長星出于西北。

24 大將軍衛青將四將軍[64]出定襄，將軍去病出代，各將五萬騎，步兵踵[65]軍後數十萬人。青至幕北圍單于，斬首萬九千級，至闐顏山[66]乃還。去病與左賢王[67]戰，斬獲首虜七萬餘級，封[68]狼居胥山[69]迺還。兩軍戰士死者數萬人。前將軍廣、後將軍食其皆後期。廣自殺，食其贖死。

25 五年春三月甲午，丞相李蔡[70]有罪，自殺。

26 天下馬少，平牡馬匹二十萬[71]。

27 罷半兩錢，行五銖錢[72]。

28 徙天下姦猾吏民於邊。

29 六年冬十月，賜丞相以下至吏二千石百金，千石[73]以下至乘從者[74]帛，蠻夷[75]錦各有差[76]。

30 雨水亡冰[77]。

31 夏四月乙巳，廟立[78]皇子閎為齊[79]王，旦為燕王，胥為廣陵[80]王。初作誥[81]。

32 六月，詔曰：「日者有司以幣輕多姦，農傷而末[82]眾，又禁兼并[83]之塗[84]，故改幣以約[85]之。稽諸往古，制宜於今。廢期有月[86]，而山澤之民未諭[87]。夫仁行而從善，義立則俗易，意奉憲者(88)所以導之未明與？將(89)百姓所安殊路，而撟虔吏(90)因乘勢以侵蒸庶(91)邪？何紛然其擾(92)也！今遣博士大(93)等六人分循行(94)天下，存問鰥寡廢疾(95)，無以自振業者貸與之。諭三老孝弟以為民師，舉獨行(96)之君子，徵詣行在所(97)。朕嘉賢者，樂知其人。廣宣厥道，士有特招，使者之任也(98)。詳問隱處亡位(99)，及冤失職；姦猾為害，野荒治苛者(100)，舉奏。郡國有所以為便者，上丞相、御史以聞。」

33 秋九月，大司馬(101)驃騎將軍去病薨。

【章旨】以上記載武帝元狩年間派博士循行天下；派衛青、霍去病多次出擊匈奴；置武威、酒泉郡；造白金、皮幣，鑄五銖錢等重要史事。

【注釋】❶元狩　因獲白麟，故改元元狩。❷衡山王賜　指衡山王劉賜，為高帝之孫。本書卷四十四有傳。衡山，諸侯國名。建都邾縣（今湖北黃岡北）。❸黨與　同黨。❹雨　這裡用作動詞。意為：降下。❺皇太子　即劉據。衛子夫所生，後死於巫蠱之禍。❻右庶長　爵位名。是當時二十等爵位中的第十一等。❼為父後者　繼承父業的後代（一般為長子）。❽咎繇　即皋陶。傳說中東夷族的首領。相傳曾被舜任為掌管刑法的官，後被禹選為繼承人，因早死，未繼位。❾禹　傳說中古代部落聯盟領袖。奉舜命治理洪水十三年，三過家門不入。後因治水有功，被舜選為繼承人。❿哲　明智。⓫帝　指堯帝。⓬支體　即肢體。支，通「肢」。⓭憯怛　憂傷痛苦。憯，通「慘」。怛，憂傷；哀痛。⓮淮南衡山　指淮南王劉安、衡山王劉賜。⓯貨賂　用金錢財物賄賂人。⓰怵　通「訹」。誘惑；誘導。⓱篡弒　殺君奪位。弒，指臣殺君或子殺父母。⓲憂心慘慘二句　出自《詩經・小雅・正月》。意為：心裡憂慮鬱鬱不樂，憂念國政太暴虐。慘慘，憂傷的樣子。⓳孝弟　即孝悌。孝順父母，敬愛兄長。弟，通「悌」。尊敬兄長。古代推崇的一種美德。⓴力田　佐助地方政府勸導百姓努力務農的鄉官，非正式官員。㉑老眊　老年人。眊，通「耄」。古代稱八十歲以上為「耄」。㉒孤　指幼年喪父的人。後來凡無父或父母雙亡都稱作「孤」。㉓寡　指死了丈夫的婦女。㉔鰥　指老而喪妻的人。㉕獨　指老而無子的人。㉖匱　缺乏。㉗謁者　官名。掌管傳達詔令、接待賓客等事務。㉘存問　慰問。㉙三老　官名。漢代郡、縣、鄉三級均設此官，掌管地方教化方面的事務，幫助郡縣長官推行政令。㉚絮　粗絲棉。㉛失職　失其常業。㉜贅聚　會聚。㉝霍去病　西漢名將。前後六次出擊匈奴，解除了匈奴對漢王朝的威脅。官至驃騎將軍，封冠軍侯。本書卷五十五有傳。㉞隴西　郡名。治狄道（今甘肅臨洮）。㉟皋蘭山名。在今甘肅蘭州南。㊱余吾水　水名。即今蒙古國境內的土拉河。㊲馴象　經過訓練的大象。㊳能言鳥　即鸚鵡。㊴北地　郡名。治馬嶺（今甘肅慶陽西北）。㊵居延　地名。在今內蒙古額濟納旗東南。㊶張騫　曾兩次奉命出使西域，加強了中原和西域各部族的聯繫，進一步發展了漢朝與中亞各地人民的友好關係，促進了經濟文化的交流與發展，官至大行令，封博望侯。本書卷六十一有傳。㊷右北平　郡名。治平剛（今遼寧凌源西南）。㊸後期　指晚於所約定的時間到達。㊹庶人　平民百姓。㊺昆邪王殺休屠王　匈奴於元狩二年（西元前一二一年）大敗後，單于要把守禦在西方的昆邪王、休屠王治罪，二王恐懼，降漢。後休屠王後悔，被昆邪王殺死。昆邪王、休屠王俱為匈奴諸王號。他們的駐牧地在今甘肅河西走廊一帶。㊻五屬國　當時漢朝將匈奴歸降者安置在隴西、北地、上郡、朔方、雲中等五郡的塞外，稱為五屬國。屬國，顏師古注曰：「凡言屬國者，存其國號而屬漢朝，故曰屬國。」㊼武威　郡名。治武威（今甘肅民勤東北）。㊽酒泉　郡名。治祿福（今甘肅酒泉）。㊾六安　諸侯國名。建都六縣（今安徽六安北）。㊿相國　即丞相。協助皇帝處理政務的最高行政長官。漢初曾一度改稱丞相為相國。(51)蕭何　漢初功臣，輔佐劉邦統一天下，任相國。本書卷三十九有傳。(52)宿麥　隔年才成熟的麥子。(53)假貸借。(54)以名聞　將其姓名上報朝廷。(55)減隴西句　因昆邪王歸降，隴西、北地、上郡等地受匈奴騷掠減少，故減戍卒一半。戍卒，守衛邊境的服役士兵。(56)謫　貶官或被流放。(57)昆明池　漢元狩三年（西元前一二〇年）為準備與昆明國作戰，訓練水軍而開鑿，仿滇池而作。舊址在今陝西西安西南。(58)關東　指函谷關以東的地區。(59)西河　郡名。治平定（今內蒙古東勝境內）。(60)縣官　朝廷；官府。(61)白金　用銀、錫鑄造的貨幣，故名。(62)皮幣　同白金一樣，是為解決財政困難而發行的一種白鹿皮製成的貨幣。在方尺的白鹿皮上飾以彩繪，價值四十萬錢。(63)初算緡錢　開始實行算緡。為打擊富商大賈和高利貸者的經濟實力，增加財政收入，於元狩四年（西元前一一九年）實行算緡。規定：由各工商業者將資產折算成緡錢數向官府呈報，然後官府依其自報緡錢數按一定稅率收取。緡，用繩（緡）穿連成串的錢，即貫錢。(64)四將軍　指前將軍李廣、後將軍曹襄、左將軍公孫賀、右將軍趙食其。(65)踵　跟隨。(66)闐顏山　山名。在今蒙古國杭愛山南。(67)左賢王　匈奴王的名號，地位僅次於單于。68封　登山壘土為壇，祭祀天神以告成功。69狼居胥山　山名。在今蒙古國烏蘭巴托東。70李蔡　李廣的堂弟。因侵占陵園空地而獲罪。71平牡馬匹二十萬　顏師古注引如淳曰：「貴平牡馬價，欲使人競畜馬。」平，平準。當時官府轉輸物資，平抑物價的措施。由官府低價買進，轉運到高價的地方賣出，使富商大賈無法牟取暴利。牡馬，公馬。72五銖錢　貨幣名。當時通行的半兩錢太輕，為了防止偽鑄和避免造成混亂，武帝下令各郡國新造五銖錢。73千石　漢代官吏品級，亦為官吏俸祿等級。漢時官吏品位高低，常以俸祿的多少計算。當時的丞相長史、大司馬長史、御史中丞等都屬於千石官，月俸穀九十石。74乘從者　指皇帝車馬的隨行人員。75蠻夷　古代泛指華夏族以外的各部族。這裡指各族大小首領。76各有差　各有等級。差，等級；次第。77雨水亡冰　冬天下雨而不結冰，是反常現象，所以特予記載。78廟立　在宗廟中冊封。79齊　諸侯國名。建都臨淄（今山東淄博東北）。80廣陵　諸侯國名。建都廣陵（今江蘇揚州西北）。81誥　指敕封諸侯王的策文。82末　指工商業。相對「本」（農業）而言。83兼并　指侵占別人的財產。84塗　通「途」。途徑。85約　約束；限制。86廢期有月　廢除舊錢的條令下達已整整一年還多一月（指先年三月至當年四月）。期，一整年。有，通「又」。87未諭　顏師古注曰：「未諭者，未曉告示之意。」88奉憲者　指奉命執行的官吏。89將　連詞。抑或。90撟虔吏　貪贓枉法的官吏。顏師古注曰：「撟與矯同。矯，託也。虔，固也。妄託上命而堅固為邪者也。」91蒸庶　眾民；百姓。92擾　煩亂。93大　指褚大。94循行　巡視。95廢疾　殘廢的人。96獨行　指志節高尚，不隨流俗的人。97行在所　帝王所在的地方。98士有特招二句　顏師古注曰：「設士有殊死異行，當特招者，任在使者分別之。」99亡位　無位。指未被任用。100野荒治苛者　指讓田地荒蕪、為政苛刻的官吏。101大司馬　官名。「三公」之一。漢初置丞相、御史大夫、太尉。武帝元狩四年（西元前一一九年），廢太尉，設大司馬。

【語譯】元狩元年冬季十月，武帝駕臨雍縣，在五畤祭祀天帝。獲得白麟，作〈白麟〉之歌。

2 十一月，淮南王劉安、衡山王劉賜謀反，被殺。黨羽被處死的有數萬人。

3 十二月，天降大雪，有百姓被凍死。

4 夏季四月，大赦天下。

5 四月二十一丁卯日，立劉據為皇太子。賜給中二千石官員右庶長的爵位，民戶中繼承父業的後代爵位一級。下詔說：「我聽說咎繇曾回答夏禹，說當政者貴在識別人才，能識別人才就是明智，這一點連堯帝也認為很難做到。君主好比心臟，百姓好比肢體，肢體受傷，心臟就感到痛苦。以往淮南王、衡山王研究文章典籍，用金錢財物賄賂人，兩國邊界相接，被邪說所誘惑，以致發生殺君奪位的反叛陰謀，這是我沒有用恩德感化他們。《詩經》說：『心裡憂慮，悶悶不樂，憂念國政太暴虐。』現已大赦天下，讓他們洗刷罪過，重新開始。我表彰孝悌力田，對於那些老弱和鰥寡孤獨者或缺乏衣食的人十分同情。茲派謁者巡行全國，進行慰問，賜給物品。說是『皇帝派謁者賜給縣三老和孝敬父母者絲帛，每人五匹；鄉三老和敬愛兄長者以及勸民努力務農者絲帛，每人三匹；年齡在九十歲以上和鰥寡孤獨者絲帛，每人二匹，粗絲棉每人三斤；年齡在八十歲以上的賜給米，每人三石。有蒙冤而失其常業者，由使者上報朝廷。就在各縣各鄉當地賜給，不必聚集人眾發放』。」

6 五月最後一天乙巳日，發生了日食。

7 匈奴入侵上谷郡，殺死數百人。

8 元狩二年冬季十月，武帝駕臨雍縣，在五時祭祀天帝。

9 春季三月戊寅日，丞相公孫弘去世。

10 朝廷派驃騎將軍霍去病從隴西郡出擊，到達皋蘭山，殺死匈奴八千多人。

11 夏季，有奇馬從余吾水中出生。南越國進獻馴象和鸚鵡。

12 將軍霍去病、公孫敖率兵從北地郡出擊，行軍二千餘里，經過居延，斬獲敵人三萬餘首級。

13 匈奴入侵鴈門郡，殺死虜去數百人。朝廷派衛尉張騫、郎中令李廣一起從右北平郡出擊。李廣殺死匈奴三千多人，但自己所率領的四千人全部損失，隻身回來。還有公孫敖、張騫都因晚於所約定的時間到達，當處斬刑，他們用財產贖罪，被免去死刑，降為平民。

14 江都王劉建有罪，自殺。膠東王劉寄去世。

15 秋季，匈奴昆邪王殺死休屠王，合併率領其部眾共四萬多人前來投降，朝廷設置五個屬國來安置他們。將他們的原居地設置為武威郡和酒泉郡。

16 元狩三年春季，彗星出現在東方天空。夏季五月，大赦天下。立膠東康王的小兒子劉慶為六安王。封原相國蕭何的曾孫蕭慶為列侯。

17 秋季，匈奴入侵右北平郡和定襄郡，殺死虜去一千多人。

18 朝廷派謁者到遭受水患的各郡倡導種植宿麥。朝廷下令將能夠借貸救濟貧民的官吏百姓的姓名上報。

19 朝廷裁減隴西、北地、上郡三郡半數的邊防士兵。

20 朝廷徵發因有罪被流放的官吏開鑿昆明池。

21 元狩四年冬季，有關官員報告說關東貧民遷往隴西、北地、西河、上郡、會稽等郡的共七十二萬五千人，官府要供給衣食並貸予產業，費用不足，請求朝廷收納銀、錫鑄造白金和製造皮幣來滿足財政需要。開始徵收財產稅。

22 春季，有彗星出現在東北方。

23 夏季，有彗星出現在西北方。

24 大將軍衛青統率四位將軍從定襄郡出擊，將軍霍去病從代郡出擊，各自帶領五萬騎兵，數十萬步兵隨後。衛青進軍到大沙漠以北包圍了單于，斬首一萬九千級，直至闐顏山才回軍。霍去病與左賢王交戰，斬獲敵人首級七萬多，在狼居胥山築壇祭天，刻石記功之後才回軍。以上兩軍士兵戰死者有數萬人。前將軍李廣、後將軍趙食其都晚於約定時間到達。李廣自殺，趙食其以財產贖去死罪。

25 元狩五年春季三月十一甲午日，丞相李蔡有罪，自殺。

26 天下缺少馬匹，官府將公馬的價格定為每匹二十萬錢。

27 停止使用半兩錢，推行五銖錢。

28 將全國各地為非作歹、亂法犯禁的吏民遷往邊境。

29 元狩六年冬季十月，賜給丞相以下至二千石官吏一百金，賜給千石以下至侍從人員絲帛，賜給各族大小首領錦繡，各有等級。

30 冬天下雨而沒結冰。

31 夏季四月二十九乙巳日，在宗廟中立皇子劉閎為齊王，劉旦為燕王，劉胥為廣陵王。開始製作敕封諸侯王的策文。

32 六月，下詔說：「近來有關部門的官員認為貨幣的材質太輕而盜鑄的多，農業受到損害而從事工商業的人增加，又為了制止兼併滋生的途徑，所以改換幣制來加以限制。考查古代的制度，幣制應適合當今的需要。廢除舊錢的命令下達已一年零一個月了，可山裡湖邊的百姓尚未知曉。仁政推行百姓就會從善，正義樹立風俗就會改變，是不是奉命執行的官吏教導不明的緣故呢？或者是百姓習慣於走老路，而貪官汙吏乘機侵害民眾呢？為什麼社會秩序這麼紛亂！如今派博士褚大等六人分別巡視全國各地，慰問鰥寡殘疾之人，對無法自謀生業者借貸給他們。告知三老、孝悌等，叫他們做百姓的榜樣，推舉那些志節高尚，不隨流俗的人，讓他們到我出巡的所在。我表彰賢士，樂於結識他們。希望廣泛宣傳這些道理，對有特殊才能者可破格徵召任用，由使者們鑑別確定。對於隱居民間、未被任用的賢士，以及蒙冤失其常業的，要仔細察訪；對狡猾奸邪、危害百姓、荒蕪田地、為政苛刻的官吏，要舉報上奏。各郡國如有便民利民的措施，上報給丞相、御史大夫，以稟明皇帝。」

33 秋季九月，大司馬驃騎將軍霍去病去世。

1 元鼎❶元年夏五月，赦天下，大酺五日。

2 得鼎❷汾水❸上。

3 濟東❹王彭離❺有罪，廢徙上庸❻。

4 二年冬十一月，御史大夫張湯❼有罪，自殺。十二月，丞相青翟❽下獄死。

5 春，起柏梁臺❾。

6 三月，大雨雪。夏，大水，關東餓死者以千數❿。

7 秋九月，詔曰：「仁不異遠，義不辭難⓫。今京師雖未為豐年，山林池澤之饒與民共之。今水潦⓬移於江南，迫⓭隆冬至，朕懼其饑寒不活。江南之地，火耕水耨⓮，方下巴蜀之粟致之江陵⓯，遣博士中等分循行，諭告所抵⓰，無令重困。吏民有振救饑民免其戹⓱者，具舉以聞。」

8 三年冬，徙函谷關於新安⓲，以故關為弘農⓳縣。

9 十一月，令民告緡者以其半與之⓴。

10 正月戊子，陽陵園㉑火。夏四月，雨雹，關東郡國十餘饑，人相食。

11 常山㉒王舜㉓薨。子勃嗣立㉔，有罪，廢徙房陵。

12 四年冬十月，行幸雍，祠五畤。賜民爵一級，女子百戶牛酒。行自夏陽㉕，東幸汾陰㉖。十一月甲子，立后土㉗祠於汾陰脽㉘上。禮畢，行幸滎陽㉙。還至洛陽㉚，詔曰：「祭地冀州㉛，瞻望河洛㉜，巡省豫州㉝，觀于周室㉞，邈㉟而無祀。詢問耆老，迺得孽子㊱嘉。其封嘉為周子南君㊲，以奉周祀。」

13 春二月，中山㊳王勝㊴薨。

14 夏，封方士[40]欒大為樂通侯，位上將軍。

15 六月，得寶鼎后土祠旁。秋，馬生渥洼水[41]中。作寶鼎、天馬之歌。

16 立常山憲王子商為泗水[42]王。

17 五年冬十月，行幸雍，祠五畤。遂踰隴[43]，登空同[44]，西臨祖厲河[45]而還。

18 十一月辛巳朔旦[46]，冬至。立泰畤[47]于甘泉。天子親郊見[48]，朝日夕月[49]。詔曰：「朕以眇[50]身託于王侯之上，德未能綏民[51]，民或饑寒，故巡祭后土以祈豐年。冀州脽[52]壤[53]迺顯文鼎[54]，獲薦於廟。渥洼水出馬，朕其御焉。戰戰兢兢，懼不克任[55]，思昭天地，內惟自新。詩云：『四牡翼翼，以征不服[56]。』親省邊垂[57]，用事所極[58]。望見泰一[59]，修天文襢[60]。辛卯[61]夜，若景光[62]十有二明[63]。易曰：『先甲三日，後甲三日[64]。』朕甚念年歲未咸登[65]，飭[66]躬齊戒[67]，丁酉[68]，拜況[69]于郊。」

19 夏四月，南越王相呂嘉反，殺漢使者及其王、王太后。赦天下。

20 丁丑晦，日有蝕之。

21 秋，鼃、蝦蟆[70]鬥。

22 遣伏波將軍路博德出桂陽[71]，下湟水[72]；樓船將軍楊僕出豫章，下湞水[73]；歸義越侯嚴[74]為戈船將軍，出零陵[75]，下離水[76]；甲為下瀨將軍，下蒼梧[77]。皆將罪人，江淮以南樓船[78]十萬人。越馳義侯遺別將[79]巴蜀罪人，發夜郎[80]兵，下牂柯江[81]，咸會番禺[82]。

23 九月，列侯坐獻黃金酎祭宗廟[83]不如法奪爵者百六人，丞相趙周下獄死[84]。樂通侯欒大坐誣罔[85]要斬[86]。

24 西羌[87]眾十萬人反，與匈奴通使，攻故安[88]，圍枹罕[89]。匈奴入五原，殺太守。

25 六年冬十月，發隴西、天水[90]、安定[91]騎士及中尉，河南、河內[92]卒十萬人，遣將軍李息、郎中令徐自為征西羌，平之。

26 行東，將幸緱氏[93]，至左邑[94]桐鄉[95]，聞南越破，以為聞喜[96]縣。春，至汲[97]新中鄉[98]，得呂嘉首，以為獲嘉[99]縣。馳義侯遺兵未及下，上便令征西南夷，平之。遂定越地，以為南海[100]、蒼梧、鬱林[101]、合浦[102]、交阯[103]、九真[104]、日南[105]、珠厓[106]、儋耳[107]郡。定西南夷，以為武都[108]、牂柯[109]、越巂[110]、沈黎[111]、文山[112]郡。

27 秋，東越[113]王餘善反，攻殺漢將吏。遣橫海將軍韓說、中尉王溫舒出會稽，樓船將軍楊僕出豫章，擊之。又遣浮沮將軍公孫賀出九原[114]，匈河將軍趙破奴出令居[115]，皆二千餘里，不見虜而還。迺分武威、酒泉地置張掖[116]、敦煌[117]郡，徙民以實之。

【章　旨】以上記載武帝元鼎年間行告緡，立泰畤，平南越、平西南夷並以其地置郡等重要史事。

【注　釋】❶元鼎　因獲寶鼎而改元元鼎。❷鼎　古代的一種烹飪器。常見者為三足兩耳。相傳夏禹收九州之金鑄成九鼎，流傳後世。於是以鼎作為傳國的重要器物。❸汾水　即今山西境內黃河的支流汾河。❹濟東　諸侯國名。建都無鹽（今山東東平東南）。❺彭離　文帝之孫劉彭離。❻上庸　縣名。在今湖北竹山西南。❼張湯　武帝時曾任廷尉、御史大夫等職。執法嚴峻，曾與趙禹共定律令。後為朱買臣等人所陷，自殺。本書卷五十九有傳。❽青翟　即莊青翟。❾柏梁臺　臺名。因用香柏作梁而得名。故址在今陝西西安西北。❿數　計算。⓫仁不異遠二句　顏師古注曰：「遠近如一，是為仁也。不憚艱難，是為義也。」⓬潦　雨水過多，農作物被淹。⓭迫　逼近。⓮火耕水耨　古代的一種耕種方法。燒草之後，灌水種稻。當時的江南地區生產力落後，多用此法。⓯江陵　縣名。在今湖北江陵。⓰抵　至；到達。⓱戹　困苦；災難。⓲徙函谷關於新安　漢武帝時，樓船將軍楊僕多次立有大功，以居於關外為恥，上書提請移關，並願以家產作為移關費用。武帝准奏。於是將關移至新安（今河南新安東）。函谷關，關名。戰國時秦國所置。故址在今河南靈寶東北。⓳弘農　縣名。在今河南靈寶東北。⓴令民告緡者以其半與之　指「告緡令」中對告發別人隱瞞家產逃避納稅的獎勵辦法。當時規定：富商大賈均須自報家產納稅，如申報不實，人人皆可告發，並以被告之財產的一半作為獎勵。㉑陽陵園　漢景帝陵園。故址在今陝西高陵西南。㉒常山　諸侯國名。建都元氏（今河北元氏西北）。㉓舜　景帝之子劉舜。本書卷五十三有傳。㉔嗣立　繼位。㉕夏陽　縣名。在今陝西韓城南。㉖汾陰　縣名。在今山西萬榮西南。㉗后土　地神。㉘汾陰脽　即汾脽。在當時的汾陰縣，武帝時建后土祠於其上。脽，土丘。㉙滎陽　縣名。在今河南滎陽東北。是古代的軍事要地。㉚洛陽　縣名。在今河南洛陽東北。當時是河南郡的治所。㉛冀州　古代九州之一。相當於今山西、河北全境和河南、山東、遼寧部分地區。㉜瞻望河洛　遠望黃河和洛水。㉝巡省豫州　巡視豫州。省，視察。豫州，古代九州之一。大致相當今河南黃河以南及湖北北部地區。㉞周室　指周朝的宗族。㉟邈　遙遠。㊱孽子　庶子。非正妻所生之子。㊲周子南君　因姬嘉為周朝的後代，武帝特封他為「周子南君」。其封地在長社，在今河南臨汝東。㊳中山　諸侯國名。治盧奴（今河北定州）。㊴勝　景帝之子劉勝。本書卷五十三有傳。㊵方士　古時講仙道、煉丹術，求長生不老的人。後將從事醫、卜、星相的人亦稱為方士。㊶渥洼水　水名。在今甘肅敦煌西南。當時南陽郡新野縣人暴利長因罪流放到這裡，見野馬中有匹奇馬常來此飲水，便將其馴服獻給武帝。為了神化此馬，說成是從水中出來的神馬。㊷泗水　諸侯國名。建都淩縣（今江蘇泗陽西北）。㊸隴　隴山。在今甘肅、陝西交界處。㊹空

同　即崆峒。山名。在今寧夏隆德東。㊺祖厲河　水名。經今甘肅會寧，向北流入黃河。㊻朔旦　朔日清晨。㊼泰畤　天子祭祀天神太一（亦稱泰一）的場所。在今陝西淳化西北。㊽郊見　古代帝王於郊外祭祀上帝諸神。㊾朝日夕月　早晨祭日，傍晚祭月。㊿眇　顏師古注曰：「眇，微細也。」(51)綏民　安撫百姓。綏，安。(52)冀州脽　即前文所說的「汾陰脽」。因汾陰地處冀州，所以這樣說。(53)壤　土。(54)文鼎　刻鏤有花紋的鼎。(55)克任　能夠勝任。(56)四牡翼翼二句　引自《詩經・小雅》。意為：四匹公馬訓練嫻熟，去征討不馴服的敵人。翼翼，整齊有序的樣子。指馬訓練有素。(57)邊垂　即邊陲。垂，通「陲」。(58)用事所極　顏師古注曰：「所至則祭也。極，至也。」(59)泰一　也作「太一」。傳說中天神最尊貴者。(60)脩天文禧　指祭祀日月諸神。(61)辛卯　這裡指「先甲三日」。意思是在甲午前第三天。參見後注。(62)景光　吉祥之光。(63)十有二明　指祥光出現了十二次。有，通「又」。(64)先甲三日二句　引自《易經・蠱卦》。意為：時間在甲日之前三日的辛日與甲日之後三日的丁日。我國古代曆法，以甲、乙、丙、丁、戊、己、庚、辛、壬、癸十天干為序紀日。先甲三日，是指甲日前三天的日子，即辛日。後甲三日，則指甲日後三天的日子，即丁日。(65)登　莊稼成熟。(66)飭　整理。(67)齊戒　古人在祭祀前沐浴更衣，不飲酒，不吃葷，不與妻妾同寢，整潔身心，以示虔誠。齊，同「齋」。(68)丁酉　這是指「後甲三日」。意思是這是在甲午後第三天。(69)拜況　拜謝天神的賜予。況，通「貺」。賜予。(70)蝦蟆　即蛤蟆。這裡指蟾蜍。(71)桂陽　郡名。治郴縣（今湖南郴州）。(72)湟水　古水名。在今廣東西北部。(73)湞水　古水名。在今廣東北部。(74)歸義越侯嚴　嚴為越人名。後歸順漢朝，封為歸義侯，所以稱「歸義越侯嚴」。(75)零陵　郡名。治零陵（今廣西全州西南）。(76)離水　即今灕江。在今廣西東北部。(77)蒼梧　郡名。治廣信（今廣西梧州）。(78)樓船　指水軍。(79)別將　另外統領。(80)夜郎　古代部族名。主要分布在今貴州西北部、雲南東北部及四川南部地區。(81)牂柯江　即今貴州境內的濛江。(82)番禺　縣名。即今廣東廣州。(83)獻黃金酎祭宗廟　漢律規定：皇帝祭祀宗廟時，諸侯要獻金助祭，按封邑內戶口數計算。如數量不夠，或質量不好，要被朝廷處罰。(84)丞相趙周下獄死　指趙周身為丞相，因未揭發列侯所獻酎金數量不夠，下獄自殺。(85)誣罔　以不實之辭欺騙人。(86)要斬　刑罰名。古代一種將犯人攔腰斬斷的酷刑。要，通「腰」。(87)西羌　部族名。因居住在西部邊境而得名。(88)故安　當為「安故」。安故，縣名。在今甘肅臨洮南。(89)枹罕　縣名。在今甘肅臨夏西南。(90)天水　郡名。治平襄（今甘肅通渭西北）。(91)安定　郡名。治高平（今寧夏固原）。(92)河內　郡名。治懷縣（今河南武陟西南）。(93)緱氏　縣名。在今河南偃師東南。(94)左邑　縣名。在今山西聞喜。(95)桐鄉　為左邑縣所轄鄉之名。(96)聞喜　縣名。在今山西聞喜東北。(97)汲　縣名。在今河南汲縣西南。(98)新中鄉　為汲縣所轄鄉之名。(99)獲嘉　縣名。在今河南新鄉西。(100)南海　郡名。治番禺（今廣東廣州）。(101)鬱林　郡名。治布山（今廣西桂平西南）。(102)合浦　郡名。治徐聞（今廣東徐聞西南）。(103)交阯　郡名。治羸（今越南河內）。(104)九真　郡名。治胥浦（今越南清化西北）。(105)日南　郡名。治西卷（今越南廣治西北）。(106)珠厓　郡名。治瞫都（今海南海口東南）。(107)儋耳　郡名。治儋耳（今海南儋縣西北）。(108)武都　郡名。治武都（今甘肅西和西南）。(109)牂柯　郡名。治且蘭（今貴州貴定東北）。(110)越嶲　郡名。治邛都（今四川西昌東）。(111)沈黎　郡名。治筰都（今四川漢源東北）。(112)文山　郡名。治汶江（今四川茂汶北）。(113)東越　古代越人的一支。分布在今福建、浙江一帶。這時的東越王餘善原為閩越王郢之弟，武帝南征時，餘善殺郢降漢，漢因而封他為東越王。(114)九原　縣名。在今內蒙古包頭西北。(115)令居　縣名。在今甘肅永登西北。(116)張掖　郡名。治觻得（今張掖西北）。(117)敦煌　郡名。治敦煌（今甘肅敦煌西）。

【語　譯】元鼎元年夏季五月，大赦天下，特許百姓聚飲五天。

2 在汾水畔獲得寶鼎。

3 濟東王劉彭離有罪，被廢黜並放逐到上庸。

4 元鼎二年冬季十一月，御史大夫張湯有罪，自殺。十二月，丞相莊青翟被捕下獄而死。

5 春季，建造柏梁臺。

6 三月，下大雪。夏季，發大水，關東地區餓死的人數以千計。

7 秋季九月，下詔說：「遠近如一稱為仁，不畏艱難稱為義。如今京城地區雖然算不上豐年，山林池澤的物產應與百姓共享。如今雨水澇災轉移到江南地區，臨近嚴冬，我擔心那裡的百姓飢寒交迫，不能活命。江南地區採用火耕水耨的生產方式，十分落後，朝廷正在調集巴、蜀兩郡的糧食運往江陵縣，派博士中等人分路巡視，通告所到之處，不要加重當地百姓的困苦。凡有救濟飢民免除其困苦的官吏平民，統統上報給我知道。」

8 元鼎三年冬季，將函谷關遷往新安縣，改舊關地區為弘農縣。

9 十一月，下令百姓有告發商人隱匿財產不報或報告不實的，將沒收財物的一半給舉報人。

10 正月二十八戊子日，陽陵陵園失火。夏季四月，天降冰雹，關東十多個郡和諸侯國發生饑荒，出現人吃人的現象。

11 常山王劉舜去世。他的兒子劉敎繼位為王，因有罪，被廢黜並放逐到房陵。

12 元鼎四年冬季十月，武帝駕臨雍縣，在五畤祭祀天帝。賜給民戶家長爵位一級，賜給受爵者的妻子牛和酒，以每百戶為單位進行分配。武帝從夏陽出發，往東駕臨汾陰。十一月初八甲子日，在汾陰脽上建立后土祠。祭禮完畢後，武帝駕臨滎陽縣。武帝回到洛陽，下詔說：「我在冀州祭祀地神，遠望黃河、洛河，巡視豫州，考察周朝宗族，已經遙遠而無人祭祀。察訪老人，才尋得其庶子姬嘉。茲封姬嘉為周子南君，以供奉周朝的祭祀。」

13 春季二月，中山王劉勝去世。

14 夏季，封方士欒大為樂通侯，位列上將軍。

15 六月，在后土祠旁獲得寶鼎。秋季，神馬從渥洼水中出來。作〈寶鼎〉、〈天馬〉之歌。

16 立常山憲王的兒子劉商為泗水王。

17 元鼎五年冬季十月，武帝駕臨雍縣，在五畤祭祀天帝。於是越過隴山，登上崆峒山，往西到達祖厲河而返。

18 十一月初一辛巳日清晨，冬至。在甘泉山建泰畤。武帝親自在郊外祭祀，早晨祭日，傍晚祭月。下詔說：「我以微小的身分居於王侯之上，論德行未能安撫百姓，有的百姓飢寒交迫，所以我巡行祭祀地神以求年歲豐收。冀州脽的土中於是出現刻有花紋的鼎，我將寶鼎進獻宗廟。渥洼水中出現神馬，我要親自駕馭牠。我戰戰兢兢，害怕不能勝任，認為如想昭示天地的旨意，只有自己棄舊圖新。《詩經》說：『四匹公馬訓練有素，去征討不順服的敵人。』我親自視察邊境，每到一處便設禮祭祀。我曾望祭泰一神，祭祀日月。十一日辛卯日夜間，彷彿祥光出現了十二次。《易經》說：『時間在甲日之前三日的辛日與甲日之後三日的丁日。』我很關心年成沒都獲得豐收，因此整潔身心，進行齋戒，十七日丁酉日，在郊外舉行祭祀拜謝天神的賜予。」

19 夏季四月，南越國的丞相呂嘉反叛，殺了漢朝使者以及南越王和太后。大赦天下。

20 月末丁丑日，發生了日食。

21 秋季，發生青蛙和蟾蜍相鬥的怪現象。

22 朝廷派伏波將軍路博德從桂陽郡出兵，沿湟水而下；樓船將軍楊僕從豫章郡出兵，沿湞水而下；歸義越侯嚴為戈船將軍，從零陵郡出兵，沿離水而下；甲為下瀨將軍，從蒼梧郡出兵而下。他們率領的都是犯人，加上長江、淮河以南的水軍十萬人。越人馳義侯遺另外率領巴、蜀兩郡的犯人，徵調夜郎兵，沿牂柯江而下，各路兵馬全在番禺會合。

23 九月，列侯因向朝廷進獻黃金助祭宗廟不合法定要求而被削奪爵位者達一百零六人，趙周身為丞相，因未揭發列侯所獻酎金數量不夠，入獄而死。樂通侯欒大因犯誣罔罪被腰斬。

24 十萬西羌人反叛，他們與匈奴勾結，進攻安故，包圍枹罕縣。匈奴人侵五原郡，殺死太守。

25 元鼎六年冬季十月，朝廷調動隴西、天水、安定三郡騎兵和中尉所屬部隊，加上河南、河內兩郡士兵十萬人，派將軍李息、郎中令徐自為率領征討西羌，平定了叛亂。

26 武帝東行，將要駕臨緱氏縣，到達左邑縣桐鄉時，聽到南越被攻破的消息，就將桐鄉命名為聞喜縣。春，到達汲縣新中鄉時，漢軍斬獲南越丞相呂嘉的首級，就將新中鄉命名為獲嘉縣。馳義侯遺的部隊還沒來得及出發，武帝便命令他征討平定西南地區各部族。於是平定南越地區，在那裡設置南海、蒼梧、鬱林、合浦、交阯、九真、日南、珠厓、儋耳等郡。平定了西南地區各部族後，在那裡設置了武都、牂柯、越巂、沈黎、文山等郡。

27 秋季，東越王餘善反叛，攻打並殺死漢朝派駐的將領和官吏。朝廷派橫海將軍韓說、中尉王溫舒從會稽郡出兵，樓船將軍楊僕從豫章郡出兵，攻擊叛軍。朝廷又派浮沮將軍公孫賀從九原縣出兵，匈河將軍趙破奴從令居縣出兵進擊匈奴，他們都行軍二千多里，沒有見到敵人而回軍。於是分武威、酒泉兩郡的一部分設置張掖郡和敦煌郡，並遷徙百姓充實那裡。

1 元封❶元年冬十月，詔曰：「南越、東甌咸伏其辜❷，西蠻北夷頗未輯睦❸，朕將巡邊垂，擇兵振旅❹，躬秉武節❺，置十二部將軍，親帥師焉。」行自雲陽❻，北歷上郡、西河、五原，出長城，北登單于臺❼，至朔方，臨北河❽。勒兵❾十八萬騎，旌旗徑❿千餘里，威振匈奴。遣使者告單于曰：「南越王頭已縣⓫於漢北闕⓬矣。單于能戰，天子自將待邊；不能，亟⓭來臣服。何但亡匿幕北寒苦之地為！」匈奴讋⓮焉。還，祠黃帝⓯於橋山⓰，迺歸甘泉。

2 東越殺王餘善降。詔曰：「東越險阻⓱反覆⓲，為後世患，遷其民於江淮間。」遂虛其地。

3 春正月，行幸緱氏。詔曰：「朕用事華山⓳，至於中嶽⓴，獲駮麃㉑，見夏后啟母石㉒。翌日㉓親登崇嵩㉔，御史乘屬㉕、在廟旁吏卒咸聞呼萬歲者三。登禮罔不答。其令祠官加增太室㉖祠，禁無伐其草木。以山下戶三百為之奉邑㉗，名曰崇高，獨給祠，復亡所與㉘。」行，遂東巡海上。

4 夏四月癸卯，上還，登封泰山㉙，降坐明堂。詔曰：「朕以眇身承至尊，兢兢焉惟德菲薄，不明于禮樂，故用事八神㉚。遭天地況施㉛，著見景象㉜，屑然如有聞㉝。震于怪物，欲止不敢，遂登封泰山，至於梁父㉞，然後升禪㉟肅然㊱。自新，嘉與士大夫更始，其以十月為元封元年。行所巡至，博[37]、奉高[38]、蛇丘[39]，歷城[40]、梁父[41]，民田租逋賦貸，已除。加年七十以上孤寡帛，人二匹。四縣[42]無出今年算。賜天下民爵一級，女子百戶牛酒。」

5 行自泰山，復東巡海上，至碣石[43]。自遼西歷北邊九原，歸于甘泉。

6 秋，有星孛于東井[44]，又孛于三台[45]。

7 齊王閎薨。

8 二年冬十月，行幸雍，祠五畤。春，幸緱氏，遂至東萊[46]。夏四月，還祠泰山。至瓠子[47]，臨決河，命從臣將軍以下皆負薪塞河隄，作瓠子之歌。赦所過徒[48]，賜孤獨高年[49]米，人四石。還，作甘泉通天臺[50]、長安飛廉館[51]。

9 朝鮮[52]王攻殺遼東都尉，迺募天下死罪[53]擊朝鮮。

10 六月，詔曰：「甘泉宮內中產芝[54]，九莖連葉[55]。上帝博[56]臨，不異下房[57]，賜朕弘休。其赦天下，賜雲陽都[58]百戶牛酒。」作芝房之歌。

11 秋，作明堂于泰山下。

12 遣樓船將軍楊僕、左將軍荀彘將應募罪人擊朝鮮。又遣將軍郭昌、中郎將[59]衛廣發巴蜀兵平西南夷未服者，以為益州[60]郡。

13 三年春，作角抵戲[61]，三百里內皆觀[62]。

14 夏，朝鮮斬其王右渠[63]降，以其地為樂浪[64]、臨屯[65]、玄菟[66]、真番[67]郡。

15 樓船將軍楊僕坐失亡多免為庶民，左將軍荀彘坐爭功棄市。

16 秋七月，膠西[68]王端[69]薨。

17 武都氐人[70]反，分徙酒泉郡。

18 四年冬十月，行幸雍，祠五畤。通回中[71]道，遂北出蕭關[72]，歷獨鹿[73]、鳴澤[74]，自代而還，幸河東[75]。春三月，祠后土。詔曰：「朕躬祭后土地祇[76]，見光集于靈壇[77]，一夜三燭[78]。幸中都宮[79]，殿上見光。其赦汾陰、夏陽、中都[80]死罪以下，賜三縣及楊氏[81]皆無出今年租賦。」

19 夏，大旱，民多暍[82]死。

20 秋，以匈奴弱，可遂臣服，迺遣使說之。單于使來，死京師。匈奴寇邊，遣拔胡將軍郭昌屯朔方。

21 五年冬，行南巡狩[83]，至于盛唐[84]，望祀虞舜于九嶷[85]。登灊[86]天柱山[87]，自尋陽[88]浮江，親射蛟[89]江中，獲之。舳艫[90]千里，薄[91]樅陽[92]而出，作盛唐樅陽之歌。遂北至琅邪[93]，並海[94]，所過禮祠其名山大川。春三月，還至泰山，增封[95]。

甲子，祠高祖[96]于明堂，以配上帝，因朝諸侯王列侯，受郡國計[97]。夏四月，詔曰：「朕巡荊揚[98]，輯[99]江淮物[100]，會大海氣[101]，以合泰山[102]。上天見[103]象，增脩封禪[104]。其赦天下。所幸縣毋出今年租賦，賜鰥寡孤獨帛，貧窮者粟。」還幸甘泉，郊泰畤。

22 大司馬大將軍青薨。

23 初置刺史部十三州[105]。名臣文武欲盡，詔曰：「蓋有非常之功，必待非常之人，故馬或奔踶[106]而致千里，士或有負俗之累[107]而立功名。夫泛駕[108]之馬，跅弛[109]之士，亦在御之而已[110]。其令州郡察吏民有茂材[111]異等[112]可為將相及使絕國[113]者。」

24 六年冬，行幸回中。春，作首山宮[114]。

25 三月，行幸河東，祠后土。詔曰：「朕禮首山，昆田[115]出珍物，化或為黃金。祭后土，神光三燭。其赦汾陰殊死[116]以下，賜天下貧民布帛，人一匹。」

26 益州昆明[117]反。赦京師亡命[118]令從軍，遣拔胡將軍郭昌將以擊之。

27 夏，京師民觀角抵于上林[119]平樂館[120]。

28 秋，大旱，蝗。

【章　旨】以上記載武帝元封年間東巡海上、擊朝鮮、封泰山、治黃河、置部刺史巡察郡國等重要史事。

【注　釋】❶元封　漢武帝始封泰山，故改元。❷辜　罪。❸輯睦　和睦。❹擇兵振旅　挑選兵馬、整頓部隊。旅，軍隊編制單位。也用來泛指軍隊。❺武節　指帥印帥旗等。❻雲陽　縣名。在今陝西淳化西北。❼單于臺　臺名。故址在今內蒙古呼和浩特西。❽北河　古代黃河自今內蒙古磴口以下分為南、北兩支，北支當時為黃河正流，對南支而言，稱為「北河」。❾勒兵　統率軍隊。勒，統率；約束。❿徑　指直線距離。⓫縣　通「懸」。⓬北闕　未央宮北面的正門。⓭亟　趕快；急速。⓮讋　恐懼。⓯黃帝　姬姓，軒轅氏。傳說中的上古五帝之一，中原各族的共同祖先。相傳蠶桑、醫藥、舟車等發明創造，都始於黃帝之時。⓰橋山　山名。在今陝西黃陵北。相傳黃帝冢在橋山。⓱險阻　指地形艱險阻塞。⓲反覆　變化無常。⓳華山　五嶽之一，號西嶽。在今陝西華陰南。⓴中嶽　即嵩山。五嶽之一。在今河南登封北。㉑駮麃　毛色斑駁的鹿。麃，大鹿。㉒夏后啟母石　在嵩山下。古代神話說：禹治理洪水，鑿通轘轅山後變為熊。禹妻見後，羞愧離去，至嵩山下化為石。石破而啟生。後來便稱此石為夏后啟母石。啟，即夏禹之子，夏朝的開國之君。㉓翌日　次日。㉔崇嵩　即嵩山。因山形高大，故稱崇嵩。㉕御史乘屬　指護衛車駕的御史。御史，官名。漢承秦置。執掌察舉官吏違失及非法，兼掌律令、齋祀和護衛等事宜。㉖太室　嵩山之東峰，山有石室，因以為名。㉗奉邑　這裡指供給祭祀費用的封地。㉘復亡所與　免除賦稅和徭役。㉙泰山　五嶽之首。在今山東泰安北。㉚八神　指八方之神。㉛況施　賜與。況，賜。㉜景象　指種種吉祥的跡象。㉝屑然如有聞　顏師古注引臣瓚曰：「聞呼萬歲者三是也。」屑然，形容細微的聲音。㉞梁父　山名。在今山東泰安東南。㉟升禮　登山祭祀。㊱肅然　山名。是泰山的東麓。在今山東萊蕪西北。㊲博　縣名。在今山東泰安東南。㊳奉高　縣名。在今山東泰安東北。㊴蛇丘　縣名。在今山東泰安西南。㊵歷城　縣名。在今山東濟南。㊶梁父　縣名。在今山東新泰西。㊷四縣　指博、蛇丘、歷城、梁父四縣。奉高為供給泰山祭祀費用的封地，所以不在免除算賦的範圍之內。㊸碣石　山名。在今河北昌黎北。㊹東井　即井宿。二十八宿之一。是南方七宿中的第一宿。㊺三台　星官名。有上台、中台、下台共六星。兩兩相比，起自文昌，列抵太微。㊻東萊　山名。即今山東龍口東南萊山。㊼瓠子　即瓠子口，在今河南濮陽西南，是當時黃河的決口。㊽徒　指服勞役的犯人。㊾高年　指老人。㊿通天臺　臺名。在甘泉宮內。(51)飛廉館　館名。在長安城內。飛廉是傳說中的神禽。此館因鑄有飛廉銅像而得名。(52)朝鮮　族名、國名。古代朝鮮人主要居於今朝鮮半島，西元前後，朝鮮各部族形成了幾個部落聯盟。朝鮮自古與中國關係密切，《史記》中有殷紂王諸父箕子於殷周之際率族人入朝鮮的記載，朝鮮後來傳說箕子是最早建立王朝和統一國家的人。習慣上稱朝鮮北部地區由中國移民建立的早期政權為古朝鮮。西元前一九四年燕人衛滿滅「箕氏朝鮮」，建立衛氏朝鮮，至西元前一〇八年被漢朝滅亡，漢在其地設四郡。〔53〕死罪　這裡指犯有死罪之人。〔54〕芝　靈芝。古人認為是吉祥之物。〔55〕九莖連葉　長有九株菌柄且菌蓋相連。〔56〕博　廣。引申為到處。〔57〕不異下房　指不因為下房幽暗偏僻就不降臨。〔58〕雲陽都　雲陽，縣名。在今陝西淳化西北。因位於當時的甘泉宮側，漢武帝常來甘泉宮避暑，有如行都，所以稱「雲陽都」。〔59〕中郎將　官名。是皇帝的侍衛官。地位次於將軍。西漢時，皇帝的侍衛分置五官、左、右三署，各設中郎將統率。〔60〕益州　郡名。治滇池（今雲南晉寧東）。〔61〕角抵戲　秦漢時的一種技藝表演。類似現在的摔跤。〔62〕觀　原作「來觀」。景祐本無「來」字。王念孫說後人所加。〔63〕右渠　朝鮮王之名。〔64〕樂浪　郡名。治朝鮮（今朝鮮平壤南）。〔65〕臨屯　郡名。治東暆（今朝鮮咸鏡南道北部）。〔66〕玄菟　郡名。治沃沮（今朝鮮咸鏡南道咸興）。〔67〕真番　郡名。治霅縣（今朝鮮禮成江、漢江之間）。〔68〕膠西　諸侯國名。建都高密（今山東高密西南）。〔69〕端　景帝之子劉端。本書卷五十三有傳。〔70〕武都氐人　指當時居住在武都郡的氐族人。〔71〕回中　地名。在今陝西隴縣西北。〔72〕蕭關　關隘名。故址在今寧夏固原東南。〔73〕獨鹿　山名。在蕭關之南。〔74〕鳴澤　澤名。即今甘肅平涼西北。〔75〕河東　郡名。治安邑（今山西夏縣西北）。〔76〕地祇　地神。〔77〕靈壇　神壇。指祭祀神靈的高臺。〔78〕三燭　三次照射。燭，照。〔79〕中都宮　宮名。故址在今山西平遙西南。〔80〕中都　縣名。今山西平遙西南。〔81〕楊氏　縣名。在今山西洪洞東南。〔82〕暍　中暑而死。〔83〕巡狩　指帝王離開國都巡視境內。〔84〕盛唐　山名。在今安徽桐城。〔85〕九嶷　山名。在今湖南寧遠南。相傳舜帝葬於此山。〔86〕灊　縣名。在今安徽霍山東北。〔87〕天柱山　山名。在今安徽霍山西南。古為南嶽衡山。隋代以後南嶽衡山乃在今湖南衡山縣。〔88〕尋陽　縣名。在今湖北黃梅西南。〔89〕蛟　蛟龍。古代傳說中的一種龍，能興風作浪，引發洪水。〔90〕舳艫　指首尾相接的船隻。舳，船舵。艫，船頭。〔91〕薄　靠近。〔92〕樅陽　縣名。在今安徽樅陽。〔93〕琅邪　縣名。在今山東膠南琅邪臺西北。〔94〕並海　沿著海岸。並，通「傍」。依，沿。〔95〕增封　增加祭天典禮的規模。〔96〕高祖　指劉邦。〔97〕受郡國計　接受各郡國上報的計簿。計，計簿。登記地方政府人口、戶籍等情況的簿冊。〔98〕荊揚　荊州和揚州。這裡泛指今湖北、江西、安徽、江蘇等長江流域。〔99〕輯　集合。〔100〕物　指神靈。〔101〕會大海氣　會合海神之氣。〔102〕以合泰山　指聚集江淮一帶的神靈，會合大海之中的靈氣，一起聚會於泰山，然後舉行祭祀大典，總祭諸神。〔103〕見　顯示。〔104〕封禪　帝王祭祀天地的典禮。在泰山上築土為壇祭天，報天之功，稱之為「封」；在泰山下的梁父山闢基祭地，報地之德，謂之「禪」。秦漢以後，歷代封建王朝都把封禪作為國家大典。〔105〕刺史部十三州　漢武帝元封五年（西元前一〇六年），為加強中央對地方的監察，將近畿七郡以外的地區分為十三部，每部置一刺史，掌監察一部的郡國長史和強宗豪右。因十三部中有十一個部名採用〈禹貢〉的州名，故習慣上亦稱「部」為「州」。十三部（州）各設刺史一人，常以八月巡視所部郡國，省察治政，黜陟能否，斷理冤獄，以六條督察郡國，歲盡詣京師奏事，官階低於郡守。後地位逐漸提高。106奔踶　奔馳。踶，通「馳」。107負俗之累　指受世人譏諷。108泛駕　翻車。這裡用來比喻不受控制。泛，覆；翻。109跅弛　放蕩不羈，不循規矩。跅，放縱不羈。110亦在御之而已　顏師古注曰：「在人所以制御之。」111茂材　即秀才。因避漢光武帝劉秀名諱，改稱「茂材」。112異等　超等不凡。113絕國　極遠的國家。114首山宮　宮名。故址在今山西永濟南。因位於首山而得名。115昆田　指首山之下的田地。116殊死　刑罰名。古代的一種死刑，即斬首。這裡指被判斬首之刑的罪犯。117昆明　古部族名。分布在今雲南洱海以南保山至楚雄一帶。118亡命　指逃亡的人。逃亡者被削除名籍，所以稱逃亡為「亡命」。119上林　宮苑名。舊址在今陝西西安西南，秦漢時為帝王射獵遊樂之所。120平樂館　館名。在上林苑內。

【語譯】元封元年冬季十月，下詔說：「南越、東甌都已伏罪，西北地區還頗不和睦，我將巡視邊境，精選兵馬，整頓軍隊，執掌統帥大權，設置十二部將軍，親自統帥軍隊。」武帝從雲陽縣出發，向北經過上郡、西河、五原等郡，出長城，往北登上單于臺，到達朔方郡，來到北河。武帝統率十八萬騎兵，旌旗相望一千多里，威震匈奴。武帝派使者對匈奴單于說：「南越王的頭顱已經懸掛在漢朝的北面宮門。單于你能夠作戰的話，漢天子親自率兵在邊境上等候；不敢作戰的話，就快來稱臣歸順。為什麼老躲在沙漠以北的苦寒之地呢！」匈奴恐懼。武帝率兵返回，在橋山祭祀黃帝，才回到甘泉宮。

2　東越人殺死國王餘善歸降漢朝。下詔說：「東越地形險惡，人心變化無常，是後世的禍患，必須將那裡的百姓遷移到長江淮河一帶。」這樣東越地區便虛無人煙了。

3　春季正月，武帝駕臨緱氏縣。下詔說：「我在華山祭祀後到達中嶽嵩山，獲得毛色斑駁的大鹿，見到了夏后啟母石。次日親自登上嵩山，護衛車駕的御史以及在廟旁的官員和衛兵們都曾三次聽到高呼萬歲的聲音。禮祭於神，無不回應。茲令祠官增祭太室祠，禁止砍伐山上草木。將山下三百戶作為它的奉邑，命名為崇高，封邑內的百姓只供給祭祀，免除一切賦稅徭役。」武帝繼續前行，往東巡視到海邊。

4　夏季四月初七癸卯日，武帝返回，途中登上泰山築壇祭天，之後落坐明堂。下詔說：「我以渺小的身分繼承了皇位，戰戰兢兢，想到自己德行淺薄，不明禮樂制度，所以去祭祀八神。有幸受到天地的恩賜，明顯地顯現種種吉祥的跡象，並隱約聽到三次高呼萬歲的聲音。這種奇怪的現象令人震驚，想要停止活動卻又不敢，於是登上泰山祭天，到梁父山祭地，然後登上肅然山祭祀各方神靈。為了表示更新，希望與各位士大夫重新開始，茲以十月作為元封元年。我巡視所到之處，博縣、奉高、蛇丘、歷城、梁父等縣百姓的田租和拖欠的租稅借貸已經免除。另賜給七十歲以上的孤寡老人絲帛，每人二匹。博縣、蛇丘、歷城、梁父四縣不用繳納今年的算賦。賜給天下民戶家長爵位一級，其妻子按每百戶為單位分配給牛和酒。」

5 武帝從泰山出發，再次東巡海上，到達碣石山。然後從遼西郡經北方邊境九原縣回到甘泉宮。

6 秋季，有彗星出現在井宿附近，又有彗星出現在三台星附近。

7 齊王劉閎去世。

8 元封二年冬季十月，武帝駕臨雍縣，在五時祭祀天帝。春季，武帝駕臨緱氏縣，於是到了東萊山。夏季四月，武帝返回時祭祀了泰山。後到達瓠子口，察看黃河決口，命令將軍以下的隨行人員都背柴堵塞河堤決口，並作〈瓠子〉之歌。武帝赦免沿途所到之處服勞役的罪犯，賜給孤獨者和老年人米，每人四石。回來後，建造甘泉宮通天臺和長安城飛廉館。

9 朝鮮王進攻並殺死了遼東郡都尉，朝廷便招募天下犯死罪的囚徒攻打朝鮮。

10 六月，下詔說：「甘泉宮內生長靈芝，有九株菌柄且菌蓋相連。這是上天到處降福，不因為下房幽暗偏僻就不降臨，把宏大美好的福祉賜給我。茲大赦天下，賜給雲陽縣每百戶人家一定數量的牛和酒。」作〈芝房〉之歌。

11 秋季，在泰山下修建明堂。

12 朝廷派樓船將軍楊僕、左將軍荀彘率領應募的罪犯攻打朝鮮。又派將軍郭昌、中郎將衛廣徵發巴蜀兩郡的兵馬平定西南地區那些尚未歸服的部落，並在那裡設置益州郡。

13 元封三年春季，舉行角抵戲表演，京城周圍三百里內的人都來觀看。

14 夏季，朝鮮人殺死他們的國王右渠來歸降，於是在當地設置樂浪、臨屯、玄菟、真番等郡。

15 樓船將軍楊僕因士兵損失逃亡過多而被削職為民，左將軍荀彘因與人爭功而被處死。

16 秋季七月，膠西王劉端去世。

17 武都郡氐族人造反，朝廷把一部分氐族人遷往酒泉郡。

18 元封四年冬季十月，武帝駕臨雍縣，在五時祭祀天帝。經過回中，於是向北從蕭關出去，經過獨鹿山、鳴澤，然後從代郡返回，駕臨河東郡。春季三月，武帝祭祀地神。下詔說：「我親自祭祀后土地神，看見祥光集中在神壇上，一夜間三次照耀。我駕臨中都宮時，殿上也出現祥光。茲赦免汾陰、夏陽、中都三縣除死罪以外的囚犯，賞賜三縣和楊氏縣都不用上繳今年的租稅。」

19 夏季，發生大旱，百姓多中暑而死。

20 秋季，因匈奴勢力已弱，可以使它稱臣歸順，朝廷便派使者去勸說。單于派使者來，死在京城裡。匈奴侵犯邊境，朝廷派拔胡將軍郭昌駐紮在朔方郡。

21 元封五年冬季，武帝南行巡視，到達盛唐山。武帝遙祭葬於九疑山的虞舜。又登上灊縣的天柱山，從尋陽縣沿長江而下，在長江中親自射中一頭蛟龍，並將牠捕獲。武帝的船隊長達千里，靠近樅陽縣上岸，作〈盛唐樅陽〉之歌。武帝接著向北到達琅邪縣，沿著海岸而行，所過之處，祭祀當地的名山大川。春季三月，返回至泰山，增加祭天典禮的規模。三月二十一甲子日，在明堂祭祀高祖，把他與上帝相配，順便召見諸侯王和列侯，接受各郡和諸侯國上報的計簿。夏季四月，下詔說：「我巡視荊州、揚州，集合江淮一帶的神靈，會合大海之中的靈氣，一起聚會於泰山，總祭諸神。上天顯示吉祥景象，擴大祭祀天地典禮的規模。茲大赦天下。我所駕臨的縣不用上繳今年的租稅，賜給鰥寡孤獨者絲帛，賜給貧苦百姓糧食。」武帝返回時駕臨甘泉宮，在泰時祭祀天神。

22 大司馬大將軍衛青去世。

23 開始設置十三刺史部。當時著名文武大臣快沒了，武帝下詔說：「非同一般的功業必須要有非同一般的人才來完成，所以有的馬能奔馳而達到千里，有的人雖受世俗譏諷而能建立功名。那種不易控制、掀翻車駕的馬，那種放蕩不羈、不循規矩的人，也在於駕馭控制得法罷了。茲令各州郡官吏發現考察吏民中有非凡才能可任將相之職，以及能出使遠邦者。」

24 元封六年冬季，武帝駕臨回中。春季，建造首山宮。

25 三月，武帝駕臨河東郡，祭祀地神。下詔說：「我祭祀首山，山下的田地出現珍奇寶物，有的化為黃金。祭祀地神時，神光三次照耀。茲赦免汾陰縣被判斬首死刑以下的罪犯，賜給天下貧民布帛，每人一匹。」

26 益州的昆明族造反。朝廷赦免京城削除名籍逃亡在外的人，命令他們從軍，派拔胡將軍郭昌率領他們前去征討。

27 夏季，京城的百姓到上林苑平樂館觀看角抵戲。

28 秋季，大旱，發生蝗災。

1 太初[1]元年冬十月，行幸泰山。

2 十一月甲子朔旦，冬至，祀上帝于明堂。

3 乙酉，柏梁臺災。

4 十二月，禪高里[2]，祠后土。東臨勃海[3]，望祠蓬萊[4]。春還，受計于甘泉。

5 二月，起建章宮[5]。

6 夏五月，正曆[6]，以正月為歲首。色上黃[7]，數用五[8]，定官名，協音律[9]。

7 遣因杅將軍公孫敖築塞外受降城[10]。

8 秋八月，行幸安定。遣貳師將軍李廣利⓫發天下讁民⓬西征大宛⓭。

9 蝗從東方飛至敦煌。

10 二年春正月戊申⓮，丞相慶⓯薨。

11 三月，行幸河東，祠后土。令天下大酺五日，膢⓰五日，祠門戶⓱，比臘⓲。

12 夏四月，詔曰：「朕用事介山⓳，祭后土，皆有光應⓴。其赦汾陰、安邑㉑殊死以下。」

13 五月，籍㉒吏民馬，補車騎馬。

14 秋，蝗。遣浚稽將軍趙破奴二萬騎出朔方擊匈奴，不還。

15 冬十二月，御史大夫兒寬㉓卒。

16 三年春正月，行東巡海上。夏四月，還，脩封泰山，禪石閭㉔。

17 遣光祿勳㉕徐自為築五原塞外列城㉖，西北至盧朐㉗，游擊將軍韓說將兵屯之。強弩都尉路博德築居延㉘。

18 秋，匈奴入定襄、雲中，殺略數千人，行壞光祿諸亭障㉙；又入張掖、酒泉，殺都尉。

19 四年春，貳師將軍廣利斬大宛王首，獲汗血馬㉚來。作西極天馬之歌。

20 秋，起明光宮㉛。

21 冬，行幸回中。

22 徙弘農都尉㉜治武關㉝，稅出入者以給關吏卒食。

【章旨】以上記載武帝太初年間定律曆、征服大宛等重要史事。

【注釋】❶太初　因漢武帝初用夏正，以正月為歲首，故改元太初。漢初沿用秦曆，以十月為歲首，自漢武帝太初元年更改曆法，每年以正月為歲首。以正月為歲首的曆法相傳夏時開始採用，故稱夏曆。❷高里　山名。在泰山南麓，今山東泰安西南。❸勃海　即渤海。在今遼東半島與山東半島之間。❹蓬萊　古代傳說東海中的三座仙山之一。相傳蓬萊、方丈、瀛州三山上有長生不死之藥，是神仙所居之地。❺建章宮　宮殿名。舊址在今陝西西安漢故長安城西。❻正曆　更改曆法。❼上黃　崇尚黃色。上，通「尚」。崇尚。❽數用五　據方士們推算，漢朝為土德，而在金、木、水、火、土五行中，土的序數為五，所以規定：三公、將軍、九卿、太守、王國相等官員的印章，皆用五字。❾協音律　校正音樂律呂，使之和諧。武帝時曾設協律都尉等來掌管音樂。❿受降城　城邑名。舊址在今內蒙古白雲鄂博西南。當時為接受匈奴投降者而築。⓫李廣利　武帝寵妃李夫人之兄。頗受武帝重用，曾率軍攻破大宛，取得良馬三千餘匹。後出擊匈奴，兵敗投降，不久為匈奴貴族所殺。本書卷六十一有傳。⓬謫民　因罪被流放的庶民。⓭大宛　西域國名。在今中亞費爾干納盆地。居民從事農牧業，以產汗血馬著名。自張騫通西域後，與漢往來逐漸頻繁。詳見卷九十六〈西域傳〉。⓮戊申　正月無戊申，當依《史表》作戊寅為是。⓯慶　指石慶。⓰膢　古代的一種祭祀。⓱門戶　指門神。⓲比臘　比照臘祭的規格進行。臘，祭名。冬至後臘祭祖先，臘祭百神。⓳介山　又稱介休山、綿山。在今山西介休東南。因春秋時名士介之推隱居在此而得名。⓴光應　祥光之應。㉑安邑　縣名。在今山西夏縣西北。㉒籍　顏師古注曰：「籍者，總入籍錄而取之。」㉓兒寬　由郡國推薦為博士，受業於孔安國。曾為廷尉屬官，常以古法決疑案。後任御史大夫，與司馬遷等共定《太初曆》。本書卷五十八有傳。㉔石閭　山名。在今山東泰安南。㉕光祿勳　官名。掌管宮殿門戶。原稱「郎中令」，武帝時改名光祿勳。㉖塞外列城　指當時邊塞一帶所修築的城障。㉗盧朐　匈奴山名。㉘築居延　修建居延城。㉙光祿諸亭障　指光祿勳徐自為在邊塞修築的城障。㉚汗血馬　古代駿馬名。據說產於西域大宛國，奔跑時汗從肩出，色赤如血。一日可行千里。㉛明光宮　宮名。在漢長安，靠近長樂宮。㉜弘農都尉　即弘農郡都尉，官名。弘農，郡名。治弘農（今河南靈寶東北）。㉝武關　關名。故址在今陝西商南南丹江上。當時是出入關中的重要通道之一。

【語　譯】太初元年冬季十月，武帝駕臨泰山。

2 十一月初一甲子日早晨，冬至，武帝在明堂祭祀上帝。

3 十一月二十二乙酉日，柏梁臺發生火災。

4 十二月，武帝在高里山祭祀地神。後東行到勃海邊，遙祭蓬萊仙山。春季返回，在甘泉宮受理郡國上報的簿籍。

5 二月，建造建章宮。

6 夏季五月，更改曆法，以正月作為每年的首月。崇尚黃色，官名印章字數為五，制定官名，協和音律。

7 朝廷派因杅將軍公孫敖在塞外修築受降城。

8 秋季八月，武帝駕臨安定郡。朝廷派貳師將軍李廣利徵發天下因罪被流放的平民往西征討大宛國。

9 蝗蟲從東方飛到敦煌郡一帶。

10 太初二年春季正月戊申日，丞相石慶去世。

11 三月，武帝駕臨河東郡，祭祀地神。特許天下民眾聚會暢飲五天，舉行五天膢祭，祭祀門神，比照臘祭的規格。

12 夏季四月，下詔說：「我在介山舉行祭禮，祭祀地神，都有祥光之應。茲赦免汾陰、安邑兩縣被處斬首死刑以下的罪犯。」

13 五月，登記徵取官吏百姓的馬匹，補充軍隊戰車和騎兵的用馬。

14 秋季，發生蝗災。朝廷派浚稽將軍趙破奴率領二萬騎兵從朔方郡出擊匈奴，全軍覆沒沒有回來。

15 冬季十二月，御史大夫兒寬去世。

16 太初三年春季正月，武帝東巡沿海一帶。夏季四月，武帝返回，在泰山祭祀天神，在石閭山祭祀地神。

17 朝廷派光祿勳徐自為修築五原郡塞外的城障，向西北一直延續到盧朐山，由游擊將軍韓說率兵駐紮。強弩都尉路博德修築居延城。

18 秋季，匈奴入侵定襄郡和雲中郡，殺死虜去數千人，一路破壞光祿勳徐自為修築的塞外城障，又入侵張掖郡和酒泉郡，殺死都尉。

19 太初四年春季，貳師將軍李廣利斬獲大宛王首級，得到汗血馬歸來。武帝作〈西極天馬〉之歌。

20 秋季，建造明光宮。

21 冬季，武帝駕臨回中。

22 朝廷調弘農郡都尉駐守武關，向出入關隘者徵稅，以作為守關官兵的俸祿。

1 天漢❶元年春正月，行幸甘泉，郊泰畤。三月，行幸河東，祠后土。

2 匈奴歸漢使者，使使❷來獻。

3 夏五月，赦天下。

4 秋，閉城門大搜❸。發謫戍屯五原。

5 二年春，行幸東海。還幸回中。

6 夏五月，貳師將軍三萬騎出酒泉，與右賢王❹戰于天山❺，斬首虜萬餘級。又遣因杅將軍出西河，騎都尉❻李陵❼將步兵五千人出居延北，與單于戰，斬首虜萬餘級。陵兵敗，降匈奴。

7 秋，止禁巫祠道中❽者。大搜❾。

8 渠黎❿六國使使來獻。

9 泰山⓫、琅邪⓬群盜徐勃等阻山⓭攻城，道路不通。遣直指使者⓮暴勝之等衣繡衣杖斧分部逐捕⓯。刺史郡守以下皆伏誅。

10 冬十一月，詔關都尉⓰曰：「今豪桀多遠交，依東方群盜。其謹察出入者。」

11 三年春二月，御史大夫王卿有罪，自殺。

12 初榷酒酤⓱。

13 三月，行幸泰山，脩封，祀明堂，因受計。還幸北地，祠常山⓲，瘞玄玉⓳。

夏四月，赦天下。行所過毋出田租。

14 秋，匈奴入鴈門，太守坐畏愞⓴棄市。

15 四年春正月，朝諸侯王于甘泉宮。發天下七科讁㉑及勇敢士，遣貳師將軍李廣利將六萬騎、步兵七萬人出朔方，因杅將軍公孫敖萬騎、步兵二萬人出鴈門，游擊將軍韓說步兵三萬人出五原，強弩都尉路博德步兵萬餘人與貳師會。廣利與單于戰余吾水上連日，敖與左賢王戰不利，皆引還。

16 夏四月，立皇子髆[22]為昌邑[23]王。

17 秋九月，令死罪入贖錢五十萬減死一等。

18 太始[24]元年春正月，因杅將軍敖[25]有罪，要斬。

19 徙郡國吏民豪桀于茂陵、雲陵[26]。

20 夏六月，赦天下。

21 二年春正月，行幸回中。

22 三月，詔曰：「有司議曰，往者朕郊見上帝，西登隴首[27]，獲白麟以饋[28]宗廟，渥洼水出天馬，泰山見黃金，宜改故名。今更黃金為麟趾褭蹏[29]以協瑞焉。」因以班[30]賜諸侯王。

23 秋，旱。九月，募死罪入[31]贖錢五十萬減死一等。

24 御史大夫杜周卒。

25 三年春正月，行幸甘泉宮，饗[32]外國客。

26 二月，令天下大酺五日。行幸東海[33]，獲赤鴈，作朱鴈之歌。幸琅邪，禮日[34]成山[35]。登之罘[36]，浮大海。山稱萬歲[37]。冬，賜行所過戶五千錢，鰥寡孤獨帛，人一匹。

27 四年春三月，行幸泰山。壬午，祀高祖于明堂，以配上帝，因受計。癸未，祀孝景皇帝于明堂。甲申，脩封。丙戌，禪石閭。夏四月，幸不其㊳，祠神人于交門宮㊴，若有鄉坐拜者㊵。作交門之歌。夏五月，還幸建章宮，大置酒，赦天下。

28 秋七月，趙㊶有蛇從郭㊷外入邑，與邑㊸中蛇群鬥孝文廟㊹下，邑中蛇死。

29 冬十月甲寅晦，日有蝕之。

30 十二月，行幸雍，祠五畤，西至安定、北地。

【章旨】以上記載武帝天漢、太始年間李陵降匈奴，行榷酒酤，及武帝封泰山、祀明堂等重要史事。

【注釋】❶天漢　當時連年天旱，故改元天漢，以祈甘雨。❷使使　派遣派者。第一個「使」用作動詞。❸大搜　天漢元年六月，曾下令禁止過度奢侈。這裡的「大搜」，指搜查越限奢侈者。❹右賢王　匈奴王的王號。地位次於左賢王。❺天山　即祁連山。在今甘肅西部和青海東北部。❻騎都尉　官名。因親近皇帝，多加官侍中。❼李陵　西漢名將。李廣之孫，善騎射。武帝時率兵出擊匈奴，戰敗投降，後病死匈奴。本書卷五十四有傳。❽止禁巫祠道中　禁止巫祝和百姓在道中祭祀鬼神。❾大搜　指搜查違禁的人。❿渠黎　古西域國名。在今新疆庫爾勒、尉犁西境一帶。漢武帝太初年間為李廣利所滅。漢置校尉屯田於此，與輪臺同為漢使者給養供應和經營西域的基地。⓫泰山　郡名。治奉高（今山東泰安東）。⓬琅邪　郡名。治東武（今山東諸城）。⓭阻山　顏師古注曰：「阻山者，依山之險以自固也。」⓮直指使者　又稱繡衣直指使者。武帝晚期，由於連年窮兵黷武，百姓苦不堪言，造反者甚眾。於是派使者持節、衣繡衣鎮壓叛亂，以興賞罰。⓯逐捕　追捕。⓰關都尉　武官名。鎮守關隘。⓱榷酒酤　指官府專利賣酒，禁止百姓經營酒業。榷，專營。酤，賣酒。⓲常山　本名「恆山」，因避漢文帝劉恆名諱，改稱「常山」。在今河北曲陽西北與山西交界處。古為「五嶽」之一的北嶽（非後來山西境內之北嶽恆山）。

⑲瘞玄玉　埋下黑色的玉。古時祭山則埋玉，祭水則沉璧。瘞，埋。⑳畏愞　膽小怯懦。㉑七科讁　秦漢時因兵源不足而被謫發到邊疆服役的七種人。即：一、有罪的官吏；二、逃亡在外的人；三、上門女婿（贅婿）；四、商人；五、原先做過商人的人；六、父母是商人的人；七、祖父母是商人的人。㉒髆　劉髆。武帝之子。本書卷六十三有傳。㉓昌邑　諸侯國名。建都昌邑（今山東金鄉西北）。㉔太始　漢武帝意欲蕩滌天下，與民更始，故改元太始。㉕敖　公孫敖。㉖雲陵　當為「雲陽」。雲陽為甘泉宮所在地。雲陵為武帝妃嬪趙婕妤之陵墓。趙婕妤生昭帝，死後葬甘泉宮南。昭帝時追尊趙婕妤為太后，並置雲陵縣。武帝時並未有雲陵之名。㉗隴首　即隴山。在今甘肅、陝西交界處。㉘饋　進獻。㉙麟趾褭蹏　這裡指鑄造的麟趾、馬蹄形的黃金。麟，麒麟。褭，傳說中的駿馬名。㉚班　通「頒」。㉛入　原作「人」。景祐本作「入」。㉜饗　設宴招待；宴請。㉝東海　郡名。治郯（今山東郯城西北）。㉞禮日　拜祭日神。㉟成山　山名。在今山東榮成東北。㊱之罘　山名。在今山東煙臺西北之罘島上。㊲山稱萬歲　即「三呼萬歲」。古時臣民對皇帝舉行頌祝儀式，叩頭三次高呼萬歲，叫作三呼。㊳不其　縣名。治今山東嶗山縣西北。㊴交門宮　宮殿名。舊址在今山東膠南西南。㊵若有鄉坐拜者　顏師古注曰：「如有神之景象向祠坐而拜也。」鄉，通「向」。㊶趙　諸侯國名。建都邯鄲（今河北邯鄲西南）。㊷郭　外城。㊸邑　這裡指趙國的都城邯鄲。㊹孝文廟　指趙國所立的漢文帝之廟。

【語譯】天漢元年春季正月，武帝駕臨甘泉宮，在泰畤祭祀天神。三月，武帝駕臨河東郡，祭祀地神。

2　匈奴送還過去扣押的漢朝使者，並派使者來獻納貢物。

3　夏季五月，大赦天下。

4　秋季，關閉城門搜查奢侈越限者。徵發流放的罪犯駐守五原郡。

5　天漢二年春季，武帝駕臨東海郡。返回時駕臨回中。

6　夏季五月，貳師將軍率三萬騎兵從酒泉郡出擊，與匈奴右賢王在天山交戰，斬獲敵人一萬多首級。朝廷又派因杅將軍從西河郡出兵，騎都尉李陵率領步兵五千人從居延北出兵，與單于交戰，斬獲敵人一萬多首級。李陵兵敗，投降匈奴。

7　秋季，朝廷下令禁止巫祝和百姓在道路當中祭祀鬼神，並對違禁的人進行大搜查。

8 渠黎國等西域六國派使者來進貢。

9 泰山郡和琅邪郡的群盜徐勃等依仗山林的險阻進攻城邑，使道路不通。朝廷派直指使者暴勝之等穿著繡衣，手持刀斧分批追捕。泰山郡和琅邪郡刺史郡守以下官員都被依法處死。

10 冬季十一月，下詔給關都尉說：「如今各地豪傑多與遠方交結，依附東方群盜。應謹慎審查出入關隘者。」

11 天漢三年春季二月，御史大夫王卿有罪，自殺。

12 開始由官府專營賣酒，禁止百姓經營酒業。

13 三月，武帝駕臨泰山，設壇祭天，在明堂舉行祭祀活動，並受理各郡和諸侯國上報的計簿。武帝返回時駕臨北地郡，祭祀常山，埋下黑玉。夏季四月，大赦天下，並規定皇帝所經過的地方不上繳田租。

14 秋季，匈奴入侵鴈門郡，鴈門太守因膽小怯懦被斬首示眾。

15 天漢四年春季正月，武帝在甘泉宮召見諸侯王。朝廷徵發全國應當充軍戍邊的七種人和勇敢士兵，派貳師將軍李廣利率領騎兵六萬、步兵七萬人從朔方郡出擊，因杅將軍公孫敖率領騎兵一萬、步兵二萬人從鴈門郡出擊，游擊將軍韓說率領步兵三萬人從五原郡出擊，強弩都尉路博德率領步兵一萬多人與貳師將軍會合。李廣利與單于在余吾水一帶交戰數日，公孫敖與左賢王交戰不利，都退兵而還。

16 夏季四月，立皇子劉髆為昌邑王。

17 秋季九月，下令犯死罪者入繳贖金五十萬可減免死刑一等。

18 太始元年春季正月，因杅將軍公孫敖有罪，被處腰斬。

19 將各郡和諸侯國官吏百姓中的豪強大戶遷往茂陵、雲陽兩地。

20 夏季六月，大赦天下。

21 太始二年春季正月，武帝駕臨回中。

22 三月，下詔說：「有關官員提議說，從前我去郊外祭祀上帝，往西登上隴首山，獲得白麟來敬獻祖廟，渥洼水出天馬，泰山出現黃金，應當更改原有錢幣的名稱。現將黃金改鑄為麟趾形和馬蹄形，以便與這些祥瑞相應。」並把鑄造成這種形狀的黃金賞賜給諸侯王。

23 秋季，發生旱災。九月，朝廷招募犯死罪者入繳贖金五十萬錢，減免死刑一等。

24 御史大夫杜周去世。

25 太始三年春季正月，武帝駕臨甘泉宮，設宴招待外國賓客。

26 二月，特許全國百姓聚會暢飲五天。武帝駕臨東海郡，獲得紅色的大雁，作〈朱鴈〉之歌。武帝又駕臨琅邪縣，在成山拜祭日神。後登上之罘島，渡過大海。沿途臣民三呼萬歲。冬季，武帝賞賜車駕所過之處的百姓每戶五千錢，賞賜鰥寡孤獨者絲帛，每人一匹。

27 太始四年春季三月，武帝駕臨泰山。三月二十五壬午日，武帝在明堂祭祀高祖，把他與上帝相配，順便受理郡國上報的計簿。二十六癸未日，在明堂祭祀景帝。二十七甲申日，武帝登上泰山祭天。二十九丙戌日，在石閭山祭祀地神。夏季四月，武帝駕臨不其縣，在交門宮祭祀仙人，彷彿有仙人向著祭壇答拜。武帝作〈交門〉之歌。夏季五月，武帝返京後駕臨建章宮，大擺酒宴，大赦天下。

28 秋季七月，趙國有蛇從邯鄲外城進入城內，與城中的蛇在文帝廟下成群相鬥，城中的蛇死去。

29 冬季十月最後一天甲寅日，發生了日食。

30 十二月，武帝駕臨雍縣，在五時祭祀天帝，往西到了安定郡和北地郡。

1 征和❶元年春正月，還，行幸建章宮。

2 三月，趙王彭祖❷薨。

3 冬十一月，發三輔❸騎士大搜上林，閉長安城門索，十一日迺解。巫蠱起。

4 二年春正月，丞相賀❹下獄死。

5 夏四月，大風發屋折木❺。

6 閏月，諸邑公主、陽石公主❻皆坐巫蠱死。

7 夏，行幸甘泉。

8 秋七月，按道侯韓說、使者江充等掘蠱太子宮❼。壬午，太子與皇后謀斬充，以節發兵與丞相劉屈氂大戰長安，死者數萬人。庚寅，太子亡，皇后自殺。初置城門屯兵。更節加黃旄❽。御史大夫暴勝之、司直❾田仁坐失縱❿，勝之自殺，仁要斬。八月辛亥，太子自殺于湖⓫。

9 癸亥，地震。

10 九月，立趙敬肅王子偃為平干⓬王。

11 匈奴入上谷、五原，殺略吏民。

12 三年春正月，行幸雍，至安定、北地。匈奴入五原、酒泉，殺兩都尉。三月，遣貳師將軍廣利將七萬人出五原，御史大夫商丘成二萬人出西河，重合侯馬通四萬騎出酒泉。成至浚稽山⓭與虜戰，多斬首。通至天山，虜引去，因降車師⓮。皆引兵還。廣利敗，降匈奴。

13 夏五月，赦天下。

14 六月，丞相屈氂下獄要斬，妻[15]梟首。

15 秋，蝗。

16 九月，反者[16]公孫勇、胡倩發覺[17]，皆伏辜。

17 四年春正月，行幸東萊，臨大海。

18 二月丁酉，隕石[18]于雍，二，聲聞四百里。

19 三月，上耕于鉅定[19]。還幸泰山，脩封。庚寅，祀于明堂。癸巳，禪石閭。夏六月，還幸甘泉。

20 秋八月辛酉晦，日有蝕之。

21 後元[20]元年春正月，行幸甘泉，郊泰畤，遂幸安定。

22 昌邑王髆薨。

23 二月，詔曰：「朕郊見上帝，巡于北邊，見群鶴留止，以不羅罔[21]，靡所獲獻[22]。薦于泰畤，光景[23]並見。其赦天下。」

24 夏六月，御史大夫商丘成有罪自殺。侍中僕射[24]莽何羅[25]與弟重合侯通[26]謀反，侍中駙馬都尉[27]金日磾[28]、奉車都尉[29]霍光[30]、騎都尉[31]上官桀[32]討之。

25 秋七月，地震，往往湧泉出。

26 二月春正月，朝諸侯王于甘泉宮，賜宗室。

27 二月，行幸盩厔㉝五柞宮㉞。乙丑，立皇子弗陵㉟為皇太子。丁卯，帝崩于五柞宮，入殯于未央宮㊱前殿。三月甲申，葬茂陵。

【章　旨】以上記載武帝晚年巫蠱之禍、李廣利降匈奴等重要史事。

【注　釋】❶征和　征和意為征伐四夷而天下和平。❷彭祖　劉彭祖。景帝之子。本書卷五十三有傳。❸三輔　指西漢治理京畿地區的三個職官和行政區域。西漢建都長安，漢初置內史管轄京畿地區。景帝二年（西元前一五五年）分內史為左、右內史，與主爵中尉（不久改為主爵都尉）同治長安城中，管轄京畿地區。武帝太初元年（西元前一〇四年）改左、右內史、主爵都尉為京兆尹、左馮翊、右扶風，合稱「三輔」，他們所管轄的地區亦稱「三輔」。所轄地區相當於今陝西中部。❹賀　指公孫賀。❺發屋折木　掀起房屋，折斷樹木。發，揭起；掀開。❻諸邑公主陽石公主　皆為衛皇后之女。❼使者江充等掘蠱太子宮　古時迷信，以為用巫術詛咒和埋木偶可以加害於人。稱為「巫蠱」。武帝晚年多病，懷疑是左右的人利用巫蠱害他。江充因與太子劉據有私怨，誣告太子宮中埋有木偶人，在宮中掘地搜查。太子畏懼，起兵捕殺江充。武帝發兵追捕，太子也發兵抗拒，激戰五日，死者數萬人。後太子兵敗自殺。❽黃旄　用黃色旄牛尾作標誌，以資識別。❾司直　即丞相司直。官名，為丞相府中的最高屬官，執掌協助丞相檢舉不法。❿失縱　疏忽職守，放走罪犯。⓫湖　縣名。在今河南靈寶西北。⓬平干　諸侯國名。建都廣平（今河北曲周北）。⓭浚稽山　山名。在今蒙古國杭愛山脈南。⓮車師　西域國名。轄境相當於今新疆奇台、哈密、吐魯番、烏魯木齊、昌吉等地區。宣帝時分為車師前、後國及北山六國，屬西域都護府。⓯妻　原作「妻子」。景祐本無「子」字。王念孫說「子」字乃後人依〈屈氂傳〉加之也。⓰反者　反叛者。⓱發覺　暴露；發現。被動用法。⓲隕石　墜落星體。⓳鉅定　縣名。在今山東廣饒東北。⓴後元　此無年號，徑稱後元。㉑羅罔　即羅網。捕捉鳥獸魚類的工具。罔，通「網」。㉒靡所獲獻　沒有捕獲什麼作為祭品奉獻。當時正值仲春，不是獵捕時節，所以這樣說。靡，無；沒有。㉓光景　指吉祥的景象。㉔侍中僕射　侍中為加官名，僕射是其首長。侍中，官名。秦代始置。《漢官儀》曰：「本秦丞相史，往來殿內，故謂之侍中。」西漢為加官，無員。凡列侯及文武官員加此頭銜者即可入禁中，親近皇帝。㉕莽何羅　本姓馬。因其後人漢明帝馬皇后以先人反叛朝廷為恥，故改姓為「莽」。㉖重合侯通　即前文所說的重合侯馬通。㉗駙馬都尉　官名。侍從皇帝左右，掌管皇帝侍從車輛之馬。㉘金日磾　本為匈奴休屠王太子，武帝時隨昆邪王歸漢，賜姓金。為武帝所信愛。本書卷六十八有傳。㉙奉車都尉　官名。職掌皇帝所乘車馬。㉚霍光　西漢大臣。霍去病的同父異母弟。受武帝遺命，輔佐年幼的昭帝。昭帝死後，他迎立昌邑王為帝，後又改立宣帝，執政二十餘年。本書卷六十八有傳。㉛騎都尉　官名。因親近皇帝，多加官侍中。㉜上官桀　與霍光共同輔佐昭帝，後因參與謀反被殺。㉝盩厔　縣名。在今陝西周至東。㉞五柞宮　宮殿名。秦置，宮中有五棵柞樹，故以為名。舊址在今陝西周至東南。㉟弗陵　即漢昭帝劉弗陵，西元前八七至前七四年在位。由霍光等輔政。詳見卷七〈昭帝紀〉。㊱未央宮　宮殿名。位於當時長安城內西南隅，漢初蕭何主持建造。是漢代最主要的宮殿。

【語譯】征和元年春季正月，武帝回京，駕臨建章宮。

2 三月，趙王劉彭祖去世。

3 冬季十一月，朝廷徵調京畿三輔的騎士大規模搜查上林苑，關閉長安城門搜索，十一天後才解除。巫蠱之禍發生。

4 征和二年春季正月，丞相公孫賀被捕下獄而死。

5 夏季四月，大風掀起房屋，折斷樹木。

6 閏四月，諸邑公主、陽石公主都因巫蠱事件被處死。

7 夏季，武帝駕臨甘泉宮。

8 秋季七月，按道侯韓說、使者江充等人在太子的宮中掘地搜查巫蠱證據。初九壬午日，太子與皇后合謀殺死了江充，用符節調兵與丞相劉屈氂大戰於長安城，死者有幾萬人。十七庚寅日，太子逃跑，皇后自殺。朝廷開始在城門駐兵，並更換符節，用黃色旄牛尾作標誌，以便識別。御史大夫暴勝之、丞相司直田仁因犯失縱罪，暴勝之自殺，田仁被腰斬。八月初八辛亥日，太子在湖縣自殺。

9 八月二十癸亥日，發生地震。

10 九月，立趙敬肅王的兒子劉偃為平干王。

11 匈奴入侵上谷郡、五原郡，殺害虜掠官吏平民。

12 征和三年春季正月，武帝駕臨雍縣，到了安定郡和北地郡。匈奴入侵五原郡和酒泉郡，殺死兩郡都尉。三月，朝廷派貳師將軍李廣利領兵七萬從五原郡出擊，御史大夫商丘成領兵二萬從西河郡出擊，重合侯馬通領兵四萬從酒泉郡出擊。商丘成到達浚稽山與敵人交戰，殺死許多敵軍。馬通到達天山，敵軍退去，他乘機征服了車師國。商丘成和馬通兩人都帶兵返回。只有李廣利戰敗，投降了匈奴。

13 夏季五月，大赦天下。

14 六月，丞相劉屈氂被捕下獄，處以腰斬之刑，他的妻子被斬首並懸首示眾。

15 秋季，發生蝗災。

16 九月，謀反者公孫勇、胡倩被發覺，都伏罪被殺。

17 征和四年春季正月，武帝駕臨東萊郡，親臨大海。

18 二月初三丁酉日，有兩塊隕石落在雍縣，發出的聲音方圓四百里都能聽到。

19 三月，武帝在鉅定縣親自春耕。武帝返回時駕臨泰山，舉行祭天典禮。庚寅日，武帝在明堂舉行祭祀。癸巳日，武帝在石閭山祭地。夏六月，武帝回到甘泉宮。

20 秋季八月最後一天辛酉日，發生了日食。

21 後元元年春季正月，武帝駕臨甘泉宮，在泰畤祭祀天神，然後駕臨安定郡。

22 昌邑王劉髆去世。

23 二月，下詔說：「我在郊外祭祀上帝，到北部邊境巡視，看到成群的仙鶴停留，因為未用羅網捕捉，所以沒有捕獲什麼作為祭品進獻。在泰畤祭祀時，祥光吉兆同時出現。茲大赦天下。」

24 夏季六月，御史大夫商丘成有罪自殺。侍中僕射莽何羅與其弟重合侯馬通謀反，朝廷派侍中駙馬都尉金日磾、奉車都尉霍光、騎都尉上官桀征討他們。

25 秋季七月，發生地震，泉水到處湧出。

26 後元二年春季正月，武帝在甘泉宮召見諸侯王，賞賜皇族。

27 二月，武帝駕臨盩厔縣五柞宮。十二乙丑日，立皇子劉弗陵為皇太子。十四丁卯日，武帝在五柞宮去世，入殯於未央宮前殿。三月初二甲申日，葬於茂陵。

贊曰：漢承百王❶之弊，高祖撥亂反正❷，文景務在養民❸，至于稽古禮文之事，猶多闕❹焉。孝武初立，卓然罷黜❺百家❻，表章❼六經❽。遂疇咨海內❾，舉其俊茂❿，與之立功⓫。興太學⓬，修郊祀⓭，改正朔⓮，定曆數⓯，協音律，作詩樂，建封禪，禮百神，紹周後，號令文章⓰，煥焉⓱可述。後嗣得遵洪業，而有三代之風。如武帝之雄材大略，不改文景之恭儉以濟斯民，雖詩書⓲所稱何有加焉！

【章旨】以上是本卷的論贊。作者盛讚武帝的雄才大略，同時暗諷其稍欠恭儉之風。

【注釋】❶百王　泛指歷代帝王。❷撥亂反正　澄清混亂，恢復正常。反，通「返」。❸文景務在養民　文帝和景帝致力於休養百姓。❹闕　通「缺」。❺罷黜　廢除。❻百家　泛指先秦諸子之說。❼表章　顯揚。章，通「彰」。❽六經　《詩經》、《書經》、《禮經》、《樂經》、《易經》、《春秋》的合稱。❾疇咨海內　訪求海內。海內，四海之內。古代傳說我國疆土的四周有海環繞，故稱國境以內為「海內」。❿俊茂　即俊秀。指才智出眾的人。⓫立功　建立功業。⓬太學　古代國家的最高學府。太學之設，始於漢武帝時。⓭郊祀　古代在郊外祭祀天地，稱為「郊祀」。⓮改正朔　正，一年之始。朔，一月之始。中國古時改朝換代，新王朝為表示其所謂「應天承運」而興，通常都要改定正朔，所以正朔便指帝王頒行的新曆法，改正朔即改行新曆法。這裡指改用《太初曆》之事。⓯曆數　推算節氣的法度。⓰號令文章　指發布的命令，頒布的禮樂制度。⓱煥焉　光彩顯赫的樣子。⓲書　即《尚書》。先秦時稱《書》，漢初稱《尚書》。尚，通「上」。以其記上古之事，故名。為儒家經典之一，亦是中國古代著名史籍，其中保存商周特別是西周初年的一些重要史料。漢武帝獨尊儒術，置《五經》博士，將其列入必授儒家經典之一，故又名《書經》。

【語　譯】史官評議說：漢朝承繼歷代帝王的弊政而興起，高祖撥亂反正，文帝、景帝致力於休養百姓，至於考查古代禮制文獻的事情，還是多有欠缺。武帝剛繼位，卓然罷黜先秦諸子百家學說，顯揚《六經》。於是在全國訪求人才，舉薦那些才華出眾之士，跟他們一道建功立業。興辦太學，舉行祭祀典禮，改訂曆法，確定曆數，協和音律，創作詩歌音樂，建立封禪制度，祭祀天地百神，接續周朝後代，所頒布的法令制度，光彩奪目，值得記載。使得他的後代能夠遵循偉大業績，從而有三代的遺風。如果以武帝這樣的雄才大略，能夠不改變文帝、景帝謙恭儉樸的作風來救助他的百姓，即使《詩經》、《書經》所稱頌的，又有什麼能超過他呢！

【研　析】漢武帝是一位雄才大略的君主。即位之初，他在繼續推行漢景帝時期各項政策的同時，採取了一系列強化專制主義中央集權的措施。在政治方面，首先頒行「推恩令」，以進一步削弱諸侯王國勢力；其次建立中朝削弱相權，鞏固了皇權；再設置十三部刺史，加強了對地方的控制。在軍事方面，主要是集中兵權，充實了中央的軍事力量。在經濟方面，整頓財政，頒布「算緡」、「告緡」令，打擊富商大賈；又採納桑弘羊建議，將冶鐵、煮鹽收歸官營，禁止郡國鑄錢；設置平準官、均輸官，大大增強了國家經濟實力。在思想方面，採納董仲舒的建議，罷黜百家，獨尊儒術，使儒學成為當時的統治思想，對後世中國政治、社會、文化產生了深遠的影響。另一方面，漢武帝開邊未已，好大喜功，大興土木，奢侈無度，猜忌多疑，以至於在他的統治晚期出現了國庫空虛、戶口減半、農民起義烽火四起的危機局面。晚年，他公開頒布「輪臺罪己詔」，提出與民休息政策，穩定了社會局面，使漢王朝避免重蹈秦王朝的覆轍。

對漢武帝的評價在漢代就已波瀾四起。在武帝去世後不久的鹽鐵會議上，來自民間的賢良文學直截了當地指責漢武帝時期的內外政策，宣帝時的光祿大夫夏侯勝甚至建議不要為武帝立廟祭祀，理由是武帝「竭民財力，奢侈無度」。對漢武帝的肯定和批評都有事實根據，只是觀察的角度和評價的側重點不同。司馬遷的《史記・孝武本紀》成書於武帝太初年間，由於個人的不幸際遇和政治異見，他對武帝的評述摻入了強烈的個人感情色彩。班固試圖糾《史記》之弊，對漢武帝的雄才大略基本給予肯定。但清代學者趙翼的《廿二史箚記》則指出其不足：「專贊武帝之文事，而武功則不置一詞。仰思帝之雄才大略，正在武功。」宋代司馬光在《資治通鑑》中論漢武帝說：「武帝窮奢極欲，繁刑重斂，內侈宮室，外事四夷，信惑神怪，巡遊無度，使百姓疲敝，起為盜賊，其所以異於秦始皇者無幾矣。然秦以之亡，漢以之興者，孝武能尊先王之道，知所統守，受忠直之言，卻惡人欺蔽，好賞不倦，誅賞嚴明，晚而改過，顧托得人，此其所以有亡秦之失而免亡秦之禍乎！」不可否認的是，漢武帝和秦始皇一樣，都是一個時代的開闢者，都建立了對後世產生深遠影響的偉業。

本卷按照年代次序，重點記載了武帝一生的業績，內容遠比《史記・孝武本紀》豐富。其中保留有許多當時頒布的詔令，更是反映當時政治文化的重要史料。作者剪裁史料詳略得當，獨具匠心。他以武帝事跡為主線，對所涉及的人物事件則一筆帶過，在各自的本傳中再詳加記載。如征伐匈奴戰爭詳載於〈衛青霍去病傳〉中，通西域事詳載於〈西域傳〉和〈張騫傳〉中。作者在盛讚武帝雄才大略的同時，譏刺其稍欠恭儉而美中不足。

卷七

昭帝紀第七

【題解】昭帝劉弗陵是西漢第七代皇帝，八歲登位，二十一歲去世，在位十三年。由於昭帝年幼，政令皆出自霍光。本卷載述昭帝被立為太子、登基、委政信任霍光等經過，以及當朝重要大事舉措與所頒詔令等，重點突出昭帝朝在霍光輔政下，安內攘外，穩定政經局勢所取得的政績。

1 孝昭皇帝❶，武帝少子也。母曰趙倢伃❷，本以有奇異得幸❸，及生帝，亦奇異❹。語在外戚傳❺。武帝末，戾太子敗❻，燕王旦❼、廣陵王胥❽行驕嫚❾，後元二年❿二月上⓫疾病，遂立昭帝為太子，年八歲。以侍中⓬奉車都尉⓭霍光⓮為大司馬大將軍⓯，受遺詔輔少主。明日，武帝崩。戊辰，太子即皇帝位，謁⓰高廟⓱。帝姊鄂邑公主⓲益湯沐邑⓳，為長公主⓴，共養㉑省中㉒。大將軍光秉政，領尚書事㉓，車騎將軍金日磾㉔、左將軍上官桀㉕副焉。

2 夏六月，赦天下㉖。

3 秋七月，有星孛㉗于東方。

4 濟北王寬㉘有罪㉙，自殺。

5 賜長公主及宗室昆弟各有差㉚。追尊趙倢伃為皇太后，起雲陵㉛。

6 冬，匈奴入朔方㉜，殺略吏民。發軍屯西河㉝，左將軍桀㉞行北邊。

【章旨】以上主要記述了昭帝的來歷，武帝晚年選立昭帝繼承皇位的原因，武帝任命霍光輔佐昭帝的決策，以及昭帝即位後的權力格局與主要的大政舉措。

【注釋】❶孝昭皇帝　名叫劉弗陵，武帝子，西元前八十七年至前七十四年在位。孝昭是諡號。❷趙倢伃　又稱鉤弋趙倢伃或拳夫人。倢伃，也作「婕妤」，妃嬪的稱號。❸本以有奇異得幸　趙倢伃家在河間，武帝巡視路過，望氣者言此地有奇女，武帝遂召見。見面後，見她兩手握拳，武帝撫摸其手，便完全伸開，於是得幸。❹亦奇異　趙倢伃妊娠十四月才生出昭帝。❺外戚傳　見本書卷九十七上。❻戾太子敗　戾太子，即武帝太子劉據，其母是衛子夫，故也稱衛太子。巫蠱之亂，持節發兵與丞相大戰，後逃亡自殺。戾，太子諡號。本傳見本書卷六十三〈武五子傳〉。❼燕王旦　劉旦，武帝子，李姬所生，封於燕國，其地在今北京一帶。本傳見本書卷六十三〈武五子傳〉。❽廣陵王胥　劉胥，武帝子，李姬所生，封於廣陵，其地在今江蘇揚州北部。本傳見本書卷六十三〈武五子傳〉。❾驕嫚　驕縱，傲慢。嫚，通「慢」。❿後元二年　西元前八十七年。⓫上　皇上，指漢武帝。⓬侍中　官名。侍奉天子的近臣，常為加官。⓭奉車都尉　官名。掌皇帝乘輿，秩比二千石。⓮霍光　字子孟，昭、宣兩朝最重要的大臣。本傳見本書卷六十八。⓯大司馬大將軍　官名。武帝時始置，掌軍政大權，為實際的宰輔。⓰謁　拜見。⓱高廟　祭祀漢高祖劉邦的場所。⓲鄂邑公主　即蓋長公主，武帝女，昭帝姊。⓳湯沐邑　貴族封邑，以所出賦稅供其洗沐費用，故名。⓴長公主　皇帝姊妹稱長公主。㉑共養　撫養。共，通「供」。㉒省中　漢制，王所居稱禁中，諸公所居稱省中。㉓領尚書事　兼管尚書事務。尚書，是主管詔令文書的近臣，武帝時權任加重。從霍光開始，掌權重臣例兼領尚書事。㉔金日磾　本為匈奴休屠王太子，後被俘，沒為官奴，負責養馬，因得到漢武帝賞識，成為近侍，受遺詔輔佐昭帝。本傳見本書卷六十八。㉕上官桀　少時為羽林騎門郎，後得到漢武帝賞識，成為內侍，受遺詔輔佐昭帝。事跡見本書卷九十七上〈外戚傳〉。㉖赦天下　政府對全國某種犯人免除或減輕其刑罰的臨時措施。㉗孛　彗星。㉘濟北王寬　濟北，國名，在今山東濟南北部。劉寬，其父為式王胡。事跡見本書卷四十四。㉙有罪　坐違背人倫與祝詛罪。㉚各有差　各按不同的等級。㉛雲陵　趙倢伃的陵墓，在今陝西淳化東南。㉜朔方　郡名。在今內蒙古巴盟河套地區。㉝西河　郡名。在今內蒙古鄂爾多斯東南、陝西神木、清澗與山西河曲、離石一帶。㉞桀　上官桀。

【語譯】孝昭皇帝，是漢武帝的少子。他母親是趙倢伃，當初因為手長得奇異而得到寵幸，等到懷上昭帝以後，也出現了一些奇特的現象。這些事記載在〈外戚傳〉中。武帝末年，戾太子因叛亂死去，燕王劉旦、廣陵王劉胥則行為驕縱傲慢，後元二年二月武帝病重，就把昭帝立為太子，當時他才八歲。任命侍中奉車都尉霍光擔任大司馬大將軍，接受武帝留下的詔令輔佐少主。第二天，武帝逝世。戊辰日，太子登上皇位，拜謁了高廟。給昭帝的姊姊鄂邑公主增加了封邑，她作為長公主，在宮廷裡負責撫養昭帝。大將軍霍光執掌國政，兼領尚書事務，車騎將軍金日磾、左將軍上官桀成為霍光的副手。

2 夏季六月間，全國實行大赦。

3 秋季七月間，有彗星出現在東方。

4 濟北王劉寬犯罪，自殺了。

5 賜給長公主及宗室子弟禮物，各按不同的等級。追尊趙倢伃為皇太后，開始為其建築雲陵。

6 冬天，匈奴入侵朔方郡，殺害和搶掠官吏與老百姓。調發軍隊屯駐西河郡，左將軍上官桀巡視北邊防務。

1 始元元年❶春二月，黃鵠下建章宮❷太液池中。公卿上壽。賜諸侯王、列侯、宗室金錢各有差。

2 己亥，上耕于鉤盾❸弄田❹。

3 益封燕王、廣陵王及鄂邑長公主各萬三千戶。

4 夏，為太后❺起園廟❻雲陵。

5 益州❼廉頭❽、姑繒❾、牂柯❿談指⓫、同並⓬二十四邑皆反。遣水衡都尉⓭呂破胡⓮募吏民及發犍為⓯、蜀郡⓰犇命⓱擊益州，大破之。

6 有司請河內⓲屬冀州，河東⓳屬并州。

7 秋七月，赦天下，賜民百戶牛酒。大雨，渭橋⓴絕。

8 八月，齊孝王孫劉澤謀反，欲殺青州刺史㉑雋不疑㉒，發覺，皆伏誅。遷㉓不疑為京兆尹㉔，賜錢百萬。

9 九月丙子，車騎將軍日磾㉕薨㉖。

10 閏月，遣故㉗廷尉㉘王平等五人持節㉙行郡國，舉賢良㉚，問民所疾苦、冤㉛、失職㉜者。

11 冬，無冰。

12 二年春正月，大將軍光、左將軍桀皆以前捕斬反虜㉝重合侯馬通㉞功封，光為博陸侯，桀為安陽侯。

13 以宗室毋㉟在位者，舉茂材㊱劉辟彊㊲、劉長樂皆為光祿大夫㊳，辟彊守㊴長樂衛尉㊵。

14 三月，遣使者振貸㊶貧民毋種、食者。秋八月，詔曰：「往年災害多，今年蠶麥傷，所振貸種、食勿收責㊷，毋令民出今年田租。」

15 冬，發習戰射士詣㊸朔方，調故吏㊹將㊺屯田張掖郡㊻。

16 三年春二月，有星孛于西北。

17 秋，募民徙雲陵，賜錢田宅。

18 冬十月，鳳皇㊼集㊽東海㊾，遣使者祠其處。

19 十一月壬辰朔㊿，日有蝕之。

20 四年春三月甲寅，立皇后上官氏(51)。赦天下。辭訟在後二年(52)前，皆勿聽治。夏六月，皇后見高廟。賜長公主、丞相、將軍、列侯、中二千石以下及郎吏宗室錢帛各有差。

21 徙三輔(53)富人雲陵，賜錢，戶十萬。

22 秋七月，詔曰：「比歲不登(54)，民匱(55)於食，流庸(56)未盡還，往時令民共出馬，其止勿出。諸給(57)中都官(58)者，且減之。」

23 冬，遣大鴻臚[59]田廣明[60]擊益州。

24 廷尉李种[61]坐[62]故縱[63]死罪，棄市[64]。

25 五年春正月，追尊皇太后父[65]為順成侯。

26 夏陽[66]男子[67]張延年詣北闕[68]，自稱衛太子，誣罔[69]，要斬[70]。

27 夏，罷天下亭母馬[71]及馬弩關[72]。

28 六月，封皇后父驃騎將軍上官安為桑樂侯。

29 詔曰：「朕以眇身[73]獲保宗廟[74]，戰戰栗栗，夙興夜寐，脩古帝王之事，通[75]保傅傳[76]、孝經[77]、論語[78]、尚書[79]，未云有明。其令三輔、太常[80]舉賢良各二人，郡國文學高第各一人。賜中二千石以下至吏民爵各有差。」

30 罷儋耳[81]、真番郡[82]。

31 秋，大鴻臚廣明、軍正王平擊益州，斬首捕虜三萬餘人，獲畜產五萬餘頭。

32 六年春正月，上耕于上林[83]。

33 二月，詔有司問郡國所舉賢良文學、民所疾苦。議罷鹽鐵榷酤[84]。

34 移中監[85]蘇武[86]前使匈奴，留單于庭[87]十九歲迺還，奉使全節，以武為典屬國[88]，賜錢百萬。

35 夏，旱，大雩❽❾，不得舉火❾⓪。

36 秋七月，罷榷酤官，令民得以律占租❾❶，賣酒升四錢❾❷。以邊塞闊遠，取天水❾❸、隴西❾❹、張掖郡各二縣置金城郡❾❺。

37 詔曰：「鉤町侯毋波❾❻率其君長人民擊反者，斬首捕虜有功。其立毋波為鉤町王。大鴻臚廣明將率❾❼有功，賜爵關內侯❾❽，食邑。」

【章　旨】以上記述始元年間所發生的大事。其中比較重要的有：鎮壓和平息益州地區的造反活動和宗室劉澤的謀反叛亂活動，調整漢武帝時期的一些重要制度，如召開鹽鐵大會廢除鹽鐵官營制度，取消鄉亭蓄養母馬、禁止弩機出關的規定等，撤銷儋耳郡和真番郡，加強北邊防務等。

【注　釋】❶始元元年　西元前八十六年。❷建章宮　宮殿名。武帝時興建，位於長安西面城外。❸鉤盾　少府屬官，典諸近池苑囿遊觀之處，官署設於未央宮。未央宮在今陝西西安西北長安舊城內西北角。❹弄田　天子示耕之田。❺太后　指昭帝母親趙倢伃。❻園廟　陵園與祭祀場所。❼益州　地名。今雲南晉寧東晉城。❽廉頭　地點不詳。❾姑繒　地點不詳。❿牂柯　郡名。在今貴州大部及雲南東南部。⓫談指　邑名。在今貴州貞豐布依族苗族自治縣西北。⓬同並　邑名。在今雲南彌勒。⓭水衡都尉　官名。掌上林苑，兼管皇室財物與鑄錢事務。⓮呂破胡　本書卷九十五〈西南夷傳〉與卷十九〈百官公卿表〉作「呂辟胡」。⓯犍為　郡名。今四川宜賓西南。⓰蜀郡　郡名。在今四川松潘、成都、雅安、漢源一帶。⓱犇命　漢代精銳軍種名，可以快速行動。⓲河內　郡名。在今河南武陟西南，原屬司隸校尉管轄。⓳河東　郡名。在今山西沁水以西、霍山以南地區，原屬司隸校尉管轄。⓴渭橋　漢代長安附近渭水上有東渭橋、中渭橋、西渭橋三橋，皆名渭橋。㉑刺史　官名。漢武帝時始置，將全國分為十三州部，每地置一名，負責監察太守、諸侯相及地方豪強的不法活動。㉒雋不疑　字曼倩，武、昭時期的著名大臣。本傳見本書卷七十一。㉓遷　升遷；提升。㉔京兆尹　官名。漢代三輔之一，轄境為長安以東地區。

㉕日磾　金日磾。㉖薨　指諸侯或有爵位者死去。㉗故　原先；原來。㉘廷尉　官名。掌刑獄司法。㉙節　旄節，使者所持信物，由竹桿綴以旄牛尾而成。㉚賢良　漢代察舉人才的科目。㉛冤　蒙受冤屈。㉜失職　失去常業。㉝反虜　叛賊。㉞馬通　武帝後元元年（西元前八八年），曾與其兄侍中僕射莽何羅謀殺漢武帝，事見本書卷六十八〈霍光金日磾傳〉。㉟毋　通「無」。㊱茂材　漢代察舉人才的科目。㊲劉辟彊　楚元王劉交的後代，劉向的祖父，本傳附見於本書卷三十六〈楚元王傳〉。㊳光祿大夫　官名。掌顧問應對，屬光祿勳。㊴守　署理；代理。㊵長樂衛尉　官名。掌長樂宮警衛。長樂宮，太后所居，在未央宮的東北面。㊶振貸　振，通「賑」。救濟。貸，借貸。㊷責　通「債」。㊸詣　到；往。㊹故吏　曾任過官職的人。㊺將　率領；帶領。㊻張掖郡　在今甘肅張掖西北。㊼鳳皇　即鳳凰。皇，通「凰」。㊽集　落下；停下。㊾東海　郡名。在今山東費縣、臨沂、江蘇贛榆以西，山東棗莊、江蘇邳州以東，江蘇宿遷、灌南以北地區。㊿朔　指農曆每月初一日。(51)上官氏　上官桀的孫女，上官安的女兒。(52)後二年　指漢武帝後元二年（西元前八七年）。(53)三輔　地區名。京兆尹、左馮翊、右扶風所轄地區稱為三輔。今陝西關中地區。(54)登　莊稼成熟。(55)匱　乏；盡。(56)流庸　流落四方的傭工。庸，通「傭」。(57)給　供給；供應。(58)中都官　指京師各機構。(59)大鴻臚　官名。掌國內少數民族事務與邦國禮儀。(60)田廣明　字子公，官至御史大夫。本傳見本書卷九十〈酷吏傳〉。(61)李种　字季主，名字見本書卷十九〈百官公卿表〉。(62)坐　因犯……罪或錯誤。(63)故縱　秦漢罪名。指故意輕判或放脫罪人。(64)棄市　秦漢死刑名稱，取與眾棄之之義。(65)皇太后父　指趙倢伃的父親。(66)夏陽　左馮翊屬縣，在今陝西韓城南。(67)男子　漢代對成年男子的稱呼。(68)北闕　漢長安城中未央宮北面司馬門的門闕。漢制，士民上書須詣北闕。(69)誣罔　罪名。漢代屬於不道罪。(70)要斬　漢代死刑名稱。要，通「腰」。(71)亭母馬　漢武帝令全國鄉亭蓄養母馬，以便繁殖。亭，鄉亭。(72)馬弩關　從漢景帝以來，一直禁止馬匹與弩機出關，以防流入諸侯。(73)眇身　卑微的身分。眇，微末；微小。(74)宗廟　天子、諸侯祭祀祖先的場所。此處指社稷、國家。(75)通　通讀。(76)保傅傳　先秦時期的儒家篇章。(77)孝經　先秦時期的儒家經典，漢代為蒙學讀物。(78)論語　記述孔子與門弟子言行的儒家經典，漢代為蒙學讀物。(79)尚書　商周歷史文獻彙編。漢代為《五經》之一。(80)太常　官名。原名奉常，掌宗廟禮儀，兼轄諸陵縣。(81)儋耳　郡名。武帝時置，轄境相當於今海南島西部地區，今罷，併入朱崖郡。(82)真番郡　郡名。原屬朝鮮，武帝時置，今罷，部分併入樂浪郡。(83)上林　即上林苑，長安東南與西南二百里範圍皆屬其區域，皇帝的弄田在此。(84)議罷鹽鐵榷酤　此指鹽鐵會議討論廢除武帝時實施的鹽業、冶鑄業和酒業官營的制度，撤銷設於各地鹽官、鐵官和榷酤官。榷，專營；專賣。(85)移中監　官名。掌管鞍馬鷹犬等事。(86)蘇武　字子卿，出使匈奴十九年，誓不投降。本傳附見於本書卷五十四〈蘇建傳〉。(87)單于庭　單于駐

地，約在今蒙古境內。88典屬國　官名。掌管民族事務。89雩　為祈雨所舉行的祭祀活動。90不得舉火　抑制陽氣以助長陰氣。91以律占租　按法律規定申報利稅。占，指自己衡量營業額。租，指賣酒的營業稅。92賣酒升四錢　賣酒一升，價格四錢。政府限制酒價，防止賣酒者牟取暴利。93天水　郡名。武帝時置，在今甘肅境內。94隴西　郡名。在今甘肅臨洮。95金城郡　郡名。在今甘肅蘭州以西與青海青海湖以東河、湟二水流域和大通河下游地區。96鉤町侯毋波　西南夷君長。鉤町，種族名，分布在今雲南廣南。毋波，人名。97將率　統帥；指揮。率，通「帥」。98關內侯　爵位名，第十九級。

【語　譯】始元元年春季二月間，一隻黃鵠飛落建章宮太液池中。三公九卿向昭帝祝賀。賜給諸侯王、列侯、宗室子弟金錢，各按不同的等級。

2 己亥日，皇上在鉤盾署的弄田中舉行藉耕典禮。

3 加賜燕王、廣陵王及鄂邑長公主封邑各一萬三千戶。

4 夏天，為趙太后在雲陵建築園廟。

5 益州郡的廉頭、姑繒和牂柯郡的談指、同並等二十四個縣邑都爆發了反叛活動。派遣水衡都尉呂破胡徵募官吏和老百姓以及調發犍為、蜀郡稱為「犇命」的部隊進攻益州，獲得勝利。

6 有關部門請求將河內郡劃歸冀州，河東郡劃歸并州。

7 秋季七月間，全國實行大赦，以一百戶為單位賜給老百姓牛肉和酒。下大雨，沖斷了渭橋。

8 八月間，齊孝王的孫子劉澤圖謀造反，計劃殺害青州刺史雋不疑，行動被發覺，參與者都被處死了。提升雋不疑任京兆尹，賜給銅錢一百萬。

9 九月丙子日，車騎將軍金日磾去世。

10 閏九月，派遣原廷尉王平等五人拿著使節到各郡、國視察，舉薦賢良人士，調查老百姓遭受困苦、蒙受冤屈和失去常業的情況。

11 冬天，天氣溫暖沒有結冰。

12 二年春季正月間，大將軍霍光、左將軍上官桀都因以前捕殺叛臣重合侯馬通的功勞而受封，霍光被封為博陸侯，上官桀被封為安陽侯。

13 因為皇室成員沒有在朝廷擔任官職的，推舉茂才劉辟彊、劉長樂都擔任光祿大夫，其中劉辟彊代理長樂衛尉的職務。

14 三月間，派遣使者賑濟貧民中沒有籽種和糧食的民戶。秋季八月間，下詔說：「前幾年災害連續發生，今年的蠶桑和麥子又遭受傷害，因救災而借貸給貧民的籽種、糧食，不再追收欠債，也不要讓農民交納今年的田租。」

15 冬天，徵發熟習射擊的戰士到達朔方郡，選調以前的官吏率領兵卒在張掖郡屯田。

16 三年春季二月間，有彗星出現在西北天空。

17 秋天，召募民眾遷往雲陵，賜給銅錢、土地和住宅。

18 冬季十月間，鳳凰落在東海郡，派遣使者前往祭祀。

19 十一月壬辰朔日，發生日食。

20 四年春季三月甲寅日，策封上官氏為皇后。全國實行大赦。發生在後元二年前的獄訟案件，都不再究辦。夏季六月間，皇后拜謁了高廟。賜給長公主、丞相、將軍、列侯、秩俸中二千石級以下直至郎吏、宗室成員銅錢、絲綢，各按不同等級。

21 把三輔的富人遷往雲陵，賜給銅錢，每戶十萬錢。

22 秋季七月間，下詔說：「農作物連年歉收，民眾糧食匱乏，流落各地的傭工未能都回來務農，過去規定民戶都要交戰馬，現在停止不必再交了。所有供應京師各機關的物品，應該減少供應的數量。」

23 冬天，派遣大鴻臚田廣明進攻益州。

24 廷尉李种因故意放走死罪犯人而被判處死罪，處以棄市。

25 五年春季正月間，追尊皇太后的父親為順成侯。

26 夏陽男子張延年到宮門北闕，自稱自己是衛太子，被判處誣罔罪，處以腰斬。

27 夏天，廢除了在全國各鄉亭蓄養母馬的制度，並且撤銷禁止馬匹及弩機出關的禁令。

28 六月間，封立皇后的父親驃騎將軍上官安為桑樂侯。

29 昭帝下詔說：「我以卑微的身分繼承了社稷，每天戰戰兢兢，早起晚睡，研修古代帝王的功績，雖通讀了《保傅傳》、《孝經》、《論語》、《尚書》等經典，但還不能說已經學通。命令三輔、太常察舉賢良各二人，郡、國察舉文學高材各一人。賜給秩俸中二千石級官員直至一般官吏與平民爵位，各按不同等級。」

30 撤銷儋耳郡和真番郡。

31 秋天，大鴻臚田廣明、軍正王平進擊益州，共獲首級與俘虜三萬多人，獲得牲畜五萬多頭。

32 六年春季正月間，皇上在上林苑舉行藉耕典禮。

33 二月，皇帝下詔，要求有關部門了解郡、國所推薦的賢良、文學是否按規定進行，了解老百姓生活貧困的情況。討論廢除鹽業、冶鐵業和釀酒業的專營制度。

34 移中監蘇武以前出使匈奴，被扣留在單于庭十九年才回國，奉命出使，保持了氣節，因此任命蘇武為典屬國，賜給銅錢一百萬。

35 夏天，發生大旱，舉行大規模的祈雨祭祀活動，規定老百姓不得生火。

36 秋季七月間，廢除了負責酒業專賣的職官，明令老百姓必須按法律規定自納營業稅，凡賣酒一升納稅四錢。鑑於邊塞地區地域遼闊，從天水、隴西、張掖三郡各劃出二縣設置金城郡。

37 下詔說：「鉤町侯毋波率領本郡的君長和人民進攻反叛的人，斬殺首級、捕獲俘虜建立了功勞。把毋波立為鉤町王。大鴻臚田廣明指揮高明獲得功勞，賜給關內侯的爵位，封給食邑。」

1 元鳳元年❶春，長公主共養勞苦，復以藍田❷益❸長公主湯沐邑。

2 泗水戴王❹前薨，以毋嗣，國除。後宮有遺腹子煖❺，相❻、內史❼不奏言，上聞而憐之，立煖為泗水王。相、內史皆下獄。

3 三月，賜郡國所選有行義者涿郡⑧韓福⑨等五人帛，人五十匹，遣歸。詔曰：「朕閔⑩勞以官職之事，其務脩孝弟⑪以教鄉里。令郡縣常以正月賜羊酒。有不幸者⑫賜衣被一襲⑬，祠以中牢⑭。」

4 武都⑮氐⑯人反，遣執金吾⑰馬適建⑱、龍頟⑲侯韓增⑳、大鴻臚廣明㉑將三輔、太常徒㉒，皆免刑㉓擊之。

5 夏六月，赦天下。

6 秋七月乙亥晦㉔，日有蝕之，既㉕。

7 八月，改始元為元鳳。

8 九月，鄂邑長公主、燕王旦與左將軍上官桀、桀子票㉖騎將軍安、御史大夫桑弘羊㉗皆謀反，伏誅㉘。初，桀、安父子與大將軍光爭權，欲害之，詐㉙使人為燕王旦上書言光罪。時上年十四，覺其詐。後有譖㉚光者，上輒㉛怒曰：「大將軍國家忠臣，先帝所屬㉜，敢有譖毀者，坐之。」光由是得盡忠。語在燕王㉝、霍光傳㉞。

9 冬十月，詔曰：「左將軍安陽侯桀、票騎將軍桑樂侯安、御史大夫桑弘羊皆數以邪枉[35]干[36]輔政，大將軍[37]不聽，而懷怨望[38]，與燕王通謀，置驛[39]往來相約結。燕王遣壽西長[40]、孫縱之等賂遺[41]長公主、丁外人[42]、謁者[43]杜延年[44]、大將軍長史[45]公孫遺等，交通[46]私書[47]，共謀令長公主置酒，伏兵殺大將軍光，徵立燕王為天子，大逆毋道。故稻田使者[48]燕倉先發覺，以告大司農[49]敞[50]，敞告諫大夫[51]延年[52]，延年以聞[53]。丞相徵事[54]任宮手捕斬桀，丞相少史[55]王壽誘將[56]安入府門，皆已伏誅，吏民得以安。封延年、倉、宮、壽皆為列侯。」又曰：「燕王迷惑失道，前與齊王子劉澤等為逆，抑而不揚[57]，望王反道自新，今迺與長公主、左將軍桀等謀危宗廟。王及公主皆自伏辜[58]。其赦王太子建、公主子文信及宗室子與燕王、上官桀等謀反父母同產[59]當坐者，皆免為庶人。其吏為桀等所詿誤[60]，未發覺在吏者，除其罪。」

10 二年夏四月，上自建章宮[61]徙未央宮[62]，大置酒。賜郎[63]從官帛，及宗室子錢，人二十萬。吏民獻牛酒者賜帛，人一匹。

11 六月，赦天下。詔曰：「朕閔百姓未贍[64]，前年減漕[65]三百萬石。頗[66]省乘輿馬[67]及苑馬，以補邊郡[68]三輔傳馬[69]。其今郡國毋斂今年馬口錢[70]，三輔、太常郡得以叔[71]粟當賦。」

12 三年春正月，泰山[72]有大石自起立，上林有柳樹枯僵[73]自起生。

13 罷中牟苑[74]賦[75]貧民。詔曰：「迺者[76]民被水災，頗匱於食，朕虛[77]倉廩，使[78]使者振困乏。其止四年[79]毋漕[80]。三年以前所振貸，非丞相御史所請，邊郡受牛者勿收責[81]。」

14 夏四月，少府[82]徐仁、廷尉王平、左馮翊[83]賈勝胡皆坐縱[84]反者，仁自殺，平、勝胡皆要斬。

15 冬，遼東[85]烏桓[86]反，以中郎將[87]范明友[88]為度遼將軍，將北邊七郡郡二千騎擊之。

16 四年春正月丁亥，帝加元服[89]，見于高廟。賜諸侯王、丞相、大將軍、列侯、宗室下至吏民金帛牛酒各有差。賜中二千石以下及天下民爵[90]。毋收四年[91]、五年[92]口賦[93]。三年[94]以前逋[95]更賦[96]未入者，皆勿收。令天下酺[97]五日。

17 甲戌，丞相千秋[98]薨。

18 夏四月，詔曰：「度遼將軍明友前以羌騎校尉將羌王侯君長[99]以下擊益州反虜，後復率擊武都反氐，今破烏桓，斬虜獲生[100]，有功。其封明友為平陵侯。平樂監[101]傅介子[102]持節使，誅斬樓蘭[103]王安，歸首[104]縣[105]北闕，封義陽侯。」

19 五月丁丑，孝文廟正殿火，上及群臣皆素服[106]。發中二千石將五校[107]作治，六日成。太常及廟令丞郎吏皆劾[108]大不敬[109]，會赦，太常轑陽侯德[110]免為庶人。

20 六月，赦天下。

21 五年春正月，廣陵王[111]來朝，益國萬一千戶，賜錢二千萬，黃金二百斤，劍二，安車[112]一，乘馬二駟[113]。

22 夏，大旱。

23 六月，發三輔及郡國惡少年[114]、吏有告劾亡者[115]，屯遼東[116]。

24 秋，罷象郡[117]，分屬鬱林[118]、牂柯。

25 冬十一月，大雷。

26 十二月庚戌，丞相訢[119]薨。

27 六年春正月，募[120]郡國徒築遼東玄菟城[121]。夏，赦天下。詔曰：「夫穀賤傷農，今三輔、太常穀減賤，其令以叔[122]粟當今年賦。」

28 右將軍張安世[123]宿衛[124]忠謹，封富平侯。

29 烏桓復犯塞[125]，遣度遼將軍范明友擊之。

30 元平元年[126]春二月，詔曰：「天下以農桑為本。日者[127]省用，罷不急官[128]，減外繇[129]，耕桑者益眾，而百姓未能家給[130]，朕甚愍[131]焉。其減口賦錢[132]。」有司奏請減什三[133]，上許之。

31 甲申，晨有流星，大如月，眾星皆隨西行。

32 夏四月癸未，帝崩[134]于未央宮。六月壬申，葬平陵[135]。

【章旨】以上記述元鳳年間至昭帝去世期間的大事。其中比較重要的有：鎮壓鄂邑長公主、燕王劉旦與上官桀、上官安父子及桑弘羊集團的叛亂活動，實行減輕租稅、賦民公田的措施，以及加強遼東防務，遣軍反擊烏桓的進攻等。

【注釋】❶元鳳元年　西元前八十年。❷藍田　縣名。在今陝西藍田西。❸益　增加。❹泗水戴王　劉賀，其父劉商，屬於景帝子常山惠王劉舜的後代。名字見本書卷十四〈諸侯王表〉。❺煖　劉煖。❻相　丞相。此指諸侯國的丞相。❼內史　官名。掌民政事務，此指諸侯國的內史。❽涿郡　郡名。在今河北北部一帶。❾韓福　年高有德者。王莽曾依韓福故事遣歸龔遂與邴漢。事見本書卷七十二〈龔勝傳〉。❿閔　憐憫；憐惜。閔，通「憫」。⓫孝弟　漢代察舉人才的科目。弟，通「悌」。友愛兄弟。⓬不幸者　死的諱稱。⓭一襲　一套。襲，量詞，套。⓮中牢　祭品規格，即少牢，指羊、豕。⓯武都　郡名。在今甘肅武都、西和，陝西鳳縣、略陽一帶。⓰氐　古代的氐族，分布於今甘肅、青海一帶。⓱執金吾　官名。掌京師與三輔治安。⓲馬適建　姓馬適，名建。⓳頟　又作「雒」。⓴韓增　案道侯韓說子，昭、宣時期的名臣。本傳附見於本書卷三十三〈韓王信傳〉。㉑大鴻臚廣明　田廣明。據本書〈百官公卿表〉，廣明此時任衛尉，「大鴻臚」三字疑誤。㉒徒　刑徒。㉓免刑　解脫刑具。刑徒平時勞動，脛上帶著鈦。此時調刑徒作戰，故允許脫掉刑具。㉔晦　農曆每月最後一日。㉕既　盡，指日全食。㉖票　又作「驃」，二字通。㉗桑弘羊　漢代著名的理財專家，事跡見本書卷二十四〈食貨志〉。㉘伏誅　服罪被誅。伏，通「服」。誅，殺。㉙詐　欺詐；假冒。㉚譖　以壞話誣陷、中傷別人。㉛輒　就。㉜屬　通「囑」。託付；囑託。㉝燕王　指〈燕王傳〉，見本書卷六十三〈武五子傳〉。㉞霍光傳　見本書卷六十八。㉟邪枉　邪曲。枉，曲。㊱干　求取。㊲大

將軍　指霍光，時為大司馬大將軍。(38)怨望　怨恨。望，怨；恨。(39)置驛　驛馬；驛車。(40)壽西長　姓壽西，名長。(41)賂遺　賄賂。遺，給；送。(42)丁外人　長公主的私幸者。(43)謁者　官名。皇帝的近侍。(44)杜延年　此非杜周子杜延年。(45)長史　丞相、大將軍屬官都有長史。(46)交通　傳遞。(47)私書　祕密書信。(48)故稻田使者　故，原來的。稻田使者，徵收稻田租稅的專官。國家將國有稻田出租，由此官負責收取租稅。(49)大司農　官名。原稱搜粟都尉，掌國家財政。(50)敞　指楊敞，本傳見卷六十六。(51)諫大夫　官名。皇帝的近侍之官。(52)延年　指杜周之子杜延年，本傳附見於卷六十〈杜周傳〉。(53)以聞　以之聞，將此事報告給皇帝。(54)徵事　官名。丞相屬官。(55)少史　官名。丞相屬官。(56)將　帶領。(57)抑而不揚　隱瞞掩蓋而不宣揚。(58)伏辜　伏罪；服罪。辜，罪。(59)同產　同母兄弟。(60)詿誤　牽連；連累。(61)建章宮　宮殿名。武帝時興建，在長安西面城外。(62)未央宮　宮殿名。漢高祖時興建，在今陝西西安西北長安舊城內西南角。(63)郎　官名。宮殿門衛的保護者，因職掌不同而名稱各異。(64)贍　足。(65)漕　漕糧，漕運而來的糧食。(66)頗　很。(67)乘輿馬　指皇帝乘輿所用的馬匹。乘輿，車輛。(68)邊郡　漢代諸郡分為內郡與邊郡。凡在少數民族地區所置郡，皆稱邊郡。(69)傳馬　傳車所用的馬匹。傳，驛傳。(70)馬口錢　漢代徵收口賦，每人二十錢。武帝時增加三錢，以供軍馬糧芻之用，稱馬口錢。(71)叔　通「菽」。豆類。(72)泰山　郡名。在今山東境內。(73)僵　倒臥在地。(74)中牟苑　苑囿名。在今河南滎陽東北。(75)賦　給與。(76)迺者　往日；從前。(77)虛　清空。形容詞使動用法。(78)使　派遣。(79)四年　指昭帝元鳳四年（西元前七七年）。(80)漕　漕運；轉漕。指運輸漕糧。(81)三年以前所振貸三句　三年，指昭帝元鳳三年（西元前七八年）。漢代賑濟災民的糧食、物資等，在災歉恢復後需要酌量歸還；領受國家的犁牛，也要適當補償一些利息。現在皇帝照顧受災百姓的苦情，允許元鳳三年以前所獲得的賑濟物品，如果不是丞相和御史大夫請求，就不要歸還；邊郡災民所領受的犁牛也不用償付利息。(82)少府　官名。掌管皇室財政。(83)左馮翊　官名，為三輔之一，相當於郡守。(84)縱　放縱。(85)遼東　郡名。在今遼寧大淩河以東。(86)烏桓　古代北方少數民族。西漢時分布於今內蒙古、遼寧等地區。(87)中郎將　官名。掌中郎事務。漢代設五官、左、右三中郎將。(88)范明友　霍光女婿。事跡見本書卷六十八〈霍光傳〉。(89)加元服　加冠。(90)爵　皇帝賜給臣民的一種稱號。漢代爵位分為二十級，爵位稍高，就可享受一定特權。(91)四年　指昭帝元鳳四年（西元前七七年）。(92)五年　指昭帝元鳳五年（西元前七六年）。(93)口賦　一種人頭稅。漢代七歲至十四歲出口賦，每人二十錢，武帝時又增加三錢。(94)三年　指昭帝元鳳三年（西元前七八年）。(95)逋　欠交；拖欠。(96)更賦　一種代役金。漢代成年男子每年須承擔傜役，稱為「更」，不能親自服役而出錢雇人代役，稱「更賦」。(97)酺　飲酒聚會。(98)千秋　田千秋，又叫車千秋。本傳見本書卷六十六。(99)君長　對少數民族首領的稱呼。(100)獲生　俘獲生口。生口，俘虜。(101)平

樂監　官名，掌管平樂觀（設於上林苑）事務。102傅介子　漢代著名外交家，本傳見本書卷七十。103樓蘭　西域城邦，在今新疆羅布泊西南。104歸首　送回首級。首，首級；人頭。105縣　通「懸」。懸掛。106素服　白色衣服。107五校　即中壘、屯騎、越騎、射聲、虎賁校尉。此指五校尉所屬的兵士。108劾　奏劾；彈劾。指由有關部門提起犯罪指控。109大不敬　漢代重罪罪名。110德　江德。111廣陵王　指武帝子劉胥，本傳見本書卷六十三。112安車　一種輕便的小車。113二駟　八匹馬。駟，四匹馬。114惡少年　無賴子弟。115吏有告劾亡者　吏，官吏。有告劾亡者，受到控告而逃亡的。116遼東　郡名。在今遼寧義縣。117象郡　郡名。在今廣西崇左境。118鬱林　郡名。在今廣西桂平境。119訢　王訢，武、昭時期大臣，從小吏一直升到丞相。本傳見本書卷六十六。120募　徵召。121玄菟城　在今朝鮮北部咸興境。122叔　通「菽」。豆類。123張安世　武帝名臣張湯子。本傳附見於本書卷五十九〈張湯傳〉。124宿衛　護衛。125塞　關塞。指長城。126元平元年　西元前七十四年。127日者　往日；從前。128不急官　不當緊、不急需的職官。129外繇　到外地承擔的徭役。130家給　家家自足。給，足。131愍　憫惜；憐愛。132口賦錢　即口錢。133什三　十分之三。134帝崩　昭帝逝世，終年二十一歲。135平陵　昭帝陵墓，在今陝西咸陽西。

【語譯】元鳳元年春季，因長公主供養皇帝付出了很大的勞苦，又把藍田加賜給長公主作為封邑。

2 泗水戴王以前去世，因沒有後嗣，撤銷了他的封國。他後宮的姬妾生下了遺腹子劉煖，諸侯國相與內史都沒有立即上奏，皇上聽說以後表示憐惜，封立劉煖為泗水王。諸侯國相和內史都逮入監獄處死了。

3 三月，賜給郡、國推選出來的有德行仁義的涿郡韓福等五人絲綢，每人五十匹，把他們送回老家。昭帝下詔說：「我不忍心用官府的事務來勞累他們，讓他們努力修養孝弟的品德去教育鄉親。命令郡縣按時在正月賜給他們羊肉和酒。如果有不幸去世的就賜給衣被一套，並以中牢進行祭祀。」

4 武都郡的氐人發動叛亂，派遣執金吾馬適建、龍額侯韓增、大鴻臚田廣明統領三輔、太常的刑徒，都解開他們身上的刑具讓他們前去進行鎮壓。

5 夏季六月間，全國實行大赦。

6 秋季七月最後一天乙亥日，發生日食，且是日全食。

7 八月間，把年號始元改成元鳳。

8 九月間，鄂邑長公主、燕王劉旦與左將軍上官桀、上官桀的兒子驃騎將軍上官安、御史大夫桑弘羊策動反叛活動，都服罪被處死了。最初，上官桀、上官安父子與大將軍霍光爭奪權力，打算謀害霍光，就派人假冒燕王劉旦向昭帝上書揭發霍光的罪行。當時皇上十四歲，發覺其中有詐。後來又有中傷霍光的人，皇上就憤怒地說：「大將軍是國家的忠臣，是先帝託付輔佐朕躬的顧命大臣，再敢有詆毀他的人，以律懲處。」霍光因此能盡忠效力。這些事記載在〈燕王傳〉與〈霍光傳〉中。

9 冬季十月間，下詔說：「左將軍安陽侯上官桀、驃騎將軍桑樂侯上官安、御史大夫桑弘羊數次都以邪曲的事情謀求輔佐朝政，大將軍不聽從他們的意見，於是心懷怨恨，就與燕王劉旦共通策謀，動用郵傳驛騎傳遞消息、結成同盟。燕王派壽西長、孫縱之等人賄賂長公主、丁外人、謁者杜延年、大將軍長史公孫遺等人，傳遞私密信件，共同策劃讓長公主安排酒筵，然後埋伏士兵殺害大將軍霍光，召立燕王做天子，這是大逆無道的罪行。原稻田使者燕倉首先發覺了這個陰謀，向大司農楊敞報告，楊敞告訴了諫大夫杜延年，杜延年把它告訴朕。丞相徵事任宮親手捕殺了上官桀，丞相少史王壽哄騙上官安進了府門，他們都被處死了，官吏和老百姓重新得到了安寧。封立杜延年、燕倉、任宮、王壽都成為列侯。」詔書又說：「燕王不明是非，迷失正道，以前曾與齊王的兒子劉澤等人圖謀叛亂，我把這件事掩蓋下來沒有去宣揚，是希望燕王悔過自新，現在竟然與長公主及左將軍上官桀一道圖謀危害社稷。燕王與長公主都已服罪。赦免燕王太子劉建、長公主兒子文信以及宗室子弟中與燕王、上官桀等人應當連坐的父母和同胞兄弟，都黜免為庶人。那些被上官桀等人牽連的官吏及罪行尚未被發覺的在職官吏，都一律免除他們的罪責。」

10 二年夏天四月間，皇上從建章宮搬到未央宮，大排酒筵。賜給郎官和侍從官絲綢，賜給宗室子弟銅錢，每人二十萬。官吏和老百姓進獻牛肉和酒的賞賜絲綢，每人一匹。

11 六月間，全國實行大赦。昭帝下詔說：「我憐惜老百姓生活貧困，前年命令減少漕糧三百萬石。大量節省乘車的馬匹及苑囿中的馬匹，以補充邊郡和三輔的傳馬。命令各郡、國不要徵收今年的馬口錢，三輔、太常郡允許以豆類和穀類來抵充賦稅。」

12 三年春季正月間，泰山郡有塊大石頭自己豎立起來，上林苑有棵枯死的柳樹重新發芽生長。

13 撤銷中牟苑，把土地分配給貧民耕種。下詔說：「以前老百姓遭受了水災，糧食嚴重缺乏，我打開國家的糧倉，派人到各地把糧食賑濟給貧民。停止徵收元鳳四年的漕糧。元鳳三年以前賑濟貧民的糧食、物資，如果不是丞相和御史大夫請求，那就不要歸還，邊郡百姓領受的犁牛，不要收取利息。」

14 夏季四月間，少府徐仁、廷尉王平、左馮翊賈勝胡都因為故意放縱反賊獲罪，徐仁自殺了，王平與賈勝胡都被判了死刑，被腰斬了。

15 冬天，遼東郡的烏桓人反叛朝廷，派中郎將范明友任度遼將軍，統帥北方七郡的二千名騎士前往討伐。

16 四年春季正月丁亥日，皇帝舉行冠禮，拜謁高廟。賜給諸侯王、丞相、大將軍、列侯、宗室成員直至官吏、平民黃金、絲綢、牛肉和酒，各按不同的等級。賜給秩俸中二千石以下級別的官吏以及全國的平民爵位。免收元鳳四年和五年的口賦。元鳳三年以前拖欠的代役金尚未交納的，一律免收。特許全國舉辦酒筵聚飲五天。

17 甲戌日，丞相田千秋逝世。

18 夏季四月間，下詔說：「度遼將軍范明友先前以羌騎校尉的身分統帥羌人的王侯君長等擊潰了益州反叛的敵人，後來率兵討伐武都反叛的氐人，現在又攻破了烏桓叛軍，斬殺反賊，俘獲生口，建立了功勳。封立范明友為平陵侯。平樂監傅介子持漢節出使西域，殺掉樓蘭國王安，把他的首級傳回來懸掛在未央宮司馬門北闕，封立他為義陽侯。」

19 五月丁丑日，孝文廟正殿失火，皇上及群臣都穿著白色的衣服。調發秩俸中二千石級的官吏統帥五校兵士修築，只用了六天就完成了。太常與孝文廟的正副官員及有關的郎官、屬吏都被彈劾犯了大不敬的罪過，趕上大赦，太常轑陽侯江德被免職成為平民。

20 六月間，全國實行大赦。

21 五年春季正月間，廣陵王來朝見，給他增加封邑一萬一千戶，賜給銅錢二千萬、黃金二百斤、寶劍二柄、安車一輛、乘馬八匹。

22 夏天，發生嚴重的乾旱。

23 六月間，徵發三輔及各郡、國的無賴少年與受到控告而逃亡的官吏，屯集遼東。

24 秋天，撤銷象郡，原來的轄地劃歸鬱林郡、牂柯郡。

25 冬季十一月間，天上打起響亮的雷聲。

26 十二月庚戌日，丞相王訢逝世。

27 六年春季正月間，召募各郡、國的刑徒修築遼東玄菟城。夏天，全國實行大赦。下詔說：「穀物價格太賤就會傷害農民，現在三輔、太常的穀物減價賤賣，命令用豆類和穀類抵繳今年的賦稅。」

28 右將軍張安世侍奉護衛皇帝，忠心謹慎，封為富平侯。

29 烏桓再次侵犯邊塞，派遣度遼將軍范明友率軍討伐。

30 元平元年春季二月間，下詔說：「國家把發展農桑作為根本。以前減省用度，撤銷了一些不必要的職官，減輕了各地的徭役，使從事農耕的人越來越多，然而老百姓仍然未能豐衣足食，我對他們感到非常哀憐。著令減少口賦錢。」主管機關上奏，請求減免十分之三，得到皇上批准。

31 甲申日，清晨有顆流星落下，就像月亮那麼大，天上的星星都跟著它向西移動。

32 夏季四月癸未日，昭帝在未央宮逝世。六月壬申日，安葬在平陵。

贊曰：昔周成❶以孺子繼統❷，而有管、蔡四國流言之變❸。孝昭幼年即位，亦有燕❹、蓋❺、上官❻逆亂之謀。成王不疑周公，孝昭委任霍光，各因其時以成名，大矣哉！承孝武奢侈餘敝師旅❼之後，海內虛耗❽，戶口減半，光知時務之要，輕繇薄賦，與民休息。至始元❾、元鳳❿之間，匈奴和親⓫，百姓充實。舉賢良文學，問民所疾苦，議鹽鐵而罷榷酤，尊號曰「昭」，不亦宜乎！

【章　旨】本章的「贊」語，從周公輔佐成王，論到霍光輔弼昭帝，對於在漢武帝之後非常困難的社會經濟環境中登上皇位的漢昭帝，堅定地信任霍光，廢除鹽鐵官營等舊的制度，實行輕徭薄賦、與民休息的措施，改善與匈奴的關係，從而穩定了漢朝的統治基業，給予了高度的評價。

【注　釋】❶周成　即周成王，周武王子。❷孺子繼統　周武王去世，周成王以幼弱之身繼位，由叔父周公輔政。❸管蔡四國流言之變　周公輔成王執政，管、蔡、商、奄四國散布流言，說周公將不利於成王，天氣會出現異常變化。❹燕　指燕王劉旦。❺蓋　指蓋長公主。❻上官　指上官桀、上官安父子。❼師旅　發動戰爭。❽虛耗　國力空虛，財富耗盡。❾始元　昭帝年號，共六年，西元前八十六—前八十一年。❿元鳳　昭帝年號，共六年，西元前八十—前七十五年。⓫和親　漢家公主與匈奴單于締結婚姻。

【語　譯】史官評議說：過去周成王在幼童時繼承了王位，然而出現了管叔、蔡叔等四個諸侯散布流言蜚語，說天氣會出現異常變化。孝昭皇帝幼年登上皇位，也發生了燕王、蓋長公主、上官氏企圖叛亂的陰謀。周成王不懷疑周公，孝昭皇帝誠心依靠霍光，二人都適應當時的形勢成就了大名，偉大啊！承襲了孝武皇帝因用度奢侈及連年用兵的弊害之後，國內財賦耗盡，戶口銳減，霍光深知時務的根本所在，推行了輕徭薄賦、與民休息的措施。到了始元、元鳳年間，又與匈奴實行和親，老百姓的生活得到充實。舉薦賢良、文學，關心老百姓貧困的情況，討論鹽鐵事務而廢除了酒業專賣制度，諡號稱為「昭」，不也是合適的嗎！

【研　析】昭帝一朝，實際掌握朝政的是霍光。霍光沒有辜負漢武帝的重託，不僅再現了周公輔成王的精彩一幕，而且成功地完成了西漢社會經濟的重大轉折。政治上，霍光決斷朝政，引起了統治集團內部的矛盾，而昭帝信任霍光，一舉粉碎了上官父子、桑弘羊與燕王旦、蓋長公主一夥的篡權陰謀，保證了政權的穩定。經濟上，重新確立了與民休息的政策，派使者訪問民間疾苦，採取輕傜薄賦措施，罷酒業官營，賦與老百姓公田，恢復與匈奴的和親關係，逐步緩和了內外矛盾，激發了社會的活力。政治與社會經濟形勢的扭轉，為後來宣帝中興局面的出現奠定了堅實的基礎。

幼主繼位，權臣輔政，是宗法制度建立後中國歷史上常見的現象。然而，不幸的是這樣的朝代往往與政治混亂、統治黑暗伴隨在一起。漢武帝晚年，顯然已經意識到這一點，盡可能採取多種有力措施消除隱患，促進漢業的穩定與發展。其中，最為關鍵的一條是選中了霍光。由於託付得人，不僅根本保證了昭帝帝位的穩固，而且更重要的是能夠延續武帝晚年的治國思路，在保持「四夷賓服」的同時，實現百姓充實，國力強盛。霍光置國家利益於首位，忠心耿耿地履行武帝遺命，實屬人才難得。他是漢朝的功臣，也是中國歷史上的偉人。當然，霍光權傾朝野，霍氏勢力急劇膨脹，壟斷政權，也成為漢朝後期政治出現嚴重病態的開端。

卷八

宣帝紀第八

【題解】宣帝劉詢是西漢第八代皇帝，在位二十五年。宣帝是漢武帝的曾孫，巫蠱之禍幸免於難；霍光廢黜昌邑王劉賀，宣帝被擁上帝位。本卷依年代次序，記載了宣帝一朝的重大史事。由於宣帝幼年長於民間，了解民間疾苦，在位期間勵精圖治，除了與民休息、整飭吏治、促進經濟外，也平定羌亂，臣服匈奴，內外皆取得很好的政績，被譽為西漢的「中興之治」。

1 孝宣皇帝❶，武帝曾孫，戾太子❷孫也。太子納❸史良娣❹，生史皇孫。皇孫納王夫人，生宣帝，號曰皇曾孫。生數月，遭巫蠱事❺，太子、良娣、皇孫、王夫人皆遇害。語在太子傳❻。曾孫雖在襁褓❼，猶❽坐❾收❿繫⓫郡邸獄⓬。而丙吉⓭為廷尉監⓮，治巫蠱⓯於郡邸，憐曾孫之亡辜⓰，使女徒⓱復作⓲淮陽⓳趙徵卿、渭城⓴胡組更㉑乳養㉒，私㉓給㉔衣食，視遇甚有恩。

2 巫蠱事連歲不決。至後元二年㉕，武帝疾，往來長楊㉖、五柞宮㉗。望氣者㉘言長安獄中有天子氣，上㉙遣使者分條㉚中都官獄㉛繫者，輕重㉜皆殺之。內謁者令㉝郭穰夜至郡邸獄，吉拒閉，使者㉞不得入，曾孫賴㉟吉得全㊱。因遭大赦㊲，吉迺㊳載曾孫送祖母史良娣家。語在吉㊴及外戚傳㊵。

3 後有詔掖庭㊶養視，上屬籍㊷宗正㊸。時掖庭令張賀㊹嘗㊺事戾太子，思顧㊻舊恩，哀曾孫，奉養甚謹，以私錢供給教書㊼。既壯，為取㊽暴室嗇夫㊾許廣漢㊿女，曾孫因依倚廣漢兄弟及祖母家史氏。受詩於東海(51)澓中翁，高材好學，然亦喜游俠(52)，鬬雞走馬，具知(53)閭里(54)奸邪，吏治得失。數上下諸陵(55)，周徧三輔(56)，常困於蓮勺鹵中(57)。尤樂(58)杜(59)、鄠(60)之間，率(61)常在下杜(62)。時會(63)朝請(64)，舍長安尚冠里(65)，身足下有毛，臥居(66)數有光燿。每買餅，所從買家輒(67)大讎(68)，亦以是自怪。

4 元平元年(69)四月，昭帝(70)崩，毋嗣。大將軍(71)霍光(72)請皇后(73)徵(74)昌邑王(75)。六月丙寅，王受皇帝璽綬(76)，尊皇后曰皇太后。癸巳，光奏王賀淫亂，請廢。語在賀(77)及光傳(78)。

5 秋七月，光奏議曰：「禮，人道親親(79)故尊祖，尊祖故敬宗。大宗(80)無嗣，擇支子[81]孫賢者為嗣。孝武皇帝曾孫病已[82]，有詔掖庭養視，至今年十八，師受[83]詩[84]、論語[85]、孝經[86]，操行節儉，慈仁愛人，可以嗣[87]孝昭皇帝後，奉承祖宗，子萬姓[88]。」奏可。遣宗正德[89]至曾孫尚冠里舍，洗沐，賜御府衣。太僕[90]以軨獵車[91]奉迎曾孫，就齊[92]宗正府。庚申，入未央宮[93]，見皇太后[94]，封為陽武侯。已而[95]群臣奉上璽綬，即皇帝位，謁[96]高廟[97]。

6 八月己巳，丞相[98]敞[99]薨。

7 九月，大赦天下。

8 十一月壬子，立皇后許氏[100]。賜諸侯王以下金錢，至吏民鰥[101]寡[102]孤[103]獨[104]各有差[105]。皇太后歸[106]長樂宮[107]。初置屯衛[108]。

【章　旨】以上詳細記述了宣帝幼年遭遇巫蠱之禍的悲慘遭遇與丙吉、張賀二人傾心救助的感人舉動，以及宣帝後來在民間成長、瞭解下層生活情狀的經歷，也記述了霍光廢掉昌邑王劉賀後，選立宣帝入繼帝位的原因及具體過程。

【注　釋】❶孝宣皇帝　名叫劉詢，西元前七十四至前四十九年在位。孝宣，謚號。❷戾太子　指漢武帝太子劉據。❸納　聘娶。❹史良娣　史是姓，良娣是嬪妃的官號，此指太子妃。❺巫蠱事　指漢武帝晚年發生的巫蠱之禍。❻太子傳　見本書卷六十三〈武五子傳〉。❼襁緥　包裹嬰兒的被子或毯子。❽猶　還；還是。❾坐　因……犯罪。此指因巫蠱犯罪。❿收　逮捕。⓫繫　關押。⓬郡邸獄　監獄名。郡邸，漢代各郡設在京師的邸舍。巫蠱之禍起，人犯激增，可能暫以郡邸為監獄。

⑬丙吉　本傳見本書卷七十四。⑭廷尉監　官名。廷尉的屬官。⑮治巫蠱　審判巫蠱案件中的犯人。⑯亡辜　無辜；無罪。亡，通「無」。辜，罪。⑰女徒　女刑徒。⑱復作　刑名，一歲刑。⑲淮陽　郡、國名。在今河南境內。⑳渭城　縣名。治今陝西咸陽東北。㉑更　更替；輪替。㉒乳養　餵奶；哺育。㉓私　私錢。㉔給　滿足。㉕後元二年　西元前八十七年。㉖長楊　指長楊宮，漢代皇帝行宮，在今陝西周至。㉗五柞宮　漢代皇帝行宮，在今陝西周至。㉘望氣者　通過觀察雲氣變化以判定吉凶休咎的人。望氣是古代的一種迷信活動。㉙上　指漢武帝。㉚分條　逐個審查。條，錄治；審理。㉛中都官獄　設於京師各機關的監獄。中都官，指京師各機關。㉜輕重　意指不分輕重。㉝內謁者令　即中謁者令，皇帝的近侍之官，掌傳宣詔命。㉞使者　代表皇帝外出辦事的人。此指郭穰。㉟賴　靠；依靠。㊱全　保全。㊲大赦　國家對某種犯人免除或減輕其刑罰的臨時措施。㊳迺　就。㊴吉　指〈丙吉傳〉，見本書卷七十四。㊵外戚傳　見本書卷九十七上。㊶掖庭　宮中官署名。掌宮人事務，有令、丞。㊷屬籍　宗室成員專門的戶口簿籍。㊸宗正　官名。掌宗室事務。㊹張賀　武帝名臣張湯子，曾事奉戾太子。太子敗，被處宮刑，後任掖庭令。事跡見本書卷五十九〈張湯傳〉。㊺嘗　曾經。㊻思顧　思念；回想。㊼教書　教人識字讀書。㊽取　通「娶」。㊾暴室嗇夫　宮中負責染織的佐史。暴室，即曝室。嗇夫，佐史。㊿許廣漢　昭帝時因罪輸入掖庭，後任暴室嗇夫。宣帝收養於掖庭時，曾與他住在一起。事跡見本書卷九十七上〈外戚傳〉。(51)東海　郡名。轄境在今山東、江蘇。(52)游俠　四處遊走的俠客。(53)具知　詳細地了解。(54)閭里　閭巷；民間。(55)諸陵　各陵縣。漢成帝以前，都從關東遷徙人口，在皇陵所在地設縣，稱為陵縣。(56)三輔　地區名。指京兆尹、左馮翊、右扶風所轄區域。(57)蓮勺鹵中　蓮勺縣的鹽池。蓮勺，在今陝西蒲城南。鹵，鹽鹼池；鹽鹼地。(58)尤樂　格外喜歡。(59)杜　縣名。在今陝西蒲城南。(60)鄠　縣名，在今陝西戶縣。(61)率　通「帥」。一般；大致。(62)下杜　城名。在今陝西西安。(63)會　正好。(64)朝請　諸侯王到首都朝拜皇帝。(65)尚冠里　漢長安城中的里名，位於長安城南。(66)臥居　睡覺的居室。(67)輒　就；便。(68)大讎　火熱地銷售。讎，售；賣。(69)元平元年　西元前七十四年。(70)昭帝　武帝少子。(71)大將軍　官名。武帝時置，是當時最高的軍事長官。(72)霍光　字子孟，本為奉車都尉，武帝臨終，升任大司馬大將軍，受命輔佐昭帝。本傳見本書卷六十八。(73)皇后　指昭帝上官皇后。(74)徵　徵召；召喚。(75)昌邑王　名劉賀，武帝孫。昭帝逝世，被立為皇帝，但因行為淫亂又被廢黜。本傳見本書卷六十三〈武五子傳〉。(76)綬　繫印璽的帶子。(77)賀　指〈劉賀傳〉，見本書卷六十三〈武五子傳〉。(78)光傳　指〈霍光傳〉，見本書卷六十八〈霍光傳〉。(79)親親　親屬相親。(80)大宗　按宗法制度，始祖嫡長子為大宗。(81)支子　按宗法制度，嫡長子及繼承先祖的兒子為宗子，其餘都是支子。(82)病已　漢宣帝原名，後改名為「詢」。(83)師受　跟老師學習。(84)詩　《詩經》，先秦的詩歌總

集，儒家經典。(85)論語　記述孔子及其門弟子言行的書。(86)孝經　講述孝道的儒家經典。(87)嗣　作動詞用，繼承。(88)子萬姓　以萬姓為子。萬姓，萬民；百姓。(89)德　劉德，楚元王劉交的後代，著名學者劉向的父親。本傳附見於本書卷三十六〈楚元王劉交傳〉。(90)太僕　官名。掌管皇帝車輛、馬匹之官。(91)軨獵車　一種輕便小車。(92)齊　通「齋」。齋戒。(93)未央宮　宮殿名。漢高祖時興建，在今陝西西安西北長安舊城內西南角。(94)皇太后　指昭帝上官皇后。(95)已而　不久。(96)謁　拜謁；拜見。(97)高廟　祭祀漢高祖劉邦的場所。(98)丞相　官名。政府最高行政長官，掌議政與用人等大政。(99)敞　指楊敞，參與擁立漢宣帝。本傳見本書卷六十六。(100)許氏　指暴室嗇夫許廣漢女。本傳見本書卷九十七下〈外戚傳〉。(101)鰥　指老而無妻。(102)寡　老而無夫。(103)孤　幼年喪父。(104)獨　老而無子。(105)各有差　各按不同等級。(106)歸　回；搬回。(107)長樂宮　宮殿名。漢高祖時興建，在未央宮東面。在今陝西西安西北長安舊城內東南角。(108)屯衛　屯兵宿衛。此指長樂宮的屯衛。

【語譯】孝宣皇帝是孝武帝的曾孫，戾太子的孫子。戾太子娶史良娣，生下了史皇孫。史皇孫娶了王夫人，生下了孝宣帝，稱為皇曾孫。皇曾孫出生僅幾個月，就趕上巫蠱事件，戾太子、史良娣、史皇孫和王夫人一起遇害。這件事情記載在〈戾太子傳〉中。皇曾孫雖然還是襁褓中的嬰兒，仍然受到牽連而被關押在郡邸獄中。當時丙吉正擔任廷尉監，在郡邸獄審理巫蠱案件，他憐惜皇曾孫無辜受難，就派身分為復作的兩名女犯人淮陽人趙徵卿和渭城人胡組輪替哺乳養育，自己花錢供他衣服和食物，對他照顧周到，極有恩情。

2　巫蠱案件連續好幾年都沒有審理完結。到了後元二年，武帝病重，在長楊宮和五柞宮輪流居住。一個望氣的人說長安城的監獄中出現了天子氣，武帝就派人逐個審查關押在京師各官府監獄中的囚犯，不論罪行輕重一律處死。執行任務的內謁者郭穰深夜來到郡邸獄審查，丙吉將他們擋在監獄門外，他們不能進入郡邸獄處死皇曾孫，皇曾孫也就靠著丙吉的保護保全了性命。後來遇到大赦，丙吉就用車把皇曾孫送到他祖母史良娣家去撫養。這件事情記載在〈丙吉傳〉與〈外戚傳〉中。

3　後來昭帝頒發詔書，把皇曾孫送交掖庭撫養，並把他的姓名登記在宗正府所管理的皇族簿冊上。當時擔任掖庭令的張賀曾經侍奉過戾太子，他思念太子舊日的恩情，愛憐皇曾孫，所以對皇曾孫的奉養格外用心謹慎，並用自己的俸錢供皇曾孫讀書。等長大以後，他給皇曾孫娶了暴室嗇夫許廣漢的女兒為妻，許廣漢兄弟和祖母家史氏因此就成了皇曾孫的依靠。皇曾孫曾經向東海郡的澓中翁學習《詩經》，他才智出眾，喜歡學習，不過也喜歡交遊行俠，鬥雞賽馬，具體了解了城市的奸偽邪辟和官吏行政的好壞得失。他多次上下各個陵園，足跡遍布三輔各地，曾經被困在蓮勺縣的鹽池中。他尤其喜歡在杜縣和鄠縣之間遊逛，通常都在下杜一帶歇腳。有次正好參加朝請大典，他就住在長安的尚冠里，他的身上和腳掌都長著毛，睡覺時發出的光亮離好幾里都能看見。每次上街買餅，他買餅那家鋪子的餅就賣得特別多，他自己對這些事情也感到奇怪。

4 元平元年四月，昭帝逝世，沒有子嗣。大將軍霍光請求皇后召喚昌邑王進京。六月丙寅日，昌邑王接受皇帝的璽印，尊稱昭帝皇后為皇太后。到了癸巳日，霍光上奏說昌邑王的行為淫亂，請皇太后把他廢黜。這件事情記載在〈劉賀傳〉和〈霍光傳〉中。

5 秋天的七月，霍光在奏疏中議論說：「按禮制規定，人倫的道理強調親屬之間要相親相愛，所以要尊敬祖先，而尊敬祖先就要敬奉宗主。大宗沒有後嗣，應該選擇旁支子孫中賢明的人來承嗣。孝武帝的曾孫病已，按詔令要求一直由掖庭撫養照顧，現在年紀十八歲了，跟著老師學習了《詩經》、《論語》、《孝經》，品行崇尚節儉，仁慈愛人，可以作為孝昭皇帝的繼承人，繼承祖宗的統緒，治理百姓。」奏疏獲得通過。於是派宗正劉德到曾孫在尚冠里的住處，讓他沐浴身體，賜給御府製作的衣服。派太僕用軨獵車把他接過來，帶到宗正府進行齋戒的儀式。庚申日，皇曾孫進入未央宮，拜見皇太后，被封為陽武侯。不久群臣捧來璽印，擁立他登上皇帝的寶座，拜謁高廟。

6 八月己巳日，丞相楊敞去世。

7 九月，下令全國實行大赦。

8 十一月壬子日，立許氏為皇后。賜給諸侯王以下的官吏黃金、銅錢，直至一般官吏、平民及鰥寡孤獨的人在內，各自得到不同的賞賜。皇太后搬回長樂宮居住。開始為長樂宮設置屯衛。

1 本始元年❶春正月，募❷郡國吏民訾❸百萬以上徙平陵❹。遣使者持節❺詔❻郡國二千石❼謹牧養民而風❽德化。

2 大將軍光稽首❾歸政❿，上⓫謙讓委任焉⓬。論定策⓭功，益封⓮大將軍光萬七千戶，車騎將軍⓯光祿勳⓰富平侯安世⓱萬戶。詔曰：「故丞相安平侯敞⓲等居位守職，與大將軍光、車騎將軍安世建議定策，以安宗廟⓳，功賞未加⓴而薨。其益封敞嗣子忠㉑及丞相陽平侯義㉒、度遼將軍㉓平陵侯明友㉔、前將軍㉕龍雒侯增㉖、太僕建平侯延年㉗、太常㉘蒲侯昌㉙、諫大夫㉚宜春侯譚㉛、當塗侯平㉜、杜侯屠耆堂㉝、長信少府㉞關內侯㉟勝㊱邑㊲戶各有差。封御史大夫㊳廣明㊴為昌水侯，後將軍㊵充國㊶為營平侯，大司農㊷延年㊸為陽城侯，少府㊹樂成㊺為爰氏侯，光祿大夫㊻遷㊼為平丘侯。賜右扶風㊽德㊾、典屬國㊿武(51)、廷尉(52)光(53)、宗正德(54)、大鴻臚(55)賢(56)、詹事(57)畸(58)、光祿大夫吉(59)、京輔都尉(60)廣漢(61)爵皆關內侯。德、武食邑(62)。」

3 夏四月庚午，地震。詔內郡(63)國舉(64)文學(65)高第(66)各一人。

4 五月，鳳皇(67)集(68)膠東(69)、千乘(70)。赦天下。賜吏二千石、諸侯相(71)、下至中都官(72)、宦吏、六百石爵，各有差，自左更(73)至五大夫(74)。賜天下人爵各一級，孝者(75)二級，女子(76)百戶(77)牛酒。租稅勿收。

5 六月，詔曰：「故皇太子(78)在湖(79)，未有號謚。歲時(80)祠(81)，其議謚，置園邑(82)。」語在太子傳(83)。

6 秋七月，詔立燕刺王(84)太子建為廣陽王，立廣陵王胥(85)少子弘為高密王。

7 二年春，以水衡錢(86)為平陵(87)，徙民(88)起第宅。

8 大司農陽城侯田延年有罪(89)，自殺。

9 夏五月，詔曰：「朕以眇身(90)奉承祖宗，夙夜(91)惟(92)念孝武皇帝躬(93)履(94)仁義，選明將，討不服，匈奴(95)遠遁(96)，平氐(97)、羌(98)、昆明(99)、南越(100)，百蠻(101)鄉風(102)，款塞(103)來享(104)；建太學，修郊祀(105)，定正朔(106)，協音律；封泰山(107)，塞宣房(108)，符瑞應，寶鼎出(109)，白麟(110)獲。功德茂盛，不能盡宣，而廟樂(111)未稱，其議奏。」有司奏請宜加尊號。六月庚午，尊孝武廟為世宗廟，奏盛德、文始、五行之舞，天子世世獻。武帝巡狩(112)所幸(113)之郡國，皆立廟。賜民爵一級，女子百戶牛酒。

10 匈奴數侵邊，又西伐烏孫(114)。烏孫昆彌(115)及公主(116)因國使者(117)上書，言昆彌願發國精兵擊匈奴，唯(118)天子哀憐，出兵以救公主。秋，大發興調關東輕車(119)銳卒(120)，選郡國吏三百石伉健(121)習騎射者，皆從軍。御史大夫田廣明為祁連將軍(122)，後將軍趙充國為蒲類將軍(123)，雲中(124)太守田順(125)為虎牙將軍(126)，及度遼將軍范明友、前將軍韓增，凡[127]五將軍，兵十五萬騎，校尉[128]常惠[129]持節護[130]烏孫兵，咸[131]擊匈奴。

11 三年春正月癸亥，皇后許氏崩。戊辰，五將軍師[132]發長安。夏五月，軍罷[133]。祁連將軍廣明、虎牙將軍順有罪[134]，下有司[135]，皆自殺。校尉常惠將[136]烏孫兵入匈奴右地[137]，大克獲，封列侯。

12 大旱。郡國傷旱甚者，民毋出[138]租賦。三輔[139]民就賤[140]者，且毋收事[141]，盡四年[142]。

13 六月己丑，丞相義[143]薨。

14 四年春正月，詔曰：「蓋[144]聞農者興德之本也。今歲不登[145]，已遣使者振貸[146]困乏。其令太官[147]損膳[148]省宰[149]，樂府[150]減樂人，使歸就農業。丞相以下至都官[151]令丞[152]上書入穀[153]，輸長安倉，助貸貧民。民以車船載穀入關[154]者，得毋用傳[155]。」

15 三月乙卯，立皇后霍氏[156]。賜丞相以下至郎吏[157]、從官[158]金錢帛[159]各有差。赦天下。

16 夏四月壬寅，郡國四十九地震，或[160]山崩水出。詔曰：「蓋災異[161]者，天地之戒[162]也。朕承洪業[163]，奉宗廟，託于士民之上[164]，未能和[165]群生[166]。迺者地震北海[167]、琅邪[168]，壞祖宗廟，朕甚懼焉。丞相、御史[169]其與列侯、中二千石[170]博問[171]

經學(172)之士，有以應變(173)，輔朕之不逮(174)，毋有所諱(175)。令三輔、太常、內郡國舉賢良(176)方正(177)各一人。律令有可蠲除(178)以安百姓，條奏(179)。被(180)地震壞敗(181)甚者，勿收租賦。」大赦天下。上以宗廟墮(182)，素服(183)，避正殿五日。

17 五月，鳳皇集北海安丘(184)、淳于(185)。

18 秋，廣川王吉(186)有罪(187)，廢遷上庸(188)，自殺。

【章旨】以上記述本始年間所發生的大事。其中比較重要的有：表彰霍光、張安世等人的扶立之功，實行賑貸貧民、輕徭薄賦的措施，派遣范明友、韓增等五將軍聯合烏孫軍隊進攻匈奴，在一些郡國「立廟」，以紀念漢武帝的豐功偉業等。

【注釋】❶本始元年　西元前七十三年。❷募　徵募；徵召。❸訾　通「資」。資產。❹平陵　漢昭帝的陵墓，在今陝西咸陽西。❺節　旄節，使者所持的信物，由竹桿綴以旄牛尾而成。❻詔　命令。❼二千石　指官俸每月為二千石（即一百二十斛）一級的官吏，通常作為郡守的代稱。❽風　通「諷」。勸告。引申為推廣、推行。❾稽首　古代的禮節，跪下，拱手至地，頭也至地。❿歸政　歸還權力。昭帝年幼，一直由霍光輔政；廢昌邑王，立宣帝，也由霍光一手決定。宣帝即位，霍光表示歸還權力。⓫上　指宣帝。⓬焉　指示代詞。他，指霍光。⓭定策　指確定擁立皇曾孫為皇帝的決策。⓮益封　加封食邑。食邑，是古代天子賜給臣下徵收租賦的采地。⓯車騎將軍　軍銜名。負責統領車騎部隊。⓰光祿勳　官名。掌宿衛宮殿門戶，是皇帝的近侍之臣。⓱安世　張安世，武帝名臣張湯子。本傳附見於卷五十九〈張湯傳〉。⓲敞　楊敞。本傳見本書卷六十六。⓳宗廟　祭祀祖宗的場所。也指社稷、國家。⓴加　施加；報答。㉑忠　楊忠，楊敞長子，因楊敞已經去世，故封賜其長子。㉒義　蔡義，昭帝時代為丞相。本傳見本書卷六十六。㉓度遼將軍　軍銜名。㉔明友　范明友，霍光女婿，曾率兵前往遼東進擊烏桓。㉕前將軍　軍銜名。㉖增　指韓增。本傳附見於卷三十三〈韓王信傳〉。㉗延年　杜延年，武帝名臣杜周子。本傳附見於本書卷六十〈杜周傳〉。(28)太常　官名。掌宗廟祭祀與諸陵縣事務。(29)昌　蘇昌。(30)諫大夫　官名。光祿勳屬官，皇帝近侍之臣。(31)譚　指王譚。(32)平　卷十七〈功臣表〉作「魏聖」。(33)屠耆堂　不詳。(34)長信少府　官名。負責皇帝祖母的奉養。(35)關內侯　爵位名，第十九級。(36)勝　夏侯勝，漢代《尚書》名家。本傳見本書卷七十五。(37)邑　食邑。(38)御史大夫　官名。掌監察，兼管皇帝的機要文書。(39)廣明　田廣明，為霍光女婿。本傳見本書卷九十〈酷吏傳〉。(40)後將軍　軍銜名。(41)充國　趙充國，著名軍事家。本傳見本書卷六十九。(42)大司農　官名。原稱搜粟都尉，掌國家財政事務。(43)延年　田延年，本傳見本書卷九十〈酷吏傳〉。(44)少府　官名。掌皇帝奉養與山海池澤之稅。(45)樂成　史樂成，霍光親信。(46)光祿大夫　官名。掌顧問應對，屬於光祿勳。(47)遷　王遷。(48)右扶風　官名。三輔之一，相當於太守，掌畿輔治安，治長安〈今陝西西安西北〉。(49)德　周德。(50)典屬國　官名。掌歸附的少數民族事務。(51)武　蘇武。曾出使匈奴，被扣十九年，誓不投降，最終持節回到漢朝。本傳附見於本書卷五十四〈蘇建傳〉。(52)廷尉　官名。掌刑獄訴訟。(53)光　李光。(54)德　指劉德，劉向父親。(55)大鴻臚　官名。掌外交、禮儀與國內少數民族事務。(56)賢　韋賢。本傳見本書卷七十三。(57)詹事　官名。掌皇后、太子家事。(58)畸　宗畸。(59)吉　指丙吉。(60)京輔都尉　官名。掌京師警衛。(61)廣漢　趙廣漢。曾任京兆尹，聲名卓著，後被處死。本傳見本書卷七十六。(62)德武食邑　賜給劉德、蘇武食邑。劉德為宗室老臣，蘇武守志不降，特賜給食邑以示表彰。(63)內郡　西漢諸郡分為內郡與邊郡。中原各郡為內郡，靠近少數民族地區設邊郡。(64)舉　察舉；推薦。漢代實行察舉制度，按不同科目由地方官察舉人才。(65)文學　察舉科目之一，要求被察舉者文才出眾，明習經典。(66)高第　成績優良。(67)鳳皇　即鳳凰，傳說中的神鳥，象徵吉祥。皇，通「凰」。(68)集　落下；停下。(69)膠東　諸侯國名。都於即墨，在今山東萊西西南。(70)千乘　郡名。治今山東濱州西南。(71)諸侯相　諸侯國的丞相。漢代諸侯國與朝廷一樣也設丞相，由中央任命。(72)中都官　京師各機構。(73)左更　爵位名，第十二級。(74)五大夫　爵位名，第九級。漢代規定，五大夫以上為高爵，可以享有不同的特權。(75)孝者　漢代察舉科目之一，被察舉者有卓異的孝行，常與廉者一起合稱為孝廉。(76)女子　指家庭主婦。(77)百戶　以一百戶為單位進行賞賜。(78)皇太子　指武帝太子劉據。(79)湖　縣名。在今河南靈寶西。劉據在湖縣自殺，遂就地埋葬。(80)歲時　一年中的各節日。(81)祠　祭祀。(82)園邑　陵園、縣邑。(83)太子傳　見本書卷六十三〈武五子傳〉。(84)燕刺王　指劉旦，武帝子。本傳見本書卷六十三〈武五子傳〉。(85)廣陵王胥　劉胥，武帝子。本傳見本書卷六十三〈武五子傳〉。(86)水衡錢　水衡都尉所鑄造的錢。水衡都尉，武帝時置，掌上林苑，兼管鑄造錢事務。(87)平陵　陵縣名，漢昭帝的陵墓在此，在今陝西咸陽西。(88)徙民　把關東富豪遷徙到平陵。(89)有罪　田延年主管皇陵建設，增加雇車和腳力的費用而據為己有。(90)眇身　卑微的身子。眇，微小。91夙夜　從早到晚。夙，早晨。92惟　思；想。93躬　親身。94履　實行。95匈奴　古代北方民族。96遠遁　逃向遠方。遁，逃跑。97氐　古代北方民族。98羌　古代北方民族。99昆明　指昆明國的西南夷。100南越　指南越國。101百蠻　周邊少數民族。102鄉風　依順；敬慕。鄉，通「向」。103款塞　叩響塞門。款，叩。塞，長城。104享　獻。105郊祀　祭祀。郊，皇帝冬至所舉行的祭天活動。106正朔　一年的第一天。正，一年第一月。朔，每月第一天。此指武帝頒布的曆法。107封泰山　在泰山舉行封禪大典。封是祭天，禪是祭地。武帝在位曾舉行過五次封泰山活動。108塞宣房　堵塞黃河在瓠子的決口。黃河在瓠子決口，武帝命令堵塞，並築宮其上，稱為宣房宮。故址在今河南濮陽西南。109寶鼎出　武帝元鼎元年（西元前一一六年）在汾陰獲得周鼎。110白麟　白色麒麟，傳說中的神獸。111廟樂　在祭祀場所演奏的音樂。112巡狩　視察。113幸　皇帝到某個地方稱為幸。114烏孫　西域國名，在今新疆伊犁河流域。115昆彌　烏孫王的名號。116公主　漢朝嫁與烏孫王的公主，名細君，江都王劉建女。事跡見本書卷九十六下〈西域傳〉。117國使者　指漢朝的使臣。118唯　思；想。119輕車　漢軍種之一，兵士駕馭輕便的戰車與敵人作戰。120銳卒　精銳的兵卒。此指步兵。121伉健　漢代軍種之一，由身強體健戰鬥力強的兵士組成。伉，強。122祁連將軍　軍銜名。祁連，指祁連山，在今甘肅境內。123蒲類將軍　軍銜名。蒲類，指蒲類海，西域國名，在今新疆巴里坤湖附近。124雲中　郡名。在今內蒙古托克托。125田順　丞相田千秋子。事跡見本書卷六十六〈田千秋傳〉。126虎牙將軍　軍銜名。127凡　共；總計。128校尉　官名，低將軍一等。129常惠　曾隨蘇武出使匈奴，昭帝時任光祿大夫，宣帝初年出使烏孫。本傳見本書卷七十。130護　統率；統領。131咸　皆；全。132師　軍隊。133罷　撤軍。134有罪　田廣明逗留不進，田順虛報虜獲。135下有司　交有關機關處理。下，移交。有司，此處指廷尉。136將　率領；帶領。137右地　西部。138毋出　不出；不交。毋，不。139三輔　地區名。指京兆尹、左馮翊、右扶風所轄區域，在今陝西中部。140就賤　淪於貧賤。141毋收事　不要承擔租賦和徭役。收，指租賦。事，指徭役。142盡四年　到本始四年（西元前七十年）止。143義　指蔡義。144蓋　句首語氣詞。145登　莊稼成熟。146振貸　賑濟；救濟。振，通「賑」。147太官　官名。少府屬官，主皇帝飲食。148損膳　減少皇帝的膳食。損，減少。149省宰　減省對食用禽獸的宰殺。省，減省。宰，宰殺。150樂府　官署名。屬少府，掌倡優伎樂。151都官　中都官，指京師各機構。152令丞　令，正職。丞，副職。153入穀　把自家的穀物賣給或捐給政府。154關　指函谷關，在今河南新安東。155傳　符傳；通行憑證。156霍氏　霍光女兒霍成君。本傳見本書卷九十七上〈外戚傳〉。157郎吏　郎官，負責宮中宿衛，屬光祿勳。158從官　京師各機構屬官。159帛　絲織品的總稱。160或　有的。161災異　指自然災害。162戒　告誡；警告。當時今文經學把所發生的重大自然災害，視為上天對人君的警告。163洪業　大業。164託于士民之

上　被士民奉為皇帝。[165]和　和睦；和輯。此處是使動用法。[166]群生　眾生；有靈之物。[167]北海　郡、國名。在今山東境內。[168]琅邪　郡名。在今山東半島東南部。[169]御史　指御史大夫，掌監察，兼管皇帝機要文書。[170]中二千石　二千石級官員中秩俸最高者，月一百八十斛。[171]博問　廣泛地問詢。[172]經學　漢武帝設《五經》博士，《易》、《書》、《詩》、《禮》、《春秋》之學即為經學。[173]變　災變；災異。[174]不逮　不及；考慮不周之處。[175]毋有所諱　不要有忌諱的言詞。[176]賢良　察舉人才的科目。[177]方正　察舉人才的科目。[178]蠲除　廢除。蠲，免；罷。[179]條奏　分條上奏。[180]被　蒙受；遭受。[181]壞敗　此指房屋損壞、倒塌。[182]墮　毀壞。[183]素服　白色衣服。[184]安丘　縣名。在今山東成鄉西南。[185]淳于　縣名。在今山東成鄉東北。[186]廣川王吉　廣川，郡、國名，轄境大部分在今河北。吉，本書表、傳又作「去」。[187]有罪　劉吉因烹殺姬妾而犯不道罪。[188]上庸　縣名。在今湖北竹山縣西南。

【語　譯】 本始元年春季正月，在各郡國召募官吏與平民中資產百萬以上的民戶遷往平陵。派使者舉著節向各郡國發布詔書，命令太守和王國相謹慎地治理百姓，並推行道德和教化。

2 大將軍霍光上朝叩拜請求歸還權力，皇上謙讓，繼續委託他輔佐執政。評定擁立皇曾孫繼承皇位的功勳，加封大將軍霍光食邑一萬七千戶，車騎將軍光祿勳富平侯張安世一萬戶。下詔說：「已故的丞相安平侯楊敞等人在位時遵守職責，與大將軍霍光、車騎將軍張安世一起提出擁戴新君的重大決策來安定社稷，可是他的功勞沒來得及封賞就去世了。現在按不同等級加封楊敞的兒子楊忠及丞相陽平侯蔡義、度遼將軍平陵侯范明友、前將軍龍雒侯韓增、太僕建平侯杜延年、太常蒲侯蘇昌、諫大夫宜春侯王譚、當塗侯平、杜侯屠耆堂、長信少府關內侯夏侯勝食邑各若干戶。封御史大夫田廣明為昌水侯，後將軍趙充國為營平侯，大司農田延年為陽城侯，少府史樂成為爰氏侯，光祿大夫王遷為平丘侯。賜給右扶風周德、典屬國蘇武、廷尉李光、宗正劉德、大鴻臚韋賢、詹事宗畸、光祿大夫丙吉、京輔都尉趙廣漢關內侯爵位。賜給劉德、蘇武食邑各若干戶。」

3 夏季四月庚午日，發生地震。宣帝下詔命令內地郡、國察舉文學科目的優異人士各一人。

4 五月，鳳凰停落在膠東國、千乘郡。全國實行大赦。賜給從郡守、諸侯相直至京師各官府官員、宦吏、秩俸六百石官吏等級不同的爵位，從左更一直到五大夫。賜給全國民戶戶主爵位各一級，有孝者稱號的賜給爵位二級，主婦以百戶為單位賜給牛肉和酒。免收田租賦稅。

5 六月，下詔說：「已故的皇太子埋葬在湖縣，沒有謚號。為了在一年中的各個季節進行祭祀，應該商議他的謚號，設置守護陵園的縣邑。」這件事情記載在〈戾太子傳〉。

6 秋季七月，皇帝命令冊封燕剌王太子劉建為廣陽王，冊封廣陵王劉胥的少子劉弘為高密王。

7 二年春季，用水衡都尉所鑄造的錢修築平陵，把關東富民遷徙到平陵，建設房舍。

8 大司農陽城侯田延年犯罪，自殺了。

9 夏季五月，宣帝下詔說：「我以卑微的身分繼承了祖宗的基業，從早到晚都在想念孝武皇帝親自履行仁義之道，選拔高明的將領，討伐不肯歸附的外族，迫使匈奴逃竄到遠方，討平了氐人、羌人與昆明、南越，致使百族景仰，風行草偃，叩開塞門，前來朝賀；創辦太學，舉行郊祀，修訂曆法，協調音律；在泰山舉行封禪典禮，堵塞黃河在瓠子的決口，符瑞響應人事，出土了寶鼎，捕獲了白麟。孝武帝的豐功偉德，難以盡數，可是他的廟號與祭樂卻與他的功德不能相稱，著公卿議定奏報。」主管機關的官員奏請，應該增加尊號。六月庚午日，尊稱孝武廟為世宗廟，祭祀的時候演奏名字叫〈盛德〉、〈文始〉、〈五行〉的樂舞，以後天子世代前來獻禮祭祀。孝武帝生前巡視全國所經過的各個郡、國一同立廟。賜給平民戶主爵位一級，主婦以百戶為單位賜給牛肉和酒。

10 匈奴屢次侵犯邊境，又向西攻擊烏孫國。烏孫國的昆彌及漢朝嫁去的公主通過漢朝的使者上書，表示昆彌願意調發本國精兵抗擊匈奴，希望皇帝能夠哀憐，出兵拯救漢家公主。秋天，大規模調動關東的輕車部隊和精銳隊伍，選拔秩俸三百石而且身體健康、擅長騎射的郡、國吏員參軍作戰。御史大夫田廣明任祁連將軍，後將軍趙充國任蒲類將軍，雲中太守田順任虎牙將軍，再加上度遼將軍范明友和前將軍韓增，總共五將軍，統領十五萬兵馬，校尉常惠拿著使節統領烏孫軍隊，一同進擊匈奴。

11 三年春季正月癸亥日，皇后許氏去世。戊辰日，五將軍率軍從長安出發。夏季五月，撤回軍隊。祁連將軍田廣明、虎牙將軍田順犯罪，交給有關機關審訊，都自殺了。校尉常惠統帥烏孫的軍隊打進匈奴西面，大獲勝利，被封為列侯。

12 發生嚴重乾旱。遭受嚴重旱災的郡、國，農民不用交納田租賦稅。三輔地區的民戶淪於貧賤的，將免除租稅與徭役，直到本始四年為止。

13 六月己丑日，丞相蔡義去世。

14 四年春季正月，下詔書說：「我聽說農業是振興道德的根本。今年收成不足，已經派出使者賑濟各地的貧困人口。命令太官減少膳食，減省宰殺，樂府精簡樂人，讓他們回家務農。丞相以下的高官直至京師各官署的令、丞都要上書報明捐獻穀物的數額，輸入長安的糧倉，救濟貧困的老百姓。老百姓用車船拉著穀物進入關中，可以不用符傳。」

15 三月乙卯日，冊立霍成君為皇后。賜給丞相以下的高官直至郎官與各機構的屬官金錢、絲綢，各按不同的等級。全國實行大赦。

16 夏季四月壬寅日，四十九個郡、國發生地震，有的地方山崩，水泉湧出。下詔說：「發生災異，是天地發出的警告。我繼承了漢家的大業，掌握國家的大權，被士民尊奉為皇帝，可是未能讓老百姓過上安寧的日子。以前北海郡和琅邪郡發生地震，毀壞了祖宗的廟堂，對此我感到非常害怕。丞相、御史會同列侯、中二千石官員應該廣泛地徵求通曉經學的人士的意見，採取應變的措施，幫助我彌補考慮不周的地方，不要有顧忌。命令三輔、太常、內地的郡、國察舉賢良、方正各一人。律令中如果有可以廢除而能夠安定百姓的條款，要逐條陳奏。遭受地震損害嚴重的地方，免除今年的田租賦稅。」全國實行大赦。宣帝因為宗廟被毀壞，改穿白色的衣服，有五天時間不在正殿上朝。

17 五月，鳳凰落在北海郡的安丘縣和淳于縣。

18 秋天，廣川王劉吉犯罪，被廢黜，放逐到上庸縣，自殺了。

1 地節元年❶春正月，有星孛❷于西方。

2 三月，假❸郡國貧民田。

3 夏六月，詔曰：「蓋聞堯❹親九族❺，以和萬國。朕蒙遺德❻，奉承聖業，惟念宗室屬❼未盡而以罪絕❽。若有賢材，改行勸善，其復❾屬，使得自新。」

4 冬十一月，楚王延壽❿謀反，自殺。

5 十二月癸亥晦⓫，日有蝕之。

6 二年春三月庚午，大司馬大將軍光薨。詔曰：「大司馬大將軍博陸侯宿衛孝武皇帝三十餘年，輔孝昭皇帝十有⓬餘年，遭大難，躬⓭秉⓮義，率三公⓯、諸侯、九卿⓰、大夫定萬世策⓱，以安宗廟。天下蒸庶⓲，咸以康寧，功德茂盛，朕甚嘉之。復⓳其後世，疇其爵邑⓴，世世毋有所與㉑。功如蕭相國㉒。」

7 夏四月，鳳皇集魯郡㉓，群鳥從之。大赦天下。

8 五月，光祿大夫平丘侯王遷有罪㉔，下獄死。

9 上始親政事㉕，又思報大將軍㉖功德，迺復使樂平侯山㉗領尚書事㉘，而今群臣得奏封事㉙，以知下情。五日一聽事㉚，自丞相以下各奉職㉛奏事，以傅奏其言㉜，考試功能。侍中尚書功勞當遷及有異善，厚加賞賜，至于子孫，終不改易。樞機周密，品式㉝備具，上下相安，莫有苟且㉞之意也。

10 三年春三月，詔曰：「蓋聞有功不賞，有罪不誅，雖唐虞㉟猶不能以化㊱天下。今膠東相成㊲勞來㊳不怠，流民自占㊴八萬餘口，治有異等。其秩成中二千石，賜爵關內侯㊵。」

11 又曰：「鰥寡孤獨高年貧困之民，朕所憐也。前下詔假公田，貸種、食。其加賜鰥寡孤獨高年帛。二千石嚴教吏謹視遇，毋令失職㊶。」

12 令內郡國舉賢良方正可親民㊷者。

13 夏四月戊申，立皇太子㊸，大赦天下。賜御史大夫爵關內侯，中二千石爵右庶長㊹，天下當為父後者㊺爵一級。賜廣陵王㊻黃金千斤，諸侯王十五人黃金各百斤，列侯在國者八十七人黃金各二十斤。

14 冬十月，詔曰：「迺者九月壬申地震，朕甚懼焉。有能箴㊼朕過失，及賢良方正直言極諫㊽之士以匡㊾朕之不逮，毋諱有司㊿。朕既(51)不德，不能附遠(52)，是以邊境屯戍(53)未息。今復(54)飭(55)兵重(56)屯，久勞百姓，非所以綏(57)天下也。其罷車騎將軍、右將軍屯兵。」又詔：「池籞(58)未御幸(59)者，假與貧民。郡國宮館，勿復修治。流民還歸者，假公田，貸種、食，且勿算事(60)。」

15 十一月，詔曰：「朕既不逮，導民不明，反側[61]晨興，念慮萬方，不忘元元[62]。唯恐羞[63]先帝聖德，故並舉賢良方正以親萬姓，歷載臻[64]茲[65]，然而俗化闕[66]焉。傳曰[67]：『孝弟[68]也者，其為仁之本與[69]！』其令郡國舉孝弟、有行義聞於鄉里者各一人。」

16 十二月，初置[70]廷尉平[71]四人，秩六百石。

17 省文山郡[72]，并蜀[73]。

18 四年春二月，封外祖母[74]為博平君，故酇[75]侯蕭何曾孫[76]建世為侯。

19 詔曰：「導民以孝，則天下順。今百姓或遭衰絰[77]凶災，而吏繇事[78]，使不得葬，傷孝子之心，朕甚憐之。自今諸有大父母[79]、父母喪者勿繇事，使得收斂送終，盡其子道。」

20 夏五月，詔曰：「父子之親，夫婦之道，天性[80]也。雖有患禍，猶蒙[81]死而存之。誠愛結於心，仁厚之至[82]也，豈能違之哉！自今子首匿[83]父母，妻匿夫，孫匿大父母，皆勿坐[84]。其父母匿子，夫匿妻，大父母匿孫，罪殊死[85]，皆上請廷尉以聞。」

21 立廣川惠王[86]孫文為廣川王。

22 秋七月，大司馬霍禹[87]謀反。詔曰：「迺者，東織室[88]令史[89]張赦使魏郡豪[90]李竟報[91]冠陽侯霍雲[92]謀為大逆，朕以大將軍故，抑而不揚[93]，冀[94]其自新。今大司馬博陸侯禹與母宣成侯夫人顯[95]及從昆弟冠陽侯雲[96]、樂平侯山[97]、諸姊妹壻[98]度遼將軍范明友、長信少府鄧廣漢、中郎將[99]任勝、騎都尉[100]趙平、長安男子[101]馮殷等謀為大逆。顯前又使女侍醫淳于衍進藥殺共哀后[102]，謀毒太子，欲危宗廟。逆亂不道，咸伏其辜。諸為霍氏所詿誤[103]未發覺[104]在吏[105]者，皆赦除之。」八月己酉，皇后霍氏[106]廢。

23 九月，詔曰：「朕惟[107]百姓失職不贍[108]，遣使者循行[109]郡國問民所疾苦[110]。吏或營私煩擾[111]，不顧厥咎[112]，朕甚閔之。今年郡國頗被水災，已振貸。鹽，民之食，而賈[113]咸貴，眾庶重困[114]。其減天下鹽賈。」

24 又曰：「令甲[115]，死者不可生，刑者不可息[116]。此先帝之所重，而吏未稱[117]。今繫者或以掠辜[118]若[119]飢寒瘐[120]死獄中，何用心逆[121]人道也！朕甚痛之。其令郡國歲[122]上繫囚[123]以掠笞[124]若瘐死者所坐[125]名[126]、縣[127]、爵[128]、里[129]，丞相御史課[130]殿最[131]以聞。」

25 十二月，清河王年[132]有罪[133]，廢遷房陵[134]。

【章　旨】以上記述地節年間所發生的一些大事。其中比較重要的有：霍光去世、宣帝親政，屢次下達安撫流民、賦民公田、賑貸貧民的詔令，設置廷尉平以改善司法，鎮壓霍禹的謀反活動、徹底剪除霍家勢力等。

【注　釋】❶地節元年　西元前六十九年。❷孛　彗星。❸假　借；出租。漢代將公田租給貧民耕種，收取較低的田租，稱為假田。❹堯　古代傳說中的帝王，屬陶唐氏。❺九族　從高祖到玄孫，指同姓親屬。❻遺德　先人遺留的美德。❼屬　親屬關係。❽絕　斷絕。此指將有罪的宗室成員除名。❾復　恢復。❿楚王延壽　劉延壽，楚元王六世孫。楚，王國名，在今山東南部、江蘇北部一帶。⓫晦　農曆每月最後一天。⓬有　又。⓭躬　親身。⓮秉　持；堅持。⓯三公　朝廷地位最顯赫的三個官職的合稱。武帝時指丞相、太尉、御史大夫，成帝後指大司徒、大司馬、大司空。⓰九卿　列卿、眾卿，指各政府機構的長官。⓱萬世策　此指廢昌邑王劉賀，擁立宣帝。⓲蒸庶　眾民。蒸，眾。⓳復　免除徭役。⓴疇其爵邑　保持原有爵位與食邑。疇，等；相等；保持不變。依法律規定，諸侯去世，應削減食邑；霍光功勳卓著，故保持不變。㉑與　參與。引申為承擔。㉒蕭相國　即蕭何，西漢開國功臣，任相國（宰相）。本傳見本書卷三十九。㉓魯郡　當指魯國，王國名，劃楚國的薛郡而置，在今山東滕州南。疑「郡」字有誤。㉔有罪　犯有贓罪。㉕親政事　親自處理政務。㉖大將軍　指霍光。㉗山　指霍山，霍光之兄的孫子。㉘領尚書事　霍光任大司馬大將軍，兼領尚書事務。霍光死，仍由霍山保持這一權力。尚書，官名。掌皇帝的詔令文書。㉙奏封事　大臣以密封直接向皇帝奏事，而不用把副封交給尚書。這一做法旨在防範霍山弄權，以了解下情。㉚聽事　上朝堂理政。聽，處理。㉛奉職　忠於職守。㉜傅奏其言　陳獻自己的言詞。傅，通「敷」。陳述。㉝品式　章程；程式。㉞苟且　敷衍；應付。㉟唐虞　指唐堯虞舜，分別是傳說中的陶唐氏與有虞氏的首領。㊱化　改變。㊲成　指王成，漢代著名循吏。本傳見本書卷八十九〈循吏傳〉。㊳勞來　勸勉；勸慰。㊴自占　自己到政府登記戶口。㊵關內侯　爵位名，第十九級。㊶失職　喪失謀生的常業。㊷親民　能親近老百姓。㊸皇太子　指劉奭，後來的漢元帝。㊹右庶長　爵位名，第十一級。㊺為父後者　指父親的繼嗣者。㊻廣陵王　指劉胥，武帝子。本傳見本書卷六十三〈武五子傳〉。㊼箴　規諫；規勸。㊽直言極諫　舉薦人才的科目，意為指陳政事無所隱瞞、忌諱。㊾匡　匡正；輔正。㊿毋諱有司　不要對有關機關忌諱。毋，通「無」。(51)既　已經。(52)附遠　讓遠人歸附。此指匈奴的侵擾尚未平息。(53)戍　戍守邊疆；守衛邊疆。(54)復　又；再次。(55)飭　命令。(56)重　重新。(57)綏　安；安撫。(58)池籞　供皇室享用的陂池、禁苑。(59)御幸　指皇帝使用和光臨。

(60)算事　算，算賦，漢代的一種賦稅。事，傜事。(61)反側　輾轉身子，不能入睡。(62)元元　黎民百姓。(63)羞　忝辱；侮辱。(64)臻　至；到。(65)茲　此；這裡。(66)闕　通「缺」。缺少。(67)傳曰　此指《論語》所說，引文見〈學而〉。(68)弟　通「悌」。友愛兄弟。(69)與　通「歟」。句末語氣詞。(70)置　設置。(71)廷尉平　廷尉屬官。廷尉掌司法獄訟。(72)文山郡　郡名。在今四川茂汶。(73)蜀　郡名。在今四川松潘、成都、雅安、漢源一帶。(74)外祖母　王夫人之母。(75)酇　蕭何封邑所在地，在今河南永城西北。(76)曾孫　疑當作「玄孫」。(77)衰絰　喪服。衰，通「縗」。此指喪事。(78)繇事　以傜役役使。(79)大父母　祖父母。(80)天性　自然生成的情性。(81)蒙　冒；頂。(82)至　極；極點。(83)首匿　首謀藏匿罪人。(84)坐　連坐。(85)殊死　死刑。(86)廣川惠王　劉越，景帝子。本傳見本書卷五十三。(87)霍禹　霍光子。本傳見本書卷六十八〈霍光傳〉。(88)東織室　漢代有東西兩個織室，是掌管皇室絲綢織造的作坊，主管官吏有令、丞。(89)令史　令、丞的屬官。(90)豪　豪人；豪右。(91)報　傳言。(92)霍雲　霍光兄孫。(93)抑而不揚　隱瞞下來不再追究。(94)冀　希望。(95)顯　即霍光夫人霍顯。(96)雲　指霍雲。(97)山　指霍山，霍光兄孫，霍雲兄弟。(98)壻　通「婿」。女婿。(99)中郎將　官名。掌中郎，為皇帝侍衛。漢設五官、左、右中郎將。(100)騎都尉　禁衛軍長官。(101)男子　漢代成年男性的稱呼。(102)共哀后　許皇后，即許廣漢女。產後不久，霍顯指使侍醫淳于衍下毒藥將其害死。(103)詿誤　牽連；連累。(104)發覺　暴露。(105)在吏　在任的官吏。(106)皇后霍氏　即霍光女兒。(107)惟　思；想。(108)失職不贍　失去常職，生活不能自給。贍，足。(109)循行　巡行；巡視。(110)所疾苦　困苦的情況。(111)煩擾　侵擾；擾害。(112)厥咎　厥，其。咎，過責；錯誤。(113)賈　通「價」。價格。(114)重困　加重困難。(115)令甲　法令的類別。(116)息　生長。(117)未稱　不副。(118)掠辜　拷問罪行。(119)若　或者。(120)瘐　囚徒生病。(121)逆　違逆；違背。(122)歲　每年。(123)繫囚　被關押的囚犯。(124)掠笞　拷打。(125)所坐　所犯罪行的罪名。(126)名　姓名。(127)縣　所屬縣份。(128)爵　爵位等級。(129)里　所居里邑。(130)課　考課；考核。(131)殿最　考核軍功與政績，上等為最，下等為殿。(132)清河王年　劉年，文帝之子代孝王劉參的玄孫。清河，郡、國名，在今河北清河東南。(133)有罪　坐與同產妹姦。(134)房陵　縣名，在今湖北房縣。西漢宗室有罪，多遷於此地服刑。

【語譯】地節元年春季正月，有彗星出現在西方。

2 三月，把公田暫借給郡、國的貧民耕種。

3 夏季六月，下詔說：「聽說唐堯能夠親昵所有的親族，也能與眾多的諸侯和睦相處。我承受了祖宗遺留下來的美德，繼承了祖先神聖的事業，想到宗室親緣關係未盡卻因為犯罪被除名就感到難過。如果犯罪的宗親確有賢材，能夠改變行為服從善道，就恢復他們的屬籍，讓他們獲得新生。」

4 冬十一月，楚王劉延壽謀反，自殺了。

5 十二月最後一天癸亥日，出現日食。

6 二年春季三月庚午日，大司馬大將軍霍光逝世。下詔說：「大司馬大將軍博陸侯侍奉護衛孝武皇帝三十多年，輔佐孝昭皇帝十多年，遭遇國家危難，挺身承擔，堅持正義，率領三公、諸侯王、九卿、大夫，制定了關係萬世安危的大政方針，確保國家轉危為安。全國的老百姓都因此能夠享受康樂安寧的生活，功德卓著，我致以崇高的嘉獎。免除他的後世子孫的租賦，繼續保持現在的爵邑，世世代代不再承擔賦稅與徭役。他的功勞如同蕭何相國。」

7 夏季四月，鳳凰落在魯國，成群的鳥兒跟隨著落下。全國實行大赦。

8 五月，光祿大夫平丘侯王遷犯罪，入獄後死亡。

9 皇上開始處理政事，又想要報答大將軍的豐功大德，於是就讓樂平侯霍山兼管尚書事務，並且命令眾臣直接用密封的奏疏向皇帝奏事，以便皇帝了解下情。皇帝每五天上朝處理一次政事，所以自丞相以下的各級官吏都恪守職責，奏報政事，陳述意見，皇帝根據眾臣陳奏的內容，考察他們的功勞與才能。侍中、尚書等立了功勞應當升遷的人以及具有卓著善行的人，都要重重賞賜，恩及他們的子孫，始終不會改變對他們的待遇。中樞機構的工作安排周密，規章制度健全，上下配合，相安無事，人人都沒有那種敷衍應付的想法。

10 三年春三月，下詔說：「聽說立功不賞，犯罪不罰，即使唐堯虞舜也不能治理和感化天下的老百姓。現在膠東國的丞相王成招徠流民毫不怠惰，流民自行前來登記的達到八萬多人，治績極為突出。將王成的秩俸等級升為中二千石，賜給關內侯的爵位。」

11 詔書又說：「鰥寡孤獨、年邁貧困的老百姓，是我所哀憐的人群。以前下達詔書命令把公田暫借給他們耕種，並借貸給他們籽種和糧食。現在再增加一項，賜給鰥寡孤獨年邁的人絹帛。各地的太守嚴格教育屬下的官吏謹慎地照顧他們的生活，不要讓他們喪失了謀生的常業。」

12 命令內地的郡國察舉賢良、方正而且可以直接親近老百姓的人。

13 夏季四月戊申日，確立皇太子，全國實行大赦。賜給御史大夫關內侯、中二千石右庶長的爵位，全國應繼承父親地位的人賜給爵位一級。賜給廣陵王黃金一千斤，諸侯王十五人每人黃金一百斤，居住在封國的列侯八十七人每人黃金二十斤。

14 冬季十月，下詔說：「在不久前的九月壬申日發生了地震，我感到非常害怕。如果有人能夠規諫我的過失，或者賢良方正及敢於直言進諫的人士能指出我考慮不周的地方，就直言相諫，不要顧忌有關機構。既然我德行不夠，不能讓外族歸附，自然導致了邊境的屯兵不能歸田休養。現在又飭令軍隊大規模屯集，長期勞碌百姓，這不是安定天下的辦法。應該撤銷車騎將軍、右將軍統帥的屯兵。」又下詔書說：「各地的皇家園林，凡是我未曾使用過的，都借給貧民使用。設在郡國的宮館，不要再去維修裝飾。流民還鄉的，暫借給公田，借貸給籽種、糧食，並且不要讓他們承擔算賦和徭役。」

15 十一月，皇帝下詔說：「我既然考慮不周，而引導百姓的措施又不很清楚，夜裡輾轉反側，清晨又早早醒來，雖然考慮著四方的大事，但一直不能忘記老百姓。唯恐辱沒了先帝神聖的德行，所以同時察舉賢良和方正去親和百姓，這些措施已經實施了多年，一直保持到現在，然而舊的習俗並未得到根本的改變。傳記說：『孝悌，是仁道的根本吧！』命令郡、國察舉友愛兄弟的人和有優異德行、聲名傳播於鄉里的人各一人。」

16 十二月，開始設置廷尉平四人，秩俸六百石。

17 撤銷文山郡，它的屬縣併入蜀郡。

18 四年春季二月，封立皇帝的外祖母為博平君，封立前酇侯蕭何的曾孫蕭建世為侯。

19 下詔說：「用孝道引導人民，天下就會和順。現在老百姓有人遭遇了喪事，而官吏卻派他們承擔外地的徭役，使他們不能夠送葬，傷害了孝子的感情，我對此深感憐惜。今後凡是祖父母、父母去世的人都不要負擔徭役，要讓他們能夠親自為親人入斂送終，履行作為兒孫的義務。」

20 夏季五月，下詔說：「父子之間的親情，夫婦之間的情義，都是天性的流露。即使遇到了災難，仍然會冒著生命危險去救助。這實在是仁愛在人的內心紮根的結果，是仁德厚義達到了極致，難道能夠違背它嗎！今後兒子隱瞞父母的罪行，妻子隱瞞丈夫的罪行，孫子隱瞞祖父母的罪行，都不要讓他們連坐。父母隱瞞兒子的罪行，丈夫隱瞞妻子的罪行，祖父母隱瞞孫子的罪行，罪行屬於死罪的，都要向廷尉上報請示，並由廷尉報告皇帝。」

21 封立廣川惠王的孫子劉文為廣川王。

22 秋季七月，大司馬霍禹發動謀反。下詔說：「以前東織室令張赦曾派魏郡的豪民李竟告發冠陽侯霍雲圖謀發動大逆不道的叛亂，我因為大將軍的緣故，把這件事壓下來未去追究，希望他能改過自新。現在大司馬博陸侯霍禹與他的母親宣成侯夫人霍顯以及從昆弟冠陽侯霍雲、樂平侯霍山、各個姊妹的丈夫度遼將軍范明友、長信少府鄧廣漢、中郎將任勝、騎都尉趙平、長安男子馮殷等人圖謀發動叛亂。霍顯以前又指使女侍醫淳于衍投毒藥殺害了共哀后，還圖謀毒害太子，想要危害社稷。他們罪惡深重，都受到了法律的懲罰。其他受霍氏牽連、罪行尚未被發覺的官吏，都一律赦免。」八月己酉日，皇后霍氏被廢黜。

23 九月，下詔說：「我想到老百姓喪失了生業不能自己養活自己，就派遣使者巡視各個郡、國，調查老百姓生活困苦的情況。得知有的官吏為了謀取私利而擾害百姓，竟然完全無視自己的過錯，對此我深感痛惜。今年各個郡、國遭受了嚴重的水災，政府已經安排了賑濟工作。食鹽，是老百姓的基本食品，而價格都很昂貴，致使老百姓的生活更加貧困。命令降低全國的食鹽價格。」

24 詔書又說：「依照令甲，死去的人不能再生，受刑的地方也不能復原。刑獄是先帝極慎重對待的事情，可是獄吏的做法卻不能讓人滿意。現在被關押的犯人有的因為受重刑、有的因為餓凍而病死在牢獄，這樣的用心多麼違背人道啊！我深感痛心。命令各個郡、國每年上報在押囚犯中因受重刑或餓凍死於牢獄中的人所犯的罪名、所具的姓名、所在的縣邑、所有的爵位和所在的鄉里，丞相、御史大夫據此確定郡、國太守和諸侯相的考核等第，並上報給皇帝。」

25 十二月，清河王劉年犯罪，被廢黜，放逐到房陵縣。

1 元康元年❶春，以杜東原上為初陵❷，更名杜縣為杜陵。徙丞相、將軍、列侯、吏二千石、訾❸百萬者杜陵。

2 三月，詔曰：「迺者鳳皇集泰山、陳留❹，甘露降未央宮。朕未能章❺先帝休烈❻，協寧❼百姓，承天順地，調序四時，獲蒙嘉瑞❽，賜茲❾祉福❿，夙夜兢兢⓫，靡⓬有驕色，內省⓭匪解⓮，永惟罔極⓯。書⓰不云乎？『鳳皇來儀⓱，庶尹⓲允諧⓳。』其赦天下徒，賜勤事吏中二千石以下至六百石爵，自中郎吏至五大夫，佐史以上二級，民一級，女子百戶牛酒。加賜鰥寡孤獨、三老⓴、孝弟㉑力田㉒帛。所振貸勿收。」

3 夏五月，立皇考㉓廟。益奉明園戶為奉明縣㉔。

4 復高皇帝功臣絳侯周勃㉕等百三十六人家子孫，令奉祭祀，世世勿絕。其毋嗣者，復其次㉖。

5 秋八月，詔曰：「朕不明六蓺㉗，鬱㉘于大道，是以陰陽風雨未時㉙。其博㉚舉吏民，厥身㉛修正，通文學，明於先王之術，宣究㉜其意者，各二人，中二千石各一人。」

6 冬，置建章衛尉㉝。

7 二年春正月，詔曰：「書㉞云『文王㉟作罰㊱，刑㊲茲㊳無赦』，今吏修身奉法，未有能稱朕意，朕甚憖㊴焉㊵。其赦天下，與士大夫厲精㊶更始㊷。」

8 二月乙丑，立皇后王氏㊸。賜丞相以下至郎、從官錢帛各有差。

9 三月，以鳳皇甘露降集，賜天下吏爵二級，民一級，女子百戶牛酒，鰥寡孤獨高年帛。

10 夏五月，詔曰：「獄者㊹萬民之命，所以禁暴止邪，養育群生也。能使生者不怨，死者不恨，則可謂文吏㊺矣。今則不然。用法或持巧心㊻，析律貳端㊼，深淺㊽不平，增辭㊾飾非，以成㊿其罪。奏不如實，上(51)亦亡繇知(52)。此朕之不明，吏之不稱，四方黎民將何仰(53)哉！二千石各察官屬，勿用此人。吏務平法。或擅興繇役，飾廚傳(54)，稱過使客，越職踰法(55)，以取名譽，譬猶踐(56)薄冰以待白日，豈不殆(57)哉！今天下頗被疾疫之災，朕甚憖之。其令郡國被災甚者，毋出今年租賦。」

11 又曰：「聞古天子之名，難知而易諱(58)也。今百姓多上書觸諱以犯罪者，朕甚憐之。其更(59)諱詢。諸觸諱在今前者，赦之。」

12 冬，京兆尹(60)趙廣漢有罪(61)，要斬(62)。

13 三年春，以神爵[63]數集泰山，賜諸侯王、丞相、將軍、列侯、二千石金，郎、從官帛，各有差。賜天下吏爵二級，民一級，女子百戶牛酒，鰥寡孤獨高年帛。

14 三月，詔曰：「蓋聞象[64]有罪，舜封之。骨肉之親粲[65]而不殊[66]。其封故昌邑王賀為海昏[67]侯。」

15 又曰：「朕微眇[68]時，御史大夫丙吉、中郎將史曾[69]、史玄[70]、長樂衛尉[71]許舜[72]、侍中[73]光祿大夫[74]許延壽[75]皆與朕有舊恩。及故掖庭令張賀輔導朕躬[76]，修文學經術，恩惠卓異，厥功茂焉。詩[77]不云乎？『無德不報。』封賀所子弟子[78]侍中中郎將彭祖[79]為陽都侯，追賜賀謚曰陽都哀侯。吉、曾、玄、舜、延壽皆為列侯。故人下至郡邸獄復作[80]嘗有阿保[81]之功，皆受官祿田宅財物，各以恩深淺報之。」

16 夏六月，詔曰：「前年夏，神爵集雍[82]。今春，五色鳥以萬數飛過屬縣，翱翔而舞，欲集未下。其令三輔毋得以春夏擿[83]巢探[84]卵，彈射飛鳥。具[85]為令。」

17 立皇子欽[86]為淮陽[87]王。

18 四年春正月，詔曰：「朕惟[88]耆老[89]之人，髮齒墮落[90]，血氣衰微，亦亡暴虐之心。今或罹[91]文法[92]，拘執囹圄[93]，不終天命[94]，朕甚憐之。自今以來，諸年八十以上，非誣告殺傷人，佗[95]皆勿坐。」

19 遣太中大夫彊[96]等十二人循行天下，存問鰥寡，覽觀風俗，察吏治得失，舉茂材[97]異倫[98]之士。

20 二月，河東[99]霍徵史等謀反，誅。

21 三月，詔曰：「迺者，神爵五采[100]以萬數集長樂、未央、北宮、高寢、甘泉泰畤[101]殿中及上林苑[102]。朕之不逮，寡于德厚，屢獲嘉祥[103]，非朕之任[104]。其賜天下吏爵二級，民一級，女子百戶牛酒。加賜三老、孝弟[105]力田帛，人二匹，鰥寡孤獨各一匹。」

22 秋八月，賜故右扶風尹翁歸[106]子黃金百斤，以奉其祭祀。又賜功臣適後[107]黃金，人二十斤。

23 丙寅，大司馬衛將軍安世[108]薨。

24 比年[109]豐，穀石五錢。

【章旨】以上記述元康年間所發生的一些大事。其中比較重大的有：下詔批評官吏用法隨意、殘虐民命，減免受災地區農戶田租，改善司法制度，以及宣帝對「神雀」降落津津樂道，連年豐收、穀價大減等。

【注 釋】❶元康元年 西元前六十五年。❷初陵 漢宣帝的陵墓，後稱杜陵，在今陝西西安東南。❸訾 通「資」。家資；家產。❹陳留 郡名。在今河南開封東南。❺章 通「彰」。彰顯；顯示。❻休烈 美好的事業。休，美善。烈，事業。❼協寧 和諧安寧。❽嘉瑞 吉兆。❾茲 此；這。❿祉福 幸福。祉，福。⓫兢兢 小心。⓬靡 無；沒。⓭內省 自省；反省。⓮匪解 不懈怠。解，通「懈」。⓯永惟罔極 長思不止。惟，思。罔極，沒有盡頭。⓰書 《尚書》，商周歷史文獻彙編，引文出自《尚書・虞書・益稷》。⓱儀 有容儀。⓲庶尹 眾官長。⓳允諧 確實和諧。允，信；真的。諧，和諧。⓴三老 官名。縣、鄉皆設，選年高有德者擔任。㉑弟 通「悌」。友愛兄弟。㉒力田 漢代察舉人才的科目。㉓皇考 宣帝的父親史皇孫劉進。㉔奉明縣 在今陝西西安西北。㉕周勃 西漢開國功臣。本傳見本書卷四十。㉖次 此處指嫡長子以外的庶子子孫。㉗六蓺 《六經》，指儒家的《易》、《書》、《詩》、《禮》、《樂》、《春秋》。㉘鬱 壅；不通。㉙未時 不按時出現。㉚博 廣泛。㉛厥身 其身。㉜宣究 通明；通曉。㉝建章衛尉 掌警衛建章宮。建章宮，武帝時興建，位於長安西面城外。㉞書 《尚書》，引文出自《尚書・周書・康誥》。㉟文王 指周文王。㊱作罰 制定刑罰。㊲刑 用刑法來懲罰。㊳茲 此。這裡指犯法的人。㊴愍 哀憐。㊵焉 人稱代詞。他們。㊶厲精 振作精神。厲，通「勵」。㊷更始 重新開始。更，改；變。㊸王氏 王奉光女。㊹獄者 獄案之事，指審理刑案。㊺文吏 守法的官吏。㊻巧心 奸巧的心思。心，心思；念頭。㊼析律貳端 分割法律，妄加解釋，以出入人罪。析，分。㊽深淺 輕重。㊾增辭 增加獄辭，實為增加罪行。㊿成 證成；坐實。(51)上 皇上。(52)亡繇知 無從知道。亡，通「無」。繇，通「由」。(53)仰 賴；依靠。(54)飾廚傳 整治飲食與傳舍。傳，傳舍，設於各地供官員出行居住的旅舍。(55)踰法 逾越法律。(56)踐 踩。(57)殆 危險。(58)諱 避諱。(59)更 改。(60)京兆尹 官名。為三輔之一，相當於太守，負責京師治安。(61)有罪 趙廣漢坐賊殺不辜等多項罪名而被處極刑，人多以為冤。(62)要斬 秦漢死刑名，多用於大逆罪，受刑部位在腰部。要，通「腰」。(63)神爵 神異的鳥雀。神雀出現是一種吉兆。爵，通「雀」。(64)象 虞舜之弟。(65)粲 散。(66)不殊 不絕；不斷。(67)海昏 侯國名。在今江西境內。(68)微眇 微小；卑微。眇，微小。(69)史曾 宣帝祖母史良娣的姪子，封將陵侯。事跡見本書卷八十二〈史丹傳〉。(70)史玄 史曾的兄弟，封平臺侯。(71)長樂衛尉 官名。掌長樂宮警衛。(72)許舜 宣帝岳父許廣漢兄弟，封博望侯。事跡見本書卷九十七上〈外戚傳〉。(73)侍中 官名。為皇帝近侍之臣的加官。(74)光祿大夫 官名。掌顧問應對，屬光祿勳。(75)許延壽 許舜兄弟，封樂成侯。(76)躬 自身。(77)詩 《詩經》，引文見於《詩經・大雅・抑》。(78)所子弟子 指以所收養的弟弟的兒子為子嗣。張賀曾有一子早逝，後以張彭祖為子。(79)彭祖 張彭祖，本是張安世之子，後過繼於張賀。(80)復作 刑名，四歲刑。此指當年哺育皇曾孫的胡組與趙徵卿。(81)阿保 保護養育。82雍　縣名。在今陝西鳳翔南。83擿　挑；撥。84探　掏取。85具　制定。86欽　劉欽，宣帝子。本傳見本書卷八十〈宣元六王傳〉。87淮陽　郡、國名，在今河南周口地區境內。88惟　思；想。89耆老　老人。90墮落　脫掉；脫落。91罹　遭受；觸犯。92文法　法律。93囹圄　監獄。94天命　自然的壽命。95佗　同「他」。其他。96彊　李彊。97茂材　漢代察舉人才的科目。98異倫　特等。99河東　郡名。在今山西沁水以西、霍山以南地區，原屬司隸校尉管轄。100五采　五彩；眾多的顏色。采，通「彩」。101甘泉泰畤　設於甘泉宮的祭祀泰一神的場所。甘泉宮位於雲陽，在今陝西淳化西北。102上林苑　苑囿名。長安東南與西南二百里範圍皆屬其區域。103嘉祥　吉兆與祥瑞。104非朕之任　非我所能承受。任，受。105孝弟　漢代察舉人才的科目。弟，通「悌」。106尹翁歸　西漢著名的地方官，以敢於打擊豪右著稱。本傳見本書卷七十六。107適後　適，通「嫡」。指承嗣者。後，指後裔。此處泛指後裔。108安世　指張安世，張湯子，擁立宣帝的功臣。本傳見本書卷五十九。109比年　連年。

【語　譯】元康元年春季，將杜東原上劃定為初陵，把杜縣改叫杜陵。將丞相、將軍、列侯、秩俸二千石的官吏和資產一百萬的民戶遷移到杜陵。

2 三月，下詔說：「往日鳳凰落在泰山郡、陳留郡，甘露降在未央宮。我未能發揚先帝美好的功業，使百姓和睦安寧，使天地順遂，四時有序，卻獲得了嘉象靈瑞，榮賜了這樣的福祉，我從早到晚兢兢業業，沒有表現出驕傲的神態，誠懇地進行自我反省，不敢有絲毫的懈怠，長思正道，不敢停止。《尚書》不是這樣說過嗎？『鳳凰以牠華貴的儀容降臨，喻示著眾官和諧。』應該赦免天下的刑徒，對於勤勉國事的官吏進行賞賜，從中二千石以下直到六百石秩俸的官吏，賜給從中郎吏至五大夫等的爵位，佐史以上賜給爵位二級，平民賜給一級，主婦每百戶為單位賜給牛肉和酒。增賜鰥寡孤獨、三老、孝弟、力田的人絲綢。向貧民賑貸的物品不要再收回。」

3 夏五月，建立皇考廟。增加奉明園的民戶，將它改稱為奉明縣。

4 免除高皇帝功臣絳侯周勃等一百三十六戶子孫的徭役，讓他們供奉祭祀，代代相傳不要斷絕。沒有後嗣的，免除庶子子孫的徭役。

5 秋八月，下詔說：「我不懂《六經》，不能精通聖道，因此陰陽錯亂、風雨失調。應該廣泛舉薦賢能的吏民，自身嚴謹正派，通曉文學，懂得先王的治術，能夠考察出究竟的人，丞相、御史大夫各舉薦二人，中二千石級官員中各舉薦一人。」

6 冬季，設置建章衛尉。

7 二年春季正月，下詔說：「《尚書》說『周文王創造了刑罰，犯法就要受刑，不能赦免』，現在官吏們雖然要求自己奉公守法，但所作所為還是不能滿足我的期望，我對此深感難過。應該在全國實行大赦，給士大夫們一次振奮精神重新開始的機會。」

8 二月乙丑日，冊立王氏為皇后。賜給丞相以下直至郎吏、從官不同等級的錢和絲綢。

9 三月，因鳳凰、甘露降落，賜給全國官吏爵位二級、平民一級，主婦百戶為單位賜給牛肉和酒，鰥寡孤獨年邁的人賜給絲綢。

10 夏季五月，下詔說：「刑獄，關係著天下人的性命，是禁止暴亂防範邪辟和教養人民的手段。如果能讓活著的人沒有怨言，讓死去的人沒有遺恨，那法官就可以稱得上是明通法律的官吏了。現在卻不是這樣。有些官吏運用奸巧的心思，對法律任意分析，造成輕重不公，還增加內容來解釋法律以文飾他們的錯誤，從而達到給別人定罪的目的。刑審情況不能如實上報，皇帝也無從知道真情。這是我料事不明，官吏的行為又不能稱心如意，那麼天下的黎民百姓將依靠誰啊！太守們應該各自督察自己的屬官，不得任用這樣的人。法官應該務求公平地運用法律。此外，還有些官吏擅自興發徭役，裝修傳舍，曲意博得過往的使者和客人滿意，不惜超越職權、踐踏法律來邀取私譽。這簡直如同踩在薄薄的冰凌上等待太陽出來一樣，難道不是很危險的事情嗎！現在國內遭受了嚴重的傳染病災害，我感到非常難過。命令各郡、國受災嚴重的地方，免交今年的田租賦稅。」

11 詔書又說：「聽說古代天子的名字，較難認識而容易避諱。現在老百姓中很多人因為上書時觸犯了我的名諱而犯罪，我深感憐惜。決定將我的名字改成詢字，凡在這道命令頒布前觸犯我的名諱的，一律赦免。」

12 冬季，京兆尹趙廣漢犯罪，被處以腰斬。

13 三年春季，由於神鳥多次落在泰山郡，賜給諸侯王、丞相、將軍、列侯、秩俸二千石官吏黃金，賞給郎官與其他屬官絹帛，各按不同的等級。賜給全國官吏爵位二級、平民一級，主婦以百戶為單位賜給牛肉和酒，鰥寡孤獨年邁的人賜給絲綢。

14 三月，下詔說：「聽說象犯了罪，舜還是加以封立。骨肉血親雖然分離但是不能斷絕親緣。命令封立前昌邑王劉賀為海昏侯。」

15 詔書又說：「我當年在民間生活時，御史大夫丙吉、中郎將史曾、史玄、長樂衛尉許舜、侍中光祿大夫許延壽都對我施有大恩。前掖庭令張賀輔導我成人，教我修習文學和儒家經典，恩德卓著，功勞豐茂。《詩經》不是講過嗎？『沒有誰的德行不應當報答的。』封立張賀所過繼的兄弟的兒子侍中中郎將張彭祖為陽都侯，追賜張賀陽都哀侯的諡號。丙吉、史曾、史玄、許舜、許延壽都封為列侯。其他有恩的故人以至郡邸獄的復作，凡曾經對我有過照顧撫養功勞的人，都授給官職俸祿田宅財物，各按恩情深淺報答。」

16 夏季六月，下詔說：「前年夏天，神鳥落在雍縣。今年春天，五色鳥好幾萬隻全都飛過三輔的各個屬縣，在天空翱翔盤旋，翩翩起舞，想落在地上而最終沒有落下來。命令三輔地區的人們不得在春天和夏天摘毀鳥巢、掏取鳥蛋，也不得用彈弓射殺飛鳥。把這制定為法令。」

17 封立皇子劉欽為淮陽王。

18 四年春季正月，下詔說：「我想到那些年紀大的老人，頭髮和牙齒已經脫落，血氣不足，精力衰微，也不再有暴虐之心了。現在他們有的人觸犯了法律，被關押在監獄中，不能善終，對此我深感哀憐。從今以後，凡年齡在八十以上不是由於誣告、殺人或傷人，其他罪行都免除罪責。」

19 派遣太中大夫李彊等十二人到全國各地視察，慰問鰥寡孤獨的人，考察風俗民情，監察吏治的得失情況，察舉茂材與才能、道德出眾的人。

20 二月，河東郡的霍徵史等人圖謀反叛，被處死。

21 三月，下詔說：「以前，五色神鳥數萬隻落在長樂宮、未央宮、北宮、高皇帝寢廟、甘泉宮泰畤殿中以及上林苑。我為政考慮不周，道德不夠淳厚，卻屢次獲得祥瑞，這不是我能夠承受的。應該賜給全國官吏爵位二級、老百姓一級，主婦以百戶為單位賜給牛肉和酒。增賜具有三老、孝弟力田稱號的人絲綢，每人二匹，鰥寡孤獨的人各一匹。」

22 秋季八月，賜給前右扶風尹翁歸的兒子黃金一百斤，讓他供奉祭祀。賜給功臣嫡傳後代黃金，每人二十斤。

23 丙寅日，大司馬衛將軍張安世逝世。

24 糧食連年豐收，穀物一石五錢。

1 神爵元年❶春正月，行幸甘泉，郊泰畤。三月，行幸河東，祠后土❷。詔曰：「朕承宗廟，戰戰栗栗，惟❸萬事統❹，未燭❺厥理。迺❻元康四年❼嘉穀玄稷❽降于郡國，神爵仍集，金芝❾九莖❿產于函德殿銅池中，九真⓫獻奇獸⓬，南郡⓭獲白虎威鳳為寶。朕之不明，震⓮于珍物，飭躬⓯齋精，祈為百姓。東濟大河，天氣清靜，神魚舞河。幸萬歲宮⓰，神爵翔集。朕之不德，懼不能任。其以五年⓱為神爵元年。賜天下勤事吏爵二級，民一級，女子百戶牛酒，鰥寡孤獨高年帛。所振貸物勿收。行所過⓲毋出田租。」

2 西羌⓳反，發三輔、中都官徒⓴弛刑㉑，及應募㉒佽飛㉓射士、羽林孤兒㉔，胡㉕、越[26]騎，三河[27]、潁川[28]、沛郡[29]、淮陽[30]、汝南[31]材官[32]，金城[33]、隴西[34]、天水[35]、安定[36]、北地[37]、上郡[38]騎士、羌騎[39]，詣金城。夏四月，遣後將軍趙充國、彊弩將軍許延壽擊西羌。

3 六月，有星孛于東方。

4 即拜[40]酒泉[41]太守辛武賢[42]為破羌將軍，與兩將軍[43]並進。詔曰：「軍旅暴露[44]，轉輸煩勞，其令諸侯王、列侯、蠻夷王侯君長當朝二年[45]者，皆毋朝。」

5 秋，賜故大司農[46]朱邑[47]子黃金百斤，以奉祭祀。後將軍充國[48]言屯田之計，語在充國傳[49]。

6 二年春二月，詔曰：「迺者正月乙丑，鳳皇甘露降集京師，群鳥從以萬數。朕之不德，屢獲天福，祗事[50]不怠，其赦天下。」

7 夏五月，羌虜[51]降服，斬其首惡大豪[52]楊玉、酋非首。置金城屬國[53]以處降羌。

8 秋，匈奴日逐王[54]先賢撣將[55]人眾萬餘來降。使都護[56]西域騎都尉鄭吉[57]迎日逐，破車師[58]，皆封列侯。

9 九月，司隸校尉[59]蓋寬饒[60]有罪，下有司，自殺。

10 匈奴單于[61]遣名王[62]奉獻，賀正月，始和親。

11 三年春，起樂游苑[63]。

12 三月丙午[64]，丞相相[65]薨。

13 秋八月，詔曰：「吏不廉平則治道衰。今小吏皆勤事，而奉[66]祿薄，欲其毋侵漁[67]百姓，難矣。其益[68]吏百石以下奉十五[69]。」

14 四年春二月，詔曰：「迺者鳳皇甘露降集京師，嘉瑞並見。修興泰一[70]、五帝[71]、后土之祠，祈為百姓蒙祉福。鸞鳳[72]萬舉[73]，蜚[74]覽翱翔，集止于旁。齋戒[75]之暮，神光顯著。薦[76]鬯[77]之夕，神光交錯。或降于天，或登[78]于地，或從四方來集于壇。上帝嘉嚮[79]，海內承福。其赦天下，賜民爵一級，女子百戶牛酒，鰥寡孤獨高年帛。」

15 夏四月，潁川[80]太守黃霸[81]以治行尤異[82]秩中二千石，賜爵關內侯，黃金百斤。及[83]潁川吏民有行義[84]者爵，人二級，力田一級，貞婦順女帛。

16 今內郡國舉賢良可親民者各一人。

17 五月，匈奴單于遣[85]弟呼留若王[86]勝之[87]來朝。

18 冬十月，鳳皇十一集杜陵。

19 十一月，河南[88]太守嚴延年[89]有罪，棄市[90]。

20 十二月，鳳皇集上林。

【章旨】以上記述神爵年間所發生的大事。其中比較重要的有：派遣趙充國、許延壽率大軍平息西羌反亂，匈奴日逐王率領萬餘部眾歸降，匈奴單于遣使奉獻，胡漢關係重歸於好，增加吏秩、表彰潁川太守黃霸以激勵官吏守法愛民等。

【注釋】❶神爵元年　西元前六十一年。❷后土　土地神。后土祠在汾陰縣，遺址在今山西萬榮柏林廟下西林村。❸惟　思；想。❹統　統理；有頭緒。❺燭　照；明白。❻迺　往日。❼元康四年　西元前六十二年。❽玄稷　黑粟。❾金芝　金色芝草。❿九莖　多枝。九，虛數。⓫九真　郡名。在今越南境內。⓬奇獸　麒麟一類的動物。⓭南郡　郡名。在今湖北西部一帶。⓮震　感動。⓯飭躬　謹慎自身。⓰萬歲宮　行宮名。東郡平陰、河東汾陰與長安都有。此處指河東的萬歲宮。⓱五年　即元康五年，西元前六十五年。⓲行所過　皇帝巡行經過的地方。⓳西羌　中國西部古老的民族，分布於今甘肅、青海、新疆南部、西藏東北部及四川西部。⓴徒　刑徒。㉑弛刑　解除刑具。漢代刑徒，身上都帶著鉗釱等刑具。㉒應募　應徵。㉓佽飛　漢代軍士的一種，身手便利，輕捷如飛。㉔羽林孤兒　由從軍死事者之子組成，養於羽林。羽林是漢武帝所置的禁衛軍。㉕胡　指匈奴人。㉖越　指百越人。㉗三河　指河東、河內、河南三郡。㉘潁川　郡名。在今河南禹州。㉙沛郡　郡名。治相縣（今安徽淮北西）。㉚淮陽　郡國名。在今河南淮陽。㉛汝南　郡名。在今河南上蔡西南。㉜材官　漢代軍種名。屬於勇武的步兵。㉝金城　郡名。郡治在今甘肅永靖西北。㉞隴西　郡名。在今甘肅臨洮。㉟天水　郡名。在今甘肅通渭西。㊱安定　郡名。郡區在今甘肅、寧夏一帶。㊲北地　郡名。在今寧夏銀川、甘肅慶陽一帶。㊳上郡　郡名。在今陝西榆林南。㊴羌騎　由歸附的羌人組成的騎兵。㊵即拜　就地提升，無需回朝請命。即，就；前往。㊶酒泉　郡名，在今甘肅酒泉。㊷辛武賢　漢代邊將，辛慶忌之父。事跡見本書卷六十九〈趙充國傳〉與〈辛慶忌傳〉。㊸兩將軍　指後將軍趙充國和彊弩將軍許延壽。㊹暴露　風餐露宿。㊺二年　指神爵二年，西元前六十年。㊻大司農　官名。掌國家財政。㊼朱邑　曾任北海太守，地節四年（西元前六十六年）去世。㊽充國　趙充國。㊾充國傳　指〈趙充國傳〉，見本書卷六十九。㊿祇事　敬事。祇，恭敬。(51)羌虜　對羌人的蔑稱。(52)大豪　首領。(53)屬國　為安置歸降的匈奴、羌、夷等少數民族而特設，有都尉、丞、侯等長官。(54)日逐王　匈奴部落首領的王號。(55)將　率領。(56)都護　官名。掌西域事務。(57)鄭吉　西漢邊將，首任西域都護。本傳見本書卷七十。(58)車師　西域國名。在今新疆吐魯番、格木薩爾一帶。(59)司隸校尉　官名。掌監察京師與周邊治安。(60)蓋寬饒　漢宣帝時期著名的官吏，以不畏強暴、敢於執法著稱。本傳見本書卷七十七。(61)單于　匈奴最高首領的稱號。(62)名王　有大名之王，以別於各個小王。(63)樂游苑　苑囿名。在今陝西西安南。(64)三月丙午　按陳垣《二十史朔閏表》是三月六日；按楊樹達《漢書窺管》是三月七日。(65)相　魏相，漢宣帝時的名相。本傳見本書卷七十七。(66)奉　通「俸」。俸祿。(67)漁　漁獵；奪取。(68)益　增益；增加。(69)十五　原俸祿的十分之五。(70)泰一　神名。此指泰畤，在雲陽甘泉宮。(71)五帝　神名。此指五時，在雍縣。(72)鸞鳳　都是傳說中的神鳥。(73)萬舉　都數以萬計。舉，皆；全。(74)蜚　通「飛」。飛翔。(75)齋戒　清潔身心的一種儀式。(76)薦　敬獻。(77)鬯　供祭神用的香酒。(78)登　升；升起。(79)嘉響　快樂地享受祭品。響，通「享」。(80)潁川　郡名，在今河南禹州。(81)黃霸　漢代著名循吏，原秩二千石，現增為中二千石。本傳見本書卷八十九。(82)治行尤異　指政聲卓著。治行，指施政與操行。尤異，格外不同尋常。(83)及　推及；惠及。(84)有行義　指行為嚴謹，奉守道義。(85)遣　派遣。(86)呼留若王　匈奴王號。(87)勝之　人名。(88)河南　郡名。治今洛陽東北。(89)嚴延年　漢代著名酷吏。本傳見本書卷九十。(90)棄市　秦漢死刑名，取與眾棄之意。

【語　譯】神爵元年春季正月，皇帝視察來到甘泉宮，在泰畤祭祀了泰一神。三月，到達河東，祭祀了后土。下詔說：「我繼承了皇位，一直戰戰兢兢，一心想讓萬事有緒，但還是沒有洞察治國的規律。元康四年吉祥的穀子、黑色的黍子降臨在幾個郡、國，神鳥仍然飛落，有好多枝金芝仙草生長在函德殿的銅池中，九真郡貢獻了奇獸，南郡捕獲了白虎、威鳳，也都是寶物。我治國不夠明智，但受到這些珍異物品的感動，覺得應該謹慎地對待自己的行為，誠心齋戒，為老百姓祈求幸福。這次東渡黃河，天朗氣清，大地寧靜，神魚在河中歡騰起舞。到了萬歲宮，神鳥隨同飛翔，徐徐落在地上。我沒有什麼德性，擔心不能接受這些嘉瑞。命令將元康五年改為神爵元年，賜給普天下勤勉國事的官吏每人爵位二級、平民一級，主婦百戶為單位賜給牛肉和酒，鰥寡孤獨年邁的人賜給絲綢。賑濟借貸的物品都不再收回。我出巡所經過的地方免收田租。」

2　西羌人發生叛亂，朝廷調發三輔、京師各機構解脫刑具的刑徒，以及應徵的佽飛射士、羽林孤兒，匈奴、百越騎兵，三河、潁川、沛郡、淮陽、汝南各郡的材官，金城、隴西、天水、安定、北地、上郡各郡的騎士、羌騎，屯集金城。夏季四月，派遣後將軍趙充國、彊弩將軍許延壽率軍進擊西羌。

3 六月，有彗星出現在東方。

4 派使者就地提升酒泉太守辛武賢為破羌將軍，與趙充國、許延壽二將軍一同進發。宣帝下詔說：「軍士在荒野風餐露宿，轉輸軍需物品的事務煩雜辛勞，命令諸侯王、列侯、蠻夷王侯君長應於神爵二年前來朝賀的，都不要來了。」

5 秋天，賜給前大司農朱邑的兒子黃金一百斤，以供奉祭祀。後將軍趙充國提出屯田的策略，這件事情記載在〈趙充國傳〉中。

6 二年春季二月，下詔說：「在不久前的正月乙丑日，鳳凰、甘露都降落在京師，數以萬計的鳥兒跟隨飛翔。我沒有什麼德性，可是多次獲得上天的佑福，我只有恭敬地事奉上帝，不敢怠懈，命令全國實行大赦。」

7 夏季五月，羌人被降服，漢軍殺掉了他們為首作惡的首領楊玉和酋非。設置金城屬國來安置投降的羌人。

8 秋天，匈奴日逐王先賢撣率領一萬多人前來投降。派遣都護西域的騎都尉鄭吉前去迎接日逐王，攻破車師國，把日逐王先賢撣與鄭吉都封為列侯。

9 九月，司隸校尉蓋寬饒犯罪，交付司法部門審理，自殺了。

10 匈奴單于派遣名王奉獻禮物，祝賀來年正月，漢朝開始和匈奴和親。

11 三年春季，興建樂游苑。

12 三月丙午日，丞相魏相逝世。

13 秋季八月，下詔說：「如果官吏不能廉潔公正，那麼治國的原則就會衰敗。現在低級官吏都能夠勤勉地完成政事，可是他們的俸祿微薄，想叫他們不去侵奪魚肉老百姓，難啊。命令增加百石級以下官吏的秩俸十分之五。」

14 四年春季二月，下詔說：「以前鳳凰、甘露降落在京師，嘉瑞同時出現。為此特地修建了泰一、五帝、后土三祠，祈求為老百姓降臨祉福。這時，上萬隻鸞鳳展翅飛翔在高空，翩翩起舞，俯瞰享祭神靈的盛況，隨後降落在祠廟一旁。舉行齋戒的那天傍晚，神聖的光芒非常明亮。敬奉醴酒的那個晚上，神聖的光芒交相輝映。有的從天上降下，有的從地上升起，有的從四方射來照落在祭壇上。上帝快樂地享受了饗祭，舉國處處分享了這種幸福。命令全國實行大赦，賜給平民爵位一級，主婦以百戶為單位賜給牛肉和酒，鰥寡孤獨年邁的人賜給絲綢。」

15 夏季四月，潁川太守黃霸因政聲卓著提升秩俸為中二千石，賜給爵位關內侯和黃金一百斤。同時賜給潁川官吏、平民中有行義的人爵位，每人二級，被察舉為力田的人賜給一級，對品行貞潔的婦人和遜順的女子賜給絲綢。

16 命令內地郡、國以賢良科目察舉可以治理地方的人各一名。

17 五月間，匈奴單于派遣弟弟呼留若王勝之來朝拜。

18 冬季十月，十一隻鳳凰落在杜陵。

19 十一月，河南太守嚴延年犯罪，被處死。

20 十二月，鳳凰落在上林苑。

1 五鳳元年❶春正月，行幸甘泉，郊泰畤。

2 皇太子❷冠❸。皇太后賜丞相、將軍、列侯、中二千石帛，人百匹，大夫人八十匹。又賜列侯嗣子爵五大夫❹，男子為父後者爵一級。

3 夏，赦徒❺作❻杜陵者。

4 冬十二月乙酉朔❼，日有蝕之。

5 左馮翊韓延壽❽有罪，棄市。

6 二年春三月，行幸雍❾，祠五畤❿。

7 夏四月己丑，大司馬車騎將軍增⓫薨。

8 秋八月，詔曰：「夫婚姻之禮，人倫之大者也；酒食之會，所以行禮樂也。今郡國二千石或擅為苛禁，禁民嫁娶不得具⓬酒食相賀召。由是廢鄉黨⓭之禮，令民亡所樂，非所以導民也。詩⓮不云乎？『民之失德⓯，乾餱⓰以愆⓱。』勿行苛政。」

9 冬十一月，匈奴呼遬累⓲單于帥眾來降，封為列侯。

10 十二月，平通侯楊惲⓳坐前為光祿勳有罪，免為庶人。不悔過，怨望⓴，大逆不道，要㉑斬。

11 三年春正月癸卯，丞相吉㉒薨。

12 三月，行幸河東，祠后土。詔曰：「往者匈奴數為邊寇，百姓被其害。朕承至尊㉓，未能綏㉔安匈奴。虛閭權渠單于㉕請求和親，病死。右賢王㉖屠耆堂㉗代立。骨肉㉘大臣立虛閭權渠單于子為呼韓邪單于㉙，擊殺屠耆堂。諸王並自立，分為五單于㉚，更相攻擊，死者以萬數，畜產大耗㉛什八九，人民飢餓，相燔㉜燒以求食，因大乖亂㉝。單于閼氏㉞子孫昆弟及呼遬累單于、名王、右伊秩訾㉟、且渠㊱、當戶㊲以下將眾五萬餘人來降歸義㊳。單于稱臣，使弟㊴奉珍㊵朝賀正月，北邊晏然㊶，靡㊷有兵革之事。朕飭躬齊戒，郊上帝，祠后土，神光並見，或興于谷，燭燿㊸齊宮，十有餘刻㊹。甘露降，神爵集。已詔有司告祠上帝、宗廟。三月辛丑，鸞鳳又集長樂宮東闕中樹上，飛下止地，文章㊺五色，留十餘刻，吏民並觀。朕之不敏㊻，懼不能任，婁㊼蒙嘉瑞，獲茲祉福。書㊽不云乎？『雖休勿休㊾，祗事不怠㊿。』公卿大夫其勖(51)焉。減天下口錢(52)。赦殊死(53)以下。賜民爵一級，女子百戶牛酒。大酺(54)五日。加賜鰥寡孤獨高年帛。」

13 置西河(55)、北地(56)屬國以處匈奴降者。

14 四年春正月，廣陵王胥(57)有罪，自殺。

15 匈奴單于稱臣，遣弟谷蠡王(58)入侍。以邊塞亡寇，減戍卒什二。

16 大司農中丞(59)耿壽昌(60)奏設常平倉(61)，以給(62)北邊，省轉漕(63)。賜爵關內侯。

17 夏四月辛丑晦，日有蝕之。詔曰：「皇天見異，以戒朕躬，是朕之不逮，吏之不稱(64)也。以前使(65)使者問民所疾苦，復遣丞相、御史掾(66)二十四人循行天下，舉(67)冤獄，察(68)擅為苛禁深刻(69)不改者。」

【章　旨】以上記述五鳳年間所發生的大事。其中比較重要的有：漢宣帝下詔一再禁止官吏擅行苛禁，匈奴發生五單于爭立、國內大亂、呼韓邪單于率眾五萬餘人「歸義」稱臣，減省戍卒十分之二，大司農中丞耿壽昌建議實行常平倉制度等。

【注　釋】❶五鳳元年　西元前五十七年。❷皇太子　指劉奭，後來的漢元帝。❸冠　加冠。❹五大夫　爵位名，第九級。❺徒　刑徒。❻作　作治；建築。❼朔　農曆每月初一。❽韓延壽　漢代著名的郡守，以善於治理地方事務著稱。本傳見本書卷七十六。❾雍　縣名。在今陝西鳳翔南。❿五時　祭祀五帝的場所。⓫增　指韓增。⓬具　準備；安排。⓭鄉黨　鄉親。⓮詩　《詩經》，引文見《詩經・小雅・伐木》。⓯失德　沒有恩德。⓰乾餱　乾糧。⓱愆　過失；過錯。⓲呼遬累　匈奴王號。卷十七〈功臣表〉作「烏厲溫敦」。遬，「速」字的古體。⓳楊惲　丞相楊敞子。本傳附見於本書卷六十六〈楊敞傳〉。⓴怨望　怨恨。望，怨。㉑要　通「腰」。㉒吉　丙吉。㉓至尊　至高無上的地位。指皇位。㉔綏　安定。㉕虛閭權渠單于　事跡見本書卷九十四上〈匈奴傳〉。㉖右賢王　匈奴官名。位在單于之下。㉗屠耆堂　本為右賢王，被虛閭權渠單于的顓渠閼氏立為握衍朐鞮單于。㉘骨肉　至親。㉙呼韓邪單于　名稽侯狦，虛閭權渠單于子，推動漢匈關係實現友好。事跡見本書卷九十四下〈匈奴傳〉。㉚五單于　即呼揭單于、車犁單于、烏藉單于、屠耆單于和呼韓邪單于。㉛秏　減少；損失。㉜燔燒　焚燒。㉝乖亂　混亂。㉞閼氏　匈奴單于夫人的稱號。㉟右伊秩訾　匈奴官號。㊱且渠　匈奴官號。㊲當戶　匈奴官號。㊳歸義　歸順；臣服。㊴弟　即呼留若王勝之。㊵珍　珍寶。㊶晏然　安定的樣子。㊷靡　無；沒有。㊸燭燿　照耀。燿，通「耀」。㊹刻　古代銅漏的計時單位，一晝夜分為一百刻。㊺文章　花紋。文，通「紋」。章，質地。㊻不敏　反應慢；愚鈍。㊼婁　通「屢」。屢次。㊽書　《尚書》，引文見《尚書・周書・呂刑》。㊾雖休勿休　雖然得到讚美但不能自己陶醉。休，美。㊿祗事不怠　敬事不衰。祗，恭敬。(51)勗　勉勵。(52)口錢　口賦。(53)殊死　死刑。(54)酺　聚會飲酒。(55)西河　郡名。郡治平定，在今內蒙古準噶爾西南。(56)北地　郡名。郡治馬領，在今甘肅慶陽西北。(57)胥　劉胥，武帝子。本傳見本書卷六十三。(58)谷蠡王　匈奴官號。(59)大司農中丞　大司農屬官。(60)耿壽昌　漢代理財名臣。事跡見本書卷二十四〈食貨志〉。(61)常平倉　一種儲存糧食，以調控穀物價格的制度。令邊郡於穀賤時購進穀物，於穀貴時糶出穀物，以保證穀價平穩。(62)給　供給。(63)轉漕　轉輸漕糧。(64)不稱　不副所望；不稱職。(65)使　派遣。(66)掾　各部門的辦事官吏。(67)舉　檢舉；揭發。(68)察　檢查；調查。(69)深刻　不按法律規定，故意判處重刑。

【語　譯】五鳳元年春季正月，皇帝出巡到達甘泉，在泰畤祭祀泰一神。

2 皇太子舉行冠禮。皇太后賜給丞相、將軍、列侯、秩俸中二千石官吏絹帛，每人一百匹，大夫每人八十匹。另外賜給列侯嫡長子五大夫的爵位，一般男子作為嫡長子賜給爵位一級。

3 夏天，赦免建築杜陵的刑徒。

4 冬季十二月初一乙酉日，發生日食。

5 左馮翊韓延壽犯罪，被處棄市。

6 二年春季三月，皇帝出巡到達雍縣，在五畤祭祀五天帝。

7 夏季四月己丑日，大司馬車騎將軍韓增去世。

8 秋季八月，下詔說：「舉行婚姻禮儀，是人倫關係中最為重要的一種；舉辦酒筵聚會，也是為了推行禮樂制度。現在郡、國的太守中有的擅自做出苛刻防禁的舉動，禁止民間嫁女娶妻時安排酒宴相互賀喜。這樣做就廢除了鄉黨間舉行的禮儀活動，讓老百姓喪失了歡樂熱鬧的機會，這不是正確引導老百姓的好措施。《詩經》不是說過嗎？『一個人被人們嘲笑為缺德，就是因為不肯把乾糧分給別人而遭到人們的怨恨。』不要實行苛刻的政令。」

9 冬季十一月，匈奴呼遬累單于帶領部眾來投降，被封為列侯。

10 十二月，平通侯楊惲因以前擔任光祿勳時犯罪，被廢黜為庶人。不思謀悔過，卻心懷怨恨，再次犯了大逆不道的罪行，被處以腰斬。

11 三年春季正月癸卯日，丞相丙吉去世。

12 三月，皇帝巡視來到河東郡，祭祀后土。下詔說：「過去匈奴屢次侵入邊境進行搶掠，老百姓深受其害。我繼承了皇位，也未能平定匈奴的侵略。虛閭權渠單于請求實行和親，不幸因病去世。右賢王屠耆堂代立為單于。至親大臣擁立虛閭權渠單于的兒子為呼韓邪單于，殺死了屠耆堂。隨後匈奴各個大王紛紛自立為單于，出現了五個單于，他們相互攻擊，死去的人數以萬計，畜產也消耗了十分之八九，人民飢寒交迫，甚至相互燒食活人來充飢，於是出現了空前的混亂。單于閼氏的子孫與兄弟以及呼遫累單于、名王、右伊秩訾、且渠、當戶以下的官員率領部眾五萬多人降服歸附。單于俯首稱臣，派他的兄弟貢奉珍寶來朝賀來年正月，北方邊境形勢穩定，沒有發生軍事衝突。我這次親自精誠齋戒，郊祀上帝，祭拜后土，神聖的光芒在幾個地方同時出現，有的在山谷間放射出來，有的照耀了齋宮，時間長達十多刻。甘露也降臨了，神雀也落下了。已命令有關機關祭祀上帝和祖先的宗廟。三月辛丑日，鸞鳳又落在長樂宮東闕中的樹上，還飛下來站在地上，牠身上長著五色的羽毛，停留了十多刻，官吏和老百姓一起觀賞了這一盛況。我不聰慧，擔心不能夠承受，卻多次獲得嘉氣祥瑞，享受了這樣的福祉。《尚書》不是說過嗎？『雖然得到了美譽，但不要自滿而驕傲，仍然應該恭敬地做事而不要懈怠。』公卿大夫多多努力吧。減徵全國的口賦。赦免死罪以下的罪人。賜給平民爵位一級，主婦百戶為單位賜給牛肉和酒。全國聚宴五天。向鰥寡孤獨年邁的人加賜絲綢。」

13 設置西河、北地兩個屬國來安置匈奴投降漢朝的人。

14 四年春季正月，廣陵王劉胥犯罪，自殺了。

15 匈奴單于向皇帝稱臣，派遣弟弟谷蠡王來侍奉皇帝。由於邊塞匈奴的寇盜已經消除，減省戍卒十分之二。

16 大司農中丞耿壽昌上奏建議設置常平倉，以便滿足北方軍隊的需要，減省轉輸漕運的麻煩。賜給他關內侯的爵位。

17 夏季四月最後一天辛丑日，發生日食。皇帝下詔曰：「神聖的上天出現了奇異的現象，是為了發出警告，這都是因為我為政考慮不周，官吏不稱職的原故。以前曾派使者調查民間疾苦的原因，現在再派丞相、御史的屬官二十四人分行全國各地，檢舉冤案，調查那些擅自制定苛刻禁令、用刑嚴酷而不思悔改的人。」

1 甘露元年❶春正月，行幸甘泉，郊泰畤。

2 匈奴呼韓邪單于遣子右賢王銖婁渠堂入侍。

3 二月丁巳，大司馬車騎將軍延壽❷薨。

4 夏四月，黃龍見新豐❸。

5 丙申，太上皇廟❹火。甲辰，孝文廟❺火。上❻素服五日。

6 冬，匈奴單于遣弟左賢王❼來朝賀。

7 二年春正月，立皇子嚻❽為定陶❾王。

8 詔曰：「迺者鳳皇甘露降集，黃龍登興❿，醴泉⓫滂⓬流，枯槁⓭榮茂，神光並見，咸受禎祥。其赦天下。減民算⓮三十。賜諸侯王、丞相、將軍、列侯、中二千石金錢各有差。賜民爵一級，女子百戶牛酒，鰥寡孤獨高年帛。」

9 夏四月，遣護軍都尉祿⓯將兵擊珠崖⓰。

10 秋九月，立皇子宇⓱為東平王。

11 冬十二月，行幸萯陽宮⓲屬玉觀。

12 匈奴呼韓邪單于款⓳五原塞⓴，願奉國珍朝三年㉑正月。詔有司議。咸曰：「聖王之制，施德行禮，先京師而後諸夏㉒，先諸夏而後夷狄。詩㉓云：『率禮㉔不越㉕，遂視既發㉖。相土㉗烈烈㉘，海外有截㉙。』陛下聖德，充塞天地，光被四表㉚。匈奴單于鄉風㉛慕義，舉國同心，奉珍朝賀，自古未之有也。單于非正朔所加㉜，王者所客也，禮儀宜如諸侯王，稱『臣昧死再拜[33]』，位次[34]諸侯王下。」詔曰：「蓋聞五帝[35]三王[36]，禮所不施，不及以政。今匈奴單于稱北藩臣[37]，朝正月，朕之不逮，德不能弘覆[38]。其以客禮待之，位在諸侯王上。」

13 三年春正月，行幸甘泉，郊泰畤。

14 匈奴呼韓邪單于稽侯狦[39]來朝，贊謁[40]稱藩臣而不名。賜以璽綬、冠帶、衣裳、安車、駟馬、黃金、錦繡、繒[41]絮。使有司道[42]單于先行就邸[43]長安，宿長平[44]。上自甘泉宿池陽宮[45]。上登長平阪[46]，詔單于毋謁。其左右當戶[47]之群皆列觀[48]，蠻夷君長王侯迎者數萬人，夾道陳。上登渭橋[49]，咸稱萬歲。單于就邸。置酒建章宮，饗賜單于，觀以珍寶。二月，單于罷歸。遣長樂衛尉[50]高昌侯忠[51]、車騎都尉昌[52]、騎都尉虎[53]將萬六千騎[54]送單于。單于居幕南[55]，保光祿城[56]。詔北邊振[57]穀食。郅支單于[58]遠遁，匈奴遂定。

15 詔曰：「迺者鳳皇集新蔡[59]，群鳥四面行列，皆鄉鳳皇立，以萬數。其賜汝南[60]太守帛百匹，新蔡長吏、三老[61]、孝弟[62]力田、鰥寡孤獨各有差。賜民爵二級。毋出今年租。」

16 三月己丑，丞相霸[63]薨。

17 詔諸儒講五經同異(64)，太子太傅(65)蕭望之(66)等平(67)奏(68)其議，上(69)親稱制(70)臨決(71)焉。迺立梁丘(72)易、大小夏侯(73)尚書、穀梁(74)春秋博士(75)。

18 冬，烏孫公主(76)來歸。

19 四年夏，廣川王海陽(77)有罪，廢遷房陵。

20 冬十月丁卯，未央宮宣室閣(78)火。

【章旨】以上記述甘露年間所發生的大事。其中比較重要的有：匈奴呼韓邪單于來朝、胡漢關係改善，舉行石渠閣會議、詔命儒臣討論《五經》異同，宣帝親自出席會議，新增《穀梁春秋》博士等。

【注釋】❶甘露元年　西元前五十三年。❷延壽　指許延壽。❸新豐　縣名。在今陝西臨潼東北。❹太上皇廟　祭祀太上皇的場所。太上皇，指劉邦的父親。❺孝文廟　祭祀孝文帝的場所。❻上　指漢宣帝。❼左賢王　匈奴官號，位居眾官之首。❽囂　劉囂，後徙為楚王。本傳見本書卷八十〈宣元六王傳〉。❾定陶　郡國名，在今山東境內。❿登興　升起。⓫醴泉　甘甜的泉水。⓬滂　大水湧流。⓭枯槁　草木萎縮、乾枯。⓮算　算賦。⓯祿　荀悅《漢紀》與司馬光《資治通鑑》作「張祿」。⓰珠崖　也作「朱厓」，郡名。在今海南島東北。⓱宇　劉宇。本傳見本書卷八十〈宣元六王傳〉。⓲萯陽宮　在今陝西戶縣西南。⓳款　叩。⓴五原塞　五原郡的邊塞。五原，在今內蒙古包頭西北。㉑三年　指甘露三年，即西元前五十一年。㉒諸夏　華夏。㉓詩　《詩經》，引文見《詩經・商頌・長發》。㉔率禮　遵守禮制。㉕不越　不逾越法度。㉖遂視既發　遍觀教令然後行動。遂，遍。發，行。㉗相土　商代祖先契的孫子。㉘烈烈　很威武的樣子。㉙海外有截　四海之外一致賓服。截，整齊；一致。㉚光被四表　光耀於四境之外。意指皇帝的德澤覆蓋了四方之外。四表，東西南北四境之外。㉛鄉風　歸附。鄉，通「向」。㉜非正朔所加　指未接受漢朝曆法，意指匈奴尚未歸附漢朝。㉝昧死再拜　臣子給皇帝的奏章中的謙敬語。㉞次　排列。㉟五帝　伏羲、神農、黃帝、堯、舜。傳說時代的五位賢君。㊱三王　夏禹、商湯與周文王、周武王。㊲北藩臣　屏藩北方的臣子。㊳弘覆　廣泛地覆蓋。㊴稽侯狦　呼韓邪單于的名字。㊵贊謁　司儀人員。㊶繒　絲織品的總稱。㊷道通「導」。引導。㊸邸　旅舍；客舍。㊹長平　地名。在今陝西涇陽。㊺池陽宮　在今陝西涇陽西北。㊻長平阪　地名。在今陝西涇陽西南。㊼左右當戶　匈奴官名。㊽列觀　列隊而視。㊾渭橋　在咸陽附近的渭河上。共有三座。㊿長樂衛尉　掌長樂宮宿衛事務。(51)忠　董忠。(52)昌　韓昌。(53)虎　不詳其姓。(54)騎　騎兵。(55)幕南　大漠之南。幕，通「漠」。(56)光祿城　在今內蒙古包頭西北。(57)振　通「賑」。救濟。(58)郅支單于　名呼屠吾斯，呼韓邪單于之兄。呼韓邪單于南遷歸漢，他率部眾向西遷徙，漢元帝時被西域都護甘延壽、副校尉陳湯率兵消滅。(59)新蔡　縣名。在今河南新蔡。(60)汝南　郡名。在今河南上蔡西南。(61)三老　官名。縣、鄉皆有，由年高有德者擔任。(62)孝弟　孝悌；友愛兄弟。弟，通「悌」。(63)霸　黃霸。(64)講五經同異　此即著名的石渠閣會議。《五經》指《周易》、《尚書》、《詩經》、《儀禮》、《春秋》。(65)太子太傅　官名。屬於太子家官，掌教育太子。(66)蕭望之　宣帝時任太子太傅，元帝時任宰相，後被處死。本傳見本書卷七十八。(67)平　辨；分別。(68)奏進獻；呈獻。(69)上　指漢宣帝。(70)稱制　稱孤道寡。(71)臨決　親臨現場加以決斷。(72)梁丘　指梁丘賀，傳授《周易》的名家。(73)大小夏侯　分別指夏侯勝與夏侯健，二人為叔姪，都是傳授《尚書》的名家。(74)穀梁　指穀梁赤，他傳授的《春秋》稱為「穀梁《春秋》」。(75)博士　官名。漢武帝設《五經》博士，主要研究儒家經典。(76)烏孫公主　指遠嫁烏孫的解憂公主。(77)廣川王海陽　劉海陽，本傳見本書卷五十三〈景十三王傳〉。廣川，治今河北冀州。(78)宣室閣　宣室殿的閣樓。

【語譯】甘露元年春季正月，皇帝到達甘泉，在泰畤舉行祭祀。

2 匈奴呼韓邪單于派遣兒子右賢王銖婁渠堂前來侍奉皇帝。

3 二月丁巳日，大司馬車騎將軍許延壽去世。

4 夏季四月，黃龍出現在新豐。

5 丙申日，太上皇廟發生火災。甲辰日，孝文帝廟發生火災。皇帝穿白衣服五天。

6 冬天，匈奴單于派遣兄弟左賢王前來朝賀。

7 二年春季正月，封立皇子劉囂為定陶王。

8 下詔說：「不久前鳳凰、甘露降落，黃龍升空，醴泉湧流，枯木榮華茂盛，神光交錯出現，人們都感受到了上天的吉祥徵兆。赦免全國的囚犯。減少老百姓的算賦三十錢。賜給諸侯王、丞相、將軍、列侯、秩俸中二千石官吏金錢，各按不同的等級。賜給平民爵位一級，主婦百戶為單位賜給牛肉和酒，鰥寡孤獨年邁的人賜給絲綢。」

9 夏季四月，派遣護軍都尉祿率兵討伐珠崖。

10 秋季九月，封立皇子劉宇為東平王。

11 冬季十二月，皇帝出巡到達萯陽宮屬玉觀。

12 匈奴呼韓邪單于叩響五原塞的關門，表示願意貢奉國家的珍寶朝賀甘露三年的正月。皇帝下詔，命令有關官員討論。大家都說：「聖王的制度，君主布施恩德推行禮儀，應該先從京師開始而後推廣到華夏各地，先從華夏各地開始然後再推廣到夷狄地區。《詩經》說：『遵守禮制不去逾越，遍學法令而後動作。傳至相土功業輝煌，海外賓服齊如刀切。』陛下神聖的道德，充塞在天地之中，光芒照耀著四面八方。匈奴單于嚮往高風、敬慕厚義，全國同心一致，要求貢奉珍寶前來朝賀，這是前古未有的事情。單于沒有接受漢朝的正朔，屬於皇帝的客人，我們的禮儀應該像對待諸侯王一樣，單于稱『臣昧死再拜』，位次排在諸侯王之下。」下詔說：「聽說五帝三王的制度是，對不實行華夏禮制的夷狄，不實行華夏的政治制度。現在匈奴單于稱為北方的藩臣，來朝賀正月，我考慮不周，舉措也存在缺失，恩德不能廣泛地覆蓋。還是用客禮來接待單于，他的位次在諸侯王之上。」

13 三年春季正月，皇帝出巡到達甘泉，在泰畤祭祀天地。

14 匈奴呼韓邪單于稽侯狦前來朝賀，贊禮和進見時都稱「藩臣」而不稱他的名字。皇帝賜給他璽綬、冠帶、衣裳、安車、四匹馬、黃金、錦繡、繒絮。派主管接待的官員引導單于先到長安的邸舍下榻，半路上在長平館暫歇。皇帝從甘泉宮出發，當天晚上到達池陽宮住下。第二天，皇帝登上了長平阪，讓單于不要上來拜見。單于左右當戶率領的人員都列隊觀看，其他蠻夷君長及王侯組成的歡迎人群有數萬人，都夾道站立。皇帝登上渭橋，人們都高呼「萬歲」。單于到達邸舍。皇帝在建章宮擺設酒宴，宴請單于，並且帶領單于參觀漢朝的珍寶。二月，單于結束朝賀活動回國。皇帝派長樂衛尉高昌侯董忠、車騎都尉韓昌、騎都尉虎率領一萬六千名騎兵護送單于。單于居住在漠南，把龍庭建在光祿城。皇帝下詔命令北邊的郡縣向匈奴賑貸糧食。郅支單于向遠方逃走，匈奴終於被平定了。

15 皇帝下詔說：「以前鳳凰落在新蔡，成群的鳥兒也落下來在牠四周圍排列成行，向著鳳凰站立，數量達一萬多隻。賜給汝南太守絹帛一百匹，新蔡的長吏、三老、孝弟力田、鰥寡孤獨的人也按不同等級賜給。賜給平民爵位二級。免除他們今年的田租。」

16 三月己丑日，丞相黃霸去世。

17 皇帝下詔命儒臣講解《五經》的同異，太子太傅蕭望之等人評論他們的議對，皇帝親臨現場裁決優劣。於是確立梁丘《易》、大小夏侯《尚書》、穀梁《春秋》博士。

18 冬季，烏孫公主歸來。

19 四年夏天，廣川王劉海陽犯罪，被廢黜，放逐到房陵。

20 冬季十月丁卯日，未央宮宣室殿的閣樓失火。

1 黃龍元年❶春正月，行幸甘泉，郊泰畤。

2 匈奴呼韓邪單于來朝，禮賜如初。二月，單于歸國。

3 詔曰：「蓋聞上古之治，君臣同心，舉措曲直，各得其所。是以上下和洽，海內康平，其德弗可及已❷。朕既不明，數申詔公卿大夫務行寬大，順民所疾苦，將欲配❸三王之隆，明先帝之德也。今吏或以不禁姦邪為寬大，縱釋有罪為不苛，或以酷惡為賢，皆失其中。奉詔宣化如此，豈不繆哉！方今天下少事，繇役省減，兵革不動，而民多貧，盜賊不止，其咎❹安在？上計簿❺，具文❻而已，務為欺謾❼，以避其課❽。三公❾不以為意，朕將何任？諸請詔省卒徒自給者皆止。御史察計簿，疑非實者，按❿之，使真偽毋相亂。」

4 三月，有星孛于王良⓫、閣道⓬，入紫宮⓭。

5 夏四月，詔曰：「舉廉吏，誠欲得其真也。吏六百石位大夫，有罪先請⓮，秩祿上通，足以效⓯其賢材，自今以來毋得舉⓰。」

6 冬十二月甲戌，帝崩于未央宮。癸巳，尊皇太后⓱曰太皇太后。

【章　旨】以上記述黃龍元年所發生的大事。其中比較重大的有：匈奴呼韓邪單于來朝，宣帝下詔批評吏治不振、重申加強吏治，以及宣帝去世等。

【注　釋】❶黃龍元年　西元前四十九年。❷弗可及已　不可能趕上。已，句末語氣詞。❸配　配得上；相當。❹咎　過失。❺上計簿　又叫計簿，反映上計情況的簿籍。漢代，地方的太守須將轄區的稅收、司法、戶口等情況向中央詳細彙報，稱為上計。❻具文　應付差事的公文。❼欺謾　欺騙。謾，欺；哄。❽課　檢查；督責。❾三公　指丞相、太尉、御史大夫。❿按　按驗；審查。⓫王良　星宿名。⓬閣道　星宿名。⓭紫宮　星座名。⓮有罪先請　漢代在司法上對貴族、高官的優待措施。司法官員需要向中央請示後才可對其定罪處刑。⓯效　獻；展現。⓰毋得舉　不得察舉秩俸為六百石的官吏為廉吏。⓱皇太后　昭帝上官皇后。

【語　譯】黃龍元年春季正月，皇帝出巡到達甘泉，在泰畤祭祀天地。

2 匈奴呼韓邪單于前來朝賀，禮遇和賞賜如同上次。二月，單于結束朝賀回國。

3 下詔說：「聽說上古時代治理國家的時候，國君和大臣同心協力，提升正直有為的，黜廢貪贓枉法的，處理得非常恰當。因此官民和睦，國內太平，他們的德行高不可及啊。我不夠聰明，幾次下詔重申，要求公卿大夫務必推行寬大的政令，體察老百姓生活困苦的根源，希望追隨三王的偉業，弘揚先帝的恩德。然而現在有的官吏卻把不禁止奸邪視為寬大，把放縱有罪作為不苛刻為政，更有的人竟把對老百姓的殘酷少恩視為賢德，這都違背了中庸之道的要求。地方官竟然這樣奉守詔令宣承教化，這難道不是太荒謬了嗎！現在國家秩序穩定，徭役減少，戰事平息，可是多數老百姓仍然生活貧困，盜賊不斷，這原因究竟在哪裡呢？地方官報送的上計簿，不過是一些應景的公文，想方設法進行欺騙，以逃避對他們的課罰。三公不把這當成一回事，那我還依靠誰呢？從現在起，凡是奉詔出使要求減少隨行差役以自給俸祿的規定一律停止執行。御史檢查上計簿，懷疑內容不真實的，都要進行調查，使真偽不要混亂。」

4 三月，有彗星出現在王良、閣道，進入紫宮。

5 夏季四月，下詔說：「察舉廉潔的官吏，是希望真正得到名副其實的人。秩俸六百石官吏的名位列在大夫，有罪先要請示才能處理，且秩祿已經很高了，完全可以激發他們充分展現自己的才能，所以今後不要再推舉他們了。」

6 冬季十二月甲戌日，宣帝在未央宮逝世。癸巳日，尊稱皇太后為太皇太后。

贊曰：孝宣之治，信❶賞必罰，綜核❷名實，政事、文學、法理之士咸精其能，至于技巧工匠器械，自元❸、成❹間鮮❺能及之，亦足以知吏稱其職，民安其業也。遭值匈奴乖亂，推亡固存，信❻威北夷，單于慕義，稽首❼稱藩。功光❽祖宗，業垂後嗣，可謂中興❾，侔❿德殷宗⓫、周宣⓬矣。

【章　旨】本章的「贊」語，對宣帝在位時的功績給予高度評價，特別拈出「信賞必罰，綜核名實」，「吏稱其職，民安其業」，以及「信威北夷」、匈奴嚮風歸附諸項加以表彰，充分展現了宣帝的「中興」之功。

【注　釋】❶信　一定；確實。❷綜核　綜合考核。❸元　漢元帝。❹成　漢成帝。❺鮮　少。❻信　通「伸」。伸展。❼稽首　一種禮節，跪下拱手至地，頭也至地。❽光　光耀。❾中興　復興。❿侔　相等；比得上。⓫殷宗　指殷高宗武丁。⓬周宣　指周宣王，周代中興之君。

【語　譯】史官評議說：孝宣皇帝治理國家，該賞的一定賞，該罰的必定罰，能夠綜合考核事物的名實，當時擅長治國、著文、審案的人士都能使自己的業務精益求精，至於技巧工匠製造的器械，元帝、成帝時的人也很少能趕得上，這也完全可以看出當時官吏能夠忠於自己的職務，老百姓能夠安居樂業。正好趕上匈奴內部混戰，他審時度勢，讓無道的加速滅亡，讓有道的得到鞏固，聲威傳遍北方，深入夷狄，單于敬慕宣帝的德義，俯首稱為藩臣。宣帝的功勳光耀祖宗，事業傳給後世，稱得上是一位中興的皇帝，道德可以配得上殷宗、周宣了。

【研　析】宣帝具有宏大的政治抱負和卓越的治國才幹，親政後開始逐步展現出來。首先是大力加強中央集權，維護皇帝的權威。霍氏專權，使皇權受到很大的威脅，也損害了國家利益。等霍光一死，宣帝抓準機會果斷地清除了朝野上下的霍家勢力，排除了施政過程中的政治障礙。此外，宣帝還處死了幾位深孚民望的大臣，以維護皇權。其次是切實整頓吏治，緩和人民的痛苦。宣帝生長於民間，深知吏治敗壞、百姓痛苦不堪的社會情狀，因此，通過完善律令、加強管理、璽書勞問、增加秩俸等手段，改善吏治；通過招撫流民、設常平倉、賦民公田、減免租賦、整頓司法等措施，改善老百姓的生活，促進經濟發展。第三，與匈奴及西域建立友好關係，創造安定的周邊環境。宣帝繼續推行和親政策，使匈奴呼韓邪單于向漢朝「稱藩」，為漢朝贏得了和平的環境。建立西域都護，加強了對西域地區的管轄，促進了中原與西域各國的友好交往與文化交流。宣帝奉行的治國政策，收到了良好的效果，從而帶來了史家所欣羨的「吏稱其職，民安其業」的中興局面。

巫蠱之禍給衛太子家族造成毀滅性的災難，然而對於老百姓與漢朝社會的發展來說，它未嘗不是一件好事。漢宣帝能夠建立中興大業，實與其即位前在民間的生活遭遇大有關係。要是一位養於深宮之中，不識稼穡艱難的皇子皇孫做了皇帝，怕是很難像宣帝那樣，對「閭里奸邪，吏治得失」產生深切的體會。可見，具知民間事務，實際上成了漢宣帝執政的非常重要的資源與優勢，指導他制定了正確的政治策略，推行了切實有效的經濟措施，從而帶來了政平訟理、百姓殷實的局面。《漢書》所載的循吏幾乎都是出自宣帝一朝，絕非偶然。它從另一個角度，為〈宣帝紀〉提供了更加豐富的背景材料，生動地展現了宣帝時期整個社會的具體狀況。

但是，講究「綜核名實」的宣帝，處在今文經學日益趨向荒誕與虛妄的環境中，也不能不受其影響。他在位時頻繁改元，大肆渲染祥瑞降臨，對其後的元、成政治所產生的負面作用也是顯而易見的。元、成時期，漢業由盛轉衰，實由宣帝開其端。

卷九

元帝紀第九

【題解】元帝劉奭是宣帝的長子，西漢第九代皇帝，在位十六年。元帝在位期間崇尚儒術，重用經術之士，但行政效率不彰，加上他過於放縱外戚和宦官，導致威權旁落，而天災頻仍，社會危機也日益加深，此一時期是西漢王朝由盛轉衰的起點。

孝元皇帝❶，宣帝太子也。母曰共哀許皇后❷，宣帝微時❸生民間。年二歲，宣帝即位。八歲，立為太子。壯大，柔仁好儒。見宣帝所用多文法吏❹，以刑名繩下❺，大臣楊惲❻、蓋寬饒❼等坐❽刺譏❾辭語為罪而誅，嘗❿侍燕⓫從容⓬言：「陛下持刑⓭太深⓮，宜用儒生。」宣帝作色⓯曰：「漢家⓰自有制度，本以霸王道⓱雜⓲之，奈何純⓳任德教，用周政⓴乎！且俗儒㉑不達時宜㉒，好是古非今㉓，使人眩㉔於名實，不知所守㉕，何足委任！」迺歎曰：「亂我家者，太子也！」

繇是疏㉖太子而愛淮陽王㉗，曰：「淮陽王明察好法，宜為吾子。」而王母張倢伃㉘尤幸㉙。上㉚有意欲用淮陽王代太子，然以少依許氏㉛，俱㉜從微㉝起，故終不背焉㉞。

黃龍元年㉟十二月，宣帝崩。癸巳，太子即皇帝位，謁㊱高廟㊲。尊皇太后㊳曰太皇太后，皇后㊴曰皇太后。

【章　旨】以上記述了元帝被立為太子的經過和他長大以後傾心於儒生、厭惡「霸道」的政治態度，以及宣帝欲以淮陽王取代太子而不果的無奈。

【注　釋】❶孝元皇帝　指劉奭，西元前四十九—前三十三年在位。孝元是諡號。❷共哀許皇后　指宣帝皇后許氏。共哀，諡號。共，通「恭」。❸微時　微賤之時。因巫蠱之禍，漢宣帝即位前一直生長於民間。❹文法吏　指明習法律的官吏。❺以刑名繩下　用刑法繩治臣下。刑名，法律；刑法。繩，治。下，指大臣。❻楊惲　丞相楊敞子。本傳附見於本書卷六十六〈楊敞傳〉。❼蓋寬饒　曾任司隸校尉，以不畏強暴、敢於執法著稱。本傳見本書卷七十七。❽坐　因……而犯罪。❾刺譏　諷刺；譏刺。❿嘗　曾經。⓫侍燕　陪同休息。⓬從容　閒暇之時。⓭持刑　用刑。持，用；施。⓮太深　太甚；太重。⓯作色　面生怒色。⓰漢家　漢朝。⓱霸王道　霸道指攻伐，王道指仁義。⓲雜　共；混。⓳純　單純。⓴周政　周代的政治。此指仁政。㉑俗儒　見識短淺的儒生。㉒達時宜　順應時勢而調整合適的政策。達，通達；順應。㉓是古非今　讚頌古代而非難當今。㉔眩　迷惑。㉕守　堅持。㉖疏　疏遠。㉗淮陽王　指劉欽，宣帝子。本傳見本書卷八十〈宣元六王傳〉。㉘張倢伃　宣帝的妃子。倢伃，嬪妃的名號。㉙尤幸　格外受到寵幸。㉚上　指宣帝。㉛許氏　指許皇后一家。㉜俱　一起。㉝微　卑微之時。㉞焉　代詞，指許皇后。㉟黃龍元年　西元前四十九年。㊱謁　拜謁；拜見。㊲高廟　祭祀漢高祖劉邦的場所。㊳皇太后　指昭帝皇后上官氏。㊴皇后　指宣帝妃子、元帝養母邛成王皇后。

【語　譯】孝元皇帝，是宣帝的太子。他的母親稱為共哀許皇后，他是宣帝身分低微時在民間出生的。他二歲時，宣帝登上皇位，他八歲時，被立為太子。長大以後，性格柔弱仁慈，喜歡儒生。看到宣帝任用的多數都是懂得法律的官吏，用刑法來懲處臣下，大臣楊惲、蓋寬饒等人因說了譏刺朝政的話而獲罪被殺，他曾經在陪宣帝吃飯的閒暇時刻，向宣帝進諫說：「陛下用刑太重，應該多用儒生。」宣帝臉色一變，非常生氣地說：「我漢家從來就有治國的制度，原本就是把霸道、王道雜糅在一起使用，為什麼要單純使用儒家的道德教化，採用周朝的政術呢！況且那種庸俗的儒生並不明白時事的變化，喜歡盲從古代非議現在，讓人被名稱與實際迷亂，不知道應當堅守的方向，哪裡值得任用呢！」於是歎息說：「敗亂我漢家制度的，一定是太子啊！」因此就開始疏遠太子而喜歡淮陽王，說：「淮陽王明辨是非，愛好法律，應該是繼承我事業的兒子。」因此，淮陽王的母親張倢伃更受到寵幸。皇上有意用淮陽王取代太子，然而由於自己從小就依靠許氏，與許皇后一起從微賤時興起，所以最終還是沒有背棄她。

黃龍元年十二月，宣帝逝世。癸巳日，太子登上皇位，拜謁高廟。尊稱皇太后為太皇太后，皇后為皇太后。

1 初元元年❶春正月辛丑，孝宣皇帝葬杜陵❷。賜諸侯王、公主、列侯黃金，吏二千石❸以下錢帛，各有差❹。大赦❺天下。三月，封皇太后兄侍中中郎將❻王舜為安平侯。丙午，立皇后王氏❼。以三輔❽、太常❾、郡國公田及苑可省❿者振業⓫貧民，貲⓬不滿千錢者賦⓭貸⓮種、食。封外祖父平恩戴侯⓯同產⓰弟子中常侍⓱許嘉⓲為平恩侯，奉戴侯後。

2 夏四月，詔曰：「朕承先帝⑲之聖緒⑳，獲㉑奉㉒宗廟㉓，戰戰兢兢。間者地數動而未靜，懼於天地之戒㉔，不知所繇㉕。方田作㉖時，朕憂蒸庶㉗之失業，臨㉘遣光祿大夫㉙褒㉚等十二人循行㉛天下，存問㉜耆老鰥寡孤獨困乏失職㉝之民，延登㉞賢俊，招顯側陋㉟，因覽風俗之化。相㊱守㊲二千石誠能正躬㊳勞力㊴，宣明教化，以親萬姓㊵，則六合㊶之內和親㊷，庶幾虖㊸無憂矣。書㊹不云乎？『股肱㊺良哉，庶事㊻康㊼哉！』布告天下，使明知朕意。」又曰：「關東㊽今年穀不登㊾，民多困乏。其令郡國被㊿災害甚者毋出租賦。江海陂(51)湖園池屬少府(52)者以假(53)貧民，勿租賦。賜宗室有屬籍(54)者馬一匹至二駟(55)，三老(56)、孝者(57)帛(58)五匹，弟者(59)、力田(60)三匹，鰥寡孤獨二匹，吏民五十戶(61)牛酒。」

3 六月，以民疾疫，令大官(62)損膳(63)，減樂府(64)員(65)，省苑馬，以振困乏。

4 秋八月，上郡屬國(66)降胡(67)萬餘人亡入匈奴。

5 九月，關東郡國十一大水，饑，或(68)人相食，轉(69)旁郡(70)錢穀以相救。詔曰：「間者陰陽不調，黎民饑寒，無以保治，惟(71)德淺薄，不足以充入舊貫之居(72)。其令諸宮館希(73)御幸者勿繕治，太僕(74)減穀食馬(75)，水衡(76)省肉食獸。」

6 二年春正月，行幸甘泉(77)，郊泰畤(78)。賜雲陽(79)民爵(80)一級，女子百戶(81)牛酒。

7 立弟竟[82]為清河王。

8 三月，立廣陵厲王[83]太子霸[84]為王。

9 詔罷黃門[85]乘輿狗馬，水衡禁囿、宜春下苑[86]、少府佽飛[87]外池、嚴籞[88]池田假與貧民。詔曰：「蓋聞賢聖在位，陰陽和，風雨時[89]，日月光[90]，星辰靜，黎庶康寧，考終厥命[91]。今朕恭承[92]天地，託于公侯之上，明不能燭[93]，德不能綏[94]，災異並臻[95]，連年不息。乃[96]二月戊午，地震于隴西郡[97]，毀落太上皇廟殿壁木飾，壞敗豲道縣[98]城郭官寺及民室屋，壓殺人眾。山崩地裂，水泉涌出。天惟降災，震驚朕師[99]。治有大虧[100]，咎至於斯[101]。夙夜兢兢，不通大變[102]，深惟[103]鬱悼，未知其序。間者歲數不登，元元[104]困乏，不勝饑寒，以陷刑辟[105]，朕甚閔[106]之。郡國被地動災甚者無出租賦。赦天下。有可蠲除減省以便萬姓者，條奏[107]，毋有所諱。丞相、御史、中二千石舉茂材[108]異等[109]直言極諫[110]之士，朕將親覽[111]焉。」

10 夏四月丁巳，立皇太子[112]。賜御史大夫[113]爵關內侯[114]，中二千石右庶長[115]，天下當為父後者爵一級，列侯錢各二十萬，五大夫[116]十萬。

11 六月，關東饑，齊地[117]人相食。秋七月，詔曰：「歲比[118]災害，民有菜色[119]，慘怛[120]於心。已詔吏虛[121]倉廩[122]，開府庫振救[123]，賜寒者[124]衣。今秋禾麥頗傷。一年中地再動[125]。北海[126]水溢，流殺人民。陰陽不和，其咎安在？公卿將何以憂之？其悉意[127]陳[128]朕過，靡[129]有所諱。」

12 冬，詔曰：「國之將興，尊師而重傅[130]。故前將軍[131]望之[132]傅[133]朕八年，道[134]以經書，厥功茂[135]焉。其賜爵關內侯，食邑八百戶，朝朔望[136]。」

13 十二月，中書令[137]弘恭[138]、石顯[139]等譖[140]望之，令自殺。

14 三年春，令諸侯相[141]位[142]在郡守下。

15 珠厓郡[143]山南縣反，博謀群臣。待詔[144]賈捐之[145]以為宜棄珠厓，救民饑饉。乃罷珠厓。

16 夏四月乙未晦[146]，茂陵[147]白鶴館災。詔曰：「迺者火災降於孝武園[148]館，朕戰栗恐懼。不燭變異，咎在朕躬。群司[149]又未肯極言朕過，以至於斯，將何以寤[150]焉！百姓仍[151]遭凶阸[152]，無以相振，加以煩擾虖[153]苛吏，拘牽[154]乎微文[155]，不得永終性命，朕甚閔[156]焉。其赦天下。」

17 夏，旱。立長沙煬王[157]弟宗[158]為王。封故海昏侯賀[159]子代宗[160]為侯。

18 六月，詔曰：「蓋聞安民之道，本繇陰陽。間者陰陽錯謬[161]，風雨不時。朕之不德，庶幾群公有敢言朕之過者。今則不然，媮合苟從[162]，未肯極言，朕甚閔[163]

焉。永惟[164]蒸庶[165]之饑寒，遠離父母妻子，勞於非業之作[166]，衛於不居之宮，恐非所以佐陰陽之道也。其罷甘泉、建章宮衛[167]，令就農。百官各省費。條奏毋有所諱。有司勉之，毋犯四時之禁。丞相御史舉天下明陰陽災異[168]者各三人。」於是言事者眾，或進擢[169]召見，人人自以得上意[170]。

19 四年春正月，行幸甘泉，郊泰畤。三月，行幸河東[171]，祠后土[172]。赦汾陰徒[173]。賜民爵一級，女子百戶牛酒，鰥寡高年帛。行所過無出租賦。

20 五年春正月，以周子南君[174]為周承休侯，位次諸侯王。

21 三月，行幸雍[175]，祠五畤[176]。

22 夏四月，有星孛[177]于參[178]。詔曰：「朕之不逮[179]，序位不明，眾僚久曠[180]，未得其人。元元失望，上感[181]皇天，陰陽為變，咎[182]流萬民，朕甚懼之。迺者關東連遭災害，饑寒疾疫，夭[183]不終命。詩[184]不云乎？『凡民有喪[185]，匍匐[186]救之。』其令大官毋[187]日[188]殺，所具[189]各減半。乘輿秣馬[190]，無乏正事[191]而已。罷角抵[192]、上林宮館希御幸者、齊三服官[193]、北假田官[194]、鹽鐵官[195]、常平倉[196]。博士弟子毋置員，以廣學者。賜宗室子有屬籍[197]者馬一匹至二駟，三老、孝者帛，人五匹，弟者、力田三匹，鰥寡孤獨二匹，吏民五十戶牛酒。」省刑罰七十餘事。除光祿大夫以下至郎中198保199父母同產之令。令從官200給事201宮司馬中者202，得為大父母203父母兄弟通籍204。

23 冬十二月丁未，御史大夫貢禹205卒。

24 衛司馬206谷吉207使匈奴，不還。

【章　旨】以上記述初元年間所發生的大事。其中比較重大的有：因自然災害頻仍而撤消宮中一些消費娛樂性機構，將其土地借與貧民耕種，減免租稅，調運穀物賑濟災民；接受賈捐之建議，廢罷珠厓郡；調整法律，改變以前博士弟子限制名額的規定，並省除刑罰規定七十多條等。

【注　釋】❶初元元年　西元前四十八年。❷杜陵　漢宣帝的陵墓，在今陝西西安東南。❸二千石　秩俸名。分為二千石、中二千石與比二千石三級。❹各有差　各按不同的等級。❺大赦　國家對某種犯人免除或減輕其刑罰的臨時措施。❻侍中中郎將　官名。侍中是皇帝近侍之臣，為加銜。中郎將，掌皇帝侍衛。❼王氏　原為倢伃，生劉驁（即後來的成帝）而得封皇后。❽三輔　官名。京兆尹、左馮翊、右扶風，掌治長安。❾太常　官名。掌宗廟祭祀與諸陵縣事務。❿省　節省；節餘。⓫振業　賑濟；救濟。振，通「賑」。⓬貲　家資；家產。⓭賦　給與。⓮貸　供給。⓯平恩戴侯　指許廣漢，宣帝許皇后父親。⓰同產　同母所生。⓱中常侍　官名。西漢時負責在皇帝身邊顧問應對。⓲許嘉　許廣漢兄弟樂成侯許延壽仲子。⓳先帝　指漢宣帝。⓴聖緒　神聖的事業。緒，前人留下的事業。㉑獲　得到。㉒奉　尊奉。㉓宗廟　祭祀祖宗的場所。此指社稷、國家。㉔戒　警告。㉕繇　之；往。㉖田作　耕作。㉗蒸庶　百姓。蒸，眾。㉘臨　會見；接見。指當面囑咐。㉙光祿大夫　官名。掌顧問應對，為皇帝近侍。㉚褎　不知其姓。㉛循行　巡行；到各地視察。㉜存問　慰問。㉝失職　失其常業。㉞延登　延請、任用。㉟側陋　低賤；卑賤。側，通「仄」。㊱相　諸侯相。㊲守　郡守；太守。㊳正躬　端正自己的身體。㊴勞力　付出力量。㊵萬姓　百姓。㊶六合　天地與東西南北，指寰宇。㊷和親　和諧、親睦。㊸庶幾虖　幾乎。虖，通「乎」。㊹書　《尚書》，引文見《尚書・虞書・益稷》。㊺股肱　指大臣。㊻庶事　眾事。㊼康　安寧。㊽關東　函谷關以東地區。

49登　豐收。50被　遭受。51陂　池塘。52少府　官名。掌皇室財政與江海陂湖收入。53假　借給。54屬籍　宗室成員的簿籍。55駟　四匹馬。56三老　官名。漢代縣、鄉皆設三老，由年高有德者擔任。57孝者　漢代察舉人才的科目。58帛　絲織品的總稱。59弟者　漢代察舉人才的科目。弟，友愛兄弟。60力田　漢代察舉人才的科目。61五十戶　以五十戶為單位來計算。62大官　漢代少府屬官，掌皇帝飲食。63損膳　減省皇帝的膳食。64樂府　官名。掌音樂事務。65員　員數；名額。66上郡屬國　在今陝西榆林南。屬國，為安置歸降的匈奴、羌、夷等少數民族而設。67胡　指匈奴人。68或　有的地方。69轉轉運；運輸。70旁郡　鄰郡。71惟　思；想。72舊貫之居　指以前皇帝所居的宮殿。73希　罕；不常。74太僕　官名。掌皇帝乘輿與國家馬政。75穀食馬　以粟餵養的馬。76水衡　官名。指水衡都尉，掌上林苑及皇室財物與鑄錢事務。77甘泉　指甘泉宮，皇帝行宮，位於雲陽縣，在今陝西淳化西北。78泰畤　祭祀泰一神的場所，在甘泉宮。79雲陽　縣名。在今陝西淳化西北。80爵　爵位。漢代爵位分二十級。81女子百戶　指主婦以百戶為單位計算。82竟　劉竟。後封為中山王，因年幼未之國。本傳見本書卷八十六〈宣元六王傳〉。83廣陵厲王　指劉胥，武帝子。本傳見本書卷六十三〈武五子傳〉。84霸　劉霸。85黃門　指宦官。漢代宦官屬黃門令管轄。86宜春下苑　苑囿名。在今陝西西安東。87佽飛　官名。少府屬官，掌弋射。88嚴籞　為弋射特設的禁苑。89時　適時。90光　光耀。91考終厥命　壽命自然結束。考，壽命。厥，其；他的。命，天年。92恭承　恭奉。93燭　照。94綏　安定。95臻　至。96乃　往日。97隴西郡　郡名。在今甘肅臨洮。98豲道縣　屬天水郡，在今甘肅隴西西南。99師　二千五百人為一師，泛指軍隊。此引伸指民眾。100大虧　嚴重的虧缺。101斯　此；這。102大變　根本性的變革措施。103惟　思；想。104元元　黎民百姓。105刑辟　刑罰。106閔　通「憫」。憐惜；憐憫。107條奏　逐條上奏。條，條列。108茂材　漢代察舉人才的科目。109異等　優等；卓著。110直言極諫　漢代察舉人才的科目。111覽　觀覽；會見。112皇太子　指劉驁，後來的漢成帝。113御史大夫　官名。漢代三公之一，掌監察與皇帝機要文書。114關內侯　爵位名，第十九級。115右庶長　爵位名，第十一級。116五大夫　爵位名，第九級。117齊地　漢代的齊國，在今山東一帶。118比　頻；接連。119菜色　指人因饑饉而面現青灰色。120慘怛　慘痛；痛苦。121虛　使糧倉空虛。使動用法，指清空糧倉，救濟災民。122倉廩　糧倉。123振救　賑濟。振，通「賑」。124寒者　受凍的人。125地再動　發生兩次地震。126北海　郡國名。在今山東境內。127悉意　盡意；充分。128陳　指出。129靡　不；不要。130傅　指太子太傅，掌教導太子。131前將軍　漢代軍銜名。132望之　蕭望之，漢宣帝時任太子太傅，本傳見本書卷七十八。133傅　動詞，輔導。134道　通「導」。教導。135茂　豐碩。136朝朔望　只在朔日（農曆初一）望日（農曆十五）朝見。137中書令　官名。在皇帝身邊負責機要，由宦官擔任。138弘恭　宦官。本傳見本書卷九十三〈佞幸傳〉。139石顯　宦官。事跡附見於本書卷九十三〈佞幸傳‧石顯傳〉。140譖　說壞話陷害別人。141諸侯相　諸侯國的丞相。142位　位次。143珠厓郡　郡名。在今海南島東北。144待詔　漢代徵召士人，凡人才出眾者在金馬門等待徵用，稱為待詔。145賈捐之　字君房，賈誼曾孫。本傳見本書卷六十四下。146晦　農曆每月最後一天。147茂陵　漢武帝的陵墓，在今陝西咸陽西。148孝武園　祭祀漢武帝的場所。149群司　眾機關。150寤　通「悟」。醒悟；明白。151仍　頻繁。152阨　窮困；災難。153虖　通「乎」。於。154拘牽　束縛。155微文　苛細、煩碎的法律。156閔　通「憫」。哀憫。157長沙煬王　劉旦，漢景帝曾孫。158宗　劉宗。159海昏侯賀　即昌邑王劉賀，宣帝時改封海昏侯。本傳見本書卷六十三〈武五子傳〉。160代宗　劉代宗。161錯謬　錯亂。162媮合苟從　苟且迎合，曲意順從。媮，通「偷」。163閔　通「憫」。哀憫。164惟　思；想。165蒸庶　眾民；百姓。蒸，眾；多。166非業之作　指不是為生產事業而進行的勞動。167甘泉建章宮衛　甘泉宮與建章宮的衛士。甘泉宮在河東雲陽縣，建章宮在長安西面城外。168災異　漢代經學理論把一些嚴重的自然災害視為災異。169進擢　拔擢；提升。170上意　皇帝的心意。171河東　郡名。在今山西沁水以西、霍山以南地區，原屬司隸校尉管轄。172后土　土地神。后土祠在汾陰縣。遺址在今山西萬榮柏林廟下西林村。173徒　刑徒。174周子南君　即姬延年。175雍　縣名。在今陝西鳳翔南。176五畤　祭祀五帝的場所。177孛　彗星。178參　星宿名。179不逮　不及；不足。180懬　古「曠」字。空虛；空廢。181感　感動。182咎　過責；懲罰。183夭　非自然死亡。184詩　《詩經》，所引詩句見《詩經‧邶風‧谷風》。185喪　因災禍而出現的喪事。186匍匐　意為竭力救助。187毋　通「無」。188日　每日。189所具　為皇帝安排的膳食。190秣馬　餵馬。秣，餵養，指用粟餵馬。191正事　指祭祀與巡狩之事。192角抵　類似摔跤的遊戲。193齊三服官　設在齊地的負責織造皇帝服飾的官署。194北假田官　設於北假負責收取官田租賦的官職。北假，在今內蒙古包頭西面。195鹽鐵官　漢武帝實行鹽鐵官營，在各地設置專掌其事的官員。196常平倉　國家儲備糧食的場所。穀賤時買進，穀貴時拋出，以便調節糧價。197屬籍　指登記宗室成員的簿籍。198郎中　官名。屬光祿勳，負責宿衛。199保　互保；相保。200從官　皇帝身邊的從事官員。201給事　服役。202宮司馬中者　指在宮中及司馬門中做事的人。203大父母　祖父母。204通籍　制度名。漢代凡在宮中任事，其姓名、年齡、身分等內容皆書於簿籍掛於宮門，以便出入時核對。205貢禹　字少翁，漢元帝時官至御史大夫。本傳見本書卷七十二。206衛司馬　衛尉屬官，係衛尉八屯之一。207谷吉　漢元、成時期名士谷永之父，受命送匈奴郅支單于侍子，被郅支單于殺害。事詳本書卷七十〈陳湯傳〉。

【語　譯】初元元年春季正月辛丑日，孝宣皇帝葬在杜陵。賜給諸侯王、公主、列侯黃金，秩俸二千石以下的官吏賜給銅錢、絹帛，各按不同等級。全國實行大赦。三月，封立皇太后的哥哥侍中中郎將王舜為安平侯。丙午日，確立皇后為王氏。把三輔、太常與各郡、國的公田及苑囿中可節省出來的田地賑濟貧民，讓他們耕種，家資不足一千銅錢的分給籽種，借貸給糧食。封立外祖父平恩戴侯同胞兄弟的兒子中常侍許嘉為平恩侯，作為後嗣供奉戴侯。

2 夏季四月，元帝下詔說：「我繼承了先帝神聖的功業，主持江山社稷，每天戰戰兢兢。近來大地幾次發生地震，不能寧靜，我擔心天地發出的警告，不知道該怎麼辦。現在正當農耕時節，我擔心黎民喪失生業，親自會見囑咐並派遣光祿大夫褒等十二人分別到全國各地，慰問年邁的、鰥寡孤獨的和生活貧困喪失日常職業的人，選拔任用賢士俊才，徵召表彰德高位卑人士，順便考察風俗的變化。如果各個諸侯相、太守、二千石真能夠修身盡力，宣傳法令，教化百姓，親近關懷老百姓，那麼普天下的人民就能夠保持和睦親密的關係，那樣我差不多就可以不用發愁了。《尚書》不是說過嗎？『輔佐的臣子優秀啊，國家的事情就安定有序了！』布告天下民眾，讓大家明確地了解我的心意。」詔書又說：「今年關東地區的穀物沒有豐收，很多民戶糧食困乏。命令受災嚴重的郡、國不用上交田租和賦稅。屬少府管理的江、海、陂、湖、園池等暫借貧民使用，不要徵收租稅。賜給宗室有屬籍的成員馬匹，從一匹至八匹不等，三老、孝者賜給帛五匹，弟者、力田賜給帛三匹，鰥寡孤獨者賜給帛二匹，一般官吏與民戶以五十戶為單位賜給牛肉和酒。」

3 六月，由於老百姓染上了嚴重的傳染病，命令大官減省御膳，減少樂府人員，減省苑囿中的馬匹，以便賑濟生活貧困的人們。

4 秋季八月，上郡屬國投降的一萬多胡人亡歸匈奴。

5 九月，關東十一個郡、國遭受嚴重水災，出現饑荒，有的地方竟然人吃人，乃調運鄰郡的錢財穀物進行救濟。下詔說：「近來陰陽不能協調，黎民百姓遭受飢寒，沒有保證和解決的善策，自思德行淺薄，不值得再住進先帝常居的宮室。命令很少入住的宮館不要再去裝飾修整，太僕要減少吃穀物的馬匹，水衡都尉要減省吃肉的獸類。」

6 二年春季正月，皇帝出巡到達甘泉宮，在泰畤舉行祭祀天地的活動。賜給雲陽的平民一級爵位，主婦以百戶為單位賜給牛肉和酒。

7 封立兄弟劉竟為清河王。

8 三月間，封立廣陵厲王的太子劉霸為諸侯王。

9 下詔撤銷黃門的乘輿、狗、馬，將水衡禁囿、宜春下苑、少府佽飛外池、嚴籞池的土地暫借給貧民耕種。下詔說：「聽說賢人和聖者在位時，陰陽和順，風雨適時，日月光耀，星辰寧靜，黎民康泰安寧，延年長壽。現在我恭敬地承受天地的重責，被公侯擁戴到至高的地位，可是我的聰明不能洞察事物，道德不能安定百姓，災異頻發，連年不斷。前些時的二月戊午日，隴西郡發生了地震，毀壞了太上皇廟殿壁的木飾，震塌了豲道縣的城郭、官府以及老百姓的房屋，壓死了很多人。山崩地裂，水泉奔湧而出。上天降下災難，讓我的民眾受到震驚。政治出現了很大的缺陷，所以上天的懲罰才到了這種地步。我從早到晚戰戰兢兢，還是不明白實行根本變革應從哪裡入手，內心十分難過，不知道事情的頭緒。近年來年成連續幾年不好，老百姓生活貧困，難禦飢寒，以至於犯法獲罪，我非常憐憫他們。各郡、國遭受地震災情嚴重的免交田租賦稅。全國實行大赦。還有哪些可以免除或減省而方便百姓的，逐條上奏，不要有所顧忌。丞相、御史、秩俸中二千石級的官吏察舉茂材異等、直言極諫的人士，我將親自會見他們。」

10 夏季四月丁巳日，確立皇太子。賜給御史大夫關內侯爵位，秩俸中二千石級官員右庶長爵位，賜給全國應當成為父親繼承人的爵位一級，列侯賜給銅錢各二十萬、五大夫各十萬。

11 六月，關東發生饑荒，齊國出現人吃人的現象。秋季七月，下詔說：「一年之間頻繁地遭受災害，老百姓面帶菜色，我深感痛心。已經下詔命令官吏打開糧倉，開啟倉庫進行賑濟救助，賜給受凍的人衣服穿。今年秋天禾麥損失嚴重。一年當中兩次地震。北海郡大水漫溢，沖走、淹死了很多人民。陰陽不能調和，這過失在哪裡呢？公卿將採取什麼辦法來分憂呢？大家應該毫不保留地指出我的過失，不要有所顧忌。」

12 冬季，下詔說：「國家將要興旺，必須遵從老師、敬重師傅。過去前將軍蕭望之教導我長達八年時間，用經書的道理來引導我，他的功勞太偉大了。賜給關內侯的爵位，封邑八百戶，每月只在朔日與望日來朝見。」

13 十二月，中書令弘恭與石顯等人中傷蕭望之，皇帝下令蕭望之自殺。

14 三年春季，著令諸侯相的位次在郡守之下。

15 珠厓郡山南縣發生反叛活動，元帝廣泛地聽取眾臣的對策。待詔賈捐之認為應當捨棄珠厓，解救民眾遭受饑饉的痛苦。於是廢棄了珠厓郡。

16 夏季四月最後一天乙未日，茂陵的白鶴館發生火災。下詔說：「前些時火災降臨到孝武園館，我戰戰慄慄，恐懼不已。我不能洞察這種變異，過失在我身上。然而各個部門又不肯坦誠地指出我的過失，以致到了這步境地，如何才能醒悟啊！老百姓頻繁地遭受重災，國家沒有救濟的辦法，再加上受到殘苛官吏的侵擾和煩碎的法律條文的束縛，不能夠善終，我非常哀憐他們。全國實行大赦。」

17 夏天，發生旱災。封立長沙煬王的弟弟劉宗為王。封立以前的海昏侯劉賀的兒子劉代宗為諸侯。

18 六月，下詔說：「聽說安定人民的道理，在順從陰陽。近來卻陰陽錯亂，風雨不調。我恩德不夠，希望眾人中間有敢於指出我過失的人。現在卻不是這樣，苟且迎合，曲意順從，不肯盡意直言，我實在感到傷心難過。長思黎民百姓的飢寒困苦，遠離父母妻子，為一些不要緊事情受苦勞作，對一些沒人居住的宮館進行護衛，這恐怕不是促進陰陽和順應採取的辦法吧。撤銷甘泉官、建章宮的衛兵，讓他們回家務農。政府百官各自減省費用。分條上奏應當採取的其他措施，不要避諱。百官要多努力，不要違犯四時禁忌，丞相、御史大夫要舉薦全國通曉陰陽災異的人士各三人。」於是上奏提出建議的人增多，有的人獲得了提升和皇帝的召見，人人都以為博得了皇帝的好感。

19 四年春季正月，皇帝出巡到達甘泉宮，在泰畤祭祀天地。三月，到達了河東，祠祀后土。赦免在汾陰勞作的囚徒。賜給平民一級爵位，主婦以百戶為單位賜給牛肉和酒，鰥寡年邁的人賜給絲織品。皇帝所經過的地方免徵田租賦稅。

20 五年春季正月，封周子南君為周承休侯，位置排在諸侯王之列。

21 三月，皇帝出巡到達雍縣，在五畤祭祀上帝。

22 夏季四月，有彗星出現於參星周圍。下詔說：「我的德政不夠，設置官職與任用官員次序不明，朝中眾多的官職長期閒置，沒有得到合適的人選。老百姓感到失望，也觸動了上天，因此陰陽之序發生了變化，上天的懲罰波及到黎民百姓，我深感恐懼。前些時候關東連續遭受災害，老百姓處在飢寒交迫、疾疫流行的困境，生命夭折而不能善終。《詩經》不是說過嗎？『凡是看到人民遭遇病喪，都應當挺身向前奮力解救。』命令太官不要每天殺牲，御膳所安排的食物都要減去一半。餵養乘輿所用的馬匹，不要耗費太多糧食，不耽誤正事就行了。撤銷角抵表演、上林苑中我很少臨幸的宮館，設在齊地的三服官、北假田官、鹽鐵官、常平倉等。博士弟子不要限制名額，以使更多的學者獲得學習機會。賜給宗室中有屬籍的子弟馬匹，從一匹至八匹不等，賜給三老、孝者絹帛，每人五匹，弟者、力田每人三匹，鰥寡孤獨者每人二匹，一般官吏與平民五十戶為單位賜給牛肉和酒。」減省刑罰規定七十多項。撤銷光祿大夫直至郎中父母兄弟連保的命令。命令在宮內司馬門中任事的屬官，可以為自己的祖父母、父母和親兄弟辦理出入宮禁的通行證。

23 冬季十二月丁未日，御史大夫貢禹去世。

24 衛司馬谷吉出使匈奴，沒有返回。

1 永光元年❶春正月，行幸甘泉，郊泰畤。赦雲陽徒。賜民爵一級，女子百戶牛酒，高年帛。行所過毋出租賦。

2 二月，詔丞相、御史舉質樸敦厚遜讓有行者，光祿❷歲以此科第❸郎、從官。

3 三月，詔曰：「五帝三王任賢使能，以登至平，而今不治者，豈斯民異哉？

咎在朕之不明，亡以知賢也。是故壬人❹在位，而吉士雍❺蔽。重以周秦之敝，民漸薄俗，去禮義，觸刑法，豈不哀哉！繇此觀之，元元何辜？其赦天下，令厲精自新，各務農畝。無田者皆假之，貸種、食如貧民。賜吏六百石以上爵五大夫，勤事吏二級，為父後者民一級，女子百戶牛酒，鰥寡孤獨高年帛。」是月雨雪，隕❻霜傷麥稼，秋罷❼。

4 二年春二月，詔曰：「蓋聞唐虞❽象刑❾而民不犯，殷周法❿行而姦軌⓫服。今朕獲承高祖之洪業，託位公侯之上，夙⓬夜戰栗，永惟百姓之急，未嘗有忘焉。然而陰陽未調，三光⓭晻昧⓮。元元大困，流散道路，盜賊並興。有司又長⓯殘賊，失牧民之術。是皆朕之不明，政有所虧⓰。咎至於此，朕甚自恥。為民父母，若是⓱之薄⓲，謂百姓何！其大赦天下，賜民爵一級，女子百戶牛酒，鰥寡孤獨高年、三老、孝弟⓳力田帛。」又賜諸侯王、公主、列侯黃金，中二千石以下至中都官長吏各有差，吏六百石以上爵五大夫，勤事吏各二級。

5 三月壬戌朔⓴，日有蝕之。詔曰：「朕戰戰栗栗，夙夜思過失，不敢荒寧㉑。惟陰陽不調，未燭其咎。婁㉒敕㉓公卿，日望有效。至今有司執政，未得其中，施與㉔禁切㉕，未合民心。暴猛之俗彌長㉖，和睦之道日衰，百姓愁苦，靡所錯躬㉗。

是以氛邪[28]歲增，侵犯太陽，正氣湛掩[29]，日久奪光。迺[30]壬戌，日有蝕之。天見大異，以戒朕躬，朕甚悼[31]焉。其今內郡[32]國舉茂材異等賢良直言之士各一人。」

6 夏六月，詔曰：「間者連年不收，四方咸困。元元之民，勞於耕耘，又亡成功，困於饑饉，亡以相救。朕為民父母，德不能覆[33]，而有其刑，甚自傷焉。其赦天下。」

7 秋七月，西羌反，遣右將軍馮奉世[34]擊之。八月，以太常任千秋為奮威將軍，別將[35]五校[36]並進。

8 三年春，西羌平，軍罷。

9 三月，立皇子康[37]為濟陽王。

10 夏四月癸未，大司馬車騎將軍接[38]薨。

11 冬十一月，詔曰：「迺者己丑地動，中冬[39]雨水[40]、大霧，盜賊並起。吏何不以時禁[41]？各悉意對。」

12 冬，復[42]鹽鐵官、博士弟子員。以用度[43]不足，民多復除[44]，無以給[45]中外[46]繇役。

13 四年春二月，詔曰：「朕承至尊之重[47]，不能獨理[48]百姓，婁遭凶咎。加以邊竟㊾不安，師旅在外，賦斂轉輸，元元騷動，窮困亡聊，犯法抵罪。夫上失其道而繩㊿下以深刑[51]，朕甚痛之。其赦天下，所貸貧民勿收責[52]。」

14 三月，行幸雍，祠五畤。

15 夏六月甲戌，孝宣園東闕[53]災。

16 戊寅晦[54]，日有蝕之。詔曰：「蓋聞明王[55]在上，忠賢布職[56]，則群生[57]和樂，方外[58]蒙澤。今朕晻[59]于王道，夙夜憂勞，不通其理，靡瞻不眩[60]，靡聽不惑[61]，是以政令多還[62]，民心未得，邪說空進，事亡成功。此天下所著聞[63]也。公卿大夫好惡不同，或緣[64]姦作邪，侵削細民[65]，元元安所歸命[66]哉！迺六月晦，日有蝕之。詩[67]不云虖？『今此下民[68]，亦孔[69]之哀！』自今以來，公卿大夫其勉思天戒，慎身脩永[70]，以輔朕之不逮。直言盡意，無有所諱。」

17 九月戊子，罷衛思后園[71]及戾園[72]。冬十月乙丑，罷祖宗廟在郡國者。諸陵[73]分屬三輔[74]。以渭城[75]壽陵[76]亭部[77]原上為初陵[78]。詔曰：「安土重遷，黎民之性；骨肉相附，人情所願也。頃[79]者有司緣[80]臣子之義，奏徙郡國民[81]以奉[82]園陵，令百姓遠棄先祖墳墓，破業失產，親戚別離，人懷思慕之心，家有不安之意。是以東垂[83]被虛耗[84]之害，關中有無聊[85]之民，非久長之策也。詩[86]不云虖？『民亦勞止[87]，迄[88]可小康，惠此中國，以綏[89]四方。』今所為初陵者，勿置縣邑，使天下咸安土樂業，亡有動搖之心。布告天下，令明知之。」又罷先后父母奉邑[90]。

18 五年春正月，行幸甘泉，郊泰畤。三月，上幸河東，祠后土。

19 秋，潁川[91]水出，流殺人民。吏、從官縣被害者與告[92]，士卒遣歸。

20 冬，上幸長楊[93]射熊館，布[94]車騎，大獵。

21 十二月乙酉，毀太上皇[95]、孝惠皇帝寢廟園。

22 建昭元年[96]春三月，上幸雍，祠五畤。

23 秋八月，有白蛾群飛蔽日，從東都門[97]至枳道[98]。

24 冬，河間王元[99]有罪，廢遷房陵。罷孝文太后、孝昭太后寢園。

25 二年春正月，行幸甘泉，郊泰畤。三月，行幸河東，祠后土。益[100]三河[101]大郡太守秩。戶十二萬為大郡。

26 夏四月，赦天下。

27 六月，立皇子興為信都王。閏月丁酉，太皇太后上官氏[102]崩。

28 冬十一月，齊楚地震，大雨雪，樹折屋壞。

29 淮陽王[103]舅張博[104]、魏郡[105]太守京房[106]坐窺道[107]諸侯王以邪意，漏泄省中語[108]，博要斬，房棄市。

30 三年夏，令三輔都尉[109]、大郡都尉秩皆二千石。

31 六月甲辰，丞相玄成[110]薨。

32 秋，使護[111]西域騎都尉[112]甘延壽[113]、副校尉陳湯[114]撟[115]發戊己校尉[116]屯田吏士及西域[117]胡兵[118]攻郅支單于[119]。冬，斬其首，傳詣[120]京師，縣[121]蠻夷邸[122]門。

33 四年春正月，以[123]誅郅支單于告祠[124]郊廟。赦天下。群臣上壽[125]置酒，以其[126]圖書[127]示[128]後宮貴人。

34 夏四月，詔曰：「朕承先帝之休烈[129]，夙夜栗栗[130]，懼不克[131]任。間者陰陽不調，五行失序，百姓饑饉。惟[132]烝庶之失業，臨[133]遣諫大夫博士賞等二十一人循行[134]天下，存問耆老鰥寡孤獨乏困失職之人，舉茂材特立[135]之士。相將九卿[136]，其帥意[137]毋怠，使朕獲觀教化之流焉。」

35 六月甲申，中山王竟[138]薨。

36 藍田[139]地沙石雍[140]霸水[141]，安陵[142]岸崩[143]雍涇水[144]，水逆流。

37 五年春三月，詔曰：「蓋聞明王之治國也，明好惡而定去就[145]，崇敬讓而民興行，故法設[146]而民不犯，令施而民從。今朕獲保宗廟，兢兢業業，匪[147]敢解[148]怠，德薄明晻[149]，教化淺微。傳[150]不云虖？『百姓有過，在予一人[151]。』其赦天下，賜民爵一級，女子百戶牛酒，三老、孝弟力田帛。」又曰：「方[152]春農桑興，百姓勠力[153]自盡[154]之時也，故是[155]月勞農[156]勸民，無使後時[157]。今不良之吏，覆案[158]小罪，徵召證案[159]，興不急之事，以妨百姓，使失一時之作，亡終歲[160]之功[161]，公卿其明察申敕之。」

38 夏六月庚申，復[162]戾園。

39 壬申晦，日有蝕之。

40 秋七月庚子，復太上皇寢廟園、原廟[163]、昭靈后[164]、武哀王[165]、昭哀后[166]、衛思后園。

【章旨】以上記述永光、建昭年間所發生的大事。其中比較重大的有：皇帝頻頻下詔檢討陰陽不調、災難屢發的原因；派遣右將軍馮奉世率軍平息西羌叛亂；因用度不足，恢復鹽鐵官和博士弟子名額；罷廢在各個郡國的祖宗廟，又於不久之後部分恢復；建立壽陵，並詔令停行從漢高祖以來所一直實行的遷徙關東富戶於關中陵縣的制度；代理西域騎都尉、副校尉陳湯矯詔發兵誅殺匈奴郅支單于等。

【注釋】❶永光元年　西元前四十三年。❷光祿　指光祿勳。掌宮殿門戶。❸科第　指以質樸、敦厚、遜讓、有行四科考核郎官與皇帝身邊的從官。❹壬人　佞人，阿諛奉承的人。❺雍　通「壅」。堵塞。❻隕　落；降。❼秋罷　秋天無收成。❽唐虞　指唐堯、虞舜，傳說中的遠古帝王。❾象刑　傳說中堯舜以德化人，不用肉刑，只以象徵恥辱的服飾來示懲，稱為象刑。

⑩法　刑罰。⑪姦軌　奸邪。軌，通「宄」。⑫夙　白天。⑬三光　日、月、星辰。⑭晻昧　昏暗；黑暗。晻，通「暗」。⑮長助長。⑯虧　虧欠；虧缺。⑰若是　如此。⑱薄　淡薄。⑲弟　通「悌」。友愛兄弟。⑳朔　農曆每月初一。㉑荒寧　荒廢時間而自求安寧。㉒婁　通「屢」。多次。㉓赦　申赦；命令。㉔施與　給予，指向老百姓施惠淺薄。㉕禁切　禁令，指對老百姓禁令嚴苛。㉖彌長　日益增長。㉗靡所錯躬　無處安身。靡，無。錯，通「措」。安置；安放。躬，身子。㉘氛邪邪惡之氣。氛，惡氣。邪，不正。㉙湛掩　被掩奪而沉沒。湛，通「沉」。㉚迺　乃者；往日。㉛悼　難過；傷心。㉜內郡漢代在邊疆地區所設郡稱為邊郡，內地諸郡稱內郡。㉝覆　蔭庇；庇覆。㉞馮奉世　西漢名將。本傳見本書卷七十九。㉟別將　另外率領。㊱五校　即中壘、屯騎、越騎、射聲、虎賁校尉。此指五校尉所屬的兵士。校，漢代軍隊的一種編制。㊲康劉康，元帝子，哀帝父，本傳見本書卷八十〈宣元六王傳〉。㊳接　王接，接替史高任大司馬車騎將軍。㊴中冬　仲冬。中，通「仲」。㊵雨水　下大雨。㊶以時禁　指按照〈月令〉所規定禁斷的內容行事。㊷復　恢復。㊸用度　開支。㊹復除　免除徭役。㊺給　滿足。㊻中外　宮中與地方。中，指宮中。㊼承至尊之重　指繼承社稷江山。㊽燭理　指洞悉治道而妥善治理。㊾邊竟　邊境。竟，通「境」。㊿繩　治；懲處。(51)深刑　嚴刑；重刑。(52)責　通「債」。(53)闕　門闕。(54)晦　農曆每月最後一天。(55)明王　英明的君王。(56)布職　分任職務。(57)群生　眾生。(58)方外　漢廷統治區域之外。(59)晻　通「暗」。(60)靡瞻不眩　對所見到的事物沒有不感覺頭目眩惑的。靡，無。瞻，觀。眩，頭目眩暈。(61)靡聽不惑　對所聽到的事情沒有不感覺迷惑的。(62)還　反覆；變化。(63)所著聞　很清楚知道的事情。(64)緣　因；由於。(65)細民　小民。(66)歸命　安身立命。(67)詩《詩經》。所引詩句見《詩經・小雅・十月之交》。(68)下民　下土之民，指老百姓。(69)孔　甚；很。(70)脩永　謀求長久之道。永，長久。(71)衛思后園　祭祀戾太子母親的陵園。(72)戾園　祭祀戾太子的陵園。(73)諸陵　指西漢各個皇陵。(74)三輔　指京兆尹、左馮翊、右扶風所管轄的區域，在今陝西中部。(75)渭城　縣名。在今陝西咸陽東北。(76)壽陵　皇帝生前建築的陵墓稱為壽陵。(77)亭部　鄉亭所轄區域。(78)初陵　漢元帝始建陵墓，尚未起名，故名初陵。(79)頃　不久前。(80)緣　由於。(81)徙郡國民漢高祖接受劉敬建議，始遷關東富民於關中，建立陵縣，後成為定制。(82)奉　供奉。(83)東垂　東邊。垂，通「陲」。(84)虛耗空耗；白白地損耗。(85)無聊　無靠。(86)詩　《詩經》，所引詩句見《詩經・大雅・民勞》。(87)勞止　辛勞。止，句末語氣詞。(88)迄　至；至此。(89)綏　安定。(90)先后父母奉邑　先后替其父母置邑守家，以便祭祀。奉，通「俸」。(91)潁川　郡名，在今河南禹州。(92)吏從官縣被害者與告　凡在各衙門擔任官吏與在皇帝身邊擔任從官的，本縣遭受災害，一律准許放假回家。(93)長楊　即長楊宮，皇帝行宮名，在今陝西周至東南。(94)布　分布；排列。(95)太上皇　指漢高祖劉邦的父親。(96)建昭元年　西元

前三十八年。97東都門　長安城東邊北側宣平門的外部叫東都門。98枳道　在今陝西西安東北。99河間王元　劉元，本傳見卷五十三〈景十三王傳〉。100益　增加。101三河　指河東、河內、河南三郡。102上官氏　昭帝上官皇后。103淮陽王　指劉欽。104張博　曾從京房問學，事跡見本書卷七十五〈京房傳〉。105魏郡　郡名。治今河北臨漳西南。106京房　漢代經學家。本傳見本書卷七十五。107窺道　窺測其心意而加以引導。道，通「導」。108漏泄省中語　漢代罪名，指洩露宮禁機密。109三輔都尉　指京兆尹、左馮翊與右扶風三地的都尉，其秩俸原為比二千石。110玄成　韋玄成，字少翁，丞相韋賢子。本傳附見於本書卷七十三〈韋賢傳〉。111護　代理。112騎都尉　指揮騎兵的軍官。校尉低將軍一級。113甘延壽　字君況，西漢著名邊將。本傳見本書卷七十。114陳湯　字子公，西漢名將。本傳見本書卷七十。115撟　通「矯」。假稱；詐稱。116戊己校尉　掌西域屯田事務。117西域　漢代指玉門關以西、巴爾喀什湖以東以南的地區。118胡兵　由歸降的匈奴人組建。119郅支單于　名呼屠吾斯，虖韓邪單于之兄，本為左賢王。後自立為郅支骨都侯單于。120傳詣　送達。121縣　通「懸」。懸掛。122蠻夷邸　接待周邊少數民族首領的客舍。123以　因。124告祠　告慰與祭祀。125上壽　向皇上祝賀。126其　代詞，指消滅郅支單于後向朝廷報捷事。127圖書　文書。128示　展示。129休烈　大業；美業。130栗栗　戰慄；小心恐懼的樣子。131克　能。132惟　思；想。133臨　親臨會見。134循行　巡行；到各地視察。135特立　卓著；出眾。136九卿　漢代九個重要部門的首腦。137帥意　沒有顧慮、盡心盡意。帥，通「率」。138中山王竟　劉竟，元帝子。本傳見本書卷八十〈宣元六王傳〉。139藍田　縣名。在今陝西藍田西。140雍　通「壅」。壅塞；堵塞。141霸水　源於秦嶺，流經西安，注入渭河。142安陵　縣名。在今陝西咸陽東北。143崩　崩潰；崩塌。144涇水　源於六盤山區，流經陝西咸陽東北，注入渭河。145去就　前進的目標。146設　制定。147匪　不。148解　通「懈」。鬆懈。149明晻　神智昏暗；心智不明。晻，通「暗」。150傳　指《論語》，所引文字見〈堯曰〉。151予一人　帝王自稱。予，我。152方　當；正當。153勠力　盡力；竭力。154自盡　各自盡力。155是　此。156勞農　慰勞農民。157後時　耽誤農時。158覆案　審核。159證案　證人。160終歲　年終。161功　收成。162復　恢復。163原廟　再作之廟稱原廟。漢高祖已有廟，在長安城中，漢惠帝於渭北再建廟，故稱。164昭靈后　指漢高祖母親。165武哀王　指漢高祖兄。166昭哀后　指漢高祖姊。

【語譯】永光元年春季正月，皇帝出巡到達甘泉宮，在泰畤舉行祭祀活動。赦免在雲陽勞作的囚徒。賜給平民爵位一級，主婦以百戶為單位賜給牛肉和酒，年邁者賜給絲綢。皇帝出巡所經過的地方免徵田租賦稅。

2　二月，下詔命令丞相、御史大夫察舉質樸、敦厚、遜讓、有行的人士，光祿勳每年以這四科目考核郎官與從官的等級。

3 三月，下詔說：「五帝三王任用賢能，進入了太平美好的社會，而現在的社會得不到治理，難道是人民與過去不一樣嗎？其實過失就在於我不聰明，沒有辦法去發現賢才。結果邪佞的人占據了職位，而德行出眾的人被埋沒和壓抑。再加上延續了周秦時期的弊病，民眾逐漸習染了澆薄的風俗，拋棄禮義，觸犯刑法，這難道不令人哀傷嗎！由此看來，老百姓有什麼過錯呢？應該赦免普天下的罪人，讓他們自勵自勉，改過自新，各自辛勤務農。沒有耕地的人都暫借給土地，像對待貧民一樣借貸給籽種、糧食。賜給秩俸六百石以上的官吏五大夫爵位，勤懇任事的官吏賜給爵位二級，成為父親繼承人的平民賜給爵位一級，主婦以百戶為單位賜給牛肉和酒，鰥寡孤獨年邁的人賜給絲綢。」本月下了一場大雪，霜凍凍傷了麥稼，秋天沒有收成。

4 二年春季二月，下詔說：「聽說唐虞時期實行象刑制度而民眾不去犯法，殷周時期施行法律而作奸犯科的人欣然服從。現在我繼承了高祖的偉業，位居公侯之上，從早到晚戰戰慄慄，長思老百姓的危急困苦，從來沒有忘記他們。然而陰陽不調，日月星辰暗淡。黎民百姓生活貧苦，背井離鄉，四處流亡，盜賊出沒，橫行天下。任事的官員又助長殘酷的賊徒，喪失了牧養人民的職責。這都是因為我處事不明，政令存在缺陷。過失達到這種地步，我自己覺得非常羞恥。作為人民的父母，恩德這樣淡薄，還怎樣去治理百姓呢！全國實行大赦，賜給平民爵位一級，主婦以百戶為單位賜給牛肉和酒，鰥寡孤獨年邁的人、三老、孝弟力田者賜給絹帛。」又賜給諸侯王、公主、列侯黃金，秩俸中二千石以下至京師的長官與屬吏，各按不同等級賜給，秩俸六百石以上的官吏賜給五大夫爵位，勤懇任事的官吏各賜給爵位二級。

5 三月初一壬戌日，發生日食。下詔說：「我戰戰兢兢，從早到晚思念我的過失，不敢荒廢時間，自求安寧。考慮陰陽不調，還未能洞察到過失何在。幾次敕令公卿，每天希望他們的工作能獲得成效。可是到現在任事官員執行政務，仍然未能執守中道，施予老百姓的恩惠和對老百姓實行的禁令，都不能順應民心。殘暴威猛的習俗日益增長，和善親睦的作風逐漸衰微，百姓生活愁苦，手足無措，不得安身。正因如此，才使得邪惡的風氣年年加重，侵犯了太陽，從而正氣消退，逐步掩奪了太陽的光輝。在壬戌日，發生日食。蒼天顯示的巨大的災異，就是向我發出了警告，我非常難過。命令內地各郡國察舉茂材異等與賢良直言之士各一人。」

6 夏季六月，下詔說：「近來連著幾年沒有好收成，全國各地都陷入困境。黎民百姓，辛勤地耕種，又沒有收穫，遭受著饑荒的困苦，沒有辦法去解救。我作為人民的父母，不能用恩德庇覆他們，反而使他們遭受刑罰，我自己覺得非常傷心。應該大赦天下。」

7 秋季七月，西羌發生叛亂，派遣右將軍馮奉世率軍去鎮壓。八月，任命太常任千秋為奮威將軍，另外統領五校的兵力一同進擊。

8 三年春季，西羌的叛亂被平定，撤回軍隊。

9 三月，封立皇子劉康為濟陽王。

10 夏季四月癸未日，大司馬車騎將軍王接去世。

11 冬季十一月，下詔說：「不久前己丑日發生地震，仲冬出現大雨、大霧，盜賊在各地興起。官吏為什麼不按照〈月令〉所規定禁斷的內容行事？著令各官員毫無保留地回答。」

12 冬天，恢復設置鹽鐵官和博士弟子員額的制度。由於稅收不能滿足用度的需要，而平民中很多人享受免除徭役的待遇，所以無人負擔京師和外地的徭役。

13 四年春季二月，下詔說：「我繼承了至高無上的皇位，不能洞察治術，治理百姓，卻屢遭重災的懲罰。再加上邊境不安定，大軍屯駐在外，徵收軍賦，轉運邊塞，使得百姓騷動，生活窮困，無所依靠，最後觸犯法禁，遭受罪罰。上邊喪失了治民的正道反而懲罰下邊的百姓，使他們慘遭重刑，我對此甚感痛心。全國實行大赦，借貸給貧民的物資不要收債息。」

14 三月，皇帝出巡到達雍縣，在五畤祭祀上帝。

15 夏季六月甲戌日，孝宣園東闕發生火災。

16 戊寅晦日，發生日食。下詔說：「聽說英明的國王在位治國，忠臣賢士任職掌權，就會使所有的百姓和睦快樂，也會使邊遠地區蒙受福澤。現在我沒有弄通治國的道理，即使從早到晚擔憂勞碌，還是不明白其中的奧妙。所見到的事物沒有不令我感覺眩亂的，所聽到的事情沒有不讓我迷惑的，因此政令不定，多有反覆；沒有獲得民心，卻使邪說乘虛而入，事情不能成功。這都是天下人所清楚明白的事情。公卿大夫好惡不同，甚至有人順從奸心專幹邪辟的勾當，侵奪小民，黎民百姓將到哪裡去安身立命呢！不久前的六月晦日，發生了日食。《詩經》不是說嗎？『現在地位低微的民眾，也真的令人哀憐！』從今以後，公卿大夫應當深入思考上天的警告，從嚴律己，謀求久遠之計，輔佐我彌補不足。應該直言相諫，毫無保留，不要有所顧忌。」

17 九月戊子日，廢除衛思后園及戾園。冬季十月乙丑日，廢除分布在各個郡、國的祖宗祠廟。各個陵墓按地界劃歸三輔管轄。將渭城壽陵亭部的原上作為初陵。下詔說：「安於故土，不輕易搬遷，是黎民百姓的本性；血緣親屬聚集在一起，不願分離，是人情所希望的事情。近來有關的主管官員根據為臣的道理，奏請遷徙郡、國的老百姓奉事園陵，讓他們背棄先祖的墳墓，損失家資，喪失生業，別離親戚，導致人人懷著思慕家鄉的心情，家家抱有不願安居的想法。結果，東部邊陲出現了人少地荒的災害，關中卻增加了無以為生的人民，恐怕這不是長久的計策。《詩經》不是說過嗎？『民眾也非常辛勞，到了現在可以暫享小康，先把恩惠施捨給京師，然後再流布到天下四方。』現在正在建設的初陵，不要設置縣邑，讓天下的黎民百姓都能安住本土，愉快地勞作，不會產生動搖的想法。布告天下，讓大家都明確知道我的意思。」又廢除先后為她父母設置的奉守陵墓的園邑。

18 五年春季正月，皇帝出巡到達甘泉宮，在泰畤舉行祭祀活動。三月，皇上到達河東，祭祀后土。

19 秋天，潁川大水氾濫，淹死了民眾。凡在京官吏、從官，其本縣遭受災害的特准放假，士兵也遣散回家。

20 冬天，皇上來到長楊射熊館，布置車騎，舉行聲勢浩大的狩獵。

21 十二月乙酉日，毀掉太上皇、孝惠皇帝寢廟園。

22 建昭元年春季三月，皇上出巡到達雍縣，在五畤祭祀上帝。

23 秋季八月，有成群的白蛾在空中飛舞，遮蔽了日光，從東都門到枳道，都可見到。

24 冬季，河間王劉元犯罪，被廢黜，遷到房陵安置。廢除孝文太后、孝昭太后的寢園。

25 二年春季正月，皇帝出巡到達甘泉宮，在泰畤舉行祭祀。三月，到達河東，祭祀后土。增加三河幾個大郡太守的秩俸。民戶滿十二萬人為大郡。

26 夏季四月，全國實行大赦。

27 六月，封立皇子劉興為信都王。閏六月丁酉日，太皇太后上官氏逝世。

28 冬季十一月，齊地、楚地發生地震，下大雪，樹木折斷，房屋損壞。

29 淮陽王的舅舅張博、魏郡太守京房因不以正道指導諸侯王，並且洩露宮中的機密，二人都被處死，其中張博被腰斬，京房被殺頭示眾。

30 三年夏季，著令三輔都尉、大郡的都尉秩俸都增為二千石。

31 六月甲辰日，丞相韋玄成去世。

32 秋天，出使在外的代理西域騎都尉甘延壽、副校尉陳湯詐稱皇上命令，調發戊己校尉所屬的屯田兵士及西域胡兵進攻郅支單于。冬天，斬獲他的首級，傳到京師，懸掛在蠻夷邸的門上。

33 四年春季正月，因除掉了郅支單于而告慰祖先，祭祀天地。全國實行大赦。眾臣設置酒筵向皇上祝賀，皇上把誅殺郅支單于的捷報拿給後宮的貴人觀看。

34 夏季四月，下詔說：「我繼承了先帝的美業，從早到晚戰慄小心，擔心不能勝任。往日陰陽不調，五行無序，百姓遭受饑荒。想到黎民百姓失去生業，我親自會見並派遣諫大夫博士賞等二十一人深入全國各地，慰問年邁的、鰥寡孤獨的和生活乏困失去常業的人，察舉茂材和德行卓著的人士。丞相、將軍、九卿，應該竭誠盡意，不要懈怠，使我能夠看到教化在全國推行。」

35 六月甲申日，中山王劉竟去世。

36 藍田地方的沙石堵塞了霸水，安陵旁的河岸崩塌壅塞了涇水，導致涇水倒流。

37 五年春季三月，下詔說：「聽說英明的君王治理國家，總是明確愛憎，定出前進的方向，崇尚恭敬謙讓的風氣而引導民眾奮起實行，雖然制定了法律，但民眾並不觸犯，法令發布而人民順從。現在我繼承了江山社稷，雖每天兢兢業業，不敢懈怠，但恩德淺薄，神智昏暗，以至於教化的效果非常微弱。書傳不是這樣說嗎？『百姓有了過錯，責任都在我一個人身上。』全國實行大赦，賜給平民爵位一級，主婦以百戶為單位賜給牛肉和酒，三老和具有孝弟、力田身分的人賜給絹帛。」詔書又說：「春天農桑活動開始，正是老百姓盡力發揮自己力量的時候，所以這幾個月應該慰勞和勸勉農民，不要耽誤農時。現在一些品行不良的官吏，審判很小的案件，也要召集證人，增加不必要的事情，妨害老百姓務農，耽誤了這個重要季節的勞作，喪失年終的收成，三公九卿應該清楚地考察和告誡他們。」

38 夏季六月庚申日，恢復戾園。

39 壬申晦日，發生日食。

40 秋季七月庚子日，恢復太上皇寢廟園、原廟、昭靈后、武哀王、昭哀后、衛思后陵園。

1 竟寧元年❶春正月，匈奴虖韓邪單于❷來朝。詔曰：「匈奴郅支單于背叛禮義，既伏其辜❸，虖韓邪單于不忘恩德，鄉慕❹禮義，復修朝賀之禮，願保塞❺傳之無窮，邊垂❻長無兵革之事。其改元為竟寧，賜單于待詔掖庭❼王嬙❽為閼氏❾。」

2 皇太子❿冠。賜列侯嗣子爵五大夫⓫，天下為父後者爵一級。

3 二月，御史大夫延壽⓬卒。

4 三月癸未，復孝惠皇帝寢廟園、孝文太后、孝昭太后寢園。

5 夏，封騎都尉甘延壽為列侯。賜副校尉陳湯爵關內侯⓭，黃金百斤。

6 五月壬辰，帝崩⓮于未央宮。

7 毀太上皇、孝惠、孝景皇帝廟。罷孝文、孝昭太后、昭靈后、武哀王、昭哀后寢園。

8 秋七月丙戌，葬渭陵⓯。

【章　旨】以上記述竟寧元年匈奴虖韓邪單于來朝，元帝以後宮美人王嬙（昭君）為虖韓邪單于閼氏，封甘延壽為列侯、陳湯為關內侯，並賜陳湯黃金百斤，罷廢諸陵園，元帝病逝等大事。

【注　釋】❶竟寧元年　西元前三十三年。竟寧，漢元帝的年號，意思是永遠安寧。❷虖韓邪單于　閭虛權渠子，匈奴族的傑出首領。事跡見本書卷九十四下〈匈奴傳〉。❸伏其辜　伏其罪。伏，通「服」。辜，罪。❹鄉慕　嚮往。鄉，通「嚮」。❺保塞　保衛長城。❻垂　通「陲」。邊陲。❼待詔掖庭　宮女未見皇帝之前，在掖庭待命，故稱。❽王嬙　王昭君。❾閼氏　匈奴單于夫人的稱號，相當於漢朝皇后。❿皇太子　指漢成帝劉驁。⓫五大夫　秦漢爵位名，第九級。⓬延壽　繁延壽。⓭關內侯　秦漢爵位名，第十九級，僅次於最高爵通侯。⓮帝崩　漢元帝終年四十三歲。⓯渭陵　元帝陵，在漢長安北。

【語　譯】竟寧元年春季正月，匈奴虖韓邪單于前來朝賀。下詔說：「匈奴郅支單于背叛禮義，已經伏罪，虖韓邪單于不忘漢家的恩德，嚮慕禮義，重修朝賀的禮節，願意保衛邊塞，世代相傳永不斷絕，邊陲永遠安寧，不再發生戰爭。著令改元為竟寧，賜給單于待詔掖庭王嬙為閼氏。」

2 皇太子加冠。賜給列侯嫡子五大夫爵位，全國作為父親繼承人的賜給爵位一級。

3 二月，御史大夫繁延壽去世。

4 三月癸未日，恢復孝惠皇帝寢廟園、孝文太后、孝昭太后寢園。

5 夏季，封立騎都尉甘延壽為列侯。賜給副校尉陳湯關內侯爵位，以及黃金一百斤。

6 五月壬辰日，元帝在未央宮逝世。
7 毀壞太上皇、孝惠、孝景皇帝的祠廟。廢除孝文、孝昭太后、昭靈后、武哀王、昭哀后寢園。
8 秋季七月丙戌日，元帝葬在渭陵。

贊曰❶：臣❷外祖❸兄弟為元帝侍中，語❹臣曰元帝多材藝，善史書❺。鼓❻琴瑟❼，吹洞簫❽，自度曲❾，被歌聲❿，分刌節度⓫，窮極幼眇⓬。少而好儒，及即位，徵用儒生，委之以政，貢⓭、薛⓮、韋⓯、匡⓰迭⓱為宰相。而上牽制文義⓲，優游⓳不斷，孝宣之業衰焉。然寬弘盡下⓴，出於恭儉，號令溫雅，有古之風烈㉑。

【章　旨】本章的「贊」語，出於班固之父班彪之手。他以自己耳聞的材料介紹了元帝在書法、音樂方面超群的才華；對元帝重用儒生，委以治國大任，而又不敢擺脫法家的牽制，優柔寡斷，終使宣帝所創造的中興之業衰落，提出了批評。

【注　釋】❶贊曰　本篇贊語，為班固父親班彪所作。❷臣　班彪自稱。❸外祖　指金敞，是金日磾的後代。❹語　對……說。❺史書　書體名。是隸字向草隸、章草過渡的一種書體。❻鼓　彈奏。❼琴瑟　都是古代的彈奏樂器。❽洞簫　古代的一種吹樂器。❾度曲　作曲。❿被歌聲　讓曲子與歌詞相配。⓫分刌節度　把握、調整樂曲的節奏與韻律。刌，切。⓬窮極幼眇　極盡微妙曲折之意。幼眇，通「要妙」。⓭貢　貢禹。⓮薛　薛廣德。⓯韋　韋玄成。⓰匡　匡衡，字稚圭，曾任丞相。本傳見本書卷八十一。⓱迭　相繼。⓲文義　法律。⓳優游　猶豫、拖延。⓴盡下　虛心納諫。㉑風烈　風範。

【語　譯】史官評議說：我外祖父的兄弟任元帝的侍中，曾對我說，元帝多才多藝，擅長寫史書。能夠彈奏琴瑟，吹洞簫，還能自己作曲，與歌詞相配，把握節奏恰好符合，能盡顯音樂的美妙。從小喜歡儒生，等即位以後，徵召任用儒生，授予他們重任，貢禹、薛廣德、韋玄成、匡衡前後擔任宰相。然而皇上受到法律的牽制，優柔寡斷，使孝宣帝的事業走向衰落。不過肚量寬弘，允許大臣盡意奏言，本性崇尚謙恭遜讓，發號施令溫文爾雅，有古代帝王的風操遺範。

【研　析】元帝多才多藝，做太子時對乃父用人行政之道表示異議，似乎具有一定的政治見解。但從即位後的表現來看，其實並無多少政治才能。元帝「好儒」，對經術之士委以重任，聽任大儒們選擇復古的方式來解決現實的危機。然而，舉措不得要領，最終勞而少功，致使漢朝的衰象日益顯著。元帝優容外戚，委任許氏、史氏承擔重職；也倚重宦官，聽任弘恭、石顯擅權弄法。外戚與宦官勢力的膨脹，加重了老百姓的苦難，也加劇了政權內部的紛爭。官僚迅速腐敗，行政效率日漸低下，加之水旱災害頻仍，人民陷入重困。漢朝由盛轉衰，元帝一朝實為分界。

在中國歷史上，並不乏元帝這樣的皇帝：他們具有超群的藝術秉賦，本應在藝術天地縱橫馳騁，完成感人的作品，然而卻成為皇帝，並因自己庸劣的政治才能而誤國誤民。真是造化弄人。元帝執政時的一個突出現象是「徵用儒生」，「純任德教」。這既與其個人愛好有關，更受整個時代環境的影響。從武帝設立《五經》博士以來，經學傳授靡然向風，已經在社會上形成一個龐大的儒生階層。反映在政治上，以經術緣飾治術成為許多人獵取青紫的祕訣，只是元帝上臺為儒生提供了更廣闊的政治舞臺而已。然而，漢家為政的法寶是「霸王道雜之」：即以「霸道」加強皇權，打擊豪強，抑制大地主與大商人勢力對小農的吞噬；以「王道」直接保護中小地主與自耕農的利益，從而維護封建大廈的根基。元帝不明此道而盡改治策，負有股肱之任的一班大儒，同樣迂闊不堪，於政治補益甚少。君臣如此，國家不衰何待！

不過，元帝時的軍事活動與對外關係尚有新的內容。甘延壽、陳湯提兵遠邁，消滅了匈奴郅支單于，從根本上削弱了匈奴的力量，穩定了西域的局勢。昭君出塞，遠嫁虖韓邪單于，譜寫了胡漢和親的美好篇章。本卷「贊語」，出自班固之父班彪之手。有人懷疑本卷文字也出於班彪，因缺乏確證，闕疑為宜。

卷十

成帝紀第十

【題解】漢成帝劉驁是西漢第十代皇帝，在位二十六年。成帝繼承了元帝的皇位，也繼承了元帝朝的種種弊政。對此，缺之政治才能的成帝不僅無力解決，反而使其更加嚴重。外戚王氏一門五侯，壟斷朝政，朝中大臣憂國者少而營私者多，腐敗的吏治與頻發的天災相互作用，逼迫百姓失地破產，流離四方。不願忍受的人們起而暴動，造反雖被鎮壓，但漢朝的危機已經難以克服了。

1 孝成皇帝❶，元帝太子也。母曰王皇后❷，元帝在太子宮生甲觀❸畫堂❹，為世嫡皇孫。宣帝愛之，字曰太孫，常置❺左右。年三歲而宣帝崩，元帝即位，帝為太子。壯好經書，寬博謹慎。初居桂宮❻，上嘗急召，太子出龍樓門，不敢絕❼馳道❽，西至直城門❾，得絕乃度，還入作室❿門。上⓫遲之⓬，問其故，以狀⓭對。上大說，乃著令⓮，令太子得絕馳道云⓯。其後幸酒⓰，樂⓱燕樂⓲，上不以為能。

而定陶恭王⑲有材藝，母傅昭儀⑳又愛幸，上以故㉑常有意欲以恭王為嗣。賴侍中史丹㉒護太子家㉓，輔助有力，上亦以先帝尤㉔愛太子，故得無廢。

2 竟寧元年㉕五月，元帝崩。六月己未，太子即皇帝位，謁㉖高廟㉗。尊皇太后㉘曰太皇太后，皇后㉙曰皇太后。以元舅㉚侍中衛尉陽平侯王鳳㉛為大司馬大將軍㉜，領尚書事㉝。

3 乙未，有司言：「乘輿車㉞、牛馬、禽獸皆非禮，不宜以葬。」奏可。

4 七月，大赦天下。

【章　旨】以上著重記述了成帝在做太子時愛好的變化與表現，失寵後儲君地位由危而安的曲折經歷，以及元帝死後，登上皇位的情況。

【注　釋】❶孝成皇帝　名叫劉驁，字太孫，西元前三十三至前七年在位。孝成是諡號。❷王皇后　漢元帝皇后。本傳見本書卷九十八〈元后傳〉。❸甲觀　觀名。在太子宮。❹畫堂　飾有彩繪的堂室。❺置　放；帶。❻桂宮　宮殿名。漢武帝時興建，在未央宮北面。❼絕　橫絕；穿過。❽馳道　天子專用道路。❾直城門　長安西出南頭第二門。❿作室　宮中手工業人員工作的場所。⓫上　皇上。⓬遲之　覺得他來晚了。意動用法。⓭狀　情狀；情況。⓮著令　制定法令。⓯云　句末語氣詞。⓰幸酒　嗜酒。⓱樂　喜歡。⓲燕樂　燕私之樂。指安於女色與酒食之樂。⓳定陶恭王　指劉康。本傳見本書卷八十〈宣元六王傳〉。⓴傳昭儀　元帝的嬪妃。昭儀，嬪妃的名號。本傳見本書卷九十七下〈外戚傳〉。㉑以故　因為這個原因。㉒史丹　字君仲，時任駙馬都尉侍中，受命保護太子。本傳見本書卷八十二〈史丹傳〉。㉓太子家　太子及其家人。㉔尤　格外。㉕竟寧元年　西元前三十三年。㉖謁　拜謁。㉗高廟　祭祀漢高祖的場所。㉘皇太后　指漢宣帝的邛成王皇后。㉙皇后　指漢元帝的王皇后。㉚元舅　大舅。㉛王鳳　字孝卿，漢成帝時以外戚身分長期執政。事跡見本書卷九十八〈元后傳〉。

㉜大司馬大將軍　官名。武帝時始置，掌軍政大權，為實際的宰輔。㉝領尚書事　從霍光以來，任大司馬大將軍職者，都兼領尚書事務。尚書，為皇帝掌機要文書。㉞乘輿車　專供皇帝乘坐的車輛。

【語譯】孝成皇帝，是元帝的太子。母親稱王皇后，元帝出生在太子宮的甲觀畫堂，是世系嫡親的皇孫。宣帝喜歡他，為他取的表字叫太孫，經常把他帶在身邊。他三歲時宣帝逝世，元帝登上皇位，他被立為太子。長大後好讀經書，性情寬宏，做事謹慎。最初住在桂宮，元帝曾有急事召見他，他出了龍樓門，但不敢從馳道穿過，一直向西走到直城門，才跨過馳道，再返回來進入作室門。元帝怪他遲到，向他詢問原因，他說出了實情。皇上非常高興，於是下令，規定太子可以橫穿馳道。後來他喜歡上了飲酒，沉緬於歌舞宴樂，元帝認為他不具有治國的才能。而定陶恭王富有材藝，他母親傅昭儀又受到寵幸，因此元帝常動念頭想另立定陶恭王為太子來繼承皇位。多虧侍中史丹保護太子一家，輔助極為有力，並且元帝也因宣帝格外喜愛太子，所以最終沒有把他廢黜。

2 竟寧元年五月，元帝逝世。六月己未日，太子登上皇位，拜謁高廟。尊稱皇太后為太皇太后，皇后為皇太后。任命大舅父侍中衛尉陽平侯王鳳為大司馬大將軍，兼領尚書事務。

3 乙未日，有關官員上奏說：「供皇上使用的乘輿、牛馬與供皇上賞樂的禽獸都不符合禮制的規範，不應當以此陪葬。」奏文得到皇帝的批准。

4 七月，全國實行大赦。

1 建始元年❶春正月乙丑，皇曾祖悼考廟❷災。

2 立故河間王❸弟上郡庫令❹良❺為王。

3 有星孛❻于營室❼。

4 罷上林⑧詔獄⑨。

5 二月，右將軍長史⑩姚尹等使⑪匈奴還，去塞百餘里，暴風火發，燒殺尹等七人。

6 賜諸侯王、丞相、將軍、列侯、王太后、公主、王主⑫、吏二千石黃金，宗室諸官吏千石以下至二百石及宗室子有屬籍⑬者、三老⑭、孝弟⑮力田⑯、鰥寡孤獨錢帛，各有差⑰，吏民五十戶牛酒。

7 詔曰：「迺者火災降於祖廟，有星孛于東方，始正⑱而虧⑲，咎⑳孰大焉！書㉑云：『惟㉒先假王㉓正厥事㉔。』群公孜孜㉕，帥先㉖百寮㉗，輔朕不逮㉘。崇寬大，長㉙和睦，凡事恕己㉚，毋㉛行苛刻。其大赦天下，使得自新。」

8 封舅諸吏光祿大夫㉜關內侯王崇㉝為安成侯。賜舅王譚㉞、商㉟、立㊱、根㊲、逢時㊳爵關內侯。

9 夏四月，黃霧四塞㊴，博問公卿大夫，無有所諱。六月，有青蠅無萬數㊵集㊶未央宮殿中朝者㊷坐㊸。

10 秋，罷上林宮館希御幸㊹者二十五所㊺。

11 八月，有兩月相承㊻，晨見東方。

12 九月戊子，流星光燭地(47)，長四五丈，委曲蛇形，貫紫宮(48)。

13 十二月，作長安南北郊(49)，罷甘泉、汾陰祠。是日大風，拔甘泉畤(50)中大木十韋(51)以上。郡國被災(52)什四(53)以上，毋收田租。

14 二年春正月，罷雍五畤(54)。辛巳，上(55)始郊祀(56)長安南郊。詔曰：「迺者徙泰畤、后土于南郊、北郊，朕親飭躬(57)，郊祀上帝。皇天報應(58)，神光並見。三輔長無共張(59)繇役之勞，赦奉郊縣長安、長陵(60)及中都官(61)耐罪(62)徒。減天下賦錢(63)，算四十。」

15 閏月，以渭城(64)延陵亭部為初陵(65)。

16 二月，詔三輔內郡(66)舉賢良方正(67)各一人。

17 三月，北宮(68)井水溢出。

18 辛丑，上始祠后土于北郊。

19 丙午，立皇后許氏(69)。

20 罷六廐(70)、技巧(71)官。

21 夏，大旱。

22 東平王宇(72)有罪，削(73)樊(74)、亢父(75)縣。

23 秋，罷太子博望苑[76]，以賜宗室朝請者。減乘輿廄馬。

24 三年春三月，赦天下徒[77]。賜孝弟[78]力田爵二級。諸逋[79]租賦所振貸[80]勿收。

25 秋，關內[81]大水。七月，虒上[82]小女陳持弓聞大水至，走入橫城門[83]，闌入[84]尚方[85]掖門[86]，至未央宮鉤盾[87]中。吏民驚上城。九月，詔曰：「迺者郡國被[88]水災，流殺人民，多至千數。京師無故訛言[89]大水至，吏民驚恐，奔走乘[90]城。殆[91]苟暴深刻[92]之吏未息，元元[93]冤[94]失職[95]者眾。遣諫大夫[96]林等循行[97]天下。」

26 冬十二月戊申朔[98]，日有蝕之。夜，地震未央宮殿下。詔曰：「蓋聞天生眾民，不能相治，為之立君以統理之。君道得[99]，則草木昆蟲咸[100]得其所；人君不德，謫[101]見天地，災異婁[102]發，以告不治。朕涉道日寡，舉錯[103]不中[104]，乃[105]戊申日蝕地震，朕甚懼焉。公卿其各思朕過失，明白陳之。『女[106]無面從[107]，退有後言[108]。』丞相、御史與將軍、列侯、中二千石[109]及內郡國舉賢良方正能直言極諫之士，詣公車[110]，朕將覽焉。」

27 越巂[111]山崩。

28 四年春，罷中書[112]宦官，初置尚書[113]員五人。

29 夏四月，雨雪。

30 五月，中謁者丞[114]陳臨殺司隸校尉[115]轅豐於殿中。

31 秋，桃李實[116]。大水，河決東郡金隄[117]。冬十月，御史大夫尹忠以河決不憂職，自殺。

【章　旨】以上記述建始年間所發生的大事。其中比較重大的有：封舅父王崇為安成侯，賜舅父王譚等五人為關內侯；罷廢甘泉泰畤、汾陰后土祠，在長安作南北郊；撤消上林苑閒置公館與六廄、技巧等機構以及太子博望苑；關內發生水災、越嶲發生山崩、黃河在東郡金隄決口等。

【注　釋】❶建始元年　西元前三十二年。❷悼考廟　祭祀宣帝父親史皇孫的場所。❸故河間王　指劉元，宣帝時因罪被廢黜，遷於房陵。❹上郡庫令　官名，負責掌管上郡的兵器。上郡，在今陝西榆林南。❺良　劉良，事跡見本書卷五十三〈景十三王傳〉。❻孛　彗星。❼營室　星宿名。❽上林　上林苑，長安東南與西南二百里的範圍皆屬其區域。❾詔獄　本指皇帝批准審理的案件，此指關押重犯的監獄。❿右將軍長史　官名。右將軍，官銜名。長史，是將軍的屬官。⓫使　出使。⓬王主　又稱翁主，諸侯王女兒的稱呼。⓭屬籍　登記宗室成員的簿籍。⓮三老　官名。縣、鄉皆設，由年高有德者擔任。⓯孝弟　漢代察舉人才的科目。弟，通「悌」。友愛兄弟。⓰力田　漢代察舉人才的科目。⓱各有差　各按不同的等級。⓲始正　指剛登極繼位。⓳虧　虧缺。⓴咎　過失。㉑書　《尚書》，引文見《尚書・商書・高宗肜日》。㉒惟　只有。㉓先假王　先古至道之王。假，至。㉔正厥事　糾正其行事。㉕孜孜　不懈怠。㉖帥先　率先；首先。帥，通「率」。㉗百寮　百官。寮，通「僚」。㉘不逮　不及；不夠。㉙長　增加；促進。㉚恕己　以自己之仁心去度物。恕，仁。㉛毋　通「無」。㉜光祿大夫　官名。掌顧問應對，屬光祿勳。㉝王崇　字少子，元后同母弟，事跡見本書卷九十八〈元后傳〉。㉞王譚　字子元，元后異母弟。㉟商　王商，字子夏，元后異母弟。㊱立　王立，字子叔，元后異母弟。㊲根　王根，字稚卿，元后異母弟。㊳逢時　王逢時，字季卿，元后異母弟。㊴黃霧四塞　指黃塵蔽天，彌漫四野。㊵無萬數　無法以萬計數，極言其多。㊶集　落。㊷朝者　朝見皇帝的臣子。㊸坐　通「座」。座位。㊹御幸　指皇帝使用。㊺所　處。㊻兩月相承　兩月重現，是一種罕見的天文現象。㊼燭地　照耀大地。㊽貫紫宮　穿過紫宮。紫宮，星座名，即紫微垣。㊾南北郊　新設的祭祀天地的場所，原來分別是雲陽的甘泉泰畤、汾陰的后土祠。(50)甘泉畤　指甘泉泰畤，祭祀泰一神的場所。(51)韋　通「圍」。量詞，兩臂合抱的圓周長。(52)被災　遭災。(53)什四　十分之四。(54)雍五畤　祭祀五帝的場所，在雍縣，在今陝西鳳翔西。(55)上　皇上。指漢元帝。(56)郊祀　祭祀。皇帝在冬至日舉行的祭祀稱郊。(57)飭躬　指謹飭自身。(58)報應　回應。(59)共張　供應。共，通「供」。(60)長陵　縣名。在漢長安北。(61)中都官　京師各官署。(62)耐罪　剃掉鬍鬚的刑罰。(63)賦錢　算賦，每人每年納百二十錢。(64)渭城　縣名。在今陝西咸陽東北。(65)初陵　漢成帝的壽陵，尚未起名，故稱初陵。(66)內郡　外郡的對稱。漢代把靠近少數民族地區所設郡稱為外郡，內地所設郡稱為內郡。(67)賢良方正　漢代察舉人才的科目。(68)北宮　宮殿名。武帝時興建，在未央宮北面，桂宮西面。(69)許氏　許嘉女。許嘉是宣帝外戚許延壽子。(70)六廄　官名。掌乘輿馬，屬水衡都尉。(71)技巧　官名。掌鑄錢，屬水衡都尉。(72)東平王宇　劉宇，宣帝子。本傳見卷八十〈宣元六王傳〉。(73)削　削奪；削減。(74)樊　縣名。在今山東濟寧東。(75)亢父　在今山東濟寧南。(76)太子博望苑　漢武帝專為衛太子劉據建立的苑囿，供其接待賓客。(77)徒　刑徒。(78)弟　通「悌」。友愛兄弟。(79)逋　拖欠。(80)振貸　賑濟。振，通「賑」。(81)關內　關中。(82)虒上　地名，在渭河邊。(83)橫城門　長安城北面西頭第一門。(84)闌入　即擅入，無通行憑證而進入。(85)尚方　官署名，掌皇室物品的製造。(86)掖門　正門旁邊的小門。(87)未央宮鉤盾　鉤盾，少府屬官，典諸近池苑囿遊觀之處，官署設於未央宮。未央宮，在今陝西西安西北長安舊城內西南角。(88)被　遭受。(89)訛言　誤言。指傳播謠言。(90)乘　升；登。(91)殆　大約。(92)深刻　指用法深重。(93)元元　黎民百姓。(94)冤　蒙冤。(95)失職　喪失常業。(96)諫大夫　官名。屬於光祿勳，為皇帝的近侍。(97)循行　巡行；到各地視察。(98)朔　農曆每月初一。(99)得　得當。(100)咸　皆；都。(101)讁　警告；懲罰。(102)婁　多次。(103)舉錯　措施。錯，通「措」。(104)不中　不當。(105)乃　乃者；往日。(106)女　通「汝」。你；你們。(107)面從　當面順從、奉承。(108)後言　退出來說長道短。引文見《尚書・虞書・益稷》。(109)中二千石　二千石秩俸分三等，中二千石級最高。(110)公車　官名，指公車府令，接受臣民上書的官署。(111)越巂　郡名。在今四川西昌東。(112)中書　指中書令，掌宣傳詔命，武帝始以宦者擔任。(113)尚書　官名。掌文書奏章。(114)中謁者丞　官名。中謁者令的副職。中謁者，即中書謁者。(115)司隸校尉　官名。掌京師與周邊治安。(116)實　結出果實。(117)東郡金隄　是位於東郡境內的堤壩名。東郡，郡名。在今河南濮陽西南。隄，通「堤」。

【語　譯】建始元年春季正月乙丑日，皇曾祖悼考廟發生火災。

2 封立前河間王的弟弟上郡庫令劉良為諸侯王。

3 有彗星出現在營室。

4 撤銷設在上林苑關押重犯的監獄。

5 二月，右將軍長史姚尹等人出使匈奴返回，在離長城一百多里的地方，突起的暴風捲起大火，把姚尹等七人燒死了。

6 賜給諸侯王、丞相、將軍、列侯、王太后、公主、王主、秩俸二千石級官吏黃金，賜給宗室成員擔任秩俸千石以下至二百石的官吏及宗室子弟有屬籍的人、三老、具有孝弟、力田身分的人和鰥寡孤獨的人銅錢、絲織品，各按不同等級，一般官吏與平民以五十戶為單位賜給牛肉和酒。

7 皇帝下詔說：「近來火災降臨於祖廟，有彗星出現在東方，我剛剛登極，上天就顯示了虧缺，過失還有比這更大的嗎！《尚書》說：『只有先代德行至善的君王，才能夠消除災害。』希望三公勤懇盡力，率領百官，輔佐我的不足之處。要崇尚寬大，促進和睦，處理事情時要用寬容自己的胸懷去對待他人，不要推行苛刻。全國實行大赦，讓犯罪的人改過自新。」

8 封立舅父任官吏光祿大夫、關內侯的王崇為安成侯。賜給舅父王譚、王商、王立、王根、王逢時關內侯爵位。

9 夏季四月，黃霧在四處彌漫，皇上廣泛地向公卿大夫徵求對策，要求不要有所忌諱。六月，有數不清的青蠅飛集在未央宮殿中朝會者的座位上。

10 秋天，撤銷上林苑中皇帝不常駕臨的宮館二十五處。

11 八月，有兩個月亮上下相承，早晨出現在東方的天空。

12 九月戊子日，流星的光耀照亮了大地，長度四五丈，彎彎曲曲呈現出蛇的形狀，穿過紫宮。

13 十二月，建築長安南北郊兩處祭祀天地的祭壇，廢除甘泉、汾陰兩個祭祀場所。這天狂風大作，將甘泉時中十圍以上的大樹連根拔起。著令郡、國受災農作物減產十分之四以上的，免收田租。

14 二年春季正月，廢除雍縣五時的祭祀場所。辛巳日，皇上開始在長安南郊舉行祭祀天帝的活動。下詔說：

「近來把泰畤、后土遷到長安的南郊、北郊，我正身誠意，親自祭祀上帝。得到皇天的報應，神聖的光芒交相映照。祭所搬遷以後，三輔地區將長期不用承擔供應祭祀徭役的勞作。赦免在郊縣長安、長陵承奉祭祀事務的耐罪刑徒及京師各機關的耐罪刑徒。減徵天下的算賦，一算徵四十錢。」

15 閏正月，在渭城延陵亭部建築初陵。

16 二月，皇帝下詔，命令三輔與內地各郡察舉賢良、方正各一人。

17 三月，北宮的井水漫溢出來。

18 辛丑日，皇上首次在長安北郊祭祀后土。

19 丙午日，把許氏立為皇后。

20 撤銷六廄、技巧二個職官。

21 夏天，發生嚴重的旱災。

22 東平王劉宇犯罪，削奪樊縣和亢父縣。

23 秋天，撤銷衛太子的博望苑，將它賜給宗室中來朝請的成員。減省乘輿和馬廄中的馬匹。

24 三年春季三月，赦免全國的刑徒，賜給具有孝弟、力田身分的人爵位二級。所有賑濟借貸給欠交田租、賦稅民戶的物資，都不要再收回。

25 秋，關內地區發生嚴重的水災。七月，虒上的一個小女子陳持弓聽說大水來臨，跑進了橫城門，違法進入尚方掖門，到達未央宮鉤盾中。吏官和民眾驚慌失措，跑上城牆。九月，下詔說：「近日一些郡、國遭受水災，沖走、淹死了民眾，數量多達好幾千人。京城的人憑空傳播謠言，說大水就要來了，引起官吏和老百姓的驚恐，人們奔跑登上城牆。這恐怕是因為苛刻暴虐、用刑深重的官吏未能罷手，所以黎民百姓遭受冤屈、喪失生業的人數才這麼多吧。派遣諫大夫林等人到全國各地視察慰問。」

26 冬季十二月初一戊申日，發生日食。夜裡，未央宮宮殿之下發生地震。下詔說：「聽說天生眾民，人們不能相互治理，上天就為他們設立了國君來治理他們。人君的治術得當，那麼草木昆蟲都會各得其所；人君沒有恩德，上天的懲罰就會在天地間顯現，災異就會屢次發生，以警告人君治國無方。我涉歷君道的時間不長，舉措不當，近期在戊申日發生了日食和地震，我深感害怕。公卿大臣各自思考一下我的過失，明明白白地把它奏報上來。『你們不要當面奉承，背後又說長道短。』丞相、御史與將軍、列侯、秩俸中二千石以及內地郡、國所察舉的賢良、方正、能直言極諫的人士，要到公車府上書，我將親自閱讀。」

27 越嶲郡發生山崩。

28 四年春季，撤銷中書署的宦官，開始設置尚書，名額是五人。

29 夏季四月，降雪。

30 五月，中謁者丞陳臨在宮殿中殺死司隸校尉轅豐。

31 秋天，桃李結出果實。發生嚴重的水災，黃河在東郡金隄決口。冬季十月，御史大夫尹忠因黃河決口不能盡心職責，自殺了。

1 河平元年❶春三月，詔曰：「河決東郡，流漂二州❷，校尉❸王延世隄塞❹輒平，其改元為河平。賜天下吏民爵，各有差。」

2 夏四月己亥晦❺，日有蝕之，既❻。詔曰：「朕獲保宗廟❼，戰戰栗栗，未能奉稱❽。傳❾曰：『男教❿不脩，陽事⓫不得，則日為之蝕。』天著⓬厥⓭異，辜⓮在朕躬。公卿大夫其勉⓯悉心，以輔不逮⓰。百寮各修其職，惇任⓱仁人，退遠殘賊。陳朕過失，無有所諱。」大赦天下。

3 六月，罷典屬國⓲并大鴻臚⓳。

4 秋九月，復太上皇[20]寢廟園。

5 二年春正月，沛郡[21]鐵官[22]冶鐵飛[23]。語在五行志[24]。

6 夏六月，封舅譚、商、立、根、逢時皆為列侯。

7 三年春二月丙戌，犍為[25]地震山崩，雍[26]江水，水逆流。

8 秋八月乙卯晦，日有蝕之。

9 光祿大夫[27]劉向[28]校中祕書[29]。謁者陳農使[30]，使求遺書[31]於天下。

10 四年春正月，匈奴單于來朝。

11 赦天下徒，賜孝弟[32]力田爵二級，諸逋[33]租賦所振貸勿收。

12 二月，單于罷歸國。

13 三月癸丑朔，日有蝕之。

14 遣光祿大夫博士嘉[34]等十一人行舉[35]瀕河之郡[36]水所毀傷困乏不能自存者，財[37]振貸[38]。其為水所流壓死，不能自葬，令郡國給槥櫝[39]葬埋。已葬者與錢，人二千。避水它郡國，在所冗食之[40]，謹遇以文理[41]，無令失職。舉惇厚[42]有行能直言之士。

15 壬申，長陵臨涇[43]岸崩，雍涇水。

16 夏六月庚戌，楚王囂㊹薨。

17 山陽㊺火生石中，改元為陽朔。

【章旨】以上記述河平年間所發生的大事。其中較重大者有：校尉王延世組織堵塞黃河東郡決口，把五位舅父都封為列侯，光祿大夫劉向主持校理國家藏書，謁者陳農出使各地徵集散落在民間的圖書等。

【注釋】❶河平元年　西元前二十八年。❷二州　指兗州與豫州。❸校尉　官名。低於將軍一級。❹隄塞　即堤塞，築堤堵塞。❺晦　農曆每月最後一天。❻既　指日全食。❼宗廟　祖廟，此處指社稷、國家。❽奉稱　奉，繼承。稱，相副；相稱。此指未能繼承祖宗的事業，所作所為，不能與祖宗的事業相副。❾傳　指《禮記・昏義》篇。❿男教　對男人的教化，實指乾綱。⓫陽事　陽剛之氣。⓬著　顯示。⓭厥　其；它的。⓮辜　罪過。⓯勉　努力。⓰不逮　不及；不夠。⓱惇任　誠心任用。惇，厚；誠。此處作動詞用，意思是誠實、誠心。⓲典屬國　官名。掌少數民族事務。⓳大鴻臚　官名。掌禮賓事務。⓴太上皇　指劉邦的父親。㉑沛郡　郡名。治相縣，即今安徽濉溪西北。㉒鐵官　漢朝政府設在各地負責冶鐵與鑄造鐵器的機構。㉓飛　因煉鐵爐爆炸而鐵水飛灑。㉔五行志　見本書卷二十七。㉕犍為　郡名。在今四川宜賓西南。㉖雍　通「壅」。堵塞。㉗光祿大夫　官名。掌顧問應對，屬光祿勳。㉘劉向　西漢宗室成員，著名學者。本傳附見於本書卷三十六〈楚元王傳〉。㉙校中祕書　校勘政府藏書機關的圖書。中，指宮中。祕書，指外間不易見到的圖書。祕，通「秘」。㉚使　做使者。㉛遺書　散落在民間的圖書。㉜弟　通「悌」。友愛兄弟。㉝逋　欠交；拖欠。㉞嘉　荀悅《漢紀》作「孟嘉」。㉟行舉　巡視調查。㊱瀕河之郡　瀕臨黃河各郡。㊲財　通「裁」。指分別困難情況而給予不同等級的救濟。㊳振貸　賑濟。振，通「賑」。㊴棺櫝　小棺材。㊵在所冗食之　流民所到之處，官府應該為其提供食物。㊶文理　法律；規定。㊷惇厚　篤厚；信實。㊸涇　涇水，發源於六盤山，流經陝西咸陽東北，注入渭河。㊹楚王囂　劉囂，漢宣帝子。本傳見本書卷八十〈宣元六王傳〉。㊺山陽　縣名。在今河南焦作東。

【語譯】河平元年春季三月，下詔說：「黃河在東郡決口，淹沒了二個州，校尉王延世築堤壩、堵決口，平息了水患，應該把年號改為河平。賜給全國官吏與平民爵位，各按不同等級。」

2 夏季四月最後一天己亥日，發生日食，是日全食。下詔說：「我繼承江山社稷，每天戰慄憂心，不能與祖宗的事業相稱。《禮記》的〈昏義〉篇說：『對男人的教化不講究，致使陽剛之氣不得抒發，那麼太陽就會被食去。』上天顯示出異常，罪過在我的身上。希望公卿大夫勤懇不懈，盡心盡力，輔佐我的不周之處。文武百官各自謹守職責，誠心任用仁慈厚道的人，清除、遠離殘忍奸詐的人。指出我的過失，不要有所顧忌。」全國實行大赦。

3 六月，撤銷典屬國，將它與大鴻臚合併。

4 秋季九月，恢復太上皇的寢廟園。

5 二年春季正月，沛郡鐵官冶鐵時，煉鐵爐炸飛。這件事記載在〈五行志〉中。

6 夏季六月，封立舅父王譚、王商、王立、王根、王逢時都為列侯。

7 三年春季二月丙戌日，犍為郡發生地震導致山崩，壅堵了長江，使得江水倒流。

8 秋季八月最後一天乙卯日，發生日食。

9 光祿大夫劉向校理宮中收藏的圖書。謁者陳農擔任使者，到全國各地尋求遺留在民間的圖書。

10 四年春季正月，匈奴單于來朝賀。

11 赦免全國的刑徒，賜給具有孝弟、力田身分的人爵位二級，所有賑濟借貸給欠交田租、賦稅的民戶的物資，不要再去收回。

12 二月，單于結束朝賀歸國。

13 三月初一癸丑日，發生日食。

14 派遣光祿大夫博士嘉等十一人出行，調查沿黃河各郡被水災毀壞家園、受到傷害、生活困乏而不能自存的人們的情況，衡量情況，賑濟錢物，借貸籽種、糧食。那些被水沖走淹死或被房屋壓死，無力埋葬的，命令郡、國提供棺材埋葬。已經埋葬的給予銅錢，每人二千。躲避水災逃到其他郡、國的人，所在郡、國要發放糧食，讓他們食用，官吏要按照法律規定妥善地對待他們，不要讓他們喪失生業。察舉品德純厚、行為善良、能直言進諫的人士。

15 壬申日，長陵臨近涇水的河岸崩塌，壅塞了涇水。

16 夏六月庚戌日，楚王劉囂逝世。

17 山陽郡出現火在石頭堆中燃燒的現象，將年號改為陽朔。

1 陽朔元年❶。

2 春二月丁未晦，日有蝕之。

3 三月，赦天下徒。

4 冬，京兆尹王章❷有罪，下獄死。

5 二年春，寒。詔曰：「昔在帝堯❸立羲、和之官❹，命以四時之事，令不失其序。故書❺云『黎民於❻蕃時雍❼』，明以陰陽為本也。今公卿大夫或不信陰陽，薄而小之❽，所奏請多違時政❾。傳以不知❿，周行⓫天下，而欲望陰陽和調，豈不謬哉！其務順四時月令⓬。」

6 三月，大赦天下。

7 夏五月，除⓭吏八百石、五百石秩。

8 秋，關東大水，流民欲入函谷⓮、天井⓯、壺口⓰、五阮關⓱者，勿苛留⓲。

遣諫大夫博士分行視。

9 八月甲申⑲，定陶王康⑳薨。

10 九月，奉使者㉑不稱㉒。詔曰：「古之立太學㉓，將以傳先王之業，流化於天下也。儒林之官㉔，四海淵原，宜皆明於古今，溫故知新，通達國體，故謂之博士。否則學者無述㉕焉，為下所輕，非所以尊道德也。『工欲善其事㉖，必先利其器㉗。』丞相、御史其與中二千石、二千石雜舉㉘可充博士位者，使卓然可觀。」

11 是歲㉙，御史大夫張忠卒。

12 三年春三月㉚壬戌，隕石東郡㉛，八。

13 夏六月，潁川㉜鐵官徒申屠聖㉝等百八十人殺長吏，盜庫兵㉞，自稱將軍，經歷九郡。遣丞相長史、御史中丞逐捕，以軍興㉟從事，皆伏辜㊱。

14 秋八月丁巳，大司馬大將軍王鳳薨。

15 四年春正月，詔曰：「夫洪範㊲八政㊳，以食為首㊴，斯㊵誠家給㊶刑錯㊷之本也。先帝劭農㊸，薄其租稅，寵㊹其強力㊺，令與孝弟㊻同科㊼。間者，民彌㊽惰怠，鄉本㊾者少，趨末㊿者眾，將何以矯(51)之？方(52)東作(53)時，其令二千石勉勸農桑(54)，出入阡陌(55)，致勞來(56)之。書(57)不云乎？『服田力嗇(58)，乃亦有秋(59)。』其勖(60)之哉！」

16 二月，赦天下。

17 秋九月壬申，東平王宇(61)薨。

18 閏月壬戌，御史大夫于永(62)卒。

【章　旨】以上記述陽朔年間所發生的大事。其中比較重大的有：關東發生嚴重水災，允許流民進入關中就食，潁川鐵官徒申徒聖組織暴動，遭到鎮壓等。

【注　釋】❶陽朔元年　西元前二十四年。❷王章　字仲卿，元、成時以敢於直言著稱。本傳見本書卷七十六。❸帝堯　唐堯，傳說上古時期賢明的部落首領。❹羲和之官　指羲氏與和氏，是傳說中世掌天地四時的官員。❺書　《尚書》，引文見《尚書・虞書・堯典》。❻於　感歎詞。❼蕃時雍　變得親善和睦。蕃，多。時，善。雍，和。❽薄而小之　認為它淺薄而輕視它。❾時政　〈月令〉的規定。❿傳以不知　把自己所不知的事情到處傳播。⓫周行　遍行。⓬月令　法令，對一年當中各個月分應當從事的農事活動所作的規定。⓭除　提升。⓮函谷　函谷關，在今河南新安東。⓯天井　天井關，在今山西晉城西南。⓰壺口　壺口關，在今山西壺關。⓱五阮關　在今河北易縣西北。⓲苛留　刁難；阻滯。⓳甲申　據楊樹達考證，當作「甲辰」。⓴定陶王康　劉康，宣帝子。本傳見本書卷八十〈宣元六王傳〉。㉑奉使者　指奉命出使的人。㉒不稱　不副。指不副皇帝所望。㉓太學　古代的大學。㉔儒林之官　指博士。㉕無述　無所遵循。㉖善其事　把事情做好。㉗利其器　使工具便用。這句話出自《論語・衛靈公》。㉘雜舉　共舉。㉙是歲　本年。因不詳其去世月日，故繫於本年年末。㉚三月　〈五行志〉作「二月」。㉛東郡　郡名。在今河南濮陽西南。㉜潁川　郡名。在今河南禹州。㉝申屠聖　申屠是姓，聖是名，發動刑徒暴動的領袖。㉞庫兵　武庫所藏的兵器。㉟軍興　調發軍隊。㊱伏辜　服罪。㊲洪範　《尚書》的篇名。㊳八政　〈洪範〉論述的八項治國事務。㊴以食為首　〈洪範〉「八政」，第一項是食貨。㊵斯　此；這。㊶家給　家家豐衣足食。給，足。㊷刑錯　不使用刑法。錯，通「措」。㊸劭農　勸農。劭，勸勉。㊹寵　優容；優待。㊺強力　指努力務農者。㊻弟　通「悌」。友愛兄弟。㊼同科　同等。㊽彌　很；非常。㊾鄉本　願意務本。鄉，通「向」。趨向。本，本業；農業。㊿趨末　趨向末業。末，末業。即商業與手工業。(51)矯　矯正。(52)方　當；正值。(53)東作　指春耕播種。(54)農桑　指農業。(55)阡陌田間道路，此指農田。56勞來　關心；勸勉。57書　《尚書》，引文見《尚書・商書・盤庚》。58服田力嗇　種田耕稼。嗇，通「穡」。收割莊稼。59有秋　豐收。60勗　努力。61東平王宇　劉宇，漢宣帝子。本傳見本書卷八十〈宣元六王傳〉。62于永　西漢名臣于定國子。事跡附見於本書卷七十一〈于定國傳〉。

【語　譯】陽朔元年。

2 春季二月最後一天丁未日，發生日食。

3 三月，赦免全國的刑徒。

4 冬季，京兆尹王章犯罪，被關到監獄後死去。

5 二年春季，非常寒冷。下詔說：「遠古時候唐堯設立了羲氏、和氏兩個官職，命令他們負責天地四時的事務，不要失掉它們自然的次序。所以《尚書》說『黎民百姓啊順著時序變化，實現和睦雍熙境界』，這說明當時把陰陽和順作為治國的根本。現在公卿大夫中有些人不相信陰陽學說，採取鄙薄而輕視的態度，奏請的事務多違背有關時令的規定。官吏們把自己不知道的事情到處傳播，並且據此發號施令，在全國各地推行，而希望陰陽和調，這難道不是太荒謬嗎！希望務必服從四時月令的規定。」

6 三月，全國實行大赦。

7 夏季五月，提升八百石、五百石級官吏的秩俸。

8 秋天，關東發生嚴重的水災，命令流民想進入函谷關、天井關、壺口關、五阮關的，不許刁難阻滯。派遣諫大夫博士分頭到各地視察。

9 八月甲申日，定陶王劉康去世。

10 九月，奉命出使的人不稱皇上的心意。下詔說：「古代建立太學，是為了傳授先王的事業，讓教化推行到各地。主持儒學的官員，是學術之海的淵源，都應該明知古今歷史，溫習舊知識，認識新知識，通曉國家的體制，所以被稱為博士。如不是這樣，學者無所遵循，必然遭到僚屬的輕視，這不是尊重道德應有的現象。『工匠想做好他的事情，首先一定要準備好便利的器械。』丞相、御史與秩俸中二千石、二千石級官吏一起察舉可以擔任博士的人選，讓他們展現出可觀的才能來。」

11 這一年，御史大夫張忠去世。

12 三年春季三月壬戌日，隕石落在東郡，共有八塊。

13 夏季六月，潁川鐵官從事治鐵的刑徒申屠聖等一百八十人殺死長官、偷出武庫的兵器，自稱將軍，轉戰九個郡。派遣丞相長史、御史中丞前往追捕，調發軍隊前往鎮壓，使他們全部服罪。

14 秋季八月丁巳日，大司馬大將軍王鳳去世。

15 四年春季正月，下詔說：「〈洪範〉所講的八政，把農業放在首位，這確實是實現家家豐衣足食、消除犯罪的根本。先帝獎勵務農，減少田租賦稅，優待那些身體強健、努力務農的人，讓他們享受與孝弟一樣的待遇。往日，民眾懶惰懈怠，願意從事農業的人少，從事工商業的人比較多，這將怎麼扭轉呢？正當春耕播種的時候，命令秩俸二千石的官員奮力勸勉農桑事業，出入於田間地頭，關心、勉勵農民務農。《尚書》不是說過嗎？『農民努力種田耕稼，也一定會取得好收成。』大家努力吧！」

16 二月間，全國實行大赦。

17 秋季九月壬申日，東平王劉宇去世。

18 閏九月壬戌日，御史大夫于永去世。

1 鴻嘉元年❶春二月，詔曰：「朕承天地，獲保宗廟，明❷有所蔽，德不能綏❸，刑罰不中，眾冤失職❹，趨闕❺告訴❻者不絕。是以陰陽錯謬❼，寒暑失序，日月不光❽，百姓蒙辜❾，朕甚閔❿焉。書⓫不云乎？『即我御事⓬，罔克耆壽⓭，咎在厥躬⓮。』方春生長時，臨遣⓯諫大夫理等舉⓰三輔、三河⓱、弘農⓲冤獄。公卿大夫、部刺史⑲明申敕守相，稱朕意焉。其賜天下民爵一級，女子百戶牛酒，加賜鰥寡孤獨高年帛。逋貸未入者勿收。」

2 壬午，行幸⑳初陵，赦作徒㉑。以新豐戲鄉㉒為昌陵縣，奉初陵，賜百戶牛酒。

3 上始為微行㉓出。

4 冬，黃龍見真定㉔。

5 二年春，行幸雲陽㉕。

6 三月，博士行飲酒禮，有雉㉖蜚㉗集㉘于庭，歷階升堂而雊㉙，後集諸府㉚，又集承明殿㉛。

7 詔曰：「古之選賢，傅納以言㉜，明試以功㉝，故官無廢事㉞，下無逸民㉟，教化流行，風雨和時，百穀用㊱成，眾庶樂業，咸以康寧。朕承鴻業十有餘年，數遭水旱疾疫之災，黎民婁㊲困於饑寒，而望禮義之興，豈不難哉！朕既無以率道㊳，帝王之道日以陵夷㊴，意㊵迺㊶招賢選士之路鬱滯㊷而不通與？將㊸舉者未得其人也？其舉敦厚有行義能直言者，冀㊹聞切言㊺嘉謀，匡㊻朕之不逮。」

8 夏，徙㊼郡國豪傑㊽貲㊾五百萬以上五千戶于昌陵㊿。賜丞相、御史、將軍、列侯、公主、中二千石冢地(51)、第宅。

9 六月，立中山憲王[52]孫雲客[53]為廣德王。

10 三年夏四月，赦天下。令吏民得買爵，賈[54]級千錢。

11 大旱。

12 秋八月乙卯，孝景廟闕[55]災。

13 冬十一月甲寅，皇后許氏廢[56]。

14 廣漢[57]男子[58]鄭躬等六十餘人攻官寺[59]，篡[60]囚徒，盜庫兵，自稱山君。

15 四年春正月，詔曰：「數敕有司，務行寬大，而禁苛暴，訖[61]今不改。一人有辜[62]，舉[63]宗拘繫[64]，農民失業，怨恨者眾，傷害和氣，水旱為災，關東流冗[65]者眾，青[66]、幽[67]、冀[68]部尤劇，朕甚痛焉。未聞在位有惻然[69]者，孰[70]當助朕憂之！已遣使者循行郡國。被[71]災害什四[72]以上，民貲不滿三萬，勿出租賦。逋貸[73]未入，皆勿收。流民欲入關[74]，輒籍內[75]。所之[76]郡國，謹遇以理[77]，務有以全活之。思稱朕意。」

16 秋，勃海[78]、清河[79]河溢，被災者振貸[80]之。

17 冬，廣漢鄭躬等黨與寖[81]廣，犯歷四縣，眾且萬人。拜[82]河東都尉[83]趙護為廣漢太守，發郡中及蜀郡[84]合三萬人擊之。或相捕斬[85]，除罪[86]。旬月平，遷[87]護為執金吾88，賜黃金百斤。

【章　旨】以上記述鴻嘉年間所發生的大事。其中比較重大的有：在新豐戲鄉建立昌陵縣以奉初陵，成帝開始微服出行，允許官吏與平民購買爵位，廣漢鄭躬組織暴動，遭到鎮壓，黃河在勃海、清河二地漫溢等。

【注　釋】❶鴻嘉元年　西元前二十年。❷明　聰明；洞察能力。❸綏　安定。❹冤失職　蒙冤而失去常業。❺趨闕　詣闕。指到京師上書。❻告訴　告狀；申冤。❼錯謬　錯亂。❽不光　昏黯；無光。❾蒙辜　蒙受罪過。辜，罪。❿閔　通「憫」。哀憐。⓫書　《尚書》，引文見《尚書・文侯之命》。⓬即我御事　言我在執掌國政。御事，理政。⓭罔克耆壽　不能得到年高德劭的老成人輔佐。罔，無。克，能。耆壽，老成人。⓮咎在厥躬　過責在我身上。這是周平王自責之詞，漢成帝直接引用以罪己。⓯臨遣　親臨會見而派遣。⓰舉　檢察。⓱三河　指河東、河內、河南三郡。⓲弘農　郡名。郡區在河南西部、陝西東南部一帶。⓳部刺史　部，州部。漢武帝把全國劃為十三個監察區域，稱為州部。每部設置一個監察官，稱部刺史。⓴幸　皇帝到達某地。㉑作徒　承擔築陵勞役的刑徒。㉒新豐戲鄉　新豐，縣名，在今陝西臨潼東北。戲鄉，戲水之鄉。㉓微行　微服而行，即身穿微賤者之服而出行。㉔真定　縣名。在今河北石家莊東北。㉕雲陽　縣名。治今陝西淳化西北。㉖雉　野雞。㉗蜚　通「飛」。㉘集　落。㉙雊　野雞鳴叫。㉚諸府　指公卿辦公的場所。㉛承明殿　在未央宮。㉜傅納以言　陳獻自己的言論。傅，通「敷」。布；陳述。㉝明試以功　明確地檢驗所言是否有效。㉞官無廢事　官府不會荒廢事務。㉟逸民　遊民；怠惰之民。㊱用　介詞。以。㊲婁　通「屢」。屢次。㊳率道　通「帥導」。引導；帶動。㊴陵夷　衰落。㊵意　猜想。㊶迺　難道。㊷鬱滯　鬱積；堵塞。㊸將　或者。㊹覬　希覬；希望。㊺切言　懇切的言詞。㊻匡　匡正。㊼徙　遷徙。㊽豪傑　豪強大族。㊾貲　通「資」。㊿昌陵　漢成帝的陵墓，在今陝西臨潼東。(51)冢地　墓地。(52)中山憲王　即劉福，景帝後代。(53)雲客　據本書卷五十三〈景十三王傳〉，劉雲客是中山憲王劉福弟弟的孫子。(54)賈　通「價」。價格。(55)孝景廟闕　漢景帝廟園的門闕。(56)皇后許氏廢　皇后指許嘉女，因坐后姊為媚道祝詛廢。(57)廣漢　郡名，治今四川金堂。(58)男子　漢代對成年男性的稱呼。(59)官寺　官府；官署。(60)篡　篡奪；劫奪。(61)訖　通「迄」。至。(62)辜　罪。(63)舉　皆；全。(64)拘繫　拘捕；關押。(65)流冗　流散而失業。(66)青　青州，在今山東東北部。(67)幽　幽州，在今遼寧及河北東部等地。(68)冀　冀州，在今河北西南部等地。(69)惻然　憂傷的樣子。(70)孰　誰；哪一位。(71)被　遭受。(72)什四　十分之四。(73)逋貸　欠交的貸項。(74)關　指函谷關。(75)輒籍內　就登記名籍而接納下來。輒，就。籍，登記。內，通「納」。接納；接收。(76)之　往；到。(77)理　文理；法律。(78)勃海　郡名。治今河北滄州東南。(79)清河　郡名。治今河北清河東南。(80)振貸　賑濟。振，通「賑」。(81)寖　逐漸。(82)拜　提升。(83)河東都尉　河東郡最高軍事長官。河東，在今山西沁水以西、霍山以南地區。(84)蜀郡　郡名。在今四川松潘、成都、雅安、漢源一帶。(85)或相捕斬　叛亂者之間有相互捕殺的。(86)除罪　免除罪行。(87)遷　提拔。(88)執金吾　官名。掌管京師與周邊地區治安。

【語譯】鴻嘉元年春季二月，皇帝下詔說：「我承受天地的重託，繼承了江山社稷，聰明有所掩蔽，恩德不能安民，刑罰輕重不當，民眾蒙受冤屈，喪失生業，來到京師控告的人源源不絕。因此陰陽錯亂不調，寒暑違失時序，日月昏暗，沒有光明，百姓遭受罪責，我深深地憐憫他們。《尚書》不是這樣說過嗎？『就是我執掌國家的事務，未能得到年高德劭的老成人輔佐，造成國家的危難，罪責都在我自己身上。』正當春季農作物生長的時候，我要親自會見並派遣諫大夫理等人調查三輔、三河、弘農冤案。公卿大夫、部刺史要明確告誡太守和諸侯相，勤懇做事，讓我滿意。賜給全國平民爵位一級，主婦以百戶為單位賜給牛肉和酒，另外賜給鰥寡孤獨年邁的人士絹帛。欠交借貸物資尚未歸還的不要再去收回。」

2 壬午日，皇帝出巡到達初陵，赦免建築陵墓的刑徒。把新豐縣的戲鄉改為昌陵縣，奉事初陵，以百戶為單位賜給百姓牛肉和酒。

3 皇上開始微服出行。

4 冬天，黃龍在真定出現。

5 二年春季，皇帝出巡到達雲陽。

6 三月，博士舉行飲酒禮儀，有雉鳥飛落在庭院，踏著一級級臺階進入廳堂鳴叫起來，後來落在各府衙門，最後又落在承明殿。

7 下詔說：「古代選舉賢才，先讓他們說出自己的想法，再明確地考察他們的實施能力，所以官府沒有荒廢的事情，民間也沒有遊手好閒的民眾，教化在各地推行，風調雨順，農業豐收，老百姓安居樂業，都享受著安康太平。我繼承漢家大業十多年了，多次遭受水災、旱災和疾疫，黎民百姓經常處於飢寒交迫的困境當中，而希望禮義復興，這難道不是很困難的事情嗎！我已經找不出辦法領導大家克服災難，帝王的治道日益衰微，揣想這是因為招賢選士的道路堵塞不通呢？還是負責察舉的人選得不合適呢？可察舉道德敦厚、行義善良、能直言進諫的人，希望聽到懇切的建言和良好的對策，匡正我的不周。」

8 夏天，把各郡、國家資五百萬以上的豪強大族五千戶遷徙到昌陵。賜給丞相、御史、將軍、列侯、公主、秩俸中二千石級官事墓地、住宅。

9 六月，封立中山憲王的孫子劉雲客為廣德王。

10 三年夏季四月，全國實行大赦。命令官吏、平民可以購買爵位，價錢是每級一千錢。

11 發生嚴重的旱災。

12 秋季八月乙卯日，孝景廟闕發生火災。

13 冬季十一月甲寅日，皇后許氏被廢黜。

14 廣漢郡男子鄭躬等六十餘人攻打官府，奪取囚徒，搶劫武庫的兵器，自稱為山君。

15 四年春季正月，下詔說：「多次申敕各個機關，務必推行寬大的措施，禁止苛刻暴虐的行為，迄今未能改正。一人有罪，整個宗族的親戚都要被拘捕，農民耽誤了勞作，心懷怨恨的人越來越多，傷害和睦的氣氛，水旱成災，關東的流民增加，青州、幽州、冀州尤為嚴重，我很痛心。沒有聽說在位的大臣有誰對此憂慮難過，那誰來替我分憂解勞呢！已經派出使者到各郡、國視察。受災害農作物損失在十分之四以上的，民戶家資不滿三萬的，都免交田租賦稅，欠交借貸未交的，都不再收回。流民想進入關中的，一律接收。他們沿途經過的郡、國，按照規定謹慎照顧，盡量採取辦法讓他們活下來。你們要想辦法讓我滿意。」

16 秋天，勃海郡、清河郡附近的黃河漫溢，對受災的人進行賑貸。

17 冬季，廣漢郡鄭躬等人黨徒逐漸增多，進犯四縣，兵眾將近一萬人。提升河東都尉趙護任廣漢太守，調發廣漢郡及蜀郡兵力共三萬人對他們發動攻擊。他們內部相互捕捉斬殺而來自首的，免除罪行。一個月暴亂就平息了，提拔趙護為執金吾，賜給黃金一百斤。

1 永始元年❶春正月癸丑，太官❷凌室❸火。戊午，戾后園闕❹火。

2 夏四月，封婕妤趙氏❺父臨為成陽侯。五月，封舅曼❻子侍中騎都尉光祿大夫王莽❼為新都侯。六月丙寅，立皇后趙氏❽。大赦天下。

3 秋七月，詔曰：「朕執德❾不固，謀不盡下❿，過聽⓫將作大匠⓬萬年⓭言昌陵三年可成。作治五年，中陵⓮、司馬殿門⓯內尚未加功⓰。天下虛耗⓱，百姓罷勞⓲，客土⓳疏惡，終不可成。朕惟⓴其難，怛然㉑傷心。夫『過而不改，是謂過矣㉒』。其罷昌陵，反㉓故陵㉔勿徙吏民，令天下毋有動搖之心。」立城陽孝王㉕子俚為王。

4 八月丁丑，太皇太后王氏㉖崩。

5 二年春正月己丑，大司馬車騎將軍王音薨。

6 二月癸未夜，星隕如雨㉗。乙酉晦㉘，日有蝕之。詔曰：「迺者，龍見于東萊㉙，日有蝕之。天著㉚變異，以顯朕郵㉛，朕甚懼焉。公卿申敕百寮，深思天誡，有可省減便安百姓者，條奏。所振貸貧民，勿收。」又曰：「關東比歲[32]不登[33]，吏民以義收食貧民、入穀物助縣官[34]振贍[35]者，已賜直[36]，其百萬以上，加賜爵右更[37]，欲為吏補三百石，其吏也遷二等。三十萬以上，賜爵五大夫[38]，吏亦遷二等，民補郎[39]。十萬以上，家無出租賦三歲。萬錢以上，一年。」

7 冬十一月，行幸雍，祠五畤。

8 十二月，詔曰：「前將作大匠萬年知昌陵卑下，不可為萬歲居[40]，奏請營作，建置郭邑[41]，妄為巧詐，積土增高，多賦斂繇役，興卒暴[42]之作。卒徒[43]蒙辜，死者連屬[44]，百姓罷極[45]，天下匱竭。常侍[46]閎[47]前為大司農中丞[48]，數奏昌陵不可成。侍中衛尉[49]長[50]數白[51]宜早止，徙家[52]反[53]故處。朕以[54]長言下[55]閎章[56]，公卿議者皆合[57]長計。長[58]首建至策，閎典主[59]省大費，民以康寧。閎前賜爵關內侯，黃金百斤。其賜長爵關內侯，食邑千戶，閎五百戶。萬年佞邪不忠，毒流眾庶，海內怨望[60]，至今不息，雖蒙赦令，不宜居京師。其徙萬年敦煌郡[61]。」

9 是歲，御史大夫王駿[62]卒。

10 三年春正月己卯晦，日有蝕之。詔曰：「天災仍重[63]，朕甚懼焉。惟[64]民之失職，臨遣太中大夫嘉等循行天下，存問耆老，民所疾苦。其與部刺史舉惇樸[65]

遜讓有行義者各一人。」

11 冬十月庚辰，皇太后(66)詔有司復(67)甘泉泰畤、汾陰后土(68)、雍五畤、陳倉陳寶祠(69)。語在郊祀志(70)。

12 十一月，尉氏(71)男子樊並等十三人謀反，殺陳留(72)太守，劫略吏民，自稱將軍。徒(73)李譚等五人共格殺並(74)等，皆封為列侯。

13 十二月，山陽(75)鐵官徒蘇令等二百二十八人攻殺長吏，盜庫兵，自稱將軍，經歷郡國十九，殺東郡(76)太守、汝南(77)都尉。遣丞相長史、御史中丞持節督趣(78)逐捕。汝南太守嚴訢捕斬令(79)等。遷訢為大司農，賜黃金百斤。

14 四年春正月，行幸甘泉，郊泰畤，神光降集紫殿。大赦天下。賜雲陽吏民爵，女子百戶牛酒，鰥寡孤獨高年帛。三月，行幸河東，祠后土，賜吏民如雲陽，行所過無出田租。

15 夏四月癸未，長樂(80)臨華殿、未央宮東司馬門皆災。

16 六月甲午，霸陵園(81)門闕災。出杜陵(82)諸未嘗御者歸家。詔曰：「迺者，地震京師，火災婁降，朕甚懼之。有司其悉心明對厥(83)咎，朕將親覽焉。」

17 又曰：「聖王明禮制以序(84)尊卑，異車服以章(85)有德，雖有其財，而無其尊，不得踰制(86)，故民興行，上(87)義而下利。方今世俗奢僭罔極(88)，靡(89)有厭足(90)。公卿列侯親屬近臣，四方所則(91)，未聞修身遵禮，同心憂國者也。或迺(92)奢侈逸豫，務廣第宅，治園池，多畜奴婢，被服綺縠(93)，設鐘鼓，備女樂，車服嫁娶葬埋過制。吏民慕效，寖(94)以成俗，而欲望百姓儉節，家給人足，豈不難哉！詩(95)不云乎？『赫赫(96)師尹(97)，民具爾瞻(98)。』其申敕有司，以漸禁之。青綠民所常服，且勿止。列侯近臣，各自省改。司隸校尉察不變者。」

18 秋七月辛未晦，日有蝕之。

【章旨】以上記述永始年間所發生的大事。其中，比較重大的有：封舅父之子王莽為新都侯，立皇后趙飛燕，罷廢昌陵、恢復故陵，恢復甘泉泰畤、汾陰后土等祠，尉氏樊並等人謀反、山陽鐵官徒蘇令組織暴動，遭到鎮壓等。

【注釋】❶永始元年　西元前十六年。❷太官　官名。少府屬官，掌膳食。❸凌室　藏冰的處所。❹戾后園闕　戾后園，紀念漢武帝戾太子夫人的陵園。闕，門闕。❺婕妤趙氏　指趙飛燕。婕妤，嬪妃的稱號。❻舅曼　指成帝舅父王曼。❼王莽　漢代哀、平時期的權臣，後篡奪帝位，建立新朝。本傳見本書卷九十九。❽趙氏　趙飛燕。❾執德　推行恩德。❿盡下　充分聽取眾人的意見。⓫過聽　錯誤聽信。⓬將作大匠　官名。負責宮室、宗廟、陵墓建設。⓭萬年　解萬年。事跡見本書卷七十〈陳湯傳〉。⓮中陵　陵中正寢。⓯司馬殿門　陵墓的司馬門。⓰加功　動工。⓱虛耗　空耗；白白地損耗。⓲罷勞　疲勞；疲憊。罷，通「疲」。⓳客土　他處運來的土。昌陵地勢低窪，故需從別處運土墊起。⓴惟　思；想。㉑怛然　愁苦傷心的樣子。㉒過而不改二句　孔子語，出自《論語·衛靈公》。㉓反　原作「及」。宋王益之引南唐本作「反」，王先謙《漢書補注》從之。據改。㉔故陵　指延陵。㉕城陽孝王　此指城陽王劉景。劉景死，子劉雲嗣。劉雲死，弟劉俚嗣。㉖王氏　宣帝邛成王皇后。㉗星隕如雨　即現在所說的流星雨。隕，墜落。㉘晦　農曆每月最後一天。㉙東萊　郡名。治今山東掖縣。㉚著　顯示。㉛郵　通「尤」。過。㉜比歲　連年。㉝不登　農作物沒有收成。㉞縣官　國家。㉟振贍　救濟。振，通「賑」。㊱直　通「值」。㊲右更　爵名，第十四級。㊳五大夫　爵名，第九級。㊴郎　官名。負責宿衛，屬光祿勳。㊵萬歲居　指皇帝陵墓。㊶郭邑　城邑。漢制，帝陵皆置縣邑，遷關東富人居之。㊷卒暴　指突然而猛烈。卒，通「猝」。㊸卒徒　兵卒與刑徒。㊹連屬　連續不斷。㊺罷極　疲憊。罷，通「疲」。㊻常侍　官名。中常侍。㊼閎　王閎。㊽大司農中丞　官名。大司農屬官。㊾衛尉　官名。掌宮門警衛，主南軍。㊿長　淳于長，漢成帝的佞臣。本傳見本書卷九十三〈佞幸傳〉。(51)白　建白；建議。(52)徙家　指被遷徙到昌陵的人家。(53)反　同「返」。(54)以　因。(55)下　下發。(56)章　奏章。(57)合　贊同。(58)長　舊本無此字，據李慈銘說補。(59)典主　主事者的稱謂。王閎前任大司農中丞，負責錢穀與僱傭開支事，故稱典主。(60)怨望　怨恨。望，怨。(61)敦煌郡　在今甘肅敦煌西。(62)王駿　王吉之子。事跡見本書卷七十二〈王吉傳〉。(63)仍重　頻仍而嚴重。(64)惟　思；想。(65)惇樸　即敦樸，指為人厚道。(66)皇太后　漢元后王氏。(67)復　恢復。(68)汾陰后土　指位於汾陰縣的后土祠。汾陰，在今山西萬榮西南。(69)陳倉陳寶祠　位於陳倉的祭祀場所。陳倉，在今陝西寶雞東。(70)郊祀志　見本書卷二十五。(71)尉氏　縣名。在今河南尉氏。(72)陳留　郡名。在今河南開封東南。(73)徒　刑徒。(74)並　樊並。(75)山陽　縣名。在今河南焦作東。(76)東郡　郡名。在今河南濮陽西南。(77)汝南　郡名。在今河南上蔡。(78)督趣　督促。趣，通「促」。(79)令　蘇令。(80)長樂　長樂宮。在漢長安城，與未央宮東西相對。(81)霸陵園　祭祀漢文帝的陵園。(82)杜陵　漢宣帝的陵墓。此處代指漢宣帝。(83)厥　指示代詞，這。(84)序　排列；確定。(85)章　通「彰」。顯示。(86)踰制　逾越制度。(87)上　通「尚」。推崇。(88)罔極　無度。罔，通「無」。(89)靡　無。(90)厭足　滿足。(91)則　效法。(92)迺　竟然。(93)綺縠　綺，美麗的絲織品。縠，有縐紋的紗。(94)寖　逐漸。(95)詩　《詩經》，引文見《詩經‧小雅‧節南山》。(96)赫赫　威武的樣子。(97)師尹　指太師尹氏。(98)民具爾瞻　人民都在瞻仰你的威儀。具，通「俱」。爾，你。

【語　譯】永始元年春季正月癸丑日，太官儲存冰凌的房子起火。戊午日，戾后園闕發生火災。

2　夏季四月，封立婕妤趙氏的父親趙臨為成陽侯。五月，封立皇上舅父王曼的兒子侍中騎都尉光祿大夫王莽為新都侯。六月丙寅日，封立皇后趙氏。全國實行大赦。

3 秋季七月，下詔說：「我推行恩德不能堅定不移，謀劃大策不能盡納忠言，錯誤地聽從了將作大匠解萬年的意見，他說昌陵三年就可建成。可是建築了五年，中陵、司馬殿門以內還沒有動工。天下的財物白白地消耗，老百姓疲憊不堪地進行勞作，從別處移來的土疏鬆惡劣，終究不可能完成這項工程。我一想到這些困難，就悲痛傷心。聖人說『有了過錯而不去改正，這才稱為過失』。應當停止昌陵的修建，恢復故陵，不要遷徙官吏與平民，使天下不要產生懷疑動搖的情緒。」封立城陽孝王的兒子劉俚為諸侯王。

4 八月丁丑日，太皇太后王氏去世。

5 二年春季正月己丑日，大司馬車騎將軍王音去世。

6 二月癸未日的夜裡，發生了流星雨。乙酉晦日，發生日食。下詔說：「近來，黃龍出現在東萊，又發生了日食。上天顯示奇怪的天象，以彰顯我的過失，我很害怕。希望公卿告誡文武百官，認真思考上天的告誡，如有可以省減並便利百姓的事情，逐條上奏。賑貸給貧民的物資，不再收回。」詔書又說：「關東連年沒有收成，吏官、平民出於道義收養貧民、或者賣出穀物幫助國家賑濟貧民的，已經付給價錢，超過百萬以上的，加賜右更爵位，想做官吏的補為秩俸三百石的官吏，現在已經是官吏的提升二等。超過三十萬以上的，賜給五大夫爵位，是官吏的也升二等，是平民的補為郎官。超過十萬以上的，家裡三年免交田租賦稅。超過一萬錢以上的，免交一年田租賦稅。」

7 冬季十一月，皇帝出巡到達雍縣，在五時祭祀上帝。

8 十二月，下詔說：「前將作大匠解萬年明知昌陵地勢低下，不可以作為皇帝陵墓，卻奏請在這裡建築，建設城郭縣邑，肆意妄為，巧言欺詐，從別處運來土方增高地勢，增加更多的賦稅徭役，興起緊急暴虐的勞務。刑徒受罪，死者相連，百姓生活困乏，國家的財富被耗盡。常侍王閎以前任大司農中丞，幾次上奏認為昌陵不可能建成。侍中衛尉淳于長也多次建議應該及早停工，把已經遷到昌陵的人家再遷回故地。我因淳于長的建議而把王閎的奏章下發公卿討論，公卿參與討論的人都贊成淳于長的意見。淳于長第一個提出解決問題的對策，王閎主管工程節省了大量費用，使民眾獲得安康太平。王閎此前已賜給關內侯爵位和黃金一百斤。

賜給淳于長關內侯爵位，食邑一千戶，賜給王閎食邑五百戶。解萬年諂佞奸邪，沒有忠心，毒害遍及百姓，全國民眾滿懷怨憤，至今沒有平息，雖然蒙受了大赦令，不再治罪，但他不宜住在京師。把解萬年遷到敦煌郡。」

9 這一年，御史大夫王駿去世。

10 三年春季正月最後一天己卯日，發生日食。下詔說：「天災頻繁而嚴重，我深感恐懼。想到民眾喪失了常業，決定親自會見並派遣大中大夫嘉等人到全國各地視察，慰問耆老，調查老百姓貧困的情況。可與部刺史一起察舉道德純樸遜讓、行義善良的各一人。」

11 冬季十月庚辰日，皇太后下詔，命令有關機關恢復甘泉泰畤、汾陰后土、雍五畤、陳倉陳寶祠。這件事記載在〈郊祀志〉中。

12 十一月，尉氏縣男子樊並等十三人發動反叛，殺死陳留太守，劫掠官吏、平民，自稱將軍。刑徒李譚等五人一起殺死樊並等人，都被封為列侯。

13 十二月，山陽鐵官從事冶鐵的刑徒蘇令等二百二十八人襲擊、殺死長官，搶劫武庫的兵器，自稱將軍，轉戰十九個郡、國，殺死了東郡太守和汝南都尉。派遣丞相長史、御史中丞拿著使節督促地方官追捕。汝南太守嚴訢捕殺了蘇令等人。提拔嚴訢為大司農，賜給黃金一百斤。

14 四年春季正月，皇帝出巡到達甘泉，在泰畤舉行祭祀，神聖的光芒降臨在紫殿。下詔大赦天下。賜給雲陽官吏、平民爵位，主婦以百戶為單位賜給牛肉和酒，鰥寡孤獨年邁的人賜給絲綢。三月，到達河東，祭祀后土，賜給官吏、平民爵位如同雲陽一樣，皇帝行所經過的地方免交田租。

15 夏季四月癸未日，長樂宮臨華殿、未央宮東司馬門都發生火災。

16 六月甲午日，霸陵園門闕發生火災。放遣杜陵那些皇帝未嘗臨幸的宮女回家。下詔說：「近來，京師出現地震，火災多次發生，我很害怕。有關官員應誠心盡意地明言這些災異警示何種過錯，我將親自審覽。」

17 詔書又說：「聖明的君王明確禮儀制度以便確立等級的尊卑，區別車騎服飾的不同以顯示道德的高低，盡管擁有資材，但是沒有尊顯的地位，仍然不得逾越制度，因此民眾的行為都是崇禮尚義而輕視私利。現在社會習俗卻是奢侈無度，欲望沒有滿足的時候。公卿列侯與親屬近臣，是全國民眾效法學習的榜樣，可是沒有聽說他們修飭自身，遵從禮義，與我同心同德憂慮國事。有的人竟然生活奢靡，到處放蕩，想方設法擴大住宅，營建園林，大量蓄養奴婢，穿著打扮用的都是絲綢縐紗，設置鐘鼓絲竹，配備演奏的伎樂，車馬、服用、嫁女、娶妻、葬埋都違反制度的規定。官吏與民眾紛紛仿效，逐漸形成了風俗，這樣一來，希望老百姓節約勤儉，各家豐衣足食，豈不是很難的事情嗎！《詩經》不是這樣說嗎？『聲名顯赫的太師尹氏，臣民都在瞻仰你的威儀。』應該告誡有關部門，採取措施逐漸加以禁止。青色與綠色的衣裳是人民經常穿著的，暫且不要禁止。列侯、近臣都要各自檢討改正。司隸校尉要督察那些不願改變的人。」

18 秋季七月最後一天辛未日，發生日食。

1 元延元年❶春正月己亥朔，日有蝕之。

2 三月，行幸雍，祠五畤。

3 夏四月丁酉，無雲有雷，聲光耀耀，四面下至地，昏❷止。赦天下。

4 秋七月，有星孛❸于東井❹。詔曰：「迺者，日蝕星隕，謫❺見于天，大異重仍❻。在位默然，罕有忠言。今孛星見于東井，朕甚懼焉。公卿大夫、博士、議郎其各悉心，惟思變意，明以經❼對，無有所諱；與內郡國舉方正能直言極諫者各一人，北邊二十二郡舉勇猛知兵法者各一人。」

封蕭相國❽後喜為酇侯。

冬十二月辛亥，大司馬大將軍王商薨。

是歲，昭儀趙氏❾害後宮皇子。

二年春正月，行幸甘泉，郊泰畤。

三月，行幸河東，祠后土。

夏四月，立廣陵孝王❿子守⓫為王。

冬，行幸長楊宮⓬，從⓭胡客⓮大校獵⓯。宿萯陽宮⓰，賜從官。

三年春正月丙寅，蜀郡岷山崩，雍江三日，江水竭。

二月，封侍中衛尉淳于長為定陵侯。

三月，行幸雍，祠五畤。

四年春正月，行幸甘泉，郊泰畤。

二月，罷司隸校尉官。

三月，行幸河東，祠后土。

甘露降京師，賜長安民牛酒。

【章　旨】以上記述元延年間所發生的大事。其中比較重大的有：皇后趙飛燕的妹妹害死後宮宮人所生的皇子，蜀郡岷山崩，壅塞長江三天，江水枯竭，撤消司隸校尉官職等。

【注　釋】❶元延元年　西元前十二年。❷昏　黃昏。❸孛　彗星。❹東井　星宿名。❺讁　警告。❻仍　頻仍；頻繁。❼經　指儒家經典。❽蕭相國　指西漢開國功臣蕭何。本傳見本書卷三十九〈蕭何傳〉。❾昭儀趙氏　指趙飛燕的妹妹。昭儀，嬪妃的稱號。❿廣陵孝王　指劉霸，即廣陵王劉胥的太子。事跡見本書卷六十三〈武五子傳〉。⓫守　劉守。⓬長楊宮　皇帝行宮名，在今陝西周至東南。⓭從　通「縱」。放縱。⓮胡客　周邊少數民族賓客。⓯校獵　圍獵。校，指編製木柵以圍困野獸。⓰萯陽宮　行宮名。在今陝西戶縣西南。

【語　譯】元延元年春季正月初一己亥日，發生日食。

2 三月，皇帝出巡到達雍縣，在五畤祭祀上帝。

3 夏季四月丁酉日，天上沒有雲彩，卻響起雷聲，而且聲音大作，閃電光耀，四面八方從天上到地上都是電閃雷鳴，到黃昏時才停下來。全國實行大赦。

4 秋季七月，有彗星出現在東井星一帶，下詔說：「近來，日食與隕星發生，上天發出警告，所以重大變異一再出現。在位的大臣默默無聲，很少提出勸諫的忠言。現在彗星出現在東井星一帶，我很害怕。公卿大夫、博士、議郎都誠心盡意，思考對策，明確地按照經義來答對，不要有所顧忌；各位與內地郡、國察舉方正、能直言極諫的人士各一人，北邊二十二郡察舉勇猛知兵法的人士各一人。」

5 封立蕭相國後人蕭喜為酇侯。

6 冬季十二月辛亥日，大司馬大將軍王商去世。

7 這年，昭儀趙氏害死了後宮出生的皇子。

8 二年春季正月，皇帝出巡到達甘泉，在泰畤舉行祭祀。

9 三月，皇帝出巡到達河東郡，祭祀后土。

10 夏季四月，封立廣陵孝王的兒子劉守為諸侯王。

11 冬季，皇帝出巡到長楊宮，放縱少數民族賓客進行大規模圍獵活動。晚上住在萯陽宮，賞賜隨從官員。

12 三年春季正月丙寅日，蜀郡岷山崩塌，把長江壅塞了三日，江水枯竭。

13 二月，封立侍中衛尉淳于長為定陵侯。

14 三月，皇帝出巡到達雍縣，在五畤祭祀上帝。

15 四年春季正月，皇帝出巡到達甘泉，在泰畤祭祀天地。

16 二月，撤銷司隸校尉這個職官。

17 三月，皇帝出巡到達河東，祭祀后土。

18 京師普降甘露，賜給長安的民眾牛肉和酒。

1 綏和元年❶春正月，大赦天下。

2 二月癸丑，詔曰：「朕承太祖鴻業，奉宗廟二十五年，德不能綏理宇內，百姓怨望者眾。不蒙天祐，至今未有繼嗣，天下無所係心❷。觀于往古近事之戒，禍亂之萌❸，皆由斯❹焉。定陶王欣❺於朕為子，慈仁孝順，可以承天序，繼祭祀。其立欣為皇太子。封中山王❻舅諫大夫馮參❼為宜鄉侯，益❽中山國三萬戶，以慰其意❾。賜諸侯王、列侯金，天下當為父後者爵，三老、孝弟❿力田帛，各有差。」

3 又曰：「蓋聞王者必存二王⓫之後，所以通三統⓬也。昔成湯⓭受命，列為三代[14]，而祭祀廢絕。考求其後，莫正孔吉[15]。其封吉為殷紹嘉侯。」三月，進爵為公，及周承休侯[16]皆為公，地各百里。

4 行幸雍，祠五畤。

5 夏四月，以大司馬票[17]騎將軍為大司馬[18]，罷將軍官。御史大夫為大司空[19]，封為列侯。益大司馬、大司空奉如丞相[20]。

6 秋八月庚戌，中山王興薨。

7 冬十一月，立楚孝王孫景為定陶王[21]。

8 定陵侯淳于長大逆不道，下獄死。廷尉孔光[22]使持節賜貴人許氏[23]藥[24]，飲藥死。

9 十二月，罷部刺史，更置州牧[25]，秩二千石。

10 二年春正月，行幸甘泉，郊泰畤。

11 二月壬子，丞相翟方進[26]薨。

12 三月，行幸河東，祠后土。

13 丙戌，帝崩[27]于未央宮。皇太后詔有司復長安南北郊。四月己卯[28]，葬延陵[29]。

【章旨】以上記述綏和年間所發生的大事。其中比較重大的有：將定陶王劉欣立為皇太子，封孔吉為殷紹嘉侯，後與周承休侯姬延年一起晉爵為公，改革官制，成帝去世，皇太后詔命恢復長安南北郊等。

【注釋】❶綏和元年　西元前八年。❷係心　維繫民心。❸萌　生。❹斯　此；這。❺定陶王欣　劉欣，劉康子，元帝孫，後為哀帝。❻中山王　指劉興，漢元帝子，漢平帝父。事跡見本書卷八十〈宣元六王傳〉。❼馮參　字叔平，元帝馮昭儀少弟。本傳附見於本書卷七十九〈馮野王傳〉。❽益　增加。❾以慰其意　原議中山王劉興為成帝繼承人，後改為定陶王。恐其怨恨，故增加封邑，以示安慰。❿弟　通「悌」。友愛兄弟。⓫二王　商、周。⓬三統　天、地、人。商、周二王與成帝為三，暗示與三統相合。⓭成湯　商代的創始人。⓮三代　指夏、商、周。⓯孔吉　孔子後代。⓰周承休侯　姬延年。⓱票　通「驃」。⓲大司馬　指帝舅王根。⓳大司空　成帝此時改御史大夫為大司空，職掌如舊。⓴奉如丞相　指大司空俸祿與丞相一樣，月六萬錢，原來為四萬錢。奉，通「俸」。㉑景為定陶王　景，指劉景。因定陶王劉欣成為太子，故別立劉景以嗣定陶王。㉒孔光　字子夏，孔子十四世孫，長期居公輔之位。本傳見本書卷八十一〈孔光傳〉。㉓貴人許氏　即前所廢許皇后。貴人，嬪妃的稱號。㉔藥　毒藥。㉕州牧　刺史改為州牧，是漢代官制的一大變化。到東漢，州牧逐漸演變為最高的地方行政機關。㉖翟方進　字子威，官至丞相。本傳見本書卷八十四〈翟方進傳〉。㉗帝崩　成帝終年四十五歲。㉘己卯　楊樹達認為應作「己未」。㉙延陵　在今陝西咸陽西北。

【語譯】綏和元年春季正月，全國實行大赦。

2 二月癸丑日，下詔說：「我繼承了太祖的漢家大業，祀奉江山社稷二十五年，德行不能安穩天下，老百姓心懷怨恨的人日益增加。沒有得到上天的保祐，至今未有後嗣，使天下臣民的心無法維繫。考察古今歷史事實所提供的經驗教訓，災禍與變亂的產生，都是由於沒有後嗣而造成的。定陶王劉欣對我來說屬於子輩，秉性慈厚，仁義孝順，可以接續帝王的順序，繼承祭祀祖宗的大業，茲確立劉欣為皇太子。封立中山王的舅父諫大夫馮參為宜鄉侯，增加中山國封邑三萬戶，以安慰他的心意。賜給諸侯王、列侯黃金，賜給天下應當成為父親後嗣的人爵位，賜給三老和具有孝弟、力田身分的人絲綢，各按不同的等級。」

3 詔書又說：「聽說稱王的人一定要保存二王的後嗣，為的是貫通天、地、人三統的意思。過去成湯接受天命，建立商朝，被列於夏、商、周三代，可是後來對它的祭祀廢止、斷絕了。尋求殷商的後人，沒有比孔吉更正宗的了。封立孔吉為殷紹嘉侯。」三月，爵位晉升為公，與周承休侯一道都成為公，封地各一百里。

4 皇帝出巡到達雍縣，在五時祭祀上帝。

5 夏季四月，以大司馬驃騎將軍為大司馬，撤銷將軍這個職官。把御史大夫改為大司空，封為列侯。增加大司馬、大司空的俸祿，與丞相一樣。

6 秋八月庚戌日，中山王劉興去世。

7 冬季十一月，封立楚孝王的孫子劉景為定陶王。

8 定陵侯淳于長犯下大逆不道的罪行，關入監獄後死去。廷尉孔光派人拿著節賜給貴人許氏毒藥，她喝完藥就死了。

9 十二月，撤銷部刺史，另設州牧，秩俸是二千石。

10 二年春季正月，皇帝出巡到達甘泉，在泰時祭祀天地。

11 二月壬子日，丞相翟方進去世。

12 三月，皇帝出巡到達河東，祭祀后土。

13 丙戌日，成帝在未央宮逝世。皇太后下詔，命令有關部門恢復長安南北郊的祭祀場所。四月己卯日，成帝葬在延陵。

贊曰❶：臣之姑❷充後宮為婕妤，父子昆弟侍帷幄❸，數為臣言成帝善修容儀，升車❹正立，不內顧❺，不疾言❻，不親指❼，臨朝淵嘿❽，尊嚴若神，可謂穆穆❾天子之容者矣！博覽古今，容受❿直辭⓫。公卿稱職，奏議可述。遭⓬世承平，上下和睦。然湛⑬于酒色，趙氏⑭亂內，外家⑮擅朝，言之可為於邑⑯。建始⑰以來，王氏始執國命，哀、平短祚⑱，莽遂篡位，蓋其⑲威福所由來者漸矣！

【章　旨】本章的「贊」語也出於班彪之手。他仍以親聞之辭，介紹了成帝的性情、為人與才質，對其沉湎於酒色、縱容趙氏亂內、讓權於外戚，深感痛惜，揭示了建始以後王氏擅權、專制國命，最終導致王莽篡漢結果的演變軌跡。

【注　釋】❶贊曰　本贊語為班彪所寫，班固徑用於《漢書》。❷臣之姑　指班婕妤。臣，我，此為班彪自稱。❸侍帷幄　指在皇帝身邊擔任內侍之職。帷幄，幃帳。此指宮庭。❹升車　上車。升，登。❺不內顧　不向內回顧。❻不疾言　指語氣舒緩，說話不快。❼不親指　不指指點點。❽淵嘿　少言寡語。淵，深沉。嘿，通「默」。❾穆穆　莊嚴盛美的樣子。❿容受　接受。⓫直辭　直言。⓬遭　遇上。⓭湛　通「沉」。沉湎。⓮趙氏　指趙飛燕姊妹。⓯外家　外戚，指王氏。⓰於邑　通「嗚悒」。氣短傷心的樣子。⓱建始　漢成帝的第一個年號。⓲短祚　指在位時間短。祚，皇帝的統緒。⓳其　代指王莽。

【語　譯】史官評議說：我的姑姑被選入後宮成為婕妤，她的父子兄弟成為皇帝的近臣，在宮闈中服侍。他們多次向我說起成帝講究容儀，上車以後正身站立，不回頭向裡面看，不疾速地說話，不隨便指指點點，上朝後深沉寡言，神情莊嚴就像神明，可稱得上是富有莊嚴靜穆的天子儀容了！博覽古今的圖書，能接受直諫的言詞。公卿大臣都能稱職，他們的奏議文采可觀。遭遇太平世道，上下和睦相處。然而沉湎於酒色，趙氏在宮內搗亂，外家在朝廷專權，說起來真是讓人痛心。建始以來，王氏開始控制了國家的命脈，哀帝、平帝壽命短促，王莽最終篡權奪位，能夠作威作福，也是逐漸演進過來的吧！

【研　析】成帝劉驁生於漢宣帝甘露三年（西元前五十一年），他是漢元帝劉奭做太子時與王政君所生。「驁」是其祖父漢宣帝給起的名字，意思是希望他做劉漢王朝的千里馬，結果卻是事與願違。由於成帝迷戀酒色，昏庸失政，「趙氏亂內，外家擅朝」，留下了王莽奪漢的禍根。

西漢政權在建國伊始由皇帝、功臣和外戚三種力量構成，隨著時間的推移，漢初的功臣集團逐漸退出歷史舞臺，由官僚集團取而代之，而外戚在大多數情況下是處於權力核心的重要政治力量。到漢元帝的時候，外戚勢力已經非常龐大和複雜，形成多個派系，其中源自宣帝祖母史良娣的史氏一系、源自宣帝母親王翁須的王氏一系、源自元帝生母的許氏一系，這三個系統的外戚勢力先後占據大司馬車騎將軍等重要職位，權勢很盛。此外，還有元帝寵倖的傅昭儀和馮昭儀等外戚。而此時元帝王皇后一系的外戚雖然紛紛竊據要津，驟然顯貴，但還沒有進入中樞。漢成帝繼位之後，尊稱皇后王政君為皇太后，以母舅王鳳為大司馬大將軍領尚書事，外戚王氏就此霸占了政治舞臺。王鳳先後排擠威望很高的馮野王，迫使皇后之父許嘉引退，王商的丞相之職也被免除。漢成帝荒淫昏庸，軟弱無能，優柔寡斷，倚靠母舅支撐朝政，王鳳集軍政大權於一身，打擊異己，王氏家族把持了大漢帝國的權柄，為哀平時期王莽專權乃至篡漢奠定了基礎。

中國古代凡是出現外戚擅權的時候，通常必然伴隨政治的腐化、官僚貴族階層的奢侈浮華，以及日益激化的社會矛盾。成帝時期權貴階層奢侈之風盛行，雖然在永始四年頒布詔書，批評「公卿列侯親屬近臣，四方所則，未聞修身遵禮，同心憂國者也。或迺奢侈逸豫，務廣第宅，治園池，多畜奴婢，被服綺穀，設鐘鼓，備女樂，車服嫁娶葬埋過制」，但該詔書的頒布沒有對現實帶來根本改變，統治階層依舊肆意兼併土地，農民破產，災害頻仍，暴動陸續發生，社會危機加劇，自昭宣時期出現的漢家國運將盡的傳言，在此時更加盛行，漢朝已真正衰落，病入膏肓。

可以說，成帝時期形成的外戚王氏專權的政治格局，以及社會矛盾的尖銳，決定了西漢政權轉移他姓的覆亡命運。明代陳仁錫點評《漢書》說：「西漢之亡，由於成帝。成帝之病，語在〈元后傳〉、〈外戚傳〉中，而紀中所載，徒具文耳。」所言有一定道理。〈成帝紀〉雖非盡屬具文，然確應與〈元后傳〉、〈外戚傳〉等參看。這是在閱讀〈元帝紀〉時應該注意的。

卷十一

哀帝紀第十一

【題解】漢哀帝劉欣是西漢第十一代皇帝，在位六年。漢成帝無子，哀帝以元帝庶孫身分承嗣，先成為成帝太子，後登上皇位。與成帝相比，哀帝頗有政治抱負，也期望重振漢業。但是他身患偏枯之病，有志無力，種種期望只能落空。而且漢朝的歷史演變到他的時代，已經國勢衰萎，積重難返，想解決談何容易，西漢王朝就快壽終正寢了。

孝哀皇帝❶，元帝庶孫❷，定陶恭王❸子也。母曰丁姬❹。年三歲嗣立為王，長好文辭法律。元延四年❺入朝，盡從❻傅、相、中尉，時成帝少弟中山孝王❼亦來朝，獨從傅❽。上怪之，以問定陶王，對曰：「令❾，諸侯王朝，得從其國二千石。傅、相、中尉皆國二千石，故盡從之。」上令誦❿詩，通習，能說⓫。他日問中山王：「獨從傅在何法令？」不能對⓬。令誦尚書，又廢⓭。及賜食於前，後飽⑭；起下，韤係解⑮。成帝由此以為不能，而賢定陶王，數稱其材。時王祖母傅太后⑯隨王來朝，私⑰賂遺上所幸趙昭儀⑱及帝舅票⑲騎將軍曲陽侯王根⑳。昭儀及根見上亡子，亦欲豫㉑自結為長久計，皆更稱㉒定陶王，勸帝以為嗣。成帝亦自美其材，為加元服㉓而遣之，時年十七矣。明年，使執金吾㉔任宏守㉕大鴻臚㉖，持節徵定陶王，立為皇太子。謝㉗曰：「臣幸得繼父守藩㉘為諸侯王，材質不足以假充㉙太子之宮。陛下聖德寬仁，敬承祖宗，奉順神祇㉚，宜蒙福祐子孫千億之報。臣願且得留國邸㉛，旦夕奉問起居㉜，俟㉝有聖嗣㉞，歸國守藩。」書奏，天子報聞㉟。後月餘，立楚孝王孫景為定陶王，奉恭王祀，所以獎厲㊱太子專為後之誼㊲。語在外戚傳㊳。

綏和二年㊴三月，成帝崩。四月丙午，太子即皇帝位，謁㊵高廟㊶。尊皇太后㊷曰太皇太后，皇后㊸曰皇太后。大赦天下。賜宗室王子有屬㊹者馬各一駟㊺，吏民爵，百戶牛酒，三老㊻、孝弟㊼力田㊽、鰥寡孤獨帛㊾。太皇太后詔尊定陶恭王為恭皇。

【章　旨】以上記述了哀帝當初被立為成帝太子的原因、經過，哀帝的性情、好尚，以及成帝死後，他登上皇位的過程。

【注　釋】❶孝哀皇帝　名叫劉欣，西元前六年至前一年在位。孝哀是諡號。❷庶孫　庶子所生子。元帝太子是成帝，成帝無子。❸定陶恭王　劉康，元帝子，哀帝父。本傳見本書卷八十〈宣元六王傳〉。❹丁姬　定陶恭王劉康妃子，哀帝母親。本傳見本書卷九十七下〈外戚傳〉。❺元延四年　西元前九年。元延，漢成帝最後一個年號。❻盡從　皆從；都跟著到來。❼中山孝王　即劉興。本傳見本書卷八十〈宣元六王傳〉。❽傅　太子太傅，掌教導太子。❾令　命令，與律並稱律令，是漢代法律最基本的形式。❿誦　背誦。⓫能說　能說解意思。⓬對　答對。⓭廢　忘記。⓮後飽　指最後一個吃完並吃飽。⓯韈係解　繫襪子的帶子解開了。意謂吃相太差，不懂禮法。韈，襪子。⓰傅太后　元帝的妃子。本傳見本書卷九十七下〈外戚傳〉。⓱私　私下；暗地裡。⓲趙昭儀　指趙飛燕。⓳票　通「驃」。⓴王根　成帝的舅舅，實掌朝政大權。㉑豫　通「預」。預先。㉒更稱　交替誇獎。㉓加元服　加冠。㉔執金吾　官名，掌京師與周邊治安。㉕守　代理。㉖大鴻臚　官名，掌外交、禮儀與接待外國賓客。㉗謝　辭謝。㉘守藩　保衛藩國。㉙假充　充當。假，此為謙詞。㉚神祇　神靈。祇，地神。㉛國邸　諸侯國在京師的旅舍。㉜起居　指日常生活。㉝俟　等待。㉞聖嗣　皇帝的嗣子。此指成帝的嫡嗣。㉟報聞　奏表留中，未下達有司處理。㊱厲　通「勵」。㊲誼　通「義」。㊳外戚傳　見本書卷九十七。㊴綏和二年　西元前七年。㊵謁　拜謁。㊶高廟　祭祀漢高祖劉邦的場所。㊷皇太后　指元帝皇后王氏。㊸皇后　指成帝皇后趙飛燕。㊹屬　屬籍；登記皇室成員的戶籍。㊺一駟　四匹馬。㊻三老　官名。縣、鄉皆設，由年高有德者擔任。㊼孝弟　漢代察舉人才的科目。弟，通「悌」。友愛兄弟。㊽力田　漢代察舉人才的科目。㊾帛　絲織品的總稱。

【語　譯】孝哀皇帝是元帝的庶孫，定陶恭王的兒子。他的母親叫丁姬。他三歲時繼位做了諸侯王，長大以後喜歡辭賦與法律。元延四年入京朝見皇帝，太傅、丞相、中尉全都跟著來了，當時成帝的小弟弟中山孝王也來朝見，只跟來了太傅。皇上對此感到奇怪，就詢問定陶王，他回答說：「依法令規定，諸侯王朝見，能夠讓秩俸二千石級的官員跟隨。太傅、丞相、中尉都是秩俸二千石的官員，所以都跟著來了。」皇上讓他背誦《詩經》，能夠從頭至尾熟練地背誦，也能解說它的意思。後來又問中山王說：「你只讓太傅跟隨，這是根據哪條法令的規定？」他答不上來。讓他背誦《尚書》，又背不下來。等到皇帝親自宴請他們吃飯，他最後一個吃飽；起身離開席位，襪帶也解開了。成帝從此認為他沒有才能，而認為定陶王賢能，好幾次誇獎他的才學。當時定陶王祖母傅太后隨從來朝，私下賄賂皇上寵幸的趙昭儀及皇上的舅父驃騎將軍曲陽侯王根。趙昭儀與王根看見皇上沒有嗣子，也想預先攀結，為自己的未來打算，都交口稱讚定陶王，勸皇帝把他立為繼承人。成帝自己也很賞識他的才能，為他加冠以後送他回到封國，當時他十七歲。第二年，皇帝派執金吾任宏代理大鴻臚，拿著使節徵召定陶王到京，確立他為皇太子。他辭謝說：「我很榮幸能夠繼承父親的地位守衛藩國成為諸侯王，我的才幹、資質不夠充當皇太子的名位。陛下聖明的道德，寬厚仁愛的心懷，恭敬地繼承祖宗的事業，虔誠地奉祀神靈，應該蒙受上天的福澤、保祐，獲得子孫繁昌的報答。我願意暫時留在定陶國邸，早晚侍奉皇帝的起居，等皇上有了神聖的後嗣，再回到封國守藩盡職。」奏書呈上以後，皇帝沒有答復。一個多月後，冊立楚孝王的孫子劉景為定陶王，承擔定陶恭王的祭祀，用來獎勵太子希望專心成為恭王之後的恩誼。這件事情記載在〈外戚傳〉中。

綏和二年三月，成帝逝世。四月丙午日，太子登上皇位，拜謁高廟。尊稱皇太后為太皇太后，皇后為皇太后。全國實行大赦，賜給宗室成員中有屬籍的人各四匹馬，官吏、平民賜給爵位，並以百戶為單位賜給牛肉和酒，三老、具有孝弟、力田身分的人、鰥寡孤獨的人賜給絹帛。太皇太后下詔，命令尊稱定陶恭王為恭皇。

1 五月丙戌，立皇后傅氏❶。詔曰：「春秋❷『母以子貴❸』，尊定陶太后❹曰恭皇太后，丁姬曰恭皇后，各置左右詹事❺，食邑如長信宮❻、中宮❼。」追尊傅父❽為崇祖侯、丁父❾為褒德侯。封舅丁明❿為陽安侯，舅子滿⓫為平周侯。追諡滿父忠⓬為平周懷侯，皇后父晏⓭為孔鄉侯，皇太后弟侍中光祿大夫⓮趙欽⓯為新成侯。

2 六月，詔曰：「鄭聲⑯淫而亂樂，聖王所放⑰，其罷樂府⑱。」

3 曲陽侯根⑲前以大司馬建社稷策⑳，益封二千戶。太僕安陽侯舜㉑輔導有舊恩，益封五百戶，及丞相孔光㉒、大司空㉓汜鄉侯何武㉔益封各千戶。

4 詔曰：「河間王良㉕喪太后三年㉖，為宗室儀表㉗，益封萬戶。」

5 又曰：「制節謹度以防奢淫，為政所先，百王不易㉘之道也。諸侯王、列侯、公主、吏二千石及豪富民多畜㉙奴婢，田宅亡限㉚，與民爭利，百姓失職㉛，重困㉜不足。其議限列㉝。」有司條奏：「諸王、列侯得名田國中㉞，列侯在長安及公主名田縣道㉟，關內侯、吏民名田，皆無得過三十頃。諸侯王奴婢二百人，列侯、公主百人，關內侯、吏民三十人。年六十以上，十歲以下，不在數中。賈人㊱皆不得名田、為吏，犯者以律論㊲。諸名田畜奴婢過品㊳，皆沒入縣官㊴。齊三服官㊵、諸官織綺繡，難成，害女紅㊶之物，皆止，無作輸㊷。除任子令㊸及誹謗詆欺法㊹。掖庭宮人㊺年三十以下，出嫁之。官奴婢五十以上，免為庶人。禁郡國無得獻名獸。益吏三百石以下奉㊻。察吏殘賊㊼酷虐者，以時退㊽。有司無得舉赦前往事㊾。博士弟子父母死，予寧㊿三年。」

6 秋，曲陽侯王根、成都侯王況(51)皆有罪。根就國(52)，況免為庶人，歸故郡。

7 詔曰：「朕承宗廟之重，戰戰兢兢，懼失天心(53)。間者日月亡光，五星失行，郡國比比地動(54)。迺者河南(55)、潁川郡(56)水出，流殺人民，壞敗廬舍。朕之不德，民反蒙辜(57)，朕甚懼焉。已遣光祿大夫(58)循行(59)舉籍(60)，賜死者棺錢，人三千。其令水所傷縣邑及他郡國災害什四(61)以上，民貲不滿十萬，皆無出今年租賦。」

【章　旨】以上記述哀帝即位以後所推行的一些大政舉措。其中比較重大的有：為防止臣民奢淫，而要求限田、限奴婢的動議等。

【注　釋】❶傅氏　傅晏之女，傅太后姪女。❷春秋　本為春秋時魯國史書，相傳經孔子整理，故列入儒家經典《五經》。❸母以子貴　出自《春秋公羊傳‧隱公元年》，係《公羊春秋》重要政治原則之一。❹定陶太后　指定陶王劉康母親傅太后。❺詹事　官名。掌皇后、太子家事。❻長信宮　宮殿名。當時成帝母親王太后居於此宮。❼中宮　皇后之宮。❽傅父　傅太后之父。❾丁父　丁姬之父。❿丁明　丁姬之兄，後任大司馬大將軍。⓫滿　丁滿，為丁姬之兄丁忠子。⓬忠　丁忠，丁姬兄，早逝。⓭晏　傅晏，傅太后從父弟。⓮侍中光祿大夫　官名。侍中為加官，光祿大夫宿衛宮室，為皇帝近侍之官。⓯趙欽　皇太后趙飛燕之弟。⓰鄭聲　泛指不健康的音樂。春秋時鄭國之溱、洧二水是男女聚會娛樂之地，俗亂樂淫，故稱。⓱放放棄。⓲樂府　官名。始設於漢武帝，掌音樂。⓳曲陽侯根　王根。⓴建社稷策　指建議以劉欣為成帝後，繼承皇位。㉑太僕安陽侯舜　指成帝舅舅王舜。太僕，官名，掌馬政。㉒孔光　字子夏，孔子十四世孫，長期居公輔之位。本傳見本書卷八十一。㉓大司空　成帝時改御史大夫為大司空，為三公之一。㉔何武　字君公，官至大司空，後忤王莽，自殺。本傳見本書卷八十六。㉕河間王良　劉良。成帝時，河間王劉元因罪被黜，後立劉元之弟劉良為王。事跡見本書卷五十三〈景十三王傳〉。㉖喪太后三年　指為其母行三年之喪。㉗儀表　表率；榜樣。㉘易　改變。㉙畜　養。㉚田宅亡限　土地與住宅沒有限制。漢代，實行授田制，田宅本有禁限。但達官貴族無視規定，往往占田宅過限。㉛失職　喪失常業。㉜重困　加重困難。㉝其議限列　指官員可以討論限制措施並條列上奏。㉞名田國中　諸侯在自己的封國，可以占有私田三十頃。諸侯的土地，雖然諸侯得收其租稅，但土地的所有權屬於國家，而私田的所有權則屬於諸侯。㉟列侯句　列侯不到封國而居住長安，可以在縣道占田，公主亦然，但最多不得超過三十頃。而原來漢律則規定列侯在國，不得名田縣道。這是對大貴族的讓步。㊱賈人　商人。㊲以律論　按法律論處。㊳品　品限。即關於占有田宅的數量規定。㊴縣官　官府。㊵齊三服官　設於齊地的專供織造皇室衣服用物的機構。㊶女紅　女工。㊷無作輸　未成者不再製作，已成者不要輸送。㊸任子令　漢令規定：二千石及二千石以上官吏，任滿三年，可以保自己的同胞弟兄或兒子一人為郎。任，保。㊹誹謗詆欺法　誹謗與詆欺都是漢代有關言論的罪名。因缺乏客觀的認定標準，極易陷人於罪。㊺掖庭宮人　指隸屬於掖庭的宮人。掖庭，宮中官署名。掌宮人事務，有令、丞。㊻奉　通「俸」。秩俸。㊼殘賊　殘酷。包含故意之意。㊽以時退　及時黜退。㊾舉赦前往事　檢舉已經赦免過的舊事。㊿予寧　給予服喪的假期。(51)王況　成帝舅舅王商子。其有罪事亦見本書卷九十八〈元后傳〉。(52)就國　指諸侯到封國居住。(53)天心　天意。(54)比比地動　頻頻地震。(55)河南　治洛陽，在今河南洛陽北。(56)潁川郡　治陽翟，在今河南禹州。(57)蒙辜　蒙受災害。辜，罪。此處指災害。(58)光祿大夫　官名。掌顧問應對，屬光祿勳。(59)循行　巡行；到各地視察。(60)舉籍　此處指上報受災者的名籍。(61)什四　十分之四。

【語譯】五月丙戌日，冊立傅氏為皇后。下詔說：「《春秋》說『母親因兒子尊貴』，尊稱定陶太后為恭皇太后，丁姬為恭皇后，各自設置左右詹事，分封的食邑就像長信宮、中宮一樣。」追稱傅氏的父親為崇祖侯、丁姬的父親為褒德侯。封立舅父丁明為陽安侯，另一個舅父的兒子丁滿為平周侯。追加給丁滿父親丁忠的諡號為平周懷侯，封立皇后的父親傅晏為孔鄉侯，皇太后的弟弟侍中光祿大夫趙欽為新成侯。

2 六月，下詔說：「鄭聲荒淫萎靡，敗壞了音樂，是聖明的君王所要拋棄的東西，應該撤銷樂府。」

3 曲陽侯王根因以前任大司馬時提出建立儲君的重大決策，加封食邑二千戶。太僕安陽侯王舜因過去輔導成帝有恩，加封食邑五百戶，丞相孔光、大司空氾鄉侯何武加封食邑各千戶。

4 下詔說：「河間王劉良為太后實行三年之喪的禮儀，成為宗室的表率，加封食邑一萬戶。」

5 詔書又說：「制定禮節，嚴謹法度，以防止驕奢淫逸，這是執政時首先需要考慮實施的，是歷代帝王不變的治國準則。諸侯王、列侯、公主、秩俸二千石級官吏以及豪強富戶往往蓄養很多奴婢，土地與房舍沒有限制，與民眾爭奪利益，老百姓喪失了生活的常業，生活遇到重重困難，衣食不足。公卿大夫討論一個方案，加以限制並條列上奏。」負責的官員上奏說：「諸侯王、列侯可以在自己的封地登記占有土地，列侯在長安登記占有土地以及公主在各個縣、道登記占有土地，關內侯和官吏、平民登記占有土地，都不得超過三十頃。諸侯王允許有奴婢二百人，列侯、公主有百人，關內侯、吏官、平民有三十人。年紀六十以上、十歲以下的成員，不計算在內。商人都不得登記占有土地、擔任官吏，違犯者按律論處。凡登記占有土地、蓄養奴婢超過規定的，都一律沒收，收歸國家所有。齊地三服官與各諸侯機構紡織的綺繡，費工耗時，難有收穫，是妨害女工從事正常生產的物品，都停下來，不要向外地運輸。廢除任子令與誹謗詆欺法。掖庭的宮女年紀三十以下的，都放出去讓她們出嫁。官奴婢年紀五十以上的，赦免為平民。禁止郡、國貢獻名貴的禽獸。增加秩俸三百石以下的官吏的俸祿。檢舉殘酷苛虐的官吏，將他們及時免職。有關官員不得陳奏大赦前發生的錯事。博士弟子遇到父母死亡時，給予三年喪假。」

6 秋天，曲陽侯王根、成都侯王況都被指控犯罪。王根回到封國，王況被黜免為庶人，遣回故郡。

7 下詔說：「我繼承了祖宗的重任，每天戰戰兢兢，擔心失掉上天的保佑。近來日月消失了光輝，五星失去了正常軌道，郡、國頻頻發生地震。不久前河南郡、潁川郡河水漫溢出來，沖走、淹死了人民，毀壞人們的房舍。由於我的不德，反而叫民眾蒙受罪罰，我對此深感害怕。已經派遣光祿大夫到各地調查登記受災人口，賜給死者製作棺材的銅錢，每人三千。命令遭受水災的各個縣邑，以及其他郡、國遭受災害收成減少十分之四以上的，民戶貲財不滿十萬銅錢的，都免交今年的田租、賦稅。」

1 建平元年❶春正月，赦天下。侍中騎都尉新成侯趙欽、成陽侯趙訢❷皆有罪，免為庶人，徙遼西❸。

2 太皇太后詔外家王氏田非冢塋❹，皆以賦貧民。

3 二月，詔曰：「蓋聞聖王之治，以得賢為首。其與大司馬❺、列侯、將軍、中二千石、州牧、守、相舉孝弟❻惇厚❼能直言通政事，延于側陋❽可親民者，各一人。」

4 三月，賜諸侯王、公主、列侯、丞相、將軍、中二千石、中都官❾郎吏金錢帛，各有差。

5 冬，中山孝王太后媛❿、弟宜鄉侯馮參⓫有罪，皆自殺。

6 二年春三月，罷大司空，復御史大夫⓬。

7 夏四月，詔曰：「漢家之制，推親親以顯尊尊。定陶恭皇⓭之號不宜復稱定陶。尊恭皇太后⓮曰帝太太后，稱永信宮；恭皇后⓯曰帝太后，稱中安宮。立恭皇廟于京師。赦天下徒。」

8 罷州牧，復刺史⓰。

9 六月庚申，帝太后丁氏崩。上曰：「朕聞夫婦一體。詩⓱云：『穀⓲則異室，死則同穴。』昔季武子⓳成寢⓴，杜氏㉑之殯㉒在西階下，請合葬而許之。附葬㉓之禮，自周興焉。『郁郁乎文哉㉔！吾從周。』孝子事亡如事存。帝太后宜起陵恭皇之園。」遂葬定陶。發陳留[25]、濟陰[26]近郡國五萬人穿復土[27]。

10 待詔[28]夏賀良[29]等言赤精子之讖[30]，漢家曆運[31]中衰，當再受命[32]，宜改元易號[33]。詔曰：「漢興二百載，曆數開元。皇天降非材之佑[34]，漢國再獲受命之符[35]，朕之不德，曷敢[36]不通！夫基事[37]之元命[38]，必與天下自新。其大赦天下。以建平二年[39]為太初元年。號曰陳聖劉太平皇帝。漏刻以百二十為度[40]。」

11 七月，以渭城[41]西北原上永陵亭部為初陵[42]。勿徙郡國民，使得自安。

12 八月，詔曰：「待詔夏賀良等建言改元易號，增益漏刻，可以永安國家。朕過聽[43]賀良等言，冀[44]為海內獲福，卒亡嘉應。皆違經背古，不合時宜。六月甲子制書[45]，非赦令也[46]，皆蠲除之。賀良等反道惑眾，下有司。」皆伏辜[47]。

13 丞相博[48]、御史大夫玄[49]、孔鄉侯晏[50]有罪。博自殺，玄減死二等[51]論，晏削戶四分之一。語在博傳[52]。

14 三年春正月，立廣德夷王弟廣漢為廣平王。

15 癸卯，帝太太后[53]所居桂宮[54]正殿火。

16 三月己酉，丞相當[55]薨。有星孛[56]于河鼓[57]。

17 夏六月，立魯頃王子部鄉侯閔[58]為王。

18 冬十一月壬子，復[59]甘泉泰畤[60]、汾陰后土祠[61]，罷南北郊[62]。

19 東平王雲[63]、雲后謁[64]、安成恭侯夫人放皆有罪。雲自殺，謁、放棄市[65]。

20 四年春，大旱。關東民傳行西王母籌[66]，經歷郡國，西入關至京師。民又會聚祠[67]西王母，或夜持火上屋，擊鼓號呼相驚恐。

21 二月，封帝太太后從弟[68]侍中傅商[69]為汝昌侯，太后同母弟子侍中鄭業[70]為陽信侯。

22 三月，侍中駙馬都尉[71]董賢[72]、光祿大夫息夫躬[73]、南陽[74]太守孫寵[75]皆以告東平王封列侯。語在賢傳[76]。

23 夏五月，賜中二千石至六百石及天下男子爵。

24 六月，尊帝太太后為皇太太后。

25 秋八月，恭皇園[77]北門災。

26 冬，詔將軍、中二千石舉明兵法有大慮[78]者。

【章旨】以上記述建平年間所發生的大事。其中比較重大的有：調整官制，接受夏賀良等人所說的讖言而改元、改帝號、改漏刻制度，旋又反悔，並將其處死；恢復甘泉泰畤、汾陰后土祠，罷廢長安南北郊，民間廣泛傳播西王母治國的籌策等。

【注釋】❶建平元年　西元前六年。❷趙訢　據〈外戚傳〉，是皇太后趙飛燕兄子，據〈表〉是趙飛燕兄。❸遼西　郡名。治陽樂，在今遼寧義縣西。❹冢塋　墳地。❺大司馬　官名。掌國家財政。❻弟　通「悌」。友愛兄弟。❼惇厚　敦厚。惇，通「敦」。厚。❽延于側陋　指被從卑微的地位提拔起來。側，也作「仄」。卑微。❾中都官　京師各機構的官吏。❿中山孝王太后媛　馮媛，馮奉世女，漢元帝昭儀。事跡見本書卷九十七下〈外戚傳〉。⓫馮參　馮奉世少子，姊馮媛被誣祝詛，獲大逆不道罪，馮參相連坐，自殺。本傳附見於本書卷七十九〈馮奉世傳〉。⓬復御史大夫　成帝接受何武、翟方進等人建議改御史大夫為大司空，現在又恢復舊名。⓭定陶恭皇　即哀帝父親定陶恭王劉康。⓮恭皇太后　即定陶恭王劉康的皇后傅氏。⓯恭皇后　即哀帝母親丁皇后。⓰復刺史　恢復刺史。⓱詩　《詩經》，引文見《詩經・王風・大車》。⓲穀　生。⓳季武子　春秋魯大夫季孫宿。⓴成寢　建成陵寢。寢，寢室；寢宮。㉑杜氏　季武子的夫人。㉒殯　靈柩。㉓附葬　妻子附於丈夫之墓，即合葬。㉔郁郁乎文哉　孔子語，見《論語・八佾》，孔子感歎周代美好的禮樂制度。郁郁，繁盛的樣子。文，典章文物。㉕陳留　郡名。在今河南開封一帶。㉖濟陰　郡名。在今山東定陶一帶。㉗穿復土　穿壙築陵。㉘待詔　漢代被徵召來京的人士，未授官前稱待詔。㉙夏賀良　渤海人，曾向齊人甘忠可學習讖緯，哀帝時聯合朝中勢力大肆傳播，後被處死。事跡見本書卷七十五〈李尋傳〉。㉚赤精子之讖　漢末興起的讖緯言論。齊人甘忠可造作讖言，說漢家運盡，應當再受皇命。故天帝派真人赤精子下凡傳播讖言。成帝時此說遭禁，甘忠可下獄病死。夏賀良曾從甘忠可傳習，哀帝時復大肆宣揚。㉛曆運　曆數；氣數。按迷信說法，王朝興衰皆有曆運，是天帝的安排。㉜再受命　指重新獲得天帝的佑助，繼續維持統治。㉝改元易號　改元年，換年號。易，改。㉞降非材之佑　對於不材之人皇天給予佑助。哀帝自言不材，深慶皇天輔佑。㉟受命之符　再受命的象徵。按迷信說法，一個王朝是否能夠再受命，天帝會顯示一些象徵事物。㊱曷敢　哪敢。㊲基事　始事。基，始。㊳元命　大命。㊴建平二年　西元前五年。㊵漏刻以百二十為度　舊制，滴漏晝夜共百刻，今增為百二十刻，則一時得十刻。㊶渭城　縣名，在今陝西咸陽東北。㊷初陵　漢哀帝的壽陵，尚未起名，故稱初陵。㊸過聽　錯誤地聽信。㊹冀　希望。㊺制書　皇帝發布的詔令。㊻非赦令也　指除赦令有效外。㊼伏辜　伏罪。伏，通「服」。辜，罪。㊽博　朱博，字子元，官至大司空，因攀結傅太后，排陷大臣，獲不道罪，自殺。本傳見本書卷八十三〈朱博傳〉。㊾玄　趙玄，官至御史大夫，與朱博一起獲罪。事跡見〈朱博傳〉。㊿晏　傅晏，傅太后從父弟，與朱博、趙玄一起獲罪。(51)減死二等　〈朱博傳〉作「減玄死罪三等」，即為隸臣妾。(52)博傳　見本書卷八十三〈朱博傳〉。(53)帝太太后　即恭皇太后傅氏。(54)桂宮　宮殿名。漢武帝時興建，在未央宮北面。(55)當　平當，字子思，官至丞相。本傳見本書卷七十一。(56)孛　彗星。(57)河鼓　星宿名。(58)郚鄉侯閔　劉閔。其父魯頃王劉勁卒，其兄劉晙嗣位。劉晙卒，劉閔嗣位。[59]復　恢復。[60]甘泉泰畤　指位於甘泉宮祭祀泰一神的場所。甘泉宮在雲陽縣。雲陽，在今陝西淳化西北。[61]汾陰后土祠　位於汾陰縣，祭祀土地神的場所。汾陰，在今山西萬榮西南。[62]南北郊　成帝建始元年（西元前三十二年）在長安新設的祭祀天地的場所。原來分別是雲陽的甘泉泰畤和汾陰的后土祠。[63]東平王雲　劉雲，其父東平思王劉宇，為宣帝子。哀帝時，犯祠祭祝詛罪，自殺。事跡見本書卷八十〈宣元六王傳〉。[64]謁　劉雲夫人的名字。[65]棄市　秦漢死刑之一，取與眾棄之之義。[66]傳行西王母籌　指傳播西王母治國的籌策。或說傳遞西王母的畫像。[67]祠　祠祭；祭祀。[68]從弟　堂弟。[69]傅商　傅太后從父傅幼君子，封侯而為傅太后父之後。[70]鄭業　鄭惲子。鄭惲，傅太后之母改嫁鄭家所生子，為傅太后同母異父弟。[71]駙馬都尉　官名。掌皇帝副車之馬，為近侍之官。[72]董賢　字聖卿，漢代著名的佞臣。本傳見本書卷九十三〈佞幸傳〉。[73]息夫躬　字子微，因告發東平王劉宇獲得哀帝信任，後歷詆公卿，是漢代利口覆國的典型。本傳見本書卷四十五。[74]南陽　郡名。在今河南南陽一帶。[75]孫寵　長安人，與息夫躬共謀陷害東平王。事跡見〈息夫躬傳〉。[76]賢傳　指〈董賢傳〉，見本書卷九十三〈佞幸傳〉。[77]恭皇園　祭祀哀帝父親定陶恭王劉康的場所。[78]大慮　深遠的謀略。

【語譯】 建平元年春季正月，全國實行大赦。侍中騎都尉新成侯趙欽、成陽侯趙訢都被指控犯罪，黜免為庶人，遷徙到遼西。

2 太皇太后下詔，命令外戚王氏除了冢墓土地之外，其他土地都分配給貧民耕種。

3 二月，下詔說：「聽說聖明的君王治理國家，把獲得賢能者放在首位。應與大司馬、列侯、將軍、秩俸中二千石官員、州牧、太守、諸侯相一起察舉孝弟、品行純厚、能直言奏事、通曉政事，從卑微地位起家可以親近民眾的人，各一人。」

4 三月，賜給諸侯王、公主、列侯、丞相、將軍、秩俸中二千石級官員、京師各機關的郎官、屬吏黃金、銅錢、絹帛，各按不同的等級。

5 冬天，中山孝王太后馮媛和弟弟宜鄉侯馮參犯罪，都自殺了。

6 二年春季三月，撤銷大司空，恢復御史大夫的名稱。

7 夏季四月，下詔說：「漢朝的制度，是推行親愛親屬以實現尊顯賢達。定陶恭皇的名號不應該再稱定陶。尊稱恭皇太后為帝太太后，稱永信宮；恭皇后為帝太后，稱中安宮。在京師建立恭皇廟。赦免天下的刑徒。」

8 撤銷州牧，恢復刺史這個職官。

9 六月庚申日，帝太后丁氏逝世。皇上說：「我聽說夫婦屬於一個整體。《詩經》說：『活著的時候各處一室，死了以後就葬在同一個墓穴。』過去季武子建成寢宮，杜氏的靈柩停放在西邊的臺階下，請求合葬被同意了。妻子與丈夫合葬的禮儀，就從周代產生了。『美好隆重的禮樂制度啊！我追隨周代。』孝子事奉死者就如同事奉生者一樣。帝太后的陵墓應該在恭皇的陵園內建設。」於是決定把丁氏埋葬在定陶。徵發陳留、濟陰等鄰近郡、國的五萬人建築陵墓。

10 待詔夏賀良等人宣傳赤精子的讖言，說漢朝曆數中途開始衰竭，應當再次接受天命的安排，應該改正朔，換名號。下詔說：「漢朝建立二百年，歷經數次開創新紀元的變化。皇天對沒有才能的我降賜福佑，使漢朝再次獲得接受天命的吉兆，我儘管德行不足，難道敢不變通！從頭接受上天神聖的命令，一定要與全國人民一起除舊布新，全國實行大赦。將建平二年改為太初元年。帝號稱為陳聖劉太平皇帝。規定漏刻以一百二十刻為標準。」

11 七月，把渭城西北原上永陵亭部作為初陵。著令不再遷徙郡、國的民眾來建立陵縣，讓他們安居。

12 八月，下詔說：「待詔夏賀良等人建議改正朔、變名號，增加漏刻，說可以永遠安定國家。我錯誤地聽從了夏賀良等人的言論，希望為海內的民眾求得福澤，然而最終並沒有得到好的報應。他們的說法都違背經義，背離古制，也不符合當前的情況。六月甲子日頒布的詔書，除赦令有效外，其他的全部廢除。夏賀良等人犯有違反正道、迷惑民眾的罪行，交司法機關懲處。」都被處死。

13 丞相朱博、御史大夫趙玄、孔鄉侯傅晏犯罪。朱博自殺，趙玄減死刑二等論處，傅晏削減食邑四分之一。這件事記載在〈朱博傳〉中。

14 三年春季正月，冊立廣德夷王的弟弟劉廣漢為廣平王。

15 癸卯日，帝太太后居住的桂宮正殿失火。

16 三月己酉日，丞相平當去世。有彗星出現在河鼓星一帶。

17 夏季六月間，冊立魯頃王的兒子郚鄉侯劉閔為諸侯王。

18 冬季十一月壬子日，恢復甘泉泰畤、汾陰后土祠，撤銷長安南北郊的祭祀場所。

19 東平王劉雲、王后謁、安成恭侯夫人放都被指控犯罪。劉雲自殺，謁與放被處死後示眾。

20 四年春季，發生嚴重的旱災。關東地區的民眾傳播西王母治國的籌策。經過了好幾個郡、國，西行入關，傳到京師。民眾又會聚起來祭祀西王母，有的人夜間拿著火把站在屋頂上，敲著鼓大聲呼喊，相互驚恐。

21 二月，封立帝太太后的堂弟侍中傅商為汝昌侯，太后同母弟的兒子侍中鄭業為陽信侯。

22 三月，侍中駙馬都尉董賢、光祿大夫息夫躬、南陽太守孫寵都因控告東平王的功勞封為列侯。這件事記載在〈董賢傳〉中。

23 夏季五月，賜給秩俸中二千石至六百石官吏以及天下的男子爵位。

24 六月，尊稱帝太太后為皇太太后。

25 秋八月，恭皇園北門發生火災。

26 冬天，皇帝下詔命令將軍、秩俸中二千石的官員察舉通曉兵法並有遠大謀略的人。

1 元壽元年❶春正月辛丑朔❷，日有蝕之。詔曰：「朕獲保宗廟，不明不敏，宿夜憂勞，未皇❸寧息。惟❹陰陽不調❺，元元❻不贍❼，未睹厥咎❽。婁❾敕公卿，庶幾❿有望。至今有司執法，未得其中⓫，或上⓬暴虐，假⓭勢獲名，溫良寬柔，陷於亡滅。是故殘賊彌長⓮，和睦日衰，百姓愁怨，靡所錯躬⓯。迺⓰正月朔，日有蝕之，厥咎不遠，在余一人。公卿大夫其各悉心⑰勉帥百寮⑱，敦任⑲仁人，黜遠殘賊，期於安民。陳⑳朕之過失，無有所諱。其與將軍、列侯、中二千石舉賢良方正能直言者各一人。大赦天下。」

2 丁巳，皇太太后傅氏崩。

3 三月，丞相嘉㉑有罪，下獄死。

4 秋九月，大司馬票㉒騎將軍丁明㉓免。

5 孝元廟㉔殿門銅龜蛇鋪首㉕鳴。

6 二年春正月，匈奴單于、烏孫大昆彌㉖來朝。二月，歸國，單于不說。語在匈奴傳㉗。

7 夏四月壬辰晦㉘，日有蝕之。

8 五月，正三公㉙官分職。大司馬衛將軍董賢為大司馬，丞相孔光為大司徒，御史大夫彭宣㉚為大司空，封長平侯。正司直㉛、司隸㉜，造司寇職㉝，事未定。

9 六月戊午，帝崩㉞于未央宮。秋九月壬寅，葬義陵㉟。

【章旨】以上記述元壽年間匈奴單于、烏孫大昆彌來朝，重新確定三公等機構職掌，哀帝去世等大事。

【注釋】❶元壽元年　西元前二年。❷朔　農曆每月初一。❸未皇　沒有閒暇；來不及。皇，通「遑」。閒暇。❹惟　思；想。❺陰陽不調　天地運行之道失調。❻元元　黎民百姓。❼不贍　不足。❽未睹厥咎　看不到其過錯何在。厥，其。咎，過錯。❾婁　通「屢」。屢次。❿庶幾　希望。⓫中　合適。⓬上　崇尚。⓭假　藉；借助。⓮彌長　更加盛行。彌，更。⓯靡所錯躬　沒有安置自己身子的地方。靡，無。錯，通「措」。躬，身子。⓰迺　竟；竟然。⓱悉心　盡心。⓲百寮　百官。寮，同「僚」。⓳敦任　厚任；大力使用。⓴陳　陳述。㉑嘉　王嘉，字公仲，哀帝時為丞相，被誣迷國罔上不道罪，自殺。本傳見本書卷八十八。㉒票　通「驃」。㉓丁明　丁太后的兄弟。㉔孝元廟　祭祀漢元帝的場所。㉕鋪首　安在大門上用來銜掛門環的裝置。㉖大昆彌　烏孫國君長的稱呼。㉗匈奴傳　見本書卷九十四。㉘晦　農曆每月最後一天。㉙三公　指大司馬、大司徒與大司空，都是宰相。㉚彭宣　由光祿大夫升。㉛司直　官名，原為丞相屬官，也稱丞相司直，負責監察朝中官員。此時確定其新的職掌。㉜司隸　官名，原稱司隸校尉，主要掌京師官員的監察事務。㉝造司寇職　司直、司隸都是原來的官職，賦予新職能，而司寇則為新設，故稱「造」。㉞帝崩　哀帝終年二十五歲。㉟義陵　在今陝西咸陽北。

【語　譯】元壽元年春季正月初一辛丑日，發生日食。皇帝下詔說：「我繼承了保有江山社稷的大業，不聰明，不敏捷，整夜憂慮愁勞，不能夠寧靜地休息。想到天地陰陽不調，黎民百姓衣食不足，我尚未能夠洞察它的過失在何處。幾次告誡公卿，考慮也許還有改變的希望。但是直到現在負責部門執行法度，沒有能夠保持中道，有的崇尚暴虐，藉著權勢獲取威名，而有的溫良寬柔的作風，陷入消亡的地步。因此殘酷兇狠的風氣日益盛行，和睦的氣氛逐日衰微，老百姓愁苦怨恨，無所安身。以致正月朔日，發生日食，這個罪責不用到遠處尋找，就在我一個人身上。公卿大夫應該盡心努力，督促百官，重用心地仁厚的人，摒退殘酷苛暴的人，以實現安定人民的願望。大膽指出我的過失，不要有所顧忌。將軍、列侯、中二千石可察舉賢良、方正、能直言陳諫的人各一人。全國實行大赦。」

2　丁巳日，皇太太后傅氏去世。

3　三月，丞相王嘉犯罪，關進監獄後死去。

4　秋季九月，大司馬驃騎將軍丁明被免職。

5 孝元廟殿門銅龜蛇鋪首無故發出聲響。

6 二年春季正月，匈奴單于、烏孫大昆彌來京師朝賀。二月，返回本國，單于不滿意。這件事記載在〈匈奴傳〉中。

7 夏季四月最後一天壬辰日，發生日食。

8 五月，確定三公各官的職掌。大司馬衛將軍董賢任大司馬，丞相孔光任大司徒，御史大夫彭宣任大司空，封為長平侯。明確司直、司隸的職掌，創設司寇的官職，但職掌尚未定妥。

9 六月戊午日，哀帝在未央宮逝世。秋季九月壬寅日，安葬在義陵。

贊曰：孝哀自為藩王❶及充太子之宮，文辭博敏，幼有令聞❷。睹孝成世祿❸去王室，權柄外移，是故臨朝婁誅❹大臣，欲彊❺主威，以則❻武、宣。雅性❼不好聲色，時❽覽卞射武戲❾。即位痿痺❿，末年⓫寖劇⓬，饗國不永⓭，哀哉！

【章旨】本章的「贊」語，稱讚了哀帝「文辭博敏」的才學，分析了他即位後期望效法武、宣二帝而再展宏圖的抱負，對他身罹病患、享國不永、賚志以沒的結局深感遺憾。

【注釋】❶藩王　諸侯王。❷令聞　好名聲。令，善。❸祿　世運；福祿。❹婁誅　屢殺。婁，通「屢」。❺彊　通「強」。❻則　效法。❼雅性　素性。❽時　有時；間或。❾卞射武戲　遊戲名。徒手搏鬥為卞，角力為武戲。❿痿痺　病名。症狀是身上肌肉萎縮、偏枯。⓫末年　晚年。⓬寖劇　逐漸嚴重。寖，逐漸。劇，加劇。⓭饗國不永　在位時間不長。哀帝在位只有六年。

【語譯】史官評議說：孝哀皇帝從做藩王到入宮做太子，一直擅長文辭，博學聰敏，在幼年就博得了好名聲。

看到孝成皇帝時福祿離開王室，權力移到外戚手上，因此臨朝執政後屢次誅殺大臣，希望強化人主的威勢，以效法武帝和宣帝。素來不喜歡聲色犬馬，只是有時觀覽一下角力、射擊的遊戲。登上帝位以後患了痿痺的病症，最後幾年病情逐漸加重，在位時間不長，痛惜啊！

【研　析】史稱漢哀帝「欲彊主威，以則武、宣」。從他即位不久，就接受師丹等人「限田」、「限奴婢」的建議，而後正式頒布法令加以推行的事實來看，他的確期望在全國範圍內實施這一政令，從而抑制土地兼併的勢頭，加強國家的統治基礎，挽救漢朝衰落的命運。這樣的膽略與氣概，的確是在直追漢武帝與漢宣帝，甚至並不比他們遜色多少。土地與奴婢問題，是長期困擾漢朝政治的一個大問題。他能抓住根本，知難而上，立志有所作為，其志可嘉。然而，世家大族氣焰雄張，朝廷勢弱力虛，限田詔令根本無法推行。哀帝也不滿皇權旁落，企圖抑制王氏的權勢；又想延攬賢才，振刷朝政。但是，哀帝的做法不過是以丁氏、傅氏改換王氏，對老百姓而言並無本質的區別。何況王氏根基深厚，以丁、傅之力根本難以撼動。

漢朝的積弊非一朝一夕所成，是統治權貴長期腐敗的結果。當時所面臨的突出問題是：皇權不振，外戚專權；世家大族田連阡陌，奴婢成群，而小農喪失土地，流離失所，轉死溝壑。對此，哀帝雖有淩雲之志，卻無力真正解決。他本人的才略與漢武帝、漢宣帝不同，他所處的歷史環境也與他們完全不同。當時的時勢不會把他造就成英雄，而身體痿痹，享國不永的他，也根本不可能把當時的時代造就成成就英雄的時勢。一個「哀」字，給人以無限的歷史興衰之感。

卷十二

平帝紀第十二

【題解】漢平帝劉衎是西漢最後一個皇帝，九歲即位，十四歲去世，在位五年。哀帝無子，死後，太皇太后王政君詔命扶立中山王繼位，是為平帝。當時，外戚王莽主政，平帝不過是他手中的傀儡。王莽篡漢的政治野心此時已暴露無遺，他深知輿論的價值，所以採取種種手段，營造輿論，博取美譽，為走向新朝鋪平道路，並且推出了多項改革，但不少措施加劇了社會的混亂，加速了統治的滅亡。相關史事，本卷只是簡略記載，而詳述於〈王莽傳〉。

孝平皇帝❶，元帝庶孫❷，中山孝王❸子也。母曰衛姬❹。年三歲嗣❺立為王。

元壽二年❻六月，哀帝崩，太皇太后❼詔曰：「大司馬賢❽年少，不合眾心。其上印綬❾，罷。」賢即日自殺。新都侯王莽❿為大司馬，領尚書事⓫。秋七月，遣車騎將軍王舜⓬、大鴻臚左咸⓭使持節迎中山王。辛卯，貶皇太后趙氏⓮為孝成皇后，退居北宮⑮，哀帝皇后傅氏⑯退居桂宮⑰。孔鄉侯傅晏⑱、少府⑲董恭⑳等皆免官爵，徙合浦㉑。九月辛酉，中山王即皇帝位，謁㉒高廟㉓，大赦天下。

帝年九歲，太皇太后臨朝，大司馬莽㉔秉政，百官總己㉕以聽於莽。詔曰：「夫赦令者，將與天下更始㉖，誠欲令百姓改行絜己㉗，全㉘其性命也。往者有司多舉奏赦前事，累增罪過，誅陷亡辜㉙，殆㉚非重信㉛慎刑，洒心㉜自新之意也。及選舉者，其歷職更事㉝有名之士，則以為難保㉞，廢而弗舉，甚謬㉟於赦小過舉賢材㊱之義。諸有臧㊲及內惡未發㊳而薦舉者，皆勿案驗㊴。令士厲精鄉進㊵，不以小疵㊶妨大材。自今以來，有司無得陳赦前事置奏上。有不如詔書為虧恩㊷，以不道論。定著令，布告天下，使明知之。」

【章　旨】以上記述了平帝成為哀帝太子的原因，哀帝死後太皇太后詔命處死大司馬董賢，任命王莽為大司馬、錄尚書事的人事變化，以及太皇太后臨朝稱制、王莽秉政、百官聽命的朝政格局。

【注　釋】❶孝平皇帝　名叫劉衎，西元一至五年在位。孝平是諡號。❷庶孫　庶子所生子。元帝太子是成帝，成帝無子。❸中山孝王　即劉興。本傳見本書卷八十〈宣元六王傳〉。❹衛姬　衛子豪女，本傳見本書卷九十七下〈外戚傳〉。❺三歲嗣　據〈外戚傳〉，當作「二歲」。嗣，繼位。❻元壽二年　西元前一年。❼太皇太后　漢元后王政君。❽賢　董賢，字聖卿，漢代著名的佞臣。本傳見本書卷九十三〈佞幸傳〉。❾印綬　印章。綬，繫在印紐上的帶子。❿王莽　漢代哀、平時期的權臣，最終篡奪帝位，建立新朝。本傳見本書卷九十九。⓫領尚書事　從霍光以來，任大司馬職者，都兼領尚書事務。尚書，機要文書。⑫王舜　成帝舅父王音之子。⑬左咸　由復土將軍升大鴻臚。⑭太后趙氏　指成帝皇后趙飛燕。⑮北宮　宮殿名。在未央宮北面、桂宮東面。⑯皇后傅氏　傅晏女。⑰桂宮　宮殿名。在未央宮北面、北宮西面。⑱傅晏　哀帝祖母傅太后的從父弟，哀帝皇后傅氏的父親。⑲少府　官名。掌山海陂湖收入與皇室財政。⑳董恭　董賢父親。事跡見本書卷九十三〈佞幸傳〉。㉑徙合浦　屬遷刑。合浦，郡名，治今廣西合浦東北。㉒謁　拜謁。㉓高廟　祭祀漢高祖劉邦的場所。㉔莽　王莽。㉕總己　官員各自負責自己的事務。㉖更始　重新開始。㉗絜己　約束自己。絜，通「潔」。㉘全　保全。㉙亡辜　無辜；無罪。㉚殆　大約；恐怕。㉛重信　厚信。意思是重視信用。㉜洒心　洗心。㉝更事　經歷事情。㉞保　保舉。㉟甚謬　嚴重違背。甚，極。謬，錯。㊱赦小過舉賢材　孔子回答仲弓的話，出自《論語・子路》。㊲有臧　犯有贓罪，即貪汙錢物之罪。臧，通「贓」。㊳內惡未發　指犯罪而未被揭發。㊴案驗　立案調查。㊵厲精鄉進　振刷精神，積極進取。厲，通「勵」。鄉，通「向」。㊶疵　病。㊷虧恩　指虧損皇帝的恩德。

【語　譯】孝平皇帝是孝元帝的庶孫，中山孝王的兒子。他的母親叫衛姬。他三歲時繼位成為中山王。元壽二年六月，哀帝逝世，太皇太后下詔說：「大司馬董賢年紀小，不符合眾人的心意。著令董賢上繳印璽，免除職務。」董賢當天自殺了。新都侯王莽成為大司馬，兼領尚書事務。秋季七月，派遣車騎將軍王舜、大鴻臚左咸持節迎接中山王。辛卯日，把皇太后趙氏貶為孝成皇后，讓她退到北宮居住，哀帝皇后傅氏退到桂宮居住，孔鄉侯傅晏、少府董恭等人都被免除官職、爵位，流放到合浦郡。九月辛酉日，中山王登上皇位，拜謁高廟，全國實行大赦。

皇帝年紀九歲，由太皇太后臨朝稱制，大司馬王莽執掌國政，文武百官負責自己的職責聽從王莽的命令。下詔說：「頒布赦令，是為了與天下的民眾一同除舊布新，誠心希望犯罪的老百姓能夠改變罪行，洗刷名聲，保全性命。往日有關部門的官員經常檢舉、陳奏赦免以前的舊事，加重罪行，誅殺陷害無辜的人，這恐怕不是重視信用，慎重對待刑罰，讓罪犯洗心革面，悔過自新的想法吧。至於選舉官吏的事情，對那些長期任職、經驗豐富、具有名望的人士，卻認為他們曾有過錯不好保舉，就拋在一邊不去推薦，這嚴重地違背了赦除小過、推舉賢材的原則。著令今後對於凡以前犯有貪汙罪行和犯了罪行未被揭發而被推薦的人，都不要再審查處理。要讓士人振奮精神，向上進取，不要因細小的瑕疵而傷害了大有為的賢材。從今以後，有關部門的官員不得陳奏赦免前發生的事情立案上報。如有不按詔書要求做出虧損恩德的事情，以不道罪論處。這一條要規定在法令中，布告天下，讓民眾知曉。」

1 元始元年❶春正月，越裳氏❷重譯❸獻白雉一，黑雉二，詔使三公❹以薦❺宗廟。

2 群臣奏言大司馬莽功德比周公❻，賜號安漢公，及太師孔光❼等皆益封。語在莽傳❽。賜天下民爵一級，吏在位二百石以上，一切滿秩如真❾。

3 立故東平王雲❿太子開明為王，故桃鄉頃侯⓫子成都為中山王。封宣帝耳孫⓬信等三十六人皆為列侯。太僕王惲⓭等二十五人前議定陶傅太后尊號，守經法⓮，不阿指從邪，右將軍孫建⓯爪牙大臣⓰，大鴻臚咸⓱前正議不阿，後奉節⓲使迎中山王⓳，及宗正⓴劉不惡㉑、執金吾㉒任岑㉓、中郎將㉔孔永㉕、尚書令㉖姚恂、沛郡㉗太守石詡，皆以前與建策，東迎即位，奉事周密勤勞，賜爵關內侯㉘，食邑各有差。賜帝徵即位前所過縣邑吏二千石以下至佐史爵，各有差。又令諸侯王、公、列侯、關內侯亡子而有孫若子同產子㉙者，皆得以為嗣。公、列侯嗣子有罪，耐㉚以上先請。宗室屬㉛未盡而以罪絕者，復其屬，其為吏舉廉佐史，補四百石。

天下吏比二千石以上年老致仕[32]者，參分[33]故祿，以一與之，終其身。遣諫大夫行三輔[34]，舉籍[35]吏民，以元壽二年[36]倉卒時[37]橫賦斂者，償其直[38]。義陵[39]民冢不妨殿中[40]者勿發。天下吏民亡得[41]置什器[42]儲偫[43]。

4 二月，置羲和官[44]，秩二千石；外史[45]、閭師[46]，秩六百石。班[47]教化，禁淫祀[48]，放鄭聲[49]。

5 乙未，義陵寢[50]神衣[51]在柙[52]中，丙申旦[53]，衣在外床上，寢令以急變[54]聞。用太牢[55]祠。

6 夏五月丁巳朔[56]，日有蝕之。大赦天下。公卿、將軍、中二千石舉敦厚能直言者各一人。

7 六月，使少傅左將軍豐[57]賜帝母中山孝王姬璽書[58]，拜為中山孝王后。賜帝舅衛寶、寶弟玄爵關內侯。賜帝女弟[59]四人號皆曰君，食邑各二千戶。

8 封周公後公孫相如為褒魯侯，孔子後孔均為褒成侯，奉其祀。追諡孔子曰褒成宣尼公。

9 罷明光宮[60]及三輔馳道[61]。

10 天下女徒已論[62]，歸家，顧山錢[63]月三百。復[64]貞婦，鄉一人。置少府海丞、果丞各一人；大司農部丞十三人，人部一州，勸農桑。

11 太皇太后省所食湯沐邑十縣，屬大司農，常別計其租入，以贍[65]貧民。

12 秋九月，赦天下徒。

13 以中山[66]苦陘縣[67]為中山孝王后湯沐邑。

14 二年春，黃支國[68]獻犀牛。

15 詔曰：「皇帝二名[69]，通于器物，今更名[70]，合於古制。使太師光[71]奉太牢告祠高廟。」

16 夏四月，立代孝王[72]玄孫之子如意[73]為廣宗王，江都易王[74]孫盱台侯宮為廣川王[75]，廣川惠王[76]曾孫倫[77]為廣德王。封故大司馬博陸侯霍光[78]從父昆弟曾孫陽、宣平侯張敖[79]玄孫慶忌、絳侯周勃[80]玄孫共、舞陽侯樊噲[81]玄孫之子章皆為列侯，復爵。賜故曲周侯酈商[82]等後玄孫酈明友等百一十三人爵關內侯，食邑各有差。

17 郡國大旱，蝗，青州[83]尤甚，民流亡。安漢公[84]、四輔[85]、三公[86]、卿大夫、吏民為百姓困乏獻其田宅者二百三十人，以口賦[87]貧民。遣使者捕蝗，民捕蝗詣吏，以石斗[88]受錢。天下民貲[89]不滿二萬，及被災[90]之郡不滿十萬，勿租稅。民疾疫者，舍[91]空邸第，為置醫藥。賜死者一家六尸以上葬錢五千，四尸以上三千，二戶以上二千。罷安定(92)呼池苑(93)，以為安民縣，起官寺市里，募徙貧民，縣次給食。至徙所，賜田宅什器，假與犂、牛、種、食。又起五里於長安城中，宅二百區，以居貧民。

18 秋，舉勇武有節明兵法，郡一人，詣(94)公車(95)。

19 九月戊申晦(96)，日有蝕之。赦天下徒。

20 使謁者(97)大司馬掾(98)四十四人持節行邊兵。

21 遣執金吾候(99)陳茂假以鉦(100)鼓，募(101)汝南(102)、南陽(103)勇敢吏士三百人，諭說(104)江湖賊成重等二百餘人皆自出(105)，送家在所(106)收事(107)。重徙雲陽(108)，賜公田宅。

22 冬，中二千石舉治獄平(109)，歲一人。

23 三年春，詔有司為皇帝納采(110)安漢公莽女。語在莽傳(111)。又詔光祿大夫劉歆(112)等雜定(113)婚禮。四輔、公卿、大夫、博士、郎、吏家屬皆以禮娶，親迎(114)立軺併馬(115)。

24 夏，安漢公奏車服制度，吏民養生、送終、嫁娶、奴婢(116)、田宅(117)、器械之品(118)。立官稷及學官。郡國曰學，縣、道、邑、侯國曰校。校、學置經師一人。鄉曰庠，聚曰序。序、庠置孝經師一人。

25 陽陵[119]任橫等自稱將軍，盜庫兵[120]，攻官寺[121]，出[122]囚徒。大司徒掾督逐，皆伏辜[123]。

26 安漢公世子[124]宇與帝外家衛氏有謀[125]。宇下獄死，誅衛氏。

【章　旨】以上記述元始頭三年間所發生大事。其中比較重大的有：越裳氏重譯獻瑞，賜予王莽安漢公尊號，大肆分封眾臣，調整官制，封二王后，並追謚孔子為褒成宣尼公，郡國大旱，採取各種措施安置流民、救濟災民；制定車服、婚喪、田宅、學校等制度，任橫組織暴動並遭到鎮壓，王莽兒子王宇與平帝外家衛氏謀反，被處死等。

【注　釋】❶元始元年　西元一年。❷越裳氏　南方古國名。❸重譯　累譯。距離遙遠，語言難通，故需經過多次翻譯才能達意。❹三公　指大司馬、大司徒、大司空，都是宰相。❺薦　獻；進獻祭品。❻周公　名旦，周武王弟，輔佐周成王執政。❼孔光　字子夏，孔子十四世孫，長期居公輔之位。本傳見本書卷八十一。❽莽傳　見本書卷九十九。❾一切滿秩如真　漢制：官吏任職，先試用一年，稱為守，食半俸。一年以後為真，才可食全俸。王莽為收買人心，對所有在位官吏都以「真」相待，賜全俸。❿東平王雲　劉雲，東平思王劉宇子。本傳見本書卷八十〈宣元六王傳〉。⓫桃鄉頃侯　指劉宣，東平思王劉宇子。見〈王子侯表〉。⓬耳孫　遠代孫。⓭王惲　字子敬，由長樂衛尉升太僕。⓮經法　指《公羊傳》所確定的原則。⓯孫建　字子夏，王莽親信，官至左將軍光祿勳。⓰爪牙大臣　指禁衛、親信之大臣。⓱咸　左咸。⓲奉節　持節。節，使者出使的信物，竹竿上綴以旄牛尾而成。⓳中山王　此指漢平帝劉衎。⓴宗正　官名。掌宗室事務。㉑劉不惡　字子麗，後更名容。王莽改宗正為宗伯，為首任宗伯。㉒執金吾　官名。掌京師與周邊治安。㉓任岑　由中郎將升執金吾。㉔中郎將　官名。皇帝侍衛，光祿勳屬官。㉕孔永　太師孔光的姪子。㉖尚書令　官名。主管尚書，秩千石。尚書，在皇帝身邊主管詔令文書，權任極重。㉗沛郡　郡國名。治相縣，在今安徽濉溪西北。㉘關內侯　爵位名，第十九級。㉙子同產子　養兄弟之子為子。㉚耐　一種輕刑，剃去鬢毛。㉛屬　親屬關係。㉜致仕　退休。㉝參分　分成三份。參，通「三」。㉞三輔　地區名。京兆尹、左馮翊、右扶風所管轄的區域，在今陝西中部。(35)舉籍　審核簿籍。(36)元壽二年　西元前一年。(37)倉卒時　元帝崩時。倉卒，通「猝」。(38)直　通「值」。(39)義陵　哀帝陵，在今陝西咸陽北。(40)殿中　墓室的正殿。(41)亡得　無得；不得。(42)什器　日用器物。(43)儲偫　儲備。(44)羲和官　官名。掌天地四時。(45)外史　官名。掌書外令。(46)閭師　官名。掌四郊之民。(47)班　通「頒」。宣布。(48)淫祀　正祀以外的祭祀。(49)放鄭聲　禁止不健康的音樂。放，棄。鄭聲，春秋時鄭國之溱、洧二水，是男女聚會娛樂之地，俗亂樂淫，故稱。(50)寑　帝王陵墓上的祭祀殿堂。(51)神衣　已故帝王的衣服。(52)柙　櫃子。(53)旦　天亮。(54)急變　遇非常變故，可以使用傳車向朝廷報告。(55)太牢　以牛、豬、羊祭祀。(56)朔　農曆每月頭一天。(57)豐　甄豐，王莽心腹，官至大司空。(58)璽書　鈐有御璽的詔書。(59)女弟　妹妹。(60)明光宮　宮殿名。武帝時興建，在長樂宮正北面。(61)馳道　供皇帝專用的道路。(62)論　判決。(63)顧山錢　代役金。女刑徒被判決後，不用親身服役，可以回家，但須交納代役錢。顧，通「雇」。(64)復　免除徭役。(65)贍　足；賑濟。(66)中山　諸侯國，都盧奴，即今河北定州。(67)苦陘縣　中山國屬縣。在今河北無極東北。(68)黃支國　國名。位於今印度塔米納杜邦的坎契普藍。(69)二名　指名字用兩個字。(70)今更名　平帝本名箕子，難以避諱，現改名為衎。(71)光　孔光。(72)代孝王　劉參，漢文帝子。本傳見本書卷四十七〈文三王傳〉。(73)如意　劉如意，代頃王孫。事跡見〈文三王傳〉。(74)江都易王　指劉非，漢景帝子。本傳見本書卷五十三〈景十三王傳〉。(75)宮為廣川王　據〈景十三王傳〉，劉宮被立為廣陵王，是。(76)廣川惠王　指劉越，漢景帝子。本傳見本書卷四十七〈景十三王傳〉。(77)倫　〈景十三王傳〉作「瘉」。(78)霍光　昭、宣時期執掌國政的權臣，輔佐昭帝，擁立宣帝。本傳見本書卷六十八。(79)張敖　張耳之子，劉邦女兒魯元公主丈夫。事跡見本書卷三十二〈張耳傳〉。(80)周勃　西漢開國功臣。本傳見本書卷四十。(81)樊噲　西漢開國功臣。本傳見本書卷四十一。(82)酈商　西漢開國功臣。本傳見本書卷四十一。(83)青州　漢武帝所設州部，轄境大部分在今山東，一小部分在今河北。(84)安漢公　王莽。(85)四輔　指太傅王莽、太師孔光、太保王舜和少傅甄豐。(86)三公　指大司馬王莽、司徒馬宮和司空王崇。(87)賦　分給。(88)㪷　通「斗」。(89)貲　通「資」。資產。(90)被災　受災。(91)舍　居住。(92)安定　郡名。治襄平，即今寧夏固原東。(93)呼池苑　約是蓄養馬匹的地方。(94)詣　到；至。(95)公車　官署名。漢設公車府令，徵召吏民或臣民上書，皆由其負責。(96)晦　農曆每月最後一天。(97)謁者　皇帝身邊的侍臣。(98)掾　各機關的屬吏。(99)執金吾候　執金吾的屬官。執金吾，掌京師與周邊治安。(100)鉦　古代軍中施發號令的器具。(101)募　徵集；徵募。(102)汝南　郡名。治上蔡，今河南上蔡西南。(103)南陽　郡名。今河南南陽。(104)諭說　曉諭、勸說。(105)自出　自首。(106)家在所　家庭所在地。(107)收事　監管服役。(108)重徙雲陽　成重被遷徙到雲陽。雲陽，縣名，治今陝西淳化西北。(109)治獄平　公正審判。平，端平；公正。(110)納采　古代婚禮「六禮」之一，即男方向女方送去求婚的聘禮。⑪莽傳　見本書卷九十九。⑫劉歆　劉向少子，參與王莽篡漢活動，任國師。本傳附見於卷三十六〈楚元王傳〉。⑬雜定　共同確定。⑭親迎　古代婚禮「六禮」之一，即迎娶新娘過門。⑮立軺併馬　立乘兩馬並駕的小車。軺，軺車，一種輕便小車。併，並。⑯奴婢　指占有奴婢。⑰田宅　指占有土地與住宅。⑱品　品級；品限。⑲陽陵　縣名，在今陝西高陵西南。⑳庫兵　武庫的兵器。㉑官寺　官衙。㉒出　放出。㉓伏辜　服罪。伏，通「服」。辜，罪。㉔世子　長子。㉕宇與帝外家衛氏有謀　王宇與衛氏謀反事詳本書卷九十九〈王莽傳〉。

【語　譯】元始元年春季正月，越裳氏經過輾轉翻譯進獻了白色野雉一隻和黑色野雉二隻，皇帝下詔，命令派三公把牠們貢獻給宗廟。

2 眾位大臣上奏，說大司馬王莽的功勞與恩德如同周公，皇帝賜給安漢公的名號，至於太師孔光等人也都增加了封邑。這件事記載在〈王莽傳〉中。賜給全國平民爵位一級，秩俸二百石以上的試用官吏，暫且轉正領取全俸。

3 冊立前東平王劉雲的太子劉開明為諸侯王，前桃鄉頃侯的兒子劉成都為中山王。封立宣帝的耳孫劉信等三十六人都為列侯。太僕王惲等二十五人以前討論定陶傅太后的尊號時，堅守經義禮法，不阿順旨意，附從邪惡，右將軍孫建是爪牙大臣，大鴻臚咸以前提出議論公正，不阿諛奉承，後來受命迎接中山王，以及宗正劉不惡、執金吾任岑、中郎將孔永、尚書令姚恂、沛郡太守石詡，都因之前參與建言決策，到東邊迎接皇帝即位，處事周到勤勞，賜給關內侯的爵位，食邑各按不同的等級。賜給皇帝應徵召即位前所經過縣邑的秩俸二千石級以下官吏直至佐史爵位，各按不同等級。另外，命令諸侯王、公、列侯、關內侯無子而有孫子或過繼兄弟的兒子的，都可以作為後嗣。公、列侯的嗣子犯罪，判處耐刑以上的需要事先請示。宗室親屬未盡而因犯罪削除宗籍的，恢復他們的宗籍，宗室成員做官的，都察舉為廉吏，從廉吏做了佐史的，秩俸都補為四百石。全國秩俸二千石級以上官吏年老退休的，把他們過去的俸祿分成三份，將其中的一份賜給他們，一直到他們去世。派遣諫大夫到三輔視察，審核簿籍，凡官吏、眾民在元壽二年國家遭遇危難時被橫徵暴斂的，補償他們的損失。義陵陵區內老百姓的冢墓若不妨礙義陵殿中的不要發掘遷移。全國的官吏與民眾不得儲存軍用器物。

4 二月，設置羲和官，秩俸是二千石；設置外史、閭師，秩俸是六百石。頒布教化的命令，禁止不合規定的祭祀，拋棄淫靡的音樂。

5 乙未日，義陵寢廟的神衣本來放在衣櫃中，但丙申日清晨，神衣卻放在了櫃子外邊的床上，寢廟令用報告緊急事變的方式上報。用牛、羊、豬三牲齊備的禮儀進行祭祀。

6 夏季五月初一丁巳日，發生日食。全國實行大赦。公卿、將軍、秩俸中二千石級的官員察舉品行敦厚、能直言進諫的人各一人。

7 六月，使少傅左將軍甄豐賜給皇帝的母親——中山孝王衛姬——蓋有皇帝璽印的詔書，拜立她為中山孝王后。賜給皇帝舅父衛寶、衛寶弟弟衛玄關內侯的爵位。賜給皇帝四個妹妹名號，都稱為君，每人食邑各二千戶。

8 封立周公的後代公孫相如為褒魯侯，孔子的後代孔均為褒成侯，供奉他們的祭祀。追授孔子的諡號為褒成宣尼公。

9 停用明光宮及三輔馳道。

10 全國已被判決的女性刑徒，讓她們回家，每月出代役金三百銅錢。免除貞節婦人的賦稅徭役，每鄉一人。設置少府海丞、果丞各一人；大司農部丞十三人，每人分管一州，勸課農桑生產。

11 太皇太后省出自己所享的食邑十個縣，交歸大司農管理，通常是單獨計算它們的租稅收入，用來賑濟貧民。

12 秋季九月，赦免全國的刑徒。

13 把中山國的苦陘縣作為中山孝王后的湯沐邑。

14 二年春季，黃支國進獻犀牛。

15 下詔說：「皇帝名字的兩個字，與器物相同，現在決定改名，以便符合古代的制度。派太師孔光進奉太牢，祭告高祖廟。」

16 夏季四月間，冊立代孝王的玄孫的兒子劉如意為廣宗王，江都易王的孫子盱台侯劉宮為廣川王，廣川惠王的曾孫劉倫為廣德王。封立已故大司馬博陸侯霍光堂兄弟的曾孫霍陽、宣平侯張敖的玄孫張慶忌、絳侯周勃的玄孫周共、舞陽侯樊噲的玄孫的兒子樊章都為列侯，恢復他們的爵位。賜給已故曲周侯酈商等人的後代——酈商玄孫酈明友等一百一十三人關內侯爵位，食邑各按不同等級。

17 郡、國發生嚴重的旱災與蝗災，青州尤為厲害，民眾四處流亡。安漢公、四輔、三公、卿大夫、官吏、富民因百姓生活困乏，獻出土地第宅的有二百三十人，按人口分配給貧民。派遣使者到各地督促民眾捕捉蝗蟲，民眾捕捉蝗蟲交給官吏，按石斗計量領受賞錢。全國民戶貲財不滿二萬以及受災各郡家貲不滿十萬的，免交田租賦稅。民眾患病的，將他們安置到閒置的官府房舍，給他們準備了醫藥。賜給死者家屬安葬費，一家死亡六人以上給錢五千，四人以上的三千，二人以上的二千。撤銷安定郡的呼池苑，建立安民縣，建設官府場市里巷，徵募遷徙貧民前往，沿途各縣依次供給食物。到達徙所以後，賜給土地房屋器用，借給犁、耕牛、籽種、糧食。又在長安城中建立了五個居民區，住宅二百間，用來安置貧民。

18 秋天，察舉勇敢有武藝、有節操、通曉兵法的人，每郡一人，送到公車衙門報到。

19 九月最後一天戊申日，發生日食。赦免全國的刑徒。

20 派謁者大司馬掾四十四人拿著使節監察邊防軍隊。

21 派遣執金吾候陳茂權授以鉦鼓，召募汝南、南陽勇敢吏士三百人，勸說在江湖中活動的盜賊成重等二百餘人都出來自首，把他們送回家鄉編入戶籍按平民看待。把成重遷移雲陽縣，賜給土地和住宅。

22 冬天，秩俸中二千石級官員推薦審判公正的官吏，每年一人。

23 三年春季，皇帝下詔命令有關部門替皇帝向安漢公王莽的女兒納采。這件事記載在〈王莽傳〉中。又下詔命令光祿大夫劉歆等人共同制定婚禮。四輔、公卿、大夫、博士、郎、吏家屬都要按照禮制迎親娶婦，親迎時要立乘兩馬並駕的輕便車子。

24 夏天，安漢公奏報車馬、衣服制度，以及官吏、平民奉養父母、喪葬、嫁娶、蓄養奴婢、占有土地第宅、使用禮樂器物的標準。建立官稷和學官。設在郡、國的叫學，縣、道、邑、侯國的叫校。校與學設置經師一人。設在鄉的叫庠，設在聚的叫序。序、庠設置精通《孝經》的老師一人。

25 陽陵縣的任橫等人自稱將軍，盜竊武庫的兵器，進攻官府，放出囚犯、刑徒。大司徒掾前往督促逐捕，都受到了應有的懲罰。

26 安漢公的長子王宇與平帝外家衛氏通謀叛亂。王宇被關到監獄後死去，衛氏被誅殺。

1 四年春正月，郊祀❶高祖以配天，宗祀❷孝文以配上帝。

2 改殷紹嘉公曰宋公，周承休公曰鄭公。

3 詔曰：「蓋夫婦正則父子親，人倫定矣。前詔有司復貞婦，歸❸女徒，誠欲以防邪辟❹，全貞信。及眊悼❺之人刑罰所不加❻，聖王之所制也。惟苛暴吏多拘繫犯法者親屬，婦女老弱，構怨❼傷化，百姓苦之。其明敕百寮，婦女非身犯法❽，及男子年八十以上七歲以下，家非坐不道❾，詔所名捕❿，它皆無得繫。其當驗⓫者，即驗問⓬。定著令。」

4 二月丁未，立皇后王氏⓭，大赦天下。

5 遣太僕王惲等八人置副⓮，假節⓯，分行天下，覽觀風俗。

6 賜九卿已⑯下至六百石、宗室有屬籍者爵，自五大夫⑰以上各有差。賜天下民爵一級，鰥寡孤獨高年帛。

7 夏，皇后見于高廟。加安漢公號曰「宰衡⑱」。賜公太夫人⑲號曰功顯君。封公子安、臨皆為列侯。

8 安漢公奏立明堂⑳、辟廱㉑。尊孝宣廟為中宗，孝元廟為高宗，天子世世獻祭。

9 置西海郡㉒，徙天下犯禁者處之。

10 梁王立㉓有罪，自殺。

11 分京師置前煇光㉔、後丞烈㉕二郡。更公卿、大夫、八十一元士官名位次及十二州名。分界郡國所屬，罷置改易，天下多事，吏不能紀。

12 冬，大風吹長安城東門屋瓦且盡。

13 五年春正月，祫祭㉖明堂。諸侯王二十八人、列侯百二十人、宗室子九百餘人徵㉗助祭。禮畢，皆益戶，賜爵及金帛，增秩補吏，各有差。

14 詔曰㉘：「蓋聞帝王以德撫民，其次親親以相及㉙也。昔堯睦九族㉚，舜惇敘之㉛。朕以皇帝幼年，且統國政，惟㉜宗室子皆太祖高皇帝子孫及兄弟吳頃㉝、楚元㉞之後，漢元至今，十有餘萬人，雖有王侯之屬，莫能相糾㉟，或陷入刑罪，教訓不至之咎也。傳㊱不云乎？『君子篤㊲於親，則民興於仁。』其為宗室自太上皇㊳以來族親，各以世氏，郡國置宗師㊴以糾之，致教訓焉。二千石選有德義者以為宗師。考察不從教令有冤失職者，宗師得因郵亭㊵書言宗伯㊶，請以聞。常以歲正月賜宗師帛各十匹。」

15 義和劉歆等四人㊷使治明堂、辟廱，令漢與文王靈臺㊸、周公作洛㊹同符㊺。太僕王惲等八人使行風俗，宣明德化，萬國齊同。皆封為列侯。

16 徵天下通知逸經㊻、古記㊼、天文、曆算㊽、鍾律㊾、小學㊿、史篇(51)、方術(52)、本草(53)及以五經(54)、論語(55)、孝經(56)、爾雅(57)教授者，在所(58)為駕一封軺(59)傳(60)，遣詣京師。至者數千人。

17 閏月，立梁孝王玄孫之耳孫音(61)為王。

18 冬十二月丙午，帝崩(62)于未央宮。大赦天下。有司議曰：「禮，臣不殤君(63)。皇帝年十有四歲，宜以禮斂，加元服(64)。」奏可。葬康陵(65)。詔曰：「皇帝仁惠，無不顧哀，每疾一發，氣輒上逆(66)，害於言語，故不及有遺詔。其出(67)媵妾(68)，皆歸家得嫁，如孝文時故事(69)。」

【章　旨】以上記述元始四年所發生的大事。其中比較重大的有：改善司法制度，給安漢公王莽再加「宰衡」的尊號，設立明堂、辟雍，更改官制、州名，在各地徵召通習各種專門學問的學者，平帝死去等。

【注　釋】❶郊祀　祭祀。皇帝於冬至日舉行的祭祀叫郊。❷宗祀　祭祀祖宗。❸歸　遣返回家。❹邪辟　邪惡。避，通「僻」。❺眊悼　八十為眊，七歲為悼。指老年人與幼兒。❻加　施加。❼搆怨　結怨。❽身犯法　指本人犯法，而非連坐。❾坐不道　指因犯了不道罪。不道，是封建社會最嚴重的犯罪之一。❿詔所名捕　也稱名捕，即皇帝詔書指名逮捕，通常針對一些重犯。⓫當驗　應當驗問或調查。⓬即驗問　指審案官吏前往審查或調查，而非把人犯拘禁關押起來。即，就；前往。⓭王氏　王莽女。⓮副　副使。⓯假節　使者持節，副使假節。⓰已　通「以」。⓱五大夫　爵位名，第九級。⓲宰衡　周公為太宰，伊尹為阿衡，王莽自比之，故取「宰」與「衡」名為「宰衡」，以為安漢公之名號。⓳公太夫人　指王莽母親。⓴明堂　古代帝王宣講政教的地方。㉑辟廱　周代的大學名。㉒西海郡　郡名，在今青海青海一帶。㉓梁王立　劉立，事跡見卷四十七〈文三王傳〉。㉔前煇光　轄區約相當於前右扶風。㉕後丞烈　轄區約為長安以北諸縣。㉖祫祭　合祭，把遠近祖先的神主集合在一起進行祭祀。㉗徵　徵集。㉘詔曰　此篇詔書由太皇太后王氏（漢元后）發布。㉙相及　逐步推廣。㉚堯睦九族　《尚書》說唐堯在位，特別重視對同姓親族的關懷照顧。九族，從高祖至玄孫的同姓親屬。㉛舜惇敘之　《尚書》說虞舜也同樣重視對同姓的關懷與教化。惇敘，厚敘親屬之誼以依次進行教化。惇，通「敦」。篤厚。敘，依次排列。㉜惟　思；想。㉝吳頃　指高祖兄仲。其子劉濞封為吳王，故追諡仲為吳頃王。本傳見本書卷三十五。㉞楚元　楚元王劉交，劉邦庶弟。本傳見本書卷三十六〈楚元王劉交傳〉。㉟糾　糾察。㊱傳　此指《論語》。引文見《論語・泰伯》。㊲篤　厚。㊳太上皇　指劉邦的父親。㊴宗師　王莽新設官名，掌糾察宗族不法事務。㊵郵亭　鄉亭，漢代基層的郵驛機構。㊶宗伯　原名宗正，執掌宗族事務。㊷四人　指劉歆、平晏、孔永、孫遷。㊸文王靈臺　指周文王建立觀象場所靈臺。㊹周公作洛　指周公旦營建洛邑。㊺同符　相符。㊻逸經　不在漢代《五經》之數的經典。此專指古文經。㊼古記　古代傳下的經書解釋。記，經書體裁之一。㊽曆算　曆法與算學。㊾鍾律　音律、樂律。㊿小學　文字、音韻之學。(51)史篇　即《史篇》，相傳為周宣王時的太史籀所作，是一種蒙學讀物。(52)方術　方技與數術。(53)本草　介紹藥物學知識的圖書。(54)五經　儒家的五部經典：《易》、《書》、《詩》、《樂》、《春秋》。(55)論語　記述孔子與其門弟子言論的書，是漢代的蒙學讀物。(56)孝經　闡述儒家孝道的經典，是漢代蒙學讀物。(57)爾雅　古代的第一部詞典。(58)在所　當地。(59)駕一封軺　用一匹馬駕駛的輕便車子。(60)傳　符傳；通行證。61音　劉音，事跡見卷四十七〈文三王傳〉。62帝崩　平帝終年十四歲。舊傳為王莽害死。63殤君　指以禮安葬國君。殤，未成年而死。64元服　冠。65康陵　在漢長安城北。66上逆　上溯。氣下行為順，上溯為逆。67出　遣放回家。68媵妾　皇后成婚時的陪嫁者。69故事　成例。

【語譯】四年春季正月，祭祀高祖以配享天地，祭祀孝文帝以配享上帝。

2 把殷代的紹嘉公改稱為宋公，周代的承休公改稱為鄭公。

3 皇帝下詔說：「大抵夫婦關係正確父子之間就能保持親近，人倫關係就能確定下來。以前下詔命令有關部門免除貞節女性的租稅傜役，讓女性刑徒免刑回家，真的是希望防止邪辟，保全貞信。至於八十歲以上的老人和七歲以下的孩子不對他們施加刑罰，這都是聖明的君王確立的制度。只是苛刻暴虐的官吏經常拘留懲罰犯人的親屬，甚至包括婦女、老人和孩子，結成仇怨，敗壞風氣，讓老百姓感到非常痛苦。應該明確地告誡百官，婦女不是自身犯法，以及男子年八十以上七歲以下，家裡不是犯了不道罪，不是詔書指名逮捕的人，其他的人都不得關押。那些應當作為案證的人，由官吏前往他們的住地進行調查取證。這些規定要列入法令當中。」

4 二月丁未日，確立皇后為王氏，全國實行大赦。

5 派遣太僕王惲等八人，配置副使，持使節，分途巡視全國各地，考察風氣習俗。

6 賜給九卿以下至秩俸六百石級官員、宗室名列宗籍的成員爵位，從五大夫以上，各按等級賜予。賜給全國平民爵位一級，鰥寡孤獨年邁者賜給絲綢。

7 夏天，皇后到高廟拜謁。加賜安漢公的名號叫「宰衡」。賜給公太夫人的名號叫功顯君。封立公子王安、王臨都為列侯。

8 安漢公奏請設立明堂、辟廱，尊稱孝宣帝廟號為中宗，孝元帝廟號為高宗，天子世世代代獻享祭祀。

9 設置西海郡，遷徙全國觸犯禁令的人到那裡居住。

10 梁王劉立犯罪，自殺。

11 劃分京師地盤，設置前煇光、後丞烈二郡。更改了公卿、大夫、八十一元士的官名次序以及十二州的名稱。劃分各郡、國所統轄區域的界限，有的撤銷、有的新設、有的更改，天下的事務紛繁雜亂，官吏無法一一記載。

12 冬季，狂風大作，吹落了長安城東門屋頂上的瓦，幾乎吹光了。

13 五年春季正月，在明堂合祭遠近祖宗。諸侯王二十八人、列侯一百二十人、宗室子弟九百餘人應徵參加祭祀。祭禮結束後，給他們都增加了封邑，賜給爵位及黃金、絹帛，增加秩俸，遞補官職，各按不同等級。

14 太皇太后下詔說：「聽說帝王用恩德來安撫民眾，然後親愛親屬以推及其他。從前唐堯親睦九族，虞舜繼位後保持厚愛，按照親屬的次序推行教化。我因皇帝年紀幼小，暫時統理國家政務，想到宗室子弟都是太祖高皇帝的子孫以及高祖兄弟吳頃王、楚元王的後人，漢朝宗室成員從開始到現在，已有十多萬人，雖然具有王侯的官屬，但相互之間不能管束，有的人竟觸犯法律，陷入囹圄，這是教訓沒有跟上來的過錯吧。《論語》不是這樣說過嗎？『君子厚愛親屬，那麼百姓就能在仁愛中成長發展。』作為從太上皇以來的宗室親戚，各按世系，由郡、國設置宗師來糾正成員的錯誤，對他們進行教育訓導。郡太守、王國相選擇有德義的人擔任宗師。考察不服從教育、命令和蒙受冤屈、喪失生業的人，宗師可以通過郵亭上書向宗伯報告，再請宗伯報告皇上知道。按照常例在每年正月賜給宗師絹帛每人十匹。」

15 羲和劉歆等四人作為使者負責營建明堂、辟廱，使漢朝與周文王建靈臺、周公建洛邑相媲美。太僕王惲等八人出使各地巡視風俗，宣傳道德教化，以使天下的風俗保持一致。都被封為列侯。

16 徵召天下通曉逸失的經書、古代的傳記、天文、曆算、鍾律、小學、《史篇》、方術、《本草》以及能夠教授《五經》、《論語》、《孝經》、《爾雅》的人，由當地配備一輛帶有通行證的輕便車子，送達首都。來報到的有好幾千人。

17 閏五月，封立梁孝王玄孫的耳孫劉音為諸侯王。

18 冬季十二月丙午日，平帝在未央宮逝世。全國實行大赦。有關官員建議說：「按照禮法規定，臣子不應該用殤禮安葬國君。皇帝年紀十四歲，應當按成人禮入殮，加冕。」奏章得到許可。安葬到康陵。太皇太后下詔說：「皇帝仁慈和順，沒有他不思念哀傷的，每次疾病一發作，氣就向上湧，妨礙說話，所以來不及留下遺詔。應當放出隨皇后陪嫁過來的女子，把她們都送回家並允許出嫁，仿照孝文帝時的舊例。」

贊曰：孝平之世，政自莽出，褒善顯功，以自尊盛。觀其文辭，方外❶百蠻，亡思不服；休徵❷嘉應，頌聲並作。至乎❸變異見於上，民怨於下，莽亦不能文❹也。

【章旨】本章的「贊」語，明確指出平帝一朝政令皆出自王莽的事實，對王莽收買人心，所營造出來的「頌聲並作」的氣氛和終究難以掩蓋的亂象，進行了諷刺。

【注釋】❶方外　指漢廷轄境之外。❷休徵　美好的象徵。❸至乎　至於。❹文　文飾；掩蓋。

【語譯】史官評議說：孝平帝時期，政令從王莽嘴裡發出，他通過褒獎善良，表彰功勞，使自己受到尊重，獲得聲名。看他發布的文辭，境外的邦國部族，沒有不服從的；吉祥的徵兆，喜慶的報應，歌頌的聲音，同時出現。至於災異出現在上天，民怨沸騰於地上，王莽也沒有辦法去掩飾。

【研析】哀帝在位期間，祖母傅太后、母親丁姬兩家的兄弟子侄紛紛占據要位，傅喜、丁明、傅晏先後為大司馬，領尚書事，之後，哀帝的寵臣董賢擔任大司馬。此時元后王氏家族在朝中的勢力受到排擠，王莽一度被遣就國。但元后仍在，使王氏家族重新回到政壇核心有了可能。哀帝駕崩，在元后的策劃下，以主持喪事的名義召王莽在第一時間入宮，迫使大司馬董賢自殺，王莽為大司馬，領尚書事，重新進入權力核心。

在集權體制之下，君主駕崩之前若未確立繼位人選，擅權的大臣從宗室成員中挑選嗣君時，往往把年幼者或外家孤弱者作為優先人選。如果新立君主年幼，則太后或太皇太后需要臨朝聽政，外戚就可以肆意擅權而不會受到挑戰和威脅。如果新立君主的外家沒有深厚政治勢力，就不可能出現新外戚專權，就不會威脅權臣的權位和利益。周勃等迎立文帝、霍光迎立宣帝，都屬於後者，即新君主的外家沒有勢力。王莽迎立平帝則屬於前者。王莽在哀帝駕崩之後很快掌控朝政，為了確保自己能夠擅權，手中的權力不會很快失去，他特意挑選中山王劉箕年僅九歲的兒子劉衎為帝，由太皇太后（元后）臨朝稱制，王莽秉政。平帝之母衛姬及外家都不許進京。朝政大權完全落入以王莽為核心的王氏家族手中，年幼多病的平帝成為傀儡。

漢平帝在位僅僅五年，政績無足稱述。這五年內，主要是王莽運用手中的權力，採取各種權術，「附順者拔擢，忤恨者誅滅」。先是迅速將董氏、傅氏、丁氏及各自的勢力從政壇中肅清，然後通過封賜、施恩等手段，籠絡劉氏宗室成員以及老臣的支持，又推行了一些復古改制的措施，贏取儒生的輿論擁戴，逐漸為篡漢稱帝奠定了基礎。明代陳仁錫評點說：「孝平九歲而踐天位，十四而飲毒酒，即神聖，安所作為哉！〈平帝紀〉，王莽外傳也。其紛紛謀篡，盡有條理。但工於篡而不工於為天子也。」聯繫當時的史實，稱〈平帝紀〉為王莽外傳，確不為過。〈平帝紀〉與〈元后傳〉、〈王莽傳〉都是研究和瞭解西漢末年至新莽時期歷史的重要資料。

古籍今注新譯叢書

【哲學類】

新譯四書讀本　謝冰瑩等編譯
新譯學庸讀本　王澤應注譯
新譯論語新編解義　胡楚生編著
新譯孝經讀本　賴炎元等注譯
新譯易經讀本　郭建勳注譯
新譯周易六十四卦經傳通釋　黃慶萱注譯
新譯乾坤經傳通釋　黃慶萱注譯
新譯易經繫辭傳解義　吳　怡著
新譯禮記讀本　姜義華注譯
新譯儀禮讀本　顧寶田等注譯
新譯孔子家語　羊春秋注譯
新譯老子讀本　余培林注譯
新譯帛書老子　趙　鋒注譯
新譯老子解義　吳　怡著
新譯莊子讀本　黃錦鋐注譯
新譯莊子讀本　張松輝注譯
新譯莊子本義　水渭松注譯
新譯莊子內篇解義　吳　怡著
新譯列子讀本　莊萬壽注譯
新譯管子讀本　湯孝純注譯
新譯墨子讀本　李生龍注譯
新譯公孫龍子　丁成泉注譯
新譯晏子春秋　陶梅生注譯
新譯鄧析子　徐忠良注譯
新譯荀子讀本　王忠林注譯
新譯尹文子　徐忠良注譯
新譯尸子讀本　水渭松注譯
新譯鶡冠子　趙鵬團注譯
新譯鬼谷子　王德華等注譯
新譯韓非子　傅武光等注譯
新譯呂氏春秋　朱永嘉等注譯
新譯韓詩外傳　孫立堯注譯
新譯淮南子　熊禮匯注譯
新譯春秋繁露　朱永嘉等注譯
新譯新書讀本　饒東原注譯
新譯新語讀本　王　毅注譯
新譯潛夫論　彭丙成注譯
新譯論衡讀本　蔡鎮楚注譯
新譯申鑒讀本　林家驪等注譯
新譯人物志　吳家駒注譯
新譯張載文選　張金泉注譯
新譯近思錄　張京華注譯
新譯傳習錄　李生龍注譯
新譯呻吟語摘　鄧子勉注譯
新譯明夷待訪錄　李廣柏注譯

【文學類】

新譯詩經讀本　滕志賢注譯
新譯楚辭讀本　林家驪注譯
新譯楚辭讀本　傅錫壬注譯
新譯文心雕龍　羅立乾注譯
新譯六朝文絜　蔣遠橋注譯
新譯世說新語　劉正浩等注譯
新譯昭明文選　周啟成等注譯
新譯古文觀止　謝冰瑩等注譯
新譯古文辭類纂　黃　鈞等注譯
新譯樂府詩選　溫洪隆注譯
新譯古詩源　馮保善注譯
新譯千家詩　邱燮友等注譯
新譯詩品讀本　成　林等注譯
新譯花間集　朱恒夫注譯
新譯南唐詞　劉慶雲注譯
新譯絕妙好詞　聶安福注譯
新譯唐詩三百首　邱燮友注譯
新譯宋詩三百首　陶文鵬注譯
新譯宋詞三百首　汪　中注譯
新譯宋詞三百首　劉慶雲注譯
新譯元曲三百首　賴橋本等注譯
新譯明詩三百首　趙伯陶注譯
新譯清詩三百首　王英志注譯
新譯清詞三百首　陳水雲等注譯
新譯唐人絕句選　卞孝萱等注譯
新譯唐才子傳　戴揚本注譯
新譯拾遺記　石　磊注譯
新譯搜神記　黃　鈞注譯
新譯唐傳奇選　束　忱注譯
新譯宋傳奇小說選　束　忱等注譯
新譯明傳奇小說選　陳美林等注譯

新譯容齋隨筆選　朱永嘉等注譯
新譯明散文選　周明初注譯
新譯明清小品文選　鄭　婷注譯
新譯人間詞話　馬自毅注譯
新譯白香詞譜　劉慶雲注譯
新譯幽夢影　馮保善注譯
新譯菜根譚　吳家駒注譯
新譯小窗幽記　馬美信注譯
新譯圍爐夜話　馬美信注譯
新譯郁離子　吳家駒注譯
新譯歷代寓言選　黃瑞雲注譯
新譯賈長沙集　林家驪注譯
新譯揚子雲集　葉幼明注譯
新譯曹子建集　曹海東注譯
新譯建安七子詩文集　韓格平注譯
新譯阮籍詩文集　林家驪注譯
新譯嵇中散集　崔富章注譯
新譯陸機詩文集　王德華注譯
新譯陶淵明集　溫洪隆注譯
新譯江淹集　羅立乾等注譯
新譯庾信詩文選　歸　青注譯
新譯初唐四傑詩集　李福標注譯
新譯駱賓王文集　黃清泉注譯
新譯王維詩文集　陳鐵民注譯
新譯孟浩然詩集　楊　軍注譯
新譯李白詩全集　郁賢皓注譯
新譯李白文集　郁賢皓注譯
新譯杜甫詩選　張忠綱等注譯

新譯杜詩菁華　林繼中注譯
新譯高適岑參詩選　孫欽善等注譯
新譯昌黎先生文集　周啟成等注譯
新譯劉禹錫詩文選　閻　琦注譯
新譯柳宗元文選　卞孝萱等注譯
新譯白居易詩文選　陶　敏等注譯
新譯元稹詩文選　郭自虎注譯
新譯李賀詩集　彭國忠注譯
新譯杜牧詩文集　張松輝注譯
新譯李商隱詩選　朱恒夫等注譯
新譯范文正公選集　王興華等注譯
新譯蘇洵文選　羅立剛注譯
新譯蘇軾文選　滕志賢注譯
新譯蘇軾詞選　鄧子勉注譯
新譯蘇轍文選　朱　剛注譯
新譯曾鞏文選　高克勤注譯
新譯王安石文選　沈松勤注譯
新譯唐宋八大家文選　鄧子勉注譯
新譯柳永詞集　侯孝瓊注譯
新譯李清照集　姜漢椿等注譯
新譯陸游詩文選　韓立平注譯
新譯辛棄疾詞選　聶安福注譯
新譯歸有光文選　鄔國平注譯
新譯唐順之詩文選　馬美信注譯
新譯徐渭詩文選　周　群等注譯
新譯薑齋文集　平慧善注譯
新譯顧亭林文集　劉九洲注譯
新譯納蘭性德詞　馮　乾注譯

新譯方苞文選　鄔國平等注譯
新譯鄭板橋集　朱崇才注譯
新譯袁枚詩文選　王英志注譯
新譯李慈銘詩文選　潘靜如注譯
新譯聊齋誌異選　任篤行等注譯
新譯閱微草堂筆記　嚴文儒注譯
新譯浮生六記　馬美信注譯
新譯弘一大師詩詞全編　徐正綸編著

歷史類

新譯史記　韓兆琦注譯
新譯漢書　吳榮曾等注譯
新譯後漢書　魏連科等注譯
新譯三國志　吳樹平等注譯
新譯資治通鑑　韓兆琦等注譯
新譯史記—名篇精選　韓兆琦注譯
新譯尚書讀本　吳　璵注譯
新譯尚書讀本　郭建勳注譯
新譯周禮讀本　賀友齡注譯
新譯逸周書　牛鴻恩注譯
新譯左傳讀本　郁賢皓等注譯
新譯公羊傳　雪　克注譯
新譯穀梁傳　周　何注譯
新譯春秋穀梁傳　顧寶田注譯
新譯戰國策　溫洪隆注譯
新譯國語讀本　易中天注譯
新譯說苑讀本　左松超注譯
新譯說苑讀本　羅少卿注譯

新譯新序讀本　葉幼明注譯
新譯吳越春秋　黃仁生注譯
新譯西京雜記　曹海東注譯
新譯列女傳　黃清泉注譯
新譯越絕書　劉建國注譯
新譯燕丹子　曹海東注譯
新譯東萊博議　李振興等注譯
新譯唐六典　朱永嘉等注譯
新譯唐摭言　姜漢椿注譯

宗教類

新譯金剛經　徐興無注譯
新譯高僧傳　朱恒夫等注譯
新譯碧巖集　吳　平注譯
新譯百喻經　顧寶田注譯
新譯楞嚴經　賴永海等注譯
新譯梵網經　王建光注譯
新譯圓覺經　商海鋒注譯
新譯法句經　劉學軍注譯
新譯六祖壇經　李中華注譯
新譯禪林寶訓　李中華注譯
新譯維摩詰經　陳引馳等注譯
新譯經律異相　顏洽茂注譯
新譯阿彌陀經　蘇樹華注譯
新譯無量壽經　邱高興注譯
新譯無量壽經　蘇樹華注譯
新譯妙法蓮華經　張松輝注譯
新譯景德傳燈錄　顧宏義注譯
新譯大乘起信論　韓廷傑注譯
新譯釋禪波羅蜜　蘇樹華注譯
新譯八識規矩頌　倪梁康注譯
新譯永嘉大師證道歌　蔣九愚注譯
新譯華嚴經入法界品　楊維中注譯
新譯地藏菩薩本願經　李承貴注譯
新譯悟真篇　劉國樑等注譯
新譯无能子　張松輝注譯
新譯坐忘論　張松輝注譯
新譯列仙傳　張金嶺注譯
新譯抱朴子　李中華注譯
新譯神仙傳　周啟成注譯
新譯性命圭旨　傅鳳英注譯
新譯老子想爾注　顧寶田等注譯
新譯周易參同契　劉國樑注譯
新譯道門觀心經　王　卡注譯
新譯養性延命錄　曾召南注譯
新譯樂育堂語錄　戈國龍注譯
新譯冲虛至德真經　張松輝注譯
新譯長春真人西遊記　顧寶田等注譯
新譯黃庭經・陰符經　劉連朋等注譯

軍事類

新譯司馬法　王雲路注譯
新譯尉繚子　張金泉注譯
新譯三略讀本　傅　傑注譯
新譯六韜讀本　鄔錫非注譯
新譯吳子讀本　王雲路注譯
新譯孫子讀本　吳仁傑注譯
新譯李衛公問對　鄔錫非注譯

教育類

新譯爾雅讀本　陳建初等注譯
新譯顏氏家訓　李振興等注譯
新譯聰訓齋語　馮保善注譯
新譯曾文正公家書　湯孝純注譯
新譯三字經　黃沛榮注譯
新譯百家姓　馬自毅等注譯
新譯幼學瓊林　馬自毅注譯
新譯增廣賢文・千字文　馬自毅注譯
新譯格言聯璧　馬自毅注譯

政事類

新譯商君書　貝遠辰注譯
新譯鹽鐵論　盧烈紅注譯
新譯貞觀政要　許道勳注譯

地志類

新譯山海經　楊錫彭注譯
新譯水經注　陳橋驛等注譯
新譯佛國記　楊維中注譯
新譯大唐西域記　陳　飛等注譯
新譯洛陽伽藍記　劉九洲注譯
新譯徐霞客遊記　黃　珅注譯
新譯東京夢華錄　嚴文儒注譯

◎新譯國語讀本

易中天／注譯　侯迺慧／校閱

《國語》是中國最早的一部國別史著作，記錄了周朝王室和魯國、齊國、晉國、鄭國、楚國、吳國、越國等諸侯國的歷史，在內容上偏重於記述歷史人物的言論。它歷經兩千多年的時間淘洗卻歷久彌新，沾溉了歷朝歷代無數文人的筆鋒。本書以淺顯的注釋、生動流暢的語譯，消泯文言文的障礙，讓您能深刻體會《國語》之所以成為中國古代說話寶典的精采之處。